JOHN COWPER POWYS
DIE PHILOSOPHIE DES TROTZDEM

JOHN COWPER
POWYS

DIE PHILOSOPHIE DES TROTZDEM

*Aus dem Englischen
von Annette von Charpentier,
mit Texterläuterungen
von Klaus Gabbert*

Zweitausendeins

Bücher, zumal die guten, überleben oft nicht nur ihre Autoren, manchmal auch ihre Verlage, Übersetzer, Lektoren und ihre ergebenen Liebhaber. Am 26. September 2000 ist Harald Utecht gestorben, der uns vor einigen Jahren mit seiner Begeisterung für den Autor John Cowper Powys angesteckt hat. *Der Verlag*

Deutsche Erstausgabe.
1. Auflage, November 2001.

Die Originalausgabe ist 1953 unter dem Titel »In Spite of. A Philosophy for Everyman« bei Macdonald & Co. in London erschienen.

Lektorat: Klaus Gabbert (Büro W, Wiesbaden).
Korrektorat: Sandra Wulff, Hamburg, und Ekkehard Kunze, Wiesbaden.
Einband- und Umschlaggestaltung: Sabine Kauf.
Satz und Herstellung: Dieter Kohler GmbH, Nördlingen.
Druck: Gutmann & Co GmbH, Talheim.
Einband: G. Lachenmaier, Reutlingen.
Printed in Germany.

Das Papier dieses Buches besteht zu 50% aus Altpapier, Schutzumschlag, Überzug und Vorsatz sind 100% Recyclingpapier. Das Kapitalband wurde aus ungefärbter und ungebleichter Baumwolle gefertigt.

Dieses Buch gibt es nur bei Zweitausendeins im Versand, Postfach, D-60381 Frankfurt am Main, Telefon 069-420 8000, Fax 069-415 003. Internet www.Zweitausendeins.de, E-Mail info@Zweitausendeins.de. Oder in den Zweitausendeins-Läden in Berlin, Düsseldorf, Essen, Frankfurt am Main, Freiburg, 2x in Hamburg, in Hannover, Köln, Mannheim, München, Nürnberg, Saarbrücken, Stuttgart.

In der Schweiz über buch 2000, Postfach 89, CH-8910 Affoltern a.A.

ISBN 3-86150-402-2

Gewidmet meinem Großneffen
John Francis Cowper Powys

INHALT

TROTZ ...

aller Experten *9*

aller Einsamkeit *45*

allen Stolzes *79*

aller Orthodoxie und Häresie *143*

allen Wahnsinns *199*

aller Klassen *247*

aller Unsicherheit *301*

allen Glaubens *349*

der anderen Leute *413*

Anmerkungen *481*

Über den Autor *517*

TROTZ ... ALLER EXPERTEN

Was bedeutet es für einen einfachen Menschen, eine Philosophie zu haben? Nun, verständigen wir uns – um wenigstens uns selbst zufrieden zu stellen – zunächst einmal darüber, was *wir* meinen, wenn wir von einer »eigenen Philosophie« sprechen. »Wer du auch seist«, wie Walt Whitman es ausdrückt*, Sie sollten beim Aufschlagen dieses Buches vielleicht einen Moment lang darüber nachdenken, ob Sie dieses Interesse teilen, zu dem sich etliche exzentrische Menschen bekennen, dieses Interesse an einer so komischen Sache wie einer »eigenen Philosophie«. Ein solches Lebenssystem muss nicht wissenschaftlich explizit, technisch fundiert, psychologisch ausgeklügelt oder gar von metaphysischer Raffinesse sein. Es kann auch ganz praktisch sein, auf gewisse Weise privat und persönlich und dennoch im Einklang mit bestimmten universalen Eigenarten der Natur.

Vor allem muss die Philosophie für jedermann so fassbar sein, dass jeder dazu bekehrt werden kann, und so flexibel in der Übertragbarkeit ihrer emotionalen und sinnlichen Atmosphäre, dass sie nicht nur den Bereich der gewöhnlichen Erfahrungen abdeckt, sondern auch zumindest ein paar der weniger offensichtlichen Horizonte des Lebens erreicht.

Wenn Sie nun sogleich und intuitiv das Gefühl haben, dass so etwas vollkommen uninteressant für Sie ist, dass Sie bislang wunderbar ohne es ausgekommen sind und auch auskommen werden, dann gibt es wirklich keinen Grund, sich mit diesem Thema zu befassen. Es gibt viele Leute, die aufgrund einer glücklichen Mischung aus Erbanlagen und Umwelt geistig so gesund, so sensibel, scharfsinnig und kompetent sind, dass sie in Siegen wie in Niederlagen auch ohne einen philosophischen Rettungsanker das Leben meistern.

Aber es gibt – auf den Britischen Inseln und überall dort, wo man Englisch spricht – auch andere. Es sind Menschen, die an vielen gefährlichen Schwächen leiden – Schwächen, die sich vielleicht den üblichen Kategorien entziehen, aber in Manien, in Lastern und Neurosen, Phobien und abergläubischen Vorstellungen ausarten und als echte Probleme das ganze Leben überschatten.

Es sind jene Menschen – und man könnte sie als künstlerisch veranlagt, sensibel und poetisch bezeichnen oder aber auch als morbide und exzentrisch –, die unaufhörlich den trügerischen Zauberklängen aus der fernen Vergangenheit lauschen. Es sind jene Menschen, die glauben, sie könnten ihre Leiden mit den verhallenden Echos uralter Gesänge heilen und aus Stimmen, die über dem Wüstensand heranwehen, Weisheit schöpfen wie aus dem Brunnen einer Oase. Es sind jene Menschen, die sich einbilden, sie könnten aus den in

Stein gemeißelten Inschriften aus den Kindertagen der Menschheit die Lösung der Welträtsel herauslesen.

Es sind jene Menschen, die glauben, sie könnten das Geheimnis des Lebens aus den Gesangsfetzen der Galeerensklaven von den versunkenen Eilanden prähistorischer Meere und aus den Trommelschlägen urzeitlicher Wälder heraushören, wo priesterliche Barken auf heiligen Flüssen segeln, deren Namen schon lange in Vergessenheit geraten waren, bevor die Geschichte begann.

Es sind jene Menschen, die heutzutage unaufhörlich und mit geradezu gespenstischer Natürlichkeit gegen die unmenschliche Spezialisierung unserer Zeit protestieren – eine Spezialisierung, die zutiefst jenen überheblichen Stolz des Berufsexperten befriedigt, der in seiner eisigen Überlegenheit Jahr um Jahr immer starrer wird und dessen Ironie eine immer größere Verachtung verströmt.

In ihrem aufgeblasenen Sarkasmus Laien gegenüber, der mit Humor nichts zu tun hat, drückt sich eine Verachtung aus, vor der wir zu kuschen und uns zu ducken gelernt haben.

Aber was hat dieses geheimnisvolle Rätsel geistiger Klassenschranken, durch die die Zeitgenossen so eingeteilt werden wie die Fossilien durch die Eiszeiten und die inzwischen an die Stelle der überkommenen Kluft zwischen Privilegierten und Minderprivilegierten getreten sind, mit unserem Thema zu tun, dass »jeder Mensch sein eigener Philosoph« sei?

Nun, wir alle kennen doch wohl den herablassenden Spott pedantischer Lehrer. Wir alle haben vermutlich darunter gelitten, nicht nur unter dem Spott unserer Schulmeister, sondern auch unter dem neunmalkluger Onkel und zehnmalkluger älterer Geschwister.

Aber auf den Britischen Inseln – und ich denke, in unterschiedlicher Weise auch in aller Welt – ist diese grenzenlose Verachtung des Eingeweihten gegenüber dem Uneingeweihten so ziemlich das Ärgerlichste, was einem zu Lebzeiten widerfahren kann, auch wenn diese Verachtung oft genug ganz jovial und umgänglich daherkommt. Nur die tiefgründigsten philosophischen Humoristen scheinen in der Lage zu sein, von diesen unseligen Rangunterschieden kein Aufheben zu machen.

Die ganze Angelegenheit ist eigentlich wie geschaffen für eine Aristophanische Komödie*. Oh, wie gut wir das alles kennen! Oh, wie schrecklich wir alle darunter gelitten haben! Die Unterschiede an kultivierter Gelehrsamkeit, an künstlerischem Geschmack, an wissenschaftlichen und mathematischen Kenntnissen – all diese Überlegenheiten verursachen eine tiefe Kluft zwischen den Menschen, ebenso viele Leiden und Sorgen und einseitige Blindheiten wie unsere sozialen, finanziellen und religiösen Unterschiede.

Wer sich im Glanz seiner vermeintlichen Überlegenheit über einen jungen Mann oder ein junges Mädchen sonnt, die sich einzubilden anmaßen, sie hätten eine eigene Philosophie, wird ihnen gemeinhin mit herablassender Amüsiertheit begegnen. »Es nützt dir gar nichts«, so etwa der Tonfall, »*mir* eine Frage über *mein* Spezialgebiet zu stellen, und dass du davon träumst, dir eigene Gedanken über das Leben im Allgemeinen zu machen, ist natürlich ziemlich albern.«

Die altmodische Auffassung einer natürlichen Überlegenheit der Aristokratie gegenüber den belächelten Verhaltensweisen der Nichtadligen war in ihrer Überheblichkeit kaum abwegiger als die gelangweilte Verachtung, mit der der moderne Kunstexperte den Autodidakten bedenkt, der sich leidenschaftlich bemüht, seinen ästhetischen Geschmack auszubilden.

Und wenn sich dieser beklagenswerte Abgrund nun zwischen den Kennern und dem Rest der Menschheit in der Kunst genauso krass auftut, wie wir das von den Sitten und den Manieren her schon kennen, dann hält die übertriebene Spezialisierung unserer Zeit den einfachen Menschen sogar davon ab, sich den Feinheiten der Psychologie und Metaphysik auch nur zu nähern, ganz zu schweigen von den schmalen Pfaden der Naturwissenschaften und der Mathematik. Daher hat sich angesichts einer allseits behaupteten Überlegenheit und Unzugänglichkeit, in Verbindung mit einem fast nietzscheschen Gespür für das *Pathos des Unterschieds,* unter einfachen Menschen eine resignierte Unterwerfung unter das vermeintliche Geschick hoffnungsloser Unwissenheit hinsichtlich aller Schicksalsfragen der Menschheit breit gemacht – das düstere Schicksal von Hunden, die im Abfall wühlen.

Aber auch *wir* sind nun einmal Menschen, und das Leben ist für uns dasselbe wie für die allwissenden Spezialisten. Selbst wenn wir gewöhnlichen Sterblichen von den neuesten Schlüsselbegriffen und -fragen in

Kunst und Wissenschaft keine Ahnung haben, so reagieren wir doch immer noch authentisch auf die imaginativen Elemente in der Kunst, auf die poetischen Elemente in der Literatur sowie auf die Gegenwart und den Druck, den die geheimnisvollen Naturkräfte auf uns ausüben.

Im Grunde ist es ungeheuerlich, dass uns normalen Durchschnittsbewohnern dieser Erde, uns, die unsterblich zu machen sich Homer und Shakespeare, Rabelais und Dickens nicht zu gut waren, uns, die wir qua Naturrecht *nichtspezialisierte Philosophen* sind, das Philosophieren überhaupt verwehrt sein soll! Soll vielleicht alles, was über das Leben im Allgemeinen, über dieses Multiversum im Allgemeinen und die menschliche Existenz auf diesem Planeten im Allgemeinen gesagt werden kann, nur von Spezialisten in Physik und Metaphysik ausgesprochen werden dürfen?

Gibt es nichts, über das *wir* nachdenken oder spekulieren dürfen, während wir geduldig auf das nächste dieser autorisierten Orakel warten? Müssen wir, die wir auf nichts spezialisiert sind und nur deshalb philosophieren, weil uns die gerissene, praktische, nüchterne Dickfelligkeit jener fehlt, die solche Krücken und Stützen nicht brauchen, müssen wir, so frage ich, einfach nur unseren Gürtel fester schnallen und erbittert mit dem Leben ringen, bis wir durch das Radio oder ein aktuelles Wochen- oder Monatsblatt einmal mehr erfahren, was es mit dem neuesten Spezialwissen über das Leben auf sich hat und ob wir fortfahren dürfen, über Geist und Körper, Ich und Nicht-Ich, Subjekt und

Objekt, Zeit und Raum, Leben und Tod, Vernunft und Intuition nachzudenken, oder aufhören müssen, auf die altmodische, ignorante Weise zu denken und zu sprechen, bis wir eines Besseren belehrt werden?

Eine Diktatur von Spezialisten – genau das ist es, und es ist interessant zu bemerken, dass diese geistigen Tyrannen menschlicher Gedanken, die doch auf anderen Spezialgebieten selber jeweils alles andere als Experten sind, völlig darin übereinstimmen, dass eine Philosophie *ohne* Spezialisierung dem Versuch gleichkommt, Einstein durch *Mother Goose* und Pawlow* durch die Grimm'schen Märchen zu ersetzen.

Es sieht in der Tat danach aus, als würden wir demnächst, um noch irgendeinem sterblichen Schüler das Menschenmögliche beibringen zu dürfen, einer Säuberungsaktion unterworfen werden: im Hinblick auf die Worte, die wir benutzen, und um sicherzustellen, dass wir auch im sorglosesten Geschwätz noch zeitgemäß sind und selbst in unseren Spielen niemals vergessen, dass wir im Zeitalter der Atomspaltung leben.

Diejenigen unter uns, die sich dieser Säuberungsaktion widersetzen, werden dann vielleicht – zusammen mit den Idioten und Neurotikern – in geistige Lager gesperrt, bis unsere philosophischen Kommissare mit den entsprechenden Rundfunkaufzeichnungen und Wochenzeitschriften vorbeikommen, um uns auf den neuesten Stand zu bringen.

In unserer scheinbaren Einfalt begreifen wir einfach nicht, dass das Alphabet der menschlichen Weisheit von jeder neuen Generation neu erfunden wird und dass die

Großbuchstaben, mittels deren wir die Gesetze des Lebens in uns aufgenommen haben, nun genau so antiquiert sind wie diejenigen auf dem Stein von Rosette*.

Wenn daher ein einfacher Mensch, dem das neue Alphabet noch nicht eingetrichtert worden ist, die Chuzpe hat zu philosophieren, oder – noch unverschämter! – sich daranmacht, auf Grundlage seiner Lektüre von Homer und Shakespeare, von Cervantes und Rabelais, von Goethe und Dostojewski sowie seiner Lebenserfahrungen ein eigenes philosophisches System aufzustellen, kann das heutzutage von einer akademischen Autorität unserer Zeit nur als grotesk empfunden werden.

»Wie in aller Welt«, hieße es im fragenden Blick einer solchen Autorität, den er auf unseren verwegenen Freund werfen würde, »kann er sich auch nur einen Moment lang einbilden, so etwas hinzukriegen? Und warum, in drei Teufels Namen, *will* er das überhaupt?«

Nun, darauf könnte unser Möchtegernphilosoph nur mit dem Bekenntnis antworten, dass ihn schon seit längerem ein eigentümliches inneres Verlangen umtreibe, ganz für sich eine Art System zu entwickeln, mithilfe dessen er das innere »Selbst« an das äußere »Leben« anpassen könne.

Doch kaum, dass er diesen Wunsch flüsternd eingestanden hat, wird ihn sogleich eine wissenschaftliche Autorität belehren, dass dieses »Selbst«, über das er redet, gar nicht existiert, und eine andere wird sich dafür verbürgen, dass es zwar sehr wohl existieren kann, aber wenn, dann nur als ein kleiner, schlammiger Tümpel, von dem aus eine verborgene Erdspalte hinab in einen riesigen unterirdischen See voller Ungeheuer führt, einen wahren Lago d'Averno*, das so genannte Unbewusste, dessen unersättliche Bewohner, wenn sie denn auftauchen in ihrer je eigenen grausigen Stunde, diesen harmlos wirkenden Tümpel in Beschlag nehmen.

Aber wir haben es noch mit anderen entmutigenden und abschreckenden Hindernissen zu tun, wenn wir – ganz gewöhnliche Leute, jung oder alt, weiblich oder männlich – uns daranbegeben, eine eigene Lebensphilosophie zu entwickeln. Neben den Experten in Physik und Metaphysik, in Astronomie und Mathematik, Biologie und Anthropologie sind das vor allem die großen Religionen.

Hier sind wir mit wohl etablierten Traditionen konfrontiert, die sich aus den überlieferten Offenbarungen eines Moses, Laotse, Buddha, Konfuzius, Mohammed und Jesus entwickelt haben. Aber das ist noch nicht alles. Wenn wir aufrechte, praktizierende Christen sein wollen, müssen wir uns außerdem entscheiden, ob wir uns den Katholiken anschließen wollen, den Anglikanern oder den Lutheranern, den orthodoxen Griechen oder der Heilsarmee, den Quäkern oder irgendeiner der evangelischen Freikirchen.

Da sich all diese christlichen Kulte durch geschriebene oder ungeschriebene Glaubenssätze, Verhaltensmaßregeln, theologische Kollegien und kundige Geistliche auszeichnen und da sie alle auf die eine oder andere Weise behaupten, dieselbe göttliche Offenbarung zu vertreten, versteht es sich von selbst, dass für jeden Anhänger einer dieser Glaubensgemeinschaften die Vorstellung, ein Mensch könne, ganz einfach aus den Tiefen seines individuellen Bewusstseins heraus, ein philosophisches System entwickeln, eine beklagenswerte Blasphemie und eine lächerliche Vermessenheit darstellt.

Diese historischen Institutionen fügen sich nicht nur zu einer Monumentalarchitektur gleichsam beeindruckender Gebäude, sie üben zudem mit ihren moralischen Prinzipien einen vagen, schwebenden, unwägbaren Druck aus, der wie eine Weihrauchwolke die gesamte Atmosphäre unseres Alltags durchdringt und die Hauptessenz dessen darstellt, was wir in Kindheit und Jugend als richtige und angemessene Gefühls- und Verhaltensweisen zu übernehmen gezwungen sind.

Daher unterliegt unser tiefes persönliches Verlangen – ein Verlangen, ganz für uns und auf ungeschlachte und praktische Weise eine systematische Philosophie zu entwickeln, die uns in schlichterem, kleinerem und einfacherem Rahmen Einsichten ermöglicht, die in der Welt der akademischen Kultur auf Platon, Spinoza, Schopenhauer oder Nietzsche beruhen – immer noch der Gefahr des Scheiterns, selbst wenn es uns gelingt, uns an den wissenschaftlichen und theologischen Experten vorbeizuschleichen.

Am schlimmsten aber ist, dass wir möglicherweise zusehen müssen, wie unser rudimentäres Gedankengebäude auch nach seiner Errichtung noch unter den subtilen atmosphärischen Ausdünstungen der gewöhnlichen traditionellen Frömmigkeiten unseres nationalen

Alltagslebens zerbröckeln und sich auflösen kann. Aber der jugendliche Denker darf nie vergessen, dass auch die berühmten Philosophen der Vergangenheit stets gegen eine solche Atmosphäre unbestrittener Werte haben ankämpfen müssen. Auch sie mussten die Tabus und Totems, die sozialen Stigmatisierungen, die Klassenkampfparolen und die riesigen, treibenden, moralisch-unmoralischen Tangmassen der Sargassosee*, die sich den angesammelten Überängstlichkeiten aus Tausenden von Jahren verdanken, überwinden oder sich ihnen entziehen.

Diese älteren Denker mussten genau wie unser anmaßender junger Philosoph den zahlreichen dürren, summenden und brummenden Geboten widerstehen, die der Moloch unserer gesellschaftlichen Institutionen herunterleiert und die uns vor den Inquisitoren der Konvention in die Knie zwingen.

Denn wie kann ein junger Mensch auch nur in seiner innersten Seele eine philosophische Methode zu entwickeln beginnen, um das Leben in den Griff zu bekommen, ohne in einem fort mit den etablierten Autoritäten in Konflikt zu geraten, wobei es keine Rolle spielt, ob diese Autoritäten nun klar und deutlich in die Gesetzestafeln eingraviert sind oder einfach nur so herumtreiben, wie das Meerwasser, in dem man schwimmt oder der Nebel auf den Berggipfeln, die man besteigt?

Wohl jeder – ob männlich oder weiblich, jung oder alt –, der zum ersten Mal versucht, sich über den innersten Impuls seiner philosophischen Identität in dieser vertrackten und heiklen Welt Klarheit zu verschaffen, kann sich glücklich schätzen, wenn er nicht Tausende von Stimmen hört, die ihm aus den Lüften zurufen, dass das, was die gelehrtesten und gebildetsten Köpfe, die Spezialisten aller Fachgebiete nicht vermögen – nämlich, ganz von vorn anzufangen und eine lebendige Philosophie zu entwickeln, eben keine logische Theorie, sondern etwas mit Gefühlen und Nerven, mit Vorstellungskraft und Intuition, ja, mit weiblichen wie männlichen Eigenschaften der natürlichen Intelligenz –, jemandem wie ihm erst recht niemals gelingen wird, wo er doch noch nicht einmal ein Studium absolviert hat ...

Und obendrein gibt es dann eine Liste der modernen Studienfächer, von denen sich einige nicht einmal im neuesten Lexikon nachschlagen lassen.

Und deshalb ist das Problem für einen unprivilegierten, wenngleich nicht unintelligenten Menschen, der sich entschlossen hat, als Menschentier in einer Schar anderer Menschentiere die tastenden Versuche seiner Intelligenz zu erproben und zu einer »Philosophie der einfachen Leute« auszubauen, eines, das von Anfang an nicht nur gehörigen Wagemut erfordert, sondern auch eine besondere Mischung aus Naivität und Scharfsinn.

Er wird eben bloß über jene Schlichtheit und animalische Scharfsinnigkeit verfügen müssen, die unsere natürliche Selbstbehauptung durch das intuitive Wissen schützen kann, wann Redseligkeit durch Reserviertheit und Zurückhaltung zu ersetzen ist und wann, wie Rabelais sagt, »mehr verheimlicht als enthüllt« werden muss.

Doch nun wird unsere kleine Schar von Amateurphilosophen von der ungehörigen Frage aufgeschreckt: »Worüber habt ihr Ignoranten schon zu philosophieren, wenn alle Berufsakademiker ausgeschlossen sind?« Darauf müssen wir kühn antworten: »*Über alles!* Über das Leben, über die Natur, über Sie, über mich. Über meine Stadt, mein Dorf, meine Arbeitsstelle, meinen Chef – eben über alles!«

Keiner dieser Tätigkeitsbereiche, keine dieser komplizierten Welten hat sich in Luft aufgelöst, nur weil man nicht in der Lage gewesen ist, die vorherrschenden Schlagworte der physikalischen, metaphysischen, mathematischen, psychologischen und biologischen Spekulationen zu begreifen, die in diesem Jahr der Gnade oder der Ungnade im Umlauf sind.

Alle diese spezialisierten und mikroskopischen Spekulationen setzen uns aber immer noch den alten Problemen und den alten Rätseln aus. Die Verwirrung, die daraus entsteht, dass man ist, was man ist, dass die anderen Menschen sind, was sie sind, und dass die Tiere, Pflanzen und Mineralien sind, was sie sind – sie bleibt bestehen.

Aber ja, noch immer ist die äußerste Ungewissheit nicht ausgeräumt, ob es nicht vielleicht besser wäre, wenn alles aufhörte, es selbst zu sein, und zu etwas anderem würde – oder zu nichts. Doch da all diese betreffenden Spekulationen und Ideen auch noch für die schlichteste Seele unter uns eine Menge belassen haben, über das sich philosophieren ließe, gibt es keinen Grund, das Mysterium unseres alltäglichen Lebens auf diesem erstaunlichen Planeten als völlig dunkel und hoffnungslos obskur zu betrachten. Es *ist* ein Mysterium, aber eines, das von Lichtstrahlen durchschossen ist. Eine andere Sicht der Dinge zu vertreten wäre genau das, was radikale Denker als »Obskurantismus« bezeichneten.

Und weil wir darauf bestehen, »trotz« der Spezialisten und Experten zu philosophieren, bestreiten wir hartnäckig, dass die modernen Methoden der Spekulation und Analyse mit all ihren Verwicklungen und Erhellungen – selbst wenn wir zu einfältig sein sollten, um sie zu begreifen – geeignet sind, alle Geheimnisse dieser Welt zu klären und auf den Punkt zu bringen.

Nun gut, räumen wir getrost ein, dass diese Verfahren das Mysterium des Lebens doch ein kleines bisschen gelöst haben – vielleicht sogar ein ganzes Stück weit. Unser Einwand ist lediglich der, dass in der menschlichen Natur, wie wir sie in uns vorfinden, ein starkes Bedürfnis nach dem besteht, was man bisher »Philosophie« genannt hat, dass aber all dieses Expertenwissen keine Philosophie darstellt, gleichviel, wie gehaltvoll es auch sein mag. Der einfache Mensch tut aber gut daran, wenn ihm sein eigenes Innenleben und sein Seelenfrieden lieb sind, schon zu Beginn seines »Philosophierens« zu erkennen, dass die Propheten, denen er folgen sollte, falls er sich mit den wesentlichen Fragen des menschlichen Lebens befasst, keine Spezialisten sein dürfen – weder in der Metaphysik wie Hegel noch in der Theologie wie Thomas von Aquin, noch in den Naturwissenschaften wie Einstein –, sondern dass es die großen, fantasiebegabten, humorvollen, poetischen Meister wie Homer, Rabelais, Cervantes und Shakespeare, Goethe und Walt Whitman sein sollten.

»Philosophieren« bedeutet demnach, mit dem gesamten wahnwitzigen, verrückten und erschreckenden Chaos des Lebens zu ringen, wie es sich für die meisten Menschen in der tagtäglich gewohnten Arbeit sowie in den Plagen und Freuden darstellt, in die wir von Schicksal und Zufall gestürzt werden.

Die Art von »Philosophie«, die wir klugerweise verfolgen sollten, falls wir wirklich das Herz haben, so etwas anzugehen, müsste eine Zusammenfassung und Bündelung aller lebenswichtigen Elemente unseres eigenen Wesens zu einem einzigen organischen Antrieb sein.

Lassen Sie uns von einer kühnen und ungewöhnlichen Annahme ausgehen! Gehen wir also davon aus, dass das »Wir«, das sich anschickt, die Hauptprinzipien der Lebensweise zu entwickeln, zu definieren und zu klären, eine kleine Schar von Freunden beiderlei Geschlechts ist – manche jung, manche in den besten Jahren, manche alt. Eine solche Freundesschar sollte in der Lage sein, eine kleine, knappe Sammlung menschlicher Gedanken und Gefühle anzulegen, die, wenn sie sich erst einmal konsolidiert und ausgeformt hat, von echtem Wert ist – falls nicht für andere, dann doch zumindest für uns selbst.

Wir wollen uns bei diesem Versuch auf fundamentale Weise mit den Dingen befassen, die von den großen Spezialisten unserer Zeit ziemlich nachlässig behandelt werden, auch wenn sie kaum vermeiden können, diese

Themen zu streifen: Es sind Themen wie Leben und Tod, Gut und Böse, Schicksal und freier Wille, Einzelner und Familie, Individuum und Gesetz, Mensch und Staat, der Mensch und die Natur – in Verbindung mit den Fragen, wie wir wohl am besten aushalten können, was wir ertragen müssen, und wie wir am besten genießen können, was zu genießen wir überhaupt in der Lage sind.

Unsere kleine Freundesschar stimmt zumindest darin überein, dass das, was wir heute diskutieren, sich trotz neuerer Vorstellungen nicht sonderlich von dem unterscheidet, was auf unterschiedliche Weise schon immer diskutiert worden ist – von Homer und Shakespeare, Rabelais und Goethe, Dostojewski und Nietzsche –, und auch nicht so sehr von dem, was in ferner Zukunft diskutiert werden wird, wenn so viele Theorien und Dogmen unserer Zeit widerlegt, überwunden oder fast in Vergessenheit geraten sein werden.

Ehe wir fortfahren, wollen wir festhalten, auf welcher Grundlage wir als Freundesschar uns bereits verständigt haben. Wir sind uns zum Beispiel einig, dass wir nicht nach Glück streben wollen – nach jenem Geheimnis aller Geheimnisse, das nach eigenem Gutdünken kommt und geht wie ein Hauch vom Himmel –, sondern dass wir uns vielmehr dazu *zwingen* wollen, jedes unmittelbare Geschehen in unserer Umgebung, das unser Schicksal oder der reine Zufall für uns bereithält, *zu genießen*, es sei denn, außerordentliche körperliche, geistige oder seelische Schmerzen ließen einen solchen Genuss ganz und gar nicht zu.

Wir sind ferner zu dem gemeinsamen Schluss gelangt, dass es in der Revidierten Fassung des Neuen Testaments* zu einem folgenschweren und sehr subtilen psychologischen Fehler gekommen ist, indem jenes mystische paulinische Wort nun mit »Liebe« und nicht mehr, wie noch in der Autorisierten Version, mit »Güte« übersetzt worden ist. Denn hinter der Maske dieses fatalen Wortes »Liebe« liegen gemeinhin mehr todbringende Hydren des Hasses und der Bosheit, mehr geronnene Grausamkeit und Schrecken verborgen, als sie noch der dümmste und viehischste Mensch im untersten Höllenschlund zu gewärtigen hat.

Unsere kleine Schar von Möchtegernphilosophen ist überdies zu dem Schluss gelangt, dass die klügsten theologischen Experten unserer Tage die natürliche Güte des normalen Menschen vorsätzlich in ein trügerisches und falsches Licht rücken, indem sie listig argumentieren, dass es in der Welt keine Schönheit, keinen Zauber, keine Wunder, keine Geheimnisse, keine Poesie, nichts Wundersames, nichts Wunderbares, nichts Ehrfurcht Erheischendes gäbe, wenn die Theologie ausgerottet werden würde.

Wir behaupten hingegen, dass die Dichtkunst und das Geheimnis des Lebens nicht im Geringsten von der Theologie, von den Natur- oder den Geisteswissenschaften abhängen. Wir sind überzeugt, dass die geheimnisvolle Poesie des Lebens unberührt bliebe, wenn alle »heiligen Bücher« der Welt vernichtet werden würden, wenn alle Auslegungen aller Offenbarungen, sämtliche Deutungen sämtlicher Orakel und alle Weissagungen aller Propheten verbrannt oder im Meer versenkt werden würden.

Unsere kleine Gruppe von Vereinfachern hat sich zu Beginn ihrer ungeheuren Aufgabe darauf verständigt, das schlichte Wort »Freundlichkeit«, das jeder versteht und das nichts Thaumaturgisches* oder Wundersames an sich hat, an die Stelle dieser mystischen und theologischen »Liebe« zu setzen. Wenngleich erst nach heftigen Diskussionen aller Aspekte dieses äußerst komplizierten Themas haben wir schließlich genau festgelegt, was wir mit dem eigentlichen Schlüsselwort unserer »Philosophie des Trotzdem« meinen – nämlich mit dem Wort »Genuss«.

Wir sind übereingekommen, diesem einfachen Wort eine viel umfassendere und umgreifendere Bedeutung als die übliche beizumessen. Wir haben uns darauf besonnen, soweit es uns selbst und mögliche »Konvertiten« betrifft, wie Shakespeare solche Menschen nennt, das Wort »Genuss« ebenso sehr zur Summe und zum Symbol unserer Denkmethode zu erheben wie Hegel das Wort »Werden« zur Summe und zum Symbol der seinigen.

Aber wir haben es dabei nicht belassen, nur dieses Axiom unseres philosophischen Gebäudes aufzustellen. Wir haben anschließend genau definiert, was wir wirklich damit meinen. Zuvor jedoch haben wir ein Verb hinzugefügt, nämlich das Verb »uns zwingen«. Der fundamentale Schlüssel zu unserer »Philosophie des Trotzdem« ist daher die Formulierung: »uns zum Genuss zwingen«.

Unsere kleine Philosophenschar, der Männer und Frauen aller Altersgruppen angehören, hat sich darauf verständigt, dass der vollständige Sinn des Lebens für uns darin besteht, *uns zu zwingen, das Leben zu genießen.* Dieser folgenschwere Entschluss wurde durch unser verwegenes und unwiderlegbares Dogma unterstützt, dass in dieser wirren und widersprüchlichen Welt allein schon das Bemühen, »sich zu zwingen«, etwas zu tun, ein angenehmes Gefühl sei.

Was nun meint unsere »Philosophie des Trotzdem« mit ihrem Schlüsselwort »genießen«? Nun, es bedeutet, sich etwas oder jemandem – etwa einem Ort, einer Person, einem Raum mitsamt aller Möbel und allen Anwesenden, einer Landschaft mitsamt ihrem Panorama und allen Gestalten – zu nähern, sie zu erfassen, zu umgreifen und dann diesen Ort, diese Person, diesen Raum oder diese Landschaft mit allen unseren Sinnen zugleich zu vereinnahmen.

Nehmen wir beispielsweise an, wir befinden uns in einem Haus; vor uns ein Paar älterer Verwandter, die zu beiden Seiten eines kleinen Feuers vor einem ganz gewöhnlichen Kamin sitzen, auf dessen Sims eine kleine metallene Uhr mit ihren Zeigern auf fünf Uhr zeigt. Diese Szene vor uns besteht daher aus zwei Lebewesen, mit deren Anblick wir vermutlich vertrauter sind als mit allen anderen in der Welt. Sie besteht auch aus den mehr oder weniger vertrauten Phänomenen eines kümmerlichen, kleinen Kaminfeuers, einer Uhr auf einem hässlichen Sims, einer Wand mit vergilbter Tapete, an der ein paar billige Farbdrucke mit wohlbekannten Bibelmotiven hängen, aus einem Funkenschutzgitter in der Kaminöffnung und, davor liegend, diesem einem kleinen dunklen Wollteppich.

Es kann nun sehr gut sein, dass zwischen uns und diesen beiden sitzenden Gestalten gerade ein Missverständnis entstanden ist, das in uns einen bleiernen, erschöpften, desillusionierten Widerwillen gegen diese vertrauten Gegenstände auslöst und uns ein Stöhnen höllischen Angeödetseins entlockt, einen Seufzer der absoluten Langeweile und ein Gefühl, als würde sich eine graue Wolke scorischer Asche* über jeden Ausblick und jeden Fluchtweg legen, den unsere verzweifelte Fantasie heraufbeschwört.

Was nun hat unsere »Philosophie des Trotzdem« unter diesen widrigen Umständen zu sagen? Zuallererst würde sie uns anraten, den in uns hochsteigenden Zorn im Zaum zu halten. Zweitens würde sie uns eine ästhetische Haltung bieten, um mit all unseren Sinnen jede Form und Farbe zu vereinnahmen, jede Dimension und Ebene, jede Rundung und Ausbuchtung, jede Substanz und alle Sachen – gleichviel, ob tierische, pflanzliche oder mineralische Sachen –, die sich in der Szene vor uns entdecken lassen.

Wenn wir in unserer Schwäche und Melancholie diese beiden Triumphe dessen vollbracht haben, was gemeinhin »Willenskraft« genannt wird, sollten wir wohl gerüstet sein, um uns ebenso entschieden wie scharfsinnig dem mystischen Trick gewiefter Theologen mit ihrem apostolischen Konzept der spirituellen Liebe zu verweigern.

Die »Philosophie des Trotzdem« bekräftigt ständig ihre grundsätzlichen Axiome, dass wir Liebe durch Freundlichkeit ersetzen sollten und dass wir, wenn wir zornig zu werden drohen – was nun einmal in der menschlichen Natur liegt –, uns sogleich in unserer heimlichen Seele »sammeln« und jene ganz besondere Selbstkontrolle ausüben sollten, die wir als die psychologische Hauptentdeckung unserer Philosophie betrachten.

Diese einzigartige »Selbstkontrolle«, in Verbindung mit der vollständigen Tilgung des Wortes »Liebe« aus unserem Vokabular, ist das Hauptkennzeichen unseres Systems und hat nichts mit der gewöhnlichen puritanischen Selbstverleugnung zu tun. Sie ist ebenso egoistisch wie altruistisch, und wenn sie nicht so offensichtlich und engelsgleich wäre, müsste sie sogar des teuflischen Unfugs bezichtigt werden.

Sie wurde von unserer Philosophenschar – wohlgemerkt: Frauen wie Männer jeglichen Alters – sorgfältig durchdacht und säuberlich modelliert, ohne in ihrer ganzen Subtilität darauf angelegt zu sein, bei den meisten Provokationen, Ärgernissen, Irritationen, Demütigungen und Beleidigungen Anwendung zu finden. *Nicht zornig zu werden* ist in der Tat unser Prinzip, doch das bedeutet nicht, dass wir Pazifisten wären. Wir sind durchaus bereit, nötigenfalls Gewalt anzuwenden, selbst für bestimmte Zwecke im eigenen Interesse. Wir sind sogar bereit, so zu tun, als seien wir zornig, wenn wir in Wirklichkeit so gelassen und dem Objekt unserer Selbstbeherrschung ebenso wohlgesinnt gegenüberstehen, wie es Spinoza selbst oft gewesen sein muss, wenn er über den Grund der Dinge nachdachte und dabei seine Linsen polierte*.

Wir haben unser seltsames System nach einem bei Homer häufig wiederkehrenden Ausdruck als »Philosophie des Trotzdem« bezeichnet: *alla kai empes,* »sei's drum« oder auch, gröber und weniger genau, »trotzdem«. Der Grund dafür ist die Erkenntnis, die sowohl vom Jüngsten als auch vom Ältesten unserer Gruppe schmerzlich genug anerkannt worden ist, dass jede echte Lebensphilosophie nicht etwa ein Nebenzweig der Theologie oder der Naturwissenschaften oder gar der modernen Psychoanalyse ist, sondern eine Alltagsmischung der beiden lebenswichtigsten Arzneien der menschlichen Seele: unser Kampfgeist, uns durch geistige Stärke unsere Befriedigungen zu Eigen zu machen, und unsere Fähigkeit zu vergessen, mit der wir unsere Ängste und Schrecken durch dieselbe geistige Stärke ausschalten.

Und diejenigen, die nicht völlig abgeneigt sind, sich zu unserer »Philosophie des Trotzdem« bekehren zu lassen, sollten noch einen Gesichtspunkt berücksichtigen. Wir sind nach ausgiebigen Diskussionen über das, was man als »Ursprung aller Weisheit« bezeichnen könnte, übereingekommen, dass es – was auch immer mit uns bereits geschehen ist oder geschieht oder vermutlich geschehen wird – vor allem darauf ankommt, trotz allem und jedem klaren Kopf zu bewahren.

Das heißt nicht, dass wir tapfer sein müssen. Wir können durchaus feige und furchtsam bleiben, solange unsere Feigheit nicht dazu führt, dass wir uns niedergeschlagen und erbärmlich fühlen. Auch müssen wir mitnichten unser Schicksal oder unsere Freunde lieben. Wir müssen unser Schicksal *akzeptieren*, bis wir ihm entfliehen können, und wir müssen liebenswürdig zu unseren Freunden sein, bis wir ihnen entkommen können. All das bedeutet letztendlich, dass wir unter allen Umständen, auch wenn uns Leid und Armut auferlegt sind, einen klaren Kopf bewahren und uns zwingen, uns in unserer unmittelbaren Umgebung oder in unseren geheimsten Gedanken an irgendetwas zu erfreuen – egal an was.

Nachdem unsere kleine Philosophenschar – und der geneigte Leser möge sich bitte erinnern, dass dieses »Wir« alte Männer und Frauen jeglichen Alters umfasst – sich darauf verständigt hat, unerschütterlich auf gehobener Stimmung und Freundlichkeit zu bestehen, ist sie zu folgenden abschließenden Entscheidungen gelangt.

Wir haben beschlossen, nur dem »Selbst« oder dem Bewusstsein eines Selbst in uns absolut zu vertrauen, wie jung oder alt, wie schwach oder ignorant wir auch sein oder wie sehr wir auch bezweifeln mögen, ob dieses »Selbst« den Tod des Körpers überlebt. Und als weiteres Gebot unserer »Philosophie des Trotzdem« haben wir nicht nur festgelegt, dieses »Selbst« auf sein luftigstes, leichtestes, bescheidenstes, unpersönlichstes und am wenigsten selbstbewusstes Bewusstsein zu beschränken, sondern auch alle Lebewesen, denen wir begegnen, so zu behandeln, als verfügten sie über die gleiche Empfindlichkeit wie wir und als entspräche ihr »Selbst«, ihr

Bewusstsein von sich selber, dem, was wir für uns anzustreben versuchen.

Unsere allgemeine Idee bei dieser klaren Ausformulierung unserer Lebensweise ist es, die Alltagsrealität unseres Lebens »in den Griff zu bekommen«, wie man gemeinhin sagt – also genau die Angelegenheit, der die alten Berufsphilosophen aus unerforschlichen Gründen immer ausgewichen sind und um die die modernen Spezialisten »kein Aufheben« machen, wenn sie sie in ihrem Wahn für das, was sie das »Unbewusste« nennen, ständig *untergraben*.

Einem neuen Kandidaten für eine Bekehrung zu unserem »Trotzdem«-System würden wir ganz zu Anfang sagen: »Wer immer Sie auch sein mögen, Sie befinden sich mitten in einem Spiel, einer Schlacht, einem Drama, einem Geheimnis, einem Gefangenenlager, einem Schulhof, einem Bauernhof, einer Mönchszelle, einem Marktplatz, einem gepflügten Feld, einem Steinbruch, einer Fabrik, einem Salon, einer Küche genau jenes Lebens, in das das Schicksal oder der Zufall Sie versetzt hat, und Sie sind sich unvermittelt Ihrer völlig eigenen Identität bewusst: *Sie sind Sie*, von Grund auf anders als alle anderen in der ganzen Welt.« Nun überlegen wir uns aber *nicht sofort*, wie wir Sie am besten aus der Familie, Schule, Arbeitsstelle, diesem Geschäft, Stamm oder Dorf herausbekommen könnten, wo Sie sich in diesem Moment aufhalten. Wir überlegen uns stattdessen, wie Sie sich noch vollständiger von allen anderen trennen könnten, *ohne dass irgendjemand irgendetwas merkt*.

Der erste Schachzug, mein höchst misstrauischer Konvertit, läuft also darauf hinaus, einen Beobachtungsposten zu finden, von dem aus Sie alles und jeden in Ihrer Reichweite genauestens im Auge behalten können. Dieser Beobachtungsposten kann natürlich nur in Ihrem innersten »Selbst« sein, das zu sich sagt: »Ich bin Ich.«

Von diesem inneren Selbst aus, mein vorsichtiger Konvertit, müssen Sie lernen, heimlich über die Dummheit und Aufgeblasenheit, die holzköpfige Bosheit und Schmalspurigkeit fast aller anderen ringsumher zu lächeln. Aber die ganze Zeit über, während Sie sich klugerweise von ihnen trennen und Ihre Versuche einstellen, sie zu lieben, und sich stattdessen zwingen, wie widerstrebend auch immer, äußerst freundlich zu ihnen zu sein, müssen Sie sich gleichzeitig zu zwingen beginnen, jene raffinierte und unzugängliche Selbstkontrolle auszuüben, die unsere Philosophie erfunden hat, damit *nichts* Sie in Wut bringen kann – was es auch sei und wie entschieden Ihnen das auf die Nerven geht. Und zudem müssen Sie alles und jeden von Ihrem heimlichen Beobachtungsposten aus in Ihrem eigenen verborgenen Selbst beobachten, beobachten, beobachten!

Nun kommen wir zum innersten Kern und zum Herzstück unserer »Philosophie des Trotzdem«. Während Sie mit Ihrem verstohlenen Lächeln die typischen Worte, Ausdrucksweisen und Gesten Ihrer Freunde und Verwandten beobachten, müssen Sie beachten, dass es zwar nicht den geringsten Grund gibt, diese eitlen, stolzen, arroganten, gierigen, gerissenen, aufgeblasenen, unleidlichen und lächerlichen Mitmenschen zu *lieben*, dass es aber ebenso unnötig ist, sie zu hassen oder etwa zu verachten. Notwendig ist nur – und das ist die oberste Doktrin unserer Philosophie –, *dass Sie sich zwingen, sich an Ihnen zu erfreuen*. Sie müssen sich wahrhaftig an ihrer Aufgeblasenheit, ihrem Stolz, ihrer Eitelkeit, ihrer Gier, ihrer Dummheit erfreuen! Jawohl, genießen Sie das alles wie die Farben eines kuriosen, aber zufrieden stellenden Gemäldes oder die lustigen Absurditäten einer Komödie.

Seien Sie nun nicht überrascht, mein wachsamer Konvertit, vom nächsten Schritt, den wir Ihnen sogleich enthüllen werden. Sie nutzen zwar Ihr verborgenes »Selbst« als Ihren *Beobachtungsposten,* aber das heißt *nicht*, dass unsere Philosophie Sie auffordert, *viel von sich herzumachen* – anders als es der Kunde nach der große Essayist Montaigne und sein englischer Schüler William Hazlitt* getan haben. Auch sollten Sie nicht Stunden damit zubringen, sich zu »vervollkommnen« und über sich selbst nachzudenken. Ganz im Gegenteil! Die »Philosophie des Trotzdem« lehrt, wie Sie später noch sehen werden, wenn Sie sich uns weiterhin anvertrauen, eine Lebensweise, die diesem »Viel-von-sich-Hermachen« genau entgegengesetzt ist. Die »Philosophie des Trotzdem« zielt darauf ab – und hier stellt sie tatsächlich eine originelle und neue Lebensweise dar –, wie man seine Existenz *sich selbst zum Trotz* genießen kann. Mit anderen Worten, Sie lernen von uns, wie Sie sich in den köstlichsten Freuden des Lebens verlieren können.

Genau damit setzen wir uns kühn und vollständig in direkten Gegensatz zu einigen der Hauptdoktrinen, die uns in diesen Zeiten von unseren ernsten und strengen Lehrern beigebracht werden. Deren Lieblingsworte sind »Vervollständigung« und »Vervollkommnung«.

Sie sagen uns, wir brauchten ein »vollkommenes Selbst«. Sie sagen uns, wir müssten uns »selbst verwirklichen«, wir müssten danach streben, unsere Originalität, unsere Persönlichkeit, unsere Einzigartigkeit zu entwickeln. Sie sagen uns, das einzige Ziel des Lebens sei die Selbstverwirklichung, die Vertiefung des Selbst, die Bereicherung unserer Integrität. Und nicht zufrieden mit diesem Geheiß, versichern sie uns überdies, dass diese kostbaren Vervollkommnungsquellen des Selbst in Verbindung mit dunklen, geheimnisvollen Tümpeln und Teichen, Seen und Meeren der *Selbstheit* stehen, mit Volksselbsten, Stammesselbsten und der Teufel weiß mit was noch für anderen Selbsten.

Missachten wir doch diese falschen Prophezeiungen und Lügenorakel, hören wir stattdessen auf die Stimme der »Philosophie des Trotzdem«! Der Sinn des Lebens für die Söhne und Töchter des Lebens und alle lebendigen Dinge, die das Leben hervorbringt, ist, das Leben zu genießen. Um das Leben zu genießen, muss man sich vor allem ständig selbst in dem Genuss verlieren, sich dem Leben voll und ganz hinzugeben. Statt sich selbst zu »vervollkommnen«, geht es vielmehr darum, sich so weit wie möglich *selbst aus dem Weg zu schaffen.*

Die Hauptsache ist, den Ich-Aspekt unseres aufgeschlossenen Bewusstseins auf ein Minimum zu begrenzen. Wir wollen, dass das Leben auf diesem Planeten eine Abfolge von Erfahrungen ist, und dazu braucht es nur zwei Dinge: das Erlebende und das Erlebte.

Die kosmische Kraft hinter allem, was wir »Natur« nennen, die in ununterbrochenen Strömen des Lebens und ununterbrochenen Strudeln des Todes dahinfließt, erzeugt ständig Phänomene, die wir fühlen, wollen und begehren, wie auch Phänomene, die gefühlt, gewollt und begehrt werden. Die meisten Lebewesen gehören beiden Kategorien an. Statt jedoch den Akzent auf das Selbstbewusstsein in diesen zahllosen Selbsten zu legen – ob nun in uns, in Insekten, Reptilien, Vögeln, Fischen oder in Säugern, die mit dem Vermögen der Fortbewegung gesegnet sind und sich nicht nur voneinander ernähren, sondern auch von Pflanzen, Bäumen, Felsen und Steinen, von der Erde und dem Wasser des Universums ringsumher –, betont unsere »Philosophie des Trotzdem« vor allem den *Moment des Genusses selbst,* wenn all diese Selbste die Myriaden von Objekten ihres Hungers, Durstes, ihrer Lust, Begierde, Anziehung, Faszination, ihres Interesses und ihres unerschöpflichen Staunens umarmen, absorbieren, schmecken, verschlingen und verzehren, die sich allen empfindsamen Geistern im Spektakel der Welt darbieten, in die sie hineingeboren sind.

Die »Philosophie des Trotzdem« setzt sich dafür ein, unsere Hauptaufmerksamkeit nicht länger dem inneren Phänomen unseres Bewusstseins oder Selbstbewusstseins zu schenken, das sie in direktem Gegensatz zu den Lehren der Mystiker als eine »ermüdend schwere Last«*

betrachtet, die man fallen lassen und auf ein Minimum reduzieren sollte, sondern dieselbe Aufmerksamkeit stattdessen dem Akt des Genusses zuzuwenden, in dem wir mit allen Sinnen alles, was uns im universalen Leben ringsumher anlockt, verschlingen, umarmen, absorbieren, besitzen, verspeisen und verdauen.

Unsere Philosophie hält dafür, dass der lebendige, vitale Impuls und der Sprung des Selbst hin auf das, was es jederzeit und allerorten mit all seinen Sinnen in den Tiefen der Zeit und in den Abgründen des Raums aufsaugt, den essentiellen Lebensstrom der Welt darstellt, der gleichermaßen kreativ und destruktiv ist.

Unsere Philosophie ist sich gewiss, dass hinter dem Selbst eine entsetzliche Leere herrscht, in der die Wunder, von denen das Selbst lebt, indem es vom Blute des Universums trinkt und sich von dessen Fleisch nährt, zernichtet und erschaffen werden – ein Nichts, auf das den Blick zu richten gefährlich ist, denn wie schon das Gorgonenhaupt wusste: »oh, auf *diesem* Weg liegt Wahnsinn«.*

Wenn wir den Despotismus der Spezialisten und Experten dadurch abschütteln wollen, dass wir uns selbst zu Spezialisten und Experten zu machen versuchen, dann setzen wir uns der ernsthaften Gefahr aus, wahnsinnig zu werden. Wir müssen einfach anerkennen, was schon das Orakel Sokrates' empfahl, dass wir nichts wissen und nichts wissen können. Es liegt in der inhärenten Natur unseres Bewusstseins, dass unserem Wissen durch ebenden Prozess der Erkenntnis Einhalt geboten wird.

Deshalb spricht sich die »Philosophie des Trotzdem« dafür aus, dass wir versuchen sollten, weise zu sein – und zwar nicht nur trotz aller Experten, sondern auch trotz der gefährlichsten aller Experten, nämlich *unserer selbst.* Um den Zweck und die Nutzanwendung unseres Systems zu verdeutlichen, wollen wir nun zu unserem imaginären Wohnzimmer in einem imaginären Haus zurückkehren und noch einmal unterstreichen, wie unsere Philosophie uns bei dem geläufigen Auftauchen nervöser Reizbarkeit helfen kann.

Nehmen wir an, dass unser Konvertit kleine Häufchen Butter auf grobe Stücke Brot streicht, die er mit ungeduldigen Fingern von einem knusprigen, gerade aus der Küche geholten Laib gebrochen hat. Ihm gegenüber an demselben kleinen Tisch sitzen – sagen wir doch einfach: Großonkel und Großtante, denen seine Schwester, ein duldsames Kind, gerade Tee einschenkt.

Die Vorhänge sind zugezogen. Die Bibelbilder an den Wänden haben eine vertraute, verräucherte Strenge angenommen, die weder der Absicht ihrer konventionellen Maler entspricht noch in irgendeiner Hinsicht ihren orientalischen Themen, die unserem Konvertiten von frühester Kindheit an nur die öde Wiederholung der Worte »Du sollst nicht ...« nahe legten, während die hohe Stimme seiner Großtante und das seltsame saugende Geräusch, mit dem der Großonkel sein Butterbrot verschluckt wie ein Ichthyosaurier* eine Qualle, ihn in eine gewisse Rage getrieben haben, in der er sein Brot am liebsten ins Feuer schleudern und wie ein Irrer schreiend aus dem Haus stürzen würde.

Doch urplötzlich ist alles verwandelt. Mit einem Blitz verzweifelter Erleuchtung erkennt er, wozu seine Freunde mit der »Philosophie des Trotzdem« ihn allmählich bekehrt haben. Statt zu versuchen, dieses Paar Mitleid erregender, grotesker alter Leutchen auf mystisch-okkulte Weise zu lieben, macht er sich mit der gesamten Energie seines Geistes daran, sich zu zwingen – und das ist keineswegs leicht, fällt aber mit der Zeit immer leichter –, die abstoßenden Geräusche des Alten zu genießen, die krächzende Stimme seiner Tante zu genießen und selbst das fürchterlich ermüdende »Du sollst nicht ...« jener Wandgestalten mit ihren schweren Gewändern, ihren dichten Bärten und ihren feierlichen Gebärden zu genießen.

Nach dem ersten Gerangel mit seinem Abscheu über die nichtmenschlichen Laute des alten Mannes und der ersten Anstrengung, seine gereizte Wut über die krächzende Stimme der alten Frau zu beherrschen, stellt unser Konvertit fest, dass eine dämonische Kraft in ihm, von deren Existenz er nicht die geringste Ahnung hatte, beide Gefühle, Abscheu wie Wut, in eine intensive Befriedigung umwandeln kann. Je öfter die bärtigen Gestalten »Du sollst nicht ...!« rufen, je ähnlicher sein Onkel einem sintflutlichen Saurier wird, je mehr seine Tante einer boshaften Hexe gleicht, umso nachsichtiger wird er ihnen allen gegenüber. Indem er ihre übelsten Eigenschaften auf die Spitze treibt, scheint er die Fähigkeit entwickelt zu haben, sie zu zwingen, sich bei ihm einzuschmeicheln. Aber das ist noch nicht alles.

Während seine Erbauung an der ganzen Ansammlung materieller Substanzen, organischen wie anorganischen, aus denen diese Szene besteht, zunimmt, beginnt sie, den gesamten Raum einzuschließen, in dem er sich nun seiner selbst erfreut, und da die Vorhänge, die das Dämmerlicht jenes Dezembernachmittags ausschließen, es ihm nun bei einem gelegentlichen Luftzug erlauben, hin und wieder einen Blick auf die Bäume auf der anderen Straßenseite zu erhaschen, wird es ihm möglich, seine umfassende Zuneigung zu den Substanzen mit all ihren Formen, Farben, Geräuschen, Schweigsamkeiten, Stimmungen und Andeutungen, die in diesen vier Wänden enthalten sind, in die Dämmerung außerhalb des umschlossenen Raumes zu tragen, bis er sich schließlich zwingt, auf gleiche Weise das Rund der Elemente insgesamt zu umfassen – Luft, Feuer, Wasser und Erde –, aus denen unser planetarisches System besteht.

Das Geheimnis aller Geheimnisse ist es, nicht zu lieben, nicht zu hassen, nichts zu verstehen, nichts anzubeten, nichts zu deuten, nichts zu erklären, sondern, schlicht und einfach, nur zu genießen. Und wenn diese natürliche, instinktive Freude am Universum, das uns unmittelbar umgibt, höhere Ansprüche zu stellen und ihr Verlangen auf fernere kosmische Horizonte zu richten beginnt, dann wird es ihr auch absolut möglich sein, sich der Begrenzung durch die hypothetische »Einheit« der Dinge zu widersetzen, eine »Einheit«, die vermutlich auf der schlichten tier-menschlichen Logik beruht, dass die Welt eine Einheit sein muss, weil ich selber eine bin, denn wenn sie keine Einheit wäre, dann könnte ich mit niemandem kommunizieren und nichts verstehen.

Doch unser Konvertit wird in der Krise, die ihn da heimsucht, so wenig von diesen primitiven Argumenten überzeugt sein, dass er, sobald es ihn nach diesen ferneren Horizonten für seinen kosmischen Hintergrund zu verlangen beginnt, instinktiv fühlen wird, dass er in einem Multiversum statt in einem Universum lebt.

Die Wahrheit ist die, dass wir eine Philosophie brauchen, die sich nicht mit den größeren Fragen des Lebens befasst, nicht mit unserer Arbeit, nicht mit unserem geschäftlichen Anstand, nicht mit unseren Bildungsmethoden, nicht mit unserem Nationalismus oder Internationalismus, nicht mit unserer Haltung zu Sexualität und Ehe, Politik, Eltern, Alkohol, Tabak, Spiel und Sport. Diese größeren Fragen regeln sich über kurz oder lang von selbst, wie wir bereits festgestellt haben. Eine Mischung aus Schicksal und Zufall, ein paar böse Überraschungen, ein paar intuitive Auflehnungen, ein paar geschickte Unterwerfungen, ein paar Erschütterungen unseres Selbstwertgefühls, ein paar unerwartete Gelegenheiten, und die größeren Umrisse unseres äußeren Lebens entscheiden sich für uns ganz unabhängig von unserer Philosophie.

Es sind die tausendundein Momente tagtäglich und allnächtlich, wenn wir und unsere Gedanken und Gefühle fröhlich oder unglücklich sind, langweilig oder munter, wenn wir uns blöderweise selbst verfluchen oder jämmerlicherweise selbst bemitleiden, für die wir eine Art Philosophie brauchen – ob sie nun »Philosophie des Trotzdem« heißt, »der Verzweiflung«, »des Rette-sich-wer-kann« oder auch »Philosophie des Gleichmuts«.

Die »Philosophie des Trotzdem« hat den Vorteil, dass sie jene Ader der Verzweiflung, die verborgen in uns allen schlummert, ebenso voll zur Geltung bringt wie jenen Kampfgeist in uns – unabhängig von Liebe, Hoffnung, Glauben, unabhängig davon, ob wir männlich oder weiblich sind, alt oder jung, gesund oder krank –, der es uns in jedem Augenblick des Ärgers, des Abscheus, des Widerwillens, der Abgestumpftheit, wenn wir uns unsere Familie vergegenwärtigen, unsere Gäste, unsere Teppiche, unsere Tische und Stühle oder das Kaminfeuer, die Fenster in unserem Zimmer oder die Eisblumen auf der Scheibe – jenen Kampfgeist also, der es uns in jedem Augenblick ermöglicht, uns zu zwingen, alles, was wir sehen, so erregt, so entschieden, so unbändig in uns aufzunehmen, als stünde uns der allerletzte Augenblick der Welt bevor. Das ist eine Vereinnahmung, in der wir uns völlig vergessen und nichts anderes mehr sind als ein unpersönliches Bewusstsein, das alles *genießt* – in dem besonderen Wortsinn unserer Philosophie –, was uns in diesem einen Augenblick umgibt.

Die absolute Notwendigkeit für eine Alltagsphilosophie wie die unsrige an diesem kritischen Punkt der Weltgeschichte lässt sich von jedem rasch begreifen, der, wie ungelehrt oder ungebildet er auch sein mag, eine öffentliche Bibliothek aufsucht und dort nach einem kurzen Abriss der Philosophie oder einem elementaren philosophischen Handbuch greift.

Wenn unser Neophyt* eine Stunde lang diese komprimierten, rational abgerundeten, logisch-idealen geistigen Projektionen der metaphysischen Vorstellungen des Menschen überflogen hat, wird er – mit hoffentlich neu erwachtem Interesse – sich der »Philosophie des Trotzdem« zuwenden.

Denn hier wird sich zumindest jenes Element der permanenten und konzentrierten Experimente finden, in dem unser eigenes Selbst die Rolle des kosmischen Erforschers spielt und hinter dem der ganze Druck des gewaltigen Stroms planetarischer Evolution steht. Denn zu was wollen wir schließlich – wir nervösen, überempfindlichen, weltfremden, erfolglosen, unbeliebten, zaghaften, unkonventionellen, morbiden selbstbewussten Ichs – eine Philosophie? Um das Universum zu erklären? Nicht im Geringsten! Um das Gute vom Bösen unterscheiden zu können? Keinesfalls! Um uns einerseits vor dem Glauben und andererseits vor der Wissenschaft zu drücken? Kein bisschen!

Was wir von einer Philosophie wollen, ist ein Sinn, jawohl, ein Sinn für unser eigenes, privates, persönliches Leben. Kümmern wir uns nicht um den Sinn des Universums und den Sinn des Lebens im Allgemeinen!

Und die »Philosophie des Trotzdem« gibt uns einen solchen Sinn, einen Sinn, nach dem wir uns richten, einen Sinn, den wir uns zu Eigen machen können und der sich sowohl – ob dies unseren altmodischen Schulmeistern und Seelsorgern nun zusagt oder nicht – auf ganz neue kategorische Imperative stützt als auch – ob dies unseren neumodischen Psychiatern und Psychoanalytikern nun gefällt oder nicht – ganz unverhoffte unterschwellige Zweifel und skeptische Verweigerungen zulässt.

Wir müssen »trotz« der altmodischen und der neumodischen Experten die lächerliche Selbstliebe der Bessergestellten und die körperlichen Gebrechen der Älteren so weit mit humorvoller Intensität in uns aufnehmen, dass wir schließlich, um mit Heine zu sprechen, einen aristophanischen Geist der Weltenzerstörung entfachen. Und wenn wir dies auch nur mithilfe der köchelnden Salbentiegel unserer häuslichen Unterdrückung tun, so schwillt und schwillt doch dieser Geist immer weiter an, bis er sich über die ganze Erde ausbreitet und den ganzen Himmel einnimmt, den wir von unserem Wohnzimmerfenster aus zu sehen bekommen, und die destruktive Freude des Aristophanes vereint sich mit der kreativen Freude des Rabelais.

TROTZ ... ALLER EINSAMKEIT

Wir müssen bei unserem Bemühen, auf dem Amboss einer wahrhaftigen Verbindung mit dem Leben eine eigene Philosophie herauszuhämmern – allerdings aus Elementen, die wir Vorahnungen verdanken –, stets bedenken, dass es kein Zeichen von Überlegenheit, sondern von Unterlegenheit ist, wenn wir uns mit solchen Dingen befassen. Glücklich können sich in der Tat die Starken, die Energischen, die verwegenen Freibeuter des Lebens schätzen, die der Schrift zufolge »keine Philosophie brauchen«.

Streng genommen machen wir gar nichts anderes – und denken Sie ja nicht, dass wir Philosophen das nicht können! –, als Salben aufzutragen, Umschläge und Verbände anzulegen, steife Gliedmaßen zu massieren oder Prellungen mit Narde zu behandeln*. Dass die Philosophie von Männern mehr geschätzt wird als von Frauen, liegt an dem erschreckenden Vertrauen, das Männer in die Etiketten ihrer Hausapotheke und in die Methodiken ihrer Lehrbücher setzen.

Aber die »Philosophie des Trotzdem« geht die Sache anders an und ist bereit, sich dieses männlichen Vorteils zu entschlagen. Unserer Vorstellung nach muss unser

System, wenn es wirksam sein will, viele jener »Reflexionshilfen« einschließen, die wir dem intuitiven Realismus und den ebenso intuitiven Geistesblitzen abgewinnen, die ihrerseits natürlicherweise von Frauen in die kaum sichtbaren Drehungen und Windungen des komplizierten Lebenstanzes eingebracht werden.

Nun gut, beginnen wir also mit dem Dreh- und Angelpunkt, das heißt mit dem »Ich bin Ich« unseres eigenen Bewusstseins von einem »Selbst« und einem »Nicht-Selbst«. Wir können nicht umhin anzuerkennen – und wer Sie auch sind und wo immer Sie sich aufhalten, beim Lesen dieser Worte werden Sie mir wohl zustimmen –, dass es zwei Stufen der Entfremdung des »Selbst« im »Nicht-Selbst« gibt, zwischen denen sich unser Bewusstsein bewegt. Damit meine ich den Unterschied zwischen unserem eigenen kreatürlichen Körper und dem Rest des grenzenlosen »Nicht-Selbst« ringsumher.

Unser bewusstes Selbst (jenes Selbst, das sich als Du oder Ich fühlt) empfindet ganz gewiss – und ich bilde mir ein, dass wir alle so empfinden –, dass eine engere Verbindung zwischen *ihm* und seinem Körper besteht als zwischen ihm und seinem ferneren Nicht-Selbst oder der noch ferneren Ansammlung von Nicht-Selbsten, die sich ringsumher bis in die Unendlichkeit zu erstrecken scheinen.

Doch trotz dieses kleinen Trittsteins oder Sprungbretts in die Endlichkeit, den uns unser kreatürlicher Körper gewährt, hat unsere innerste Identität (jenes »Ich bin Ich«, das sich in der Übermäßigkeit der Dinge ganz allein fühlt) zahlreiche Gründe und Gelegenheiten, einem Gefühl von absolut schauderhafter Einsamkeit ausgesetzt zu sein.

Der einzige Fluchtweg vor diesem Gefühl von Einsamkeit liegt in einem intensiven, tiefen und klaren Glauben an eine äußerst persönliche und zugleich äußerst allgegenwärtige Gottheit. Bloß drängt sich mir hier die schlichte Frage auf, warum eigentlich dieses Gefühl von Einsamkeit so schauderhaft und unangenehm sein soll. Warum kann es keine angenehme Empfindung sein? Wenn wir nach gründlicher Prüfung tatsächlich zu dem Schluss gelangen sollten, es handele sich um ein schauderhaftes Gefühl, dann wäre es das Beste, uns an dieses schauderhafte Gefühl zu gewöhnen und damit zu versöhnen oder uns zu dem Versuch zu zwingen, es zu vergessen. Aber ich weigere mich zuzugeben, dass wir diesen verzweifelten Punkt erreicht haben. Eigentlich kommt genau bei dieser Frage, ob eine solche ultimative Einsamkeit nun schrecklich oder erträglich ist, unsere »Philosophie« ins Spiel und erweist sich als fähig, eine Furcht erregende Situation in eine zu verwandeln, die uns mit Befriedigung erfüllt.

Wir sollten eine solche Situation – sicherlich eine der grundlegendsten und ständigen Situationen im Leben eines intelligenten Menschen – ergreifen und darüber nachgrübeln und eine Weile an nichts anderes denken. Zufällig bildet unser physischer Körper ja ein recht bequemes Sprungbrett in die gewaltige Weite des Universums, da er aus vielen derselben Elemente besteht wie dieses und durch einen Akt einfacher Vorstellungskraft in sie zerlegt werden kann. Aber können wir auch unseren Geist, unser Selbst, unser Bewusstsein an irgendeinem Ort im Raum nackt und selbstkontrolliert verlassen? Leider Gottes nein! Das ist deshalb unmöglich, weil die Existenz unseres Geistes oder Bewusstseins von unserem Körper abhängt. Wir haben uns zwar zurückgezogen – und ich kann nicht umhin, mich in diesem Zusammenhang an das homerische Wort *aleis* zu klammern, was »sich zum Sprung ducken« oder sich zu einem gewaltigen Angriff »zusammenziehen« bedeutet –, zurückgezogen in die Zitadelle des »Ich bin Ich« oder des »Bewusstseins meiner selbst«, doch wir sind allein aufgrund der Tatsache, ein Menschenwesen zu sein, dem wir nicht entkommen können, vollständig von unseren körperlichen Empfindungen abhängig, um uns der kosmogonischen Situation völlig bewusst zu sein, deren lebendigen Mittelpunkt wir nun bilden, nachdem wir uns geistig zurückgezogen und uns von allen Einflüssen des rivalisierenden Bewusstseins befreit haben. Aufgrund unserer körperlichen Empfindungen sowie deren Aneignung und Gebrauch durch unser Bewusstsein sind wir uns erst bewusst – ob wir uns nun in einem Schlafzimmer, Wohnzimmer, Büro, Bahnhof, Eisenbahnwaggon, Bus oder in einer Küche, Fabrik, Schiffskabine oder irgendwo unter freiem Himmel aufhalten –, dass der bestimmte Punkt auf oder über der Erdoberfläche, wo dieses körperliche Gefäß unseres Bewusstseins gerade ruht, von einer unendlichen Weite umgeben ist, deren Grenzen nicht einmal annähernd vorstellbar sind.

Und hier ergibt sich für unsere »menschlich-allzumenschliche« Methode des Philosophierens ein interessanter Punkt. Ich meine den Unterschied zwischen dem Philosophieren mit dem so genannten »physiognomischen Auge«, dessen sich Spengler zufolge* Goethe befleißigt, und dem lediglich »mathematischen Auge«, mit dem Einstein zu seinen Schlussfolgerungen gelangt.

Aufgrund unserer unmittelbaren körperlichen Empfindungen müssten wir eigentlich die Erde unter uns als flach ansehen, aber auch die verschiedenen natürlichen Prozesse des logischen Denkens, der Beobachtung und der Analogiebildung, durch die wir zu dem Schluss gelangt sind, dass sie rund ist, haben sich nicht sonderlich weit von dem entfernt, was wir vielleicht den »gesunden, poetischen Menschenverstand« dieses goetheschen »physiognomischen Auges« nennen dürfen.

Der Methode des Philosophierens zufolge, die ich hier vertrete, ist es jedoch etwas vollständig anderes, wenn ein mathematisches Diktum von Einstein uns die Vorstellung aufzugeben nötigt, die Tiefen des uns umgebenden Raumes seien grenzenlos oder unendlich, und wenn wir auf das natürliche, poetische, vom gesunden Menschenverstand geleitete Gefühl für das Grenzenlose, das uns zumindest seit Galilei mit einem unendlichen Mysterium umgeben hat, verzichten sollten zugunsten folgender Inschrift über den Portalen unserer neuen *Akademie:* »Relativität ist das Gesetz des Lebens.« So haben die Experten der Mathematik versucht, uns etwas noch Offensichtlicheres und Tatsächlicheres zu stehlen als die Gegenwart irgendeines Gottes, nämlich die großartige und schreckliche Befreiung von jeglichen irdischen und himmlischen Unterdrückungen und von jener weltlichen Autorität, die – gleich nach dem Schlaf und dem Tod – auch den Geringsten, Ärmsten, Schwächsten, Gemeinsten und Unbedeutendsten unter uns eigen ist: dem unendlichen Hintergrund von Raum und Zeit. Wird uns allen fürderhin wie den Fischen in einem Aquarium das *Gefühl der Unendlichkeit* verweigert, jenes Gefühl, das wie die Lebens- und die Todesmagie von Sonne und Mond unser gesamtes, sorgenreiches Leben lang unsere schreckliche und erhabene Zuflucht gewesen ist?

Wird uns nun auf immer dieser unvergängliche poetische Hintergrund der verrückten Farce unseres Menschenlebens genommen, weil irgendein haarspalterisches algebraisches Paradox oder eine raffinierte geometrische Sackgasse beweisen kann, dass unsere Zuflucht auf Leben und Tod eine Fata Morgana ist? Dürfen die Ziffern und Symbole einer Gleichung das erhabene Nichts zerstören, das seit Ewigkeiten unser Alles umfasst hat? Die endlosen Aktenberge des rational Denkbaren, die inventarisierten Reagenzgläschen des physisch Möglichen können uns niemals, solange wir eine Philosophie haben, die auf dem Menschen und der Natur beruht, sagen: »Die Unendlichkeit des Himmels über deinem Kopf ist eine Fantasie deiner täuschbaren Sinne, und wenn es für einen Dummkopf wie dich möglich wäre, in dein imaginäres ›Oben‹ hinaufzuschweben oder aber in dein imaginäres ›Unten‹ hinabzusinken, willst du dir dann auch nur eine Sekunde lang weismachen, dass du unendlich weit vorankommen könntest? Du einfältiger Esel! Noch ehe dir klar wird, wie dir geschieht, würdest du eine volle Runde gedreht haben und wieder an dem relativen Ort der relativen Kreislinie angekommen sein – anders gesagt: genau hier, wo du aufgebrochen bist, weil du die Stirn gehabt hast, dir einzubilden, du könntest als eine lebendige und natürliche Realität behandeln, was in Wirklichkeit nur ein rein algebraisches Symbol ist.«

An dieser Stelle müssen wir unseren zögerlichen Konvertiten bitten, aus dessen halb überzeugten Unschlüssigkeiten der melanchol'sche Jaques* wohl seine treffenden Weisheiten gesogen hätte, unserer kleinen Schar von Gefährten für ein paar Augenblicke sein Ohr zu leihen, während wir zu einer praktischen Erwiderung ansetzen, natürlich nicht an die Adresse von Professor Einstein, sondern an die unseres eigenen hiesigen Professors, dessen pedantische Intelligenz, so gut sie für algebraische Berechnungen auch sein mag, keine wirklich philosophische ist.

»Schauen Sie, Professor«, so würden wir anheben, »wir opfern ja gerne unsere kindischen Worte ›auf‹ und ›ab‹, falls Sie sich einverstanden erklären, mit uns nach ›da draußen‹ zu reisen, zu jenem altvertrauten Sternbild mit Namen Orion. Und *Simsalabim!*, wie der Zauberer sagt, sind wir, zusammen mit unserem Mathematiker, auch schon da! Also gut. Nun werden wir Sie, Professor, falls Sie nichts dagegen haben, an den entferntesten Stern in der entferntesten Galaxis versetzen, der von den Astronomen, die den ›göttlichen Äther‹ beobachten, wie der Prometheus des Aischylos* ihn nennt, bis zu dieser Stunde dieses Tages dieses Jahres auf der alten Erde je entdeckt worden ist.«

Simsalabim!, würden wir dann wieder sagen wie unser Dorfzauberer, und schon sind wir da. Da stehen wir mitsamt unserem Professor auf dem entferntesten bekannten Stern der entferntesten bekannten Galaxis. »Sie haben Ihr schärfstes Teleskop mitgebracht, Professor? Sehr gut. Dann schauen Sie hindurch, so es beliebt, und wenn zufällig in der Richtung, in die Sie Ihr Teleskop halten, an dessen äußerster Reichweite keine weiteren Galaxien mehr auftauchen, wenn es in der Tat, so weit das Teleskop reicht, nur das gibt, was Prometheus den ›göttlichen Äther‹ nennt, dann informieren Sie uns doch bitte unverzüglich über die genaue Distanz, um die Ihr ›optisches Glas‹, wie Milton* Ihr Instrument bezeichnet hätte, Ihre Blickweite verlängern kann, und dann setzen wir unsere luftige Reise fort, immer noch, wie Sie uns bitte glauben mögen, *auf der gleichen Geraden* wie zuvor, bis wir an dem von Ihnen zuvor angegebenen Endpunkt ankommen. Und wenn wir nun ohne den geringsten Zweifel und aufgrund Ihrer eigenen genauen Berechnungen, Professor, sicher an diesem Punkt angelangt sind, und zwar *auf der gleichen Geraden*, was, wie Sie zugeben müssen, keine physikalische oder sonst wie praktische Unmöglichkeit darstellt, sondern bestenfalls – in den logischen Höhen der höheren Mathematik – eine theoretische, dann müssen wir Sie wiederum um Erlaubnis bitten, Professor, Sie immer noch *auf der gleichen Geraden* weiterzutransportieren, vor der Ihre kosmische Mathematik mit ihrer Leidenschaft für Kurven aller Art zu fliehen versucht wie die Jungfrau vor dem Kinde, Sie weiterzubefördern auf einen weiteren Abschnitt Ihrer Reise durch den unendlichen Raum, und so weiter, bis Sie, Professor, endlich ausrufen: ›Halt, genug!‹, und uns anflehen, umzukehren. Und wenn wir das getan haben, dann gelangen wir, unserer Neigung zu schneller Fortbewegung auf geraden Linien folgend, an den Punkt zurück, von dem aus wir aufgebrochen sind.« So kehren wir also heim – nicht etwa deshalb, weil unser Universum sich relativ dreht oder unsere eigene Dimension sich relativ dreht, sondern weil wir unsere Raummaschine, ebenso wie es andere Abenteurer mit ihren Zeitmaschinen getan haben, zurück zu unserem Ausgangspunkt steuern, um einen erschöpften Mathematiker wieder an den Platz der Menschheit zu bringen, in jene alte Dimension der Realität, die »Natur« zu nennen man uns beigebracht.

Ein Ergebnis der mathematischen Spekulationen des Professors auf seiner Rechenmaschine, die nun ganz scharf am Rand seines Schreibtisches platziert ist, sind wir indes, ich gestehe es, versucht uns anzueignen, selbst unter dem Risiko, erwischt und getadelt zu werden. Ich meine die Schwindel erregende mathematische Hypothese zusätzlicher Dimensionen, über die eine hinaus, mit der wir vertraut sind. Das ist in der Tat ein Schlag für die geistige Befreiung des Einzelnen, der nicht hoch genug gelobt werden kann.

Und es stimmt auch völlig mit der Grundüberzeugung unserer »Philosophie des Trotzdem« überein, dass das Geheimnis des Lebens im verzweifelten Kampf des einsamen Selbst liegt, sich zur Freude an der äußeren Welt zu zwingen, ob diese nun ein Universum ist oder ein Multiversum, und zwar ohne die Hilfe einer religiösen »Verklärung« wie etwa der einzigartigen »Liebe« in den Schriften des besessenen Genies Paulus von Tarsus*. Wir rebellischen Genossen einer philosophischen Revolution sind gut beraten, wenn wir aus dieser Hypothese zusätzlicher Dimensionen so viel Kapital wie möglich zu schlagen versuchen.

Doch das Problem für uns ist, wie eine einzelne Seele das ungeheure Ausmaß des sie umgebenden Multiversums hinnehmen kann, ohne verrückt zu werden. Es ist nur ein raffinierter Schutz vor dieser natürlichen Einsamkeit – einer Einsamkeit, die viel überwältigender ist als die eines Mistkäfers auf einem Berg –, wenn man mit den Zaubertricks einer mathematisch genauen Rechenmaschine das abzuschütteln versucht, was uns im Gefüge der Natur Angst einjagt.

Jedes einzelne Lebewesen in dieser riesigen Ungeheuerlichkeit der Natur muss sich zuweilen dieser schrecklichen Einsamkeit stellen und sich als winziges, zitterndes Nervenbündel »zusammenkauern« – in der heldenhaften Spannung, die in dem alten homerischen Wort *aleis* angedeutet ist –, während die fernen Sternbilder und die galaktischen Nebel in den unendlichen Raum zurückweichen. Jawohl, für uns stellt sich da nur eine einzige Frage: Was fangen wir mit der Einsamkeit der einzelnen Seele an?

Die Eigenheiten des Geschlechts mögen diese Einsamkeit gewiss verstärken, aber mitnichten einzig und allein verursachen. Das Geschlecht des Selbst folgt dem Geschlecht des Körpers, aber das Bewusstsein des Ersteren verändert die Situation vollständig. In Einklang mit allen Erfahrungen, die das Leben bezeugt, kann man davon ausgehen, dass dem Bewusstsein in uns, der Identität oder dem Selbst, das sich »Ich« nennt, das Geschlecht mit dem Körper gemeinsam ist, sei es nun homosexuell, lesbisch, androgyn, bisexuell oder asexuell. Der Körper kann so anormal oder unnatürlich sein, wie man nur will, aber stets ist die Seele verpflichtet, seinen Verrücktheiten zu folgen, so wie es den Körper danach verlangt, wenn auch oft vergeblich, den Verrücktheiten seines Bewusstseins zu folgen.

Gehen wir also davon aus, dass die sexuellen Neigungen unseres Bewusstseins vom Selbst eng mit denen unseres Körpers verbunden sind, obwohl die bloße Tatsache, dass das Selbst ein Bewusstsein hat, die gesamte Situation verändert, indem nun nicht nur der freie Wille und die Selbstbestimmung ins Spiel kommen, sondern auch die Möglichkeit einer vollständigen Neuerschaffung des Selbst. Doch kehren wir nun zu dem uns gerade beschäftigenden Problem zurück, nämlich dem, was wir mit der entsetzlichen Einsamkeit des einzelnen Selbst anfangen, ob dieses Selbst nun männlich oder weiblich ist, alt oder jung.

Vonnöten ist hier eine sehr entschiedene Haltung, denn offensichtlich haben wir es mit einer jener ewig wiederkehrenden Situationen zu tun, denen wir, sofern unsere Einsamkeit uns nicht in den Wahnsinn treiben soll, nur durch die Entwicklung bestimmter geistiger, emotionaler und praktischer Kräfte gewachsen sind. Ja, fast sind wir versucht, das Wort »Nervenmuskeln« zu benutzen, um mit dieser täglichen Notwendigkeit fertig zu werden.

Diese »Nervenmuskeln« – der emotionale Apparat, für den unsere »Philosophie des Trotzdem« hier eintritt – verlangen zuallererst die volle Anerkennung der gegebenen Situation, also der entsetzlichen Einsamkeit eines jeden von uns, und wir müssen das Risiko eingehen, dass eine solche Anerkennung der gegebenen Situation eine gefährliche Wirkung auf uns haben kann.

Vom Standpunkt unserer »Philosophie des Trotzdem« aus ist es ganz wesentlich, dass wir uns orientieren – und zwar zunächst in unserer unmittelbaren Umgebung. Das bedeutet, dass wir uns gedanklich sogleich von den Menschen ringsumher absondern müssen, von den Verwandten und Kollegen und Hausgenossen, mit denen wir zu tun haben, ebenso wie von den unbelebten Gegenständen, die uns gerade umgeben. Wir müssen das Bewusstsein unser selbst »abdichten« und den Abstand zwischen ihm und allen Leuten und Dingen vergrößern.

Wenn wir das geschafft haben, müssen wir uns all diese Menschen und Gegenstände in absoluter Entschiedenheit vornehmen und uns zwingen, uns an ihrer völligen Andersartigkeit zu erfreuen und vor allem sämtliche Äußerlichkeiten und Eigenschaften zu genießen, die uns am meisten ärgern, die wir am stärksten verachten und die wir widerlich abstoßend, grauenhaft und ekelhaft finden. Wenn Sie hingegen beteuern, Sie ehrenwerter Konvertit unserer »Philosophie des Trotzdem«, dass dieser Zwang, sich am Hässlichen, Abstoßenden und Ekelhaften zu erfreuen, ein Ding der Unmöglichkeit sei, dann sollten Sie besser sofort einen Kursus in moderner Malerei, moderner Bildhauerei und moderner Dichtkunst absolvieren, um zu lernen, dass es mit einer bestimmten geistigen und sinnlichen Haltung gegenüber den Farben und Formen und den *grotesqueries* der Geschmacklosigkeit durchaus möglich ist, sich an einer wahren Orgie von Scheußlichkeiten zu erfreuen, ja, sogar darin zu schwelgen.

Und was mit den Widerwärtigkeiten in den unbelebten Dingen möglich ist, ist auch mit den Widerwärtigkeiten in der menschlichen und persönlichen Sphäre möglich. Hier enthüllt unsere »Philosophie des Trotzdem« eines ihrer tiefsten Geheimnisse. Sie offenbart Ihnen, oh, halb überzeugter Konvertit, eine Empfindung, die – trotz ihrer scheinbar destruktiven Aspekte – viel ehrenhafter und viel philosophischer und viel *kreativer* ist als die ganzen konventionellen Spiele mit der »Verklärung« der religiösen Liebe.

Unsere Philosophie könnte sogar mit Fug und Recht geltend machen, dass ihr eine wahrhaft kreative Kraft eigen ist, weil sie der gnostischen Johannes-Thaumaturgie der religiösen Liebe* abschwört. Denn unsere »Philosophie des Trotzdem« ermöglicht es uns, uns am Entsetzlichen zu erfreuen, an der unendlichen Langeweile, ja, selbst am unerträglichsten *ennui,* den gewisse Verwandte und Freunde ausströmen.

Jawohl, unsere Philosophie lehrt uns nicht bloß, wie wir uns zwingen können, uns an dem unbeschreiblichen Stumpfsinn unserer geistig reglosen Verwandten zu erfreuen, sondern auch, wie wir uns zwingen können, deren Boshaftigkeit und Gemeinheit zu genießen, die aus den Löchern ihrer Schädeln schimmert, als würden gefangene Maden mit winzigen Leichenkerzen in den Zangen herausspähen, um zu sehen, wie weit die Verwesung schon fortgeschritten ist.

Aber die »Philosophie des Trotzdem« hat noch mehr zu bieten. Sie weiß sehr wohl, dass die Lügen, die wir uns selbst erzählen, und die Lügen, die wir einander erzählen, und die Lügen, nach denen wir wortlos *handeln* – und das sind die schlimmsten –, uns, unser wahres Selbst, genauso verdammen, wie wir unsere Verwandten verdammen können.

Aber das Bestechende an unserer Philosophie ist, dass sie nicht nur klärt, wie schlecht es mit allem steht oder was für Schufte wir alle sind, sondern auch sagt, was man dagegen tun kann. Stoiker und Zyniker* – ja auch christliche Märtyrer mit ihren Fackeln der Liebe inmitten der Finsternis – können alle möglichen Grässlichkeiten aushalten, aber aushalten ist etwas anderes als genießen. Jedes lebendige Selbst braucht vor allem eine Philosophie, die es lehrt, wie es sich unter den gegebenen Umständen und Bedingungen seiner erfreuen kann.

Das Selbst in uns schaut sich verzweifelt nach den unbelebten Dingen und Menschen ringsumher um und fühlt sich, wie man so schön sagt, gefangen »wie eine Maus in der Falle«. Und wenn es dieses Gefühl hat, sagt die »Philosophie des Trotzdem« ihm genau, was es zu tun hat und wie. Es muss etwas tun, das absolut in seiner Macht steht, etwas zugleich »Kreatives« und »Destruktives«, wie wir armen Spielbälle des Schicksals zu sagen belieben, das gänzlich und vollständig unserem Geist obliegt und uns dennoch das Gefühl verleiht, ebenso einen Zauber zu bewirken, wie das Leben selbst einen Zauber bewirkt.

Nun also, wer immer Sie sind, Sie Halbkonvertit unseres Würfelspiels mit dem Zufall, sehen wir doch mal, ob wir nicht auf einen Schicksalsstrom stoßen, der, wenn er ordentlich ausgegraben und umgeleitet wird, unsere zitternden Knie beruhigen und uns frischen Mut verleihen kann, unser Unglück abzuschütteln. Wenn unsere Experten feste Dinge in Dunst und Rauch aufgehen lassen können, warum sollte es uns dann nicht möglich sein, dergestalt mit der Substanz dieser harten Welt zu verschmelzen, dass eine planetarische Musik erschallt?

Solche Transformationen erleben zu können – das stellen die philosophischen Physiker ständig in Abrede, aber die Unterweisungen jener Priester der geistigen Zauberei sind in einer derart obskuren und gelehrten Sprache gehalten, dass sich uns ihre Bedeutung völlig verschließt. Wir müssen, um Langeweile in erregende Freude zu verwandeln und Öde in prickelnde Gefühle, buchstäblich »bei null anfangen« und das Selbst und das Nicht-Selbst am Grunde der Dinge vermählen.

Selbst auf das Risiko hin, unseren armen, zögerlichen Konvertiten völlig abzuschrecken und zum Existentialisten oder zumindest zum Neophyten in den Mysterien des Zen* werden zu lassen, erlauben Sie uns, oh, nachsichtiger Leser, zur Sache zurückzukommen – was Metaphysiker so selten tun und was Hegel als Allerletztes tut, wenn er uns mit seiner Schreibfeder umhaut, indem er selbst die Natur aus dem logischen Zauberhut zieht. Hier stehen ich oder Sie, sie oder er, müde nach der Tagesarbeit auf einem Feld oder in einer Fabrik, in einem Laden oder Büro, auf einer Straße oder im Haus, auf Deck oder im Hafen, bei Arbeit oder Spiel, und flehen das Schicksal an, uns eine Art »Pause« zu gewähren, ein wenig von dem Leben, nach dem wir so dringend verlangen.

Hören wir daher auf das Orakel des »Trotzdem« oder, in den Worten der homerischen Muse, des *alla kai empes*. Was wollen Sie – Sie, Mann oder Frau, alt oder jung? Sehr schön! *Warum* wollen Sie *hier* sein, *dieses* tun, *jenes* haben, *diesem* entfliehen? Wollen Sie es etwa, um unglücklich zu werden?

Natürlich nicht. Sie wollen es Ihrer Freude zuliebe. Hören Sie mir zu, mein lieber Freund, denn es geht um den höchsten Genuss, den Sie sich überhaupt vorstellen können. Wenn unser »Trotzdem« nun ein großer Zauberer wäre und nicht nur eine sich vorantastende, experimentelle Methode, dann würde er zu Ihnen sagen: »Du da, im Körper eines Mannes«, oder: »Du da, im Körper einer Frau – ihr kauert euch zusammen« – Homer nennt es *aleis* – »zum Sprung auf das Beste in der

Welt, und das ist der Genuss.« Sehen Sie denn nicht, mein lieber Freund, dass es Sie nach dieser »Liebe« deshalb so stark dürstet, weil Sie glauben, dass sie Ihnen Genuss verschafft? Sie bilden sich ein, dass Sie diese Reise, diesen Ausflug, diesen Garten, diese Gefährtin, diese Arbeit, diesen Lohn, diese Muße, diesen Triumph *um ihrer selbst willen* wollen. Sie bilden sich ein, wenn Sie bloß nicht mit jenen zusammenzuleben brauchten, mit denen Sie zusammenleben, nicht mit jenen zusammenzuarbeiten brauchten, mit denen Sie zusammenarbeiten, wenn Sie nicht die Dinge mit ansehen müssten, die das Schicksal in Ihrer Nachbarschaft geschehen lässt, dann wäre alles gut und Sie könnten sich erfreuen.

Wenn ich Ihnen nun sage, dass man grenzenlos genießen kann, ohne irgendetwas anderes zu haben als das, was man hat, ohne irgendwo anders zu sein als dort, wo man ist, ohne irgendjemand anderen zu sehen als den, den man jetzt und hier sieht, dann würden Sie mich vielleicht auslachen, mir aber jedenfalls nicht glauben. Aber das sollten Sie besser. Denn es ist einzig und allein Ihr Glaube an dieses Wunder, an diesen Zauber, an Ihr eigenes geheimes Vermögen, sich zum Genuss genau jener Situation, in der Sie sich gerade befinden, und jener Menschen, mit denen Sie gerade zusammen sind, zwingen zu können – es ist dieser Glaube, der das Wunder ermöglicht.

Aber dieses geheime Vermögen hat nichts damit zu tun, jemanden zu »lieben«, nicht einmal sich selbst. Man kann sehr wohl jedermann verachten. Man kann abgrundtiefen Abscheu und Ekel *gegenüber allen, sich selbst eingeschlossen*, empfinden und dennoch den gegenwärtigen Moment so genießen, wie er ist. Und wir werden Ihnen genau erklären, wie man das macht. Genau diese Rolle wurde in alten Zeiten der Philosophie zugesprochen.

Als einst der bekannten Geschichte zufolge Alexander der Große den vor seiner Tonne die Sonnenstrahlen genießenden Weisen Diogenes fragte – eine Vorstellung, die Rabelais sehr erheiterte –, welche Gunst er ihm erweisen könne, bat dieser den Eroberer Asiens eher intuitiv als höflich, ihm doch aus dem Licht zu gehen. In Wirklichkeit kann man diese fast brüske Bitte als ein planetarisches Symbol des Verhältnisses zwischen den Männern der Tat und den Männern der Kontemplation ansehen. Beide Extreme bergen Gefahren: Während Erstere im Schwindelgefühl ihrer Errungenschaften das vergessen, was der Dichter »das Etwas, das die Welt ansteckt« nennt*, vergessen Letztere sich zu zwingen, das zu genießen, in was sie gerade versunken sind, ehe dieses diabolische »Etwas« sie anzustecken beginnt.

Was aber nun ist dieses »Etwas«? Nun, es ist – wie die Zungen gewisser Unheil verkündender Kreaturen – eine gespaltene Gefahr, eine zweischneidige Gefahr. Einerseits lauert sie mit Stumpfsinn und Desillusionierung auf, andererseits bietet sie gegen diesen Stumpfsinn und diese Desillusionierung die verzweifelte Heilung an, die der Apostel Paulus, jener beängstigende Genius, aus den messianischen Lehren Jesu gewann.

Und genau an diesem Punkt – jawohl, an diesem pulsierenden Punkt zwischen der tödlichen Desillusionierung, die den gesunden Lebensinstinkt des alten Heidentums befiel, und der verzweifelten Rettung vor diesem Fluch, die wie ein Flammenschwert aus dem innersten Gedärm der Notwendigkeit emporsprang – hat sich unsere kleine, aber kühne Philosophenschar getraut, die große Göttin Anagke* inniger zu umarmen und ihrem strotzenden Leib den kämpferischen Embryo unserer neuen Philosophie zu entreißen, einer Philosophie, die sich bereits in der *aleis*-Position befunden hat, zum Sprung geduckt.

Ein menschliches Selbst – *jedes* menschliche Selbst, ob männlich, weiblich, alt oder jung – empfindet das Leben als unerträglich langweilig. Es glaubt, dass es diese Langeweile aufbrechen *muss*, dass es die Dinge und die Menschen, mit denen es zu tun hat, gegen andere Dinge und andere Menschen auswechseln *muss*.

Unsere »Philosophie des Trotzdem«, sofern sie denn dieses arme gefangene, verzweifelte Selbst zum Zuhören veranlassen kann, raunt ihm etwa Folgendes ins Ohr: »Erzähl dir ruhig weiter die Geschichte deiner Flucht vor diesen Dingen und vor diesen Menschen. Noch nie in der ganzen Menschheitsgeschichte ist jemand, der sich über einen längeren Zeitraum hinweg eine Fluchtgeschichte vorerzählt hat, nicht am Ende auch geflohen. Merk dir das! Es besteht überhaupt kein Anlass zu irgendeiner Verzweiflungstat.«

Man sollte sich ständig die Geschichte von seiner eigenen Flucht vorerzählen. Aber um des lieben Mitleids willen sollte es immer *dieselbe Geschichte* sein. Worüber unsere Gegner lachen und was sie als »Wunschdenken« zu bezeichnen belieben, läuft in der Regel ins Leere, wenn man sich dessen nur sporadisch und verwirrt befleißigt. Hartnäckig, geduldig und zäh betrieben ist es eine der stärksten kreativen Kräfte der Welt.

Allerdings, mein lieber Mann, meine liebe Frau, mein glückloser Junge, mein glückloses Mädchen, wenn euch aufgrund dieser ständigen sehnsuchtsvollen Geschichtenerzählerei das Schicksal oder der Zufall absolut unerwarteter- und unberechenbarerweise schließlich freisetzt, dann werdet ihr, sobald ihr befreit seid, aufgrund der Widersprüchlichkeit der menschlichen Natur über kurz oder lang feststellen, dass ihr in euer Gefängnis zurückkehren wollt. Aber nichts hindert euch währenddessen daran, mit unserer »Trotzdem«-Methode herumzuexperimentieren.

Mein lieber Halbkonvertit, bitte passen Sie genau auf, wenn wir nun diese Methode erklären. Zunächst einmal geht es um *Übung*. Jawohl, Sie müssen ständig üben – üben, bis diese Methode in die intuitive geistige Haltung Ihres gesamten Selbst eingegangen ist. Aber was soll da geübt werden? Üben Sie, sich Ihrer zu erfreuen, und üben Sie das in sich, für sich, an sich und mit sich, jawohl, *ganz allein,* Sie mit Ihrem Männer- oder Frauenkörper, Jungen- oder Mädchenkörper. Schlagen Sie sich ein für alle Mal den albernen Gedanken aus dem Kopf, dass man nur etwas genießen kann, das außerhalb von Geist und Körper liegt. Ich versichere Ihnen, dass man sich zwingen kann, ganz unabhängig von allem zu genießen, was außerhalb von Geist und Körper geschieht, außerhalb unseres Selbst, mit dem der uns vertraute Körper so verhängnisvoll verbunden ist. Aber Sie möchten wissen, was wir genau meinen, wenn wir sagen, man soll sich zwingen, sich seiner selbst zu erfreuen?

Nun, dieses Bemühen ist eine Art Kampf Ihres gesamten inneren Selbst. Sie sollten sich etwa einreden: Hier stehe ich *mitsamt* dieser gehorsamen Kreatur, meinem Körper. Hier stehe ich *in* dieser gehorsamen Kreatur, meinem Körper. Hier erfreue ich mich des Essens und Trinkens, genieße es, wenn mein Körper sich seiner Exkremente und seines Urins entschlägt, freue mich an seinen Empfindungen »schön warm« oder »kühl und erfrischend«.

Aber nehmen wir einmal an, was sehr wahrscheinlich ist, dass es Ihnen weder »warm« noch »kühl« ist, dass Sie nicht frei von Schmerzen oder Beschwerden sind. Nehmen wir an, dass Sie sich äußerst unbehaglich fühlen.

Nun hören Sie mir recht gut zu, mein Freund. Können Sie nicht in sich selbst einen Kampfgeist anstacheln, der sich direkt gegen das Leben richtet, so, als ob das Leben selbst etwa eine Person, eine Kreatur, ein Monster, ein Gott wäre – alles, was Sie sich nur vorstellen können? Dann wäre es Ihre Aufgabe, ihm zu zeigen, dass es Sie nicht besiegen, dass es Sie nicht zu dem Ausruf veranlassen kann: »Halt, genug!« Sehen Sie denn nicht, mein ehrenwerter Herr, meine gnädigste Dame, siehst du denn nicht, mein Kind, wenn Sie jeden Verdruss, alle Schmerzen und Beschwerden, jede Krankheit und Demütigung, jeden Abscheu, alle Schrecknisse und Ängste, wie sie im tagtäglichen Ringkampf mit dem Ungeheuer Leben vorkommen, auf sich nehmen, dass Sie dann durch Gewohnheit und Übung – und ich sage Ihnen, es ist alles eine Sache der Gewohnheit und Übung – raffinierter und geschickter werden, als Sie es jemals für möglich gehalten hätten, dass Sie Angriff und Verteidigung, Ihre Ausfälle und Ihre Rückzüge gegen diesen vielköpfigen alten Feind fachgerechter planen und ausführen, als Sie es sich jemals zugetraut hätten?

An Anfang aller Weisheit steht, unserer »Philosophie des Trotzdem« zufolge, die Aneignung der Gewohnheit, mit dem Leben zu ringen, als sei dieses Leben unser ganz persönlicher Feind, und die Würdigung eines jeden Augenblicks, in dem wir unsere Schmerzen, Beschwerden und Demütigungen, unseren Abscheu und Ekel vergessen, als eines befriedigenden Sieges über einen gemeinen, bösen und dämonischen Feind.

Weit davon entfernt, unsere Kraft auf die unphilosophische Weise jener zu vergeuden, die meinen, ihren Körper martern zu müssen, um ihre mystische Liebe für andere oder ihre Manie nach Selbstbeherrschung zu befriedigen, meinen wir, dass wir unseren Körper mit all seinen Empfindungen für unseren Kampf einsetzen müssen, das Leben um jeden Preis zu genießen. Wir dürfen nicht vor der unerträglichen Langeweile jener Dinge und Menschen davonrennen, die uns Schiss machen und vor denen uns die Muffe geht, sondern wir müssen die gesamte planetarische, kosmische und ätherische Masse der Weltensubstanz ergreifen – den unbestrittenen Hintergrund all dieser lästigen Leutchen und ermüdenden Objekte –, indem wir, sofern unser Selbst und sein Körper die eines Mannes oder Jungen sind, in diese materiell-immaterielle Masse mit einer wilden, männlichen Umarmung eindringen oder indem wir, sofern unser Selbst und sein Körper die einer Frau oder eines Mädchens sind, uns der Umarmung dieser materiell-immateriellen Masse hingeben.

Hören Sie nun, oh, wankelmütiger Konvertit, in was unsere »Philosophie des Trotzdem« Sie Zuflucht zu nehmen heißt, während Sie sich am Montagmorgen zum Frühstück niederlassen, sich über Ihren Schreibtisch beugen, hinter Ihrer Theke stehen, Ihren Platz in der Fabrik oder auf dem Traktor einnehmen. Und achten Sie darauf, mein Freund, worin genau Ihr Triumph besteht. Er besteht darin, sich selbst zu zwingen, sich an sich selbst zu erfreuen – trotz aller Langeweile und allen schmerzlichen Ekels, trotz Ihrer häuslichen und beruflichen Aufregungen, trotz sorgenvollen Kopfes und Ihres erschöpften Körpers. Rings um Sie her gibt es all jene materiellen Substanzen und lebendigen Personen, unter denen Sie sich gegenwärtig so verloren und einsam wähnen. Aber im nächsten Augenblick werden Sie sich vom bloßen Gewicht und Druck ihrer aufreibenden Präsenz überwältigt fühlen.

Nun, mein einsamer Freund, mein von der Überfülle bedrängter Freund, Sie sind noch nicht zu Staub und Asche geworden. Sie sind ein lebendiges Wesen mit menschlichem Bewusstsein; mehr noch, Sie haben die Macht – und zwar im Gleichklang mit dem Pulsschlag der Zeit –, in der gesamten Masse des stofflich-nichtstofflichen Kosmos zu schweben oder von ihr vereinnahmt zu werden. Gehen Sie also darin auf, um all der gefangenen Kreaturen in einer übervölkerten Welt willen – einer Welt, die nach allem, was wir wissen, vermutlich bloß ein winziges Universum in einem ungeheuren Multiversum ruhiger, einsamer, himmlischer und träger Universen ist!

Dann stürzen Sie sich, mein Freund, wer Sie auch sind, kopfüber in diese langweiligen, lästigen, widerwärtigen Menschen und Dinge hinein! Stürzen Sie sich verzückt, ekstatisch, schelmisch und boshaft, wenn auch nicht liebevoll hinein – nein, nein, keineswegs liebevoll! –, aber denken Sie daran, dass Sie ihnen gegenüber freundlich und anständig sein sollen, wenn Sie wollen, dass sie auch freundlich und anständig zu Ihnen sind, und weil sie, diese armen Teufel, sich schließlich zwingen müssen, dieses Monster Leben ebenso zu genießen wie Sie selbst.

Doch stürzen Sie sich in diese universelle Masse bloß »im Geiste« hinein, so als spielten wir ein heimliches Spiel! Stürzen Sie sich in alle Farben und Formen ringsumher – egal, wie hässlich, abstoßend und gediegen sie wirken – und in die unvorstellbaren Abgründe des leeren Raums und den unfassbaren Äther hinter dem, was Sie umgibt. Egal, wo Sie sind und wer Sie auch sind, lassen Sie sich von der Ungeheuerlichkeit von Raum und Zeit hinreißen!

Unser Argument lautet also: dass wir unter der Angst und dem Abscheu und Ekel, die unsere Schwächen aufspießen und ankratzen, die Langeweile und den Mangel an Aufregung ebenso sehr als Bedingungen des Unglücks, des Wahnsinns und der Verzweiflung ansehen müssen wie Brände, Überschwemmungen, Hungersnöte, Fieber und Atombomben.

Unsere »Philosophie des Trotzdem« ruft uns auf, uns in »das mächt'ge Rund der Welt«* zu stürzen, das hinter allem liegt, was wir so schmerzlich empfinden. Das höhlenartige Herz der Erde mit seinem flüssigen Feuer und scorischem Schlamm, bereit, alle aufdringlichen Besucher kopfüber zu den Antipoden auszuspeien, ist dafür ein nicht zu gering zu schätzender Hintergrund.

In Wirklichkeit erfordert unsere grundsätzliche menschliche Situation, diese ultimative Einsamkeit eines jeden mit all ihren Implikationen frank und frei zu akzeptieren. Wenn Sie jedoch ein Mensch sind, der die Einsamkeit nicht ertragen kann, den sie in den Wahnsinn zu treiben droht – nun, dann kann man eben nichts machen! Dann werden Sie und unsere Philosophie getrennte Wege gehen müssen.

Und wenn Sie eine solche Trennung nicht ertragen können, dann müssen Sie Gott nach Ihrem Bilde erschaffen und Ihre Verbindung mit dieser Gottheit immer mehr vertiefen – mit dieser Gottheit, die im höchsten Nichts weilt, wo nichts ein Selbst daran hindern kann, sein schöpferisches Verlangen in die Tat umzusetzen, als der Wunsch zu zerstören, was es erschaffen hat.

Es ist in der Tat Ihre freie Entscheidung. Wenn Ihr Temperament, im Guten wie im Schlechten, dem unserer »Philosophen des Trotzdem« entspricht, dann werden Sie gewiss jene Welt vorziehen, der wir uns in unserer absoluten Einsamkeit stellen, als die kleinere, engere Welt, in der die Liebe dem Hass so nahe kommt, dass zwischen diesen beiden Gefühlen kaum ein Widerspruch besteht.

Fraglos gibt es Menschen, junge wie alte, die lieber allein sind, und andere, die das nicht ertragen können. Falls Sie, der diesen Satz liest, nun zufällig zu den Männern, Frauen oder jungen Menschen gehören, für die eine derart kosmogonische Einsamkeit voller Schrecken ist, die sich aber dennoch von unserer Philosophie angezogen fühlen, dann schlagen wir vor, eine Unterhaltung mit sich selbst zu beginnen, indem Sie sich provozieren, schelten, necken und herausfordern oder sich sonst wie bei Laune halten, bis Sie sich selbst überreden können, diese kosmische Einsamkeit in kleinen Dosen genießen zu können. Aber die Hauptsache, mit der man sofort anfangen sollte – zumindest unserer Erfahrung nach –, ist, sich zu zwingen, sich auf diese anorganische, organische, elementale, animalische, pflanzliche, mineralische, ätherische Chemie* ringsumher zu stürzen und sie zu vereinnahmen, deren bewusstes Zentrum Sie in diesem Augenblick ganz buchstäblich sind. Wenn Sie sich alle diese Farben und Formen, Strukturen und Düfte, die subtilsten atmosphärischen Ausstrahlungen, die Felsen und Steine, den Kies, Sand und Schimmel, das Moos, Laub und Gras, die Lüfte, Dünste, Äther und Gase geistig angeeignet haben, dann vereinnahmen Sie das alles entweder oder werden von alldem vereinnahmt.

Wer Sie auch sind und wo immer Sie sich befinden, stellen Sie sich vor, wie Sie – aus der Gesamtheit dieser großen elementalen Masse fester »Materie«, wie wir sie in aller Unschuld zu nennen gewohnt sind, und diesem noch größeren Volumen eines elementalen, von mysteriösen Gasflammen durchschossenen, von den Kreisbahnen der Sterne überdachten Äthers – wie ein unsichtbarer Drachen aufsteigen, ohne sich wirklich von Ihrer derzeitigen Position zu entfernen, wie Sie in einer unwiderstehlichen, Besitz ergreifenden Umarmung davon vereinnahmt werden oder all das selbst vereinnahmen, und stellen Sie sich vor, wie Sie sich in sich selbst zurückziehen, mit allen Sinnen, allen diesen Farben und Formen und elementalen Substanzen!

Stellen Sie sich vor, wie das Bewusstsein Ihres Selbst über den »Rand« Ihres Körpers fließt und diese fremdartigen Elemente durchdringt und Besitz von ihnen ergreift – jawohl, Besitz –, bis Sie tatsächlich die Empfindung bekommen, ein rudimentäres Bewusstsein in diesen Felsen und Wassern, Sanden und Gräsern und Bäumen ringsumher zu vereinnahmen oder von diesem vereinnahmt zu werden, jawohl, und die noch weiter reichende Empfindung, mit einem elementalen Bewusstsein im unsichtbaren Äther zu ringen, der all dies umgibt und der, soweit wir erkennen können, keine Grenzen hat!

Treiben Sie die Einsamkeit Ihres eigenen Geistes auf die Spitze! Bei all unseren nervösen Beschwerden, in denen die Gefühle eine so große Rolle spielen, sollten wir alle emotionalen Zuckungen und nervösen Schauder aufsaugen, aufnehmen und austrocknen, indem wir uns in die Natur stürzen, als sei sie ein unermesslicher Ozean, in den wir hineinspringen können.

Jawohl, wir müssen unsere Schauder und morbiden Leidenschaften hinwegschwemmen, indem wir so großartig in sie hineintauchen, als wären wir Täufer und Täufling zugleich und als wären beide in jenem Element versunken, das alles läutert, reinigt und sühnt!

Jemand, der in stillem Triumph an einer Bergwand emporklettert und jeden Körperteil, sein Gleichgewicht, seine angespannten Muskeln und seine Atemzüge kontrolliert, wird die Einsamkeit ganz und gar nicht als beklemmend empfinden. Ein solcher Mensch ist der Einsamkeit leidenschaftlich zugetan, und wenn man von einer Leidenschaft hinweggetragen wird, dann lösen sich jene zagen Anwandlungen bedrückenden Kummers auf wie Fliegenschwärme.

»Tauch in das zerstörerische Element hinab!«* Und wenn Sie den Punkt erreichen, an dem Sie in diesem »zerstörerischen Element« *schwimmen* können wie ein Salamander im Feuer, dann sind Sie in der Tat kurz davor, sich göttlichem Vergnügen hinzugeben.

Wenn Ihnen die Einsamkeit zur Last fällt, dann sollten Sie es einmal mit dem Kunstgriff versuchen, sich selbst zum eigenen »guten Gefährten« zu machen. Foppen Sie sich, scherzen Sie mit sich, veräppeln Sie sich, necken Sie sich oder, wenn Sie von Natur aus, wie viele »Empfindsame«, ein zu ernsthafter Bücherwurm sind für einen solchen *pas-de-seul*, dann raunen Sie sich bloß ernst und feierlich allen möglichen Unsinn zu.

Unsinn ist oft ein königlicher Lebensretter, und Sie können damit Ihre beiden Selbste ansprechen – also sowohl das des innersten Kerns Ihres Selbst, des geheimen Selbst, als auch das Ihres Körpers – wie der Wagenlenker seinen geduldigen Ochsen oder der Drehorgelmann und Dompteur seinen gehorsamen Affen.

Wir »Philosophen des Trotzdem« haben entdeckt, dass das Selbst eines Menschen, unabhängig davon, über wie viele andere Menschen es sich zum Herrn aufschwingen kann, sich niemals in einem anderen Körper inkarnieren kann, solange der eigene Körper noch am Leben ist, und wenn dieser eigene Körper einmal stirbt, dann sollte es die vollständige Annihilation* akzeptieren und das Beste daraus machen. Ja, machen wir das Beste aus der Auslöschung, zu deren Lobpreisung wir mehr aufzubieten haben als alle kostbaren Papyrusrollen und juwelenbesetzten Pergamente in den königlichen Bibliotheken der Welt zur Unsterblichkeit. Eine Feder, ein fortgeblasener Strohhalm, ein Spritzer wellengepeitschter Gischt oder ein formloses Staubkorn mögen ihren eigenen Lebenstraum haben, ebenso jedes einzelne Atom unseres Staubkorns – wer will das bestreiten? Aber das Selbst, das wir bisher als uns selbst kannten, ist auf immer fort – und das ist gut so. Und nicht nur das Selbst, das als »Ich« zu denken wir gewohnt waren, ist auf immer verschwunden. Seine gesamte Sicht des Lebens hat sich zu etwas so völlig anderem aufgelöst, als wir es jemals gekannt haben, dass es schwer wäre, es auch nur als »andere Dimension« zu bezeichnen.

Das Schlimmste, was die meisten Menschen den verschiedenen »Relativitätstheorien«, die uns nahe gebracht werden, noch am ehesten abgewinnen, ist, dass sie unseren natürlichen Sinn für die faszinierendste aller Erfahrungen verdunkeln und verwirren, der klugen wie schlichten Gemütern, alten wie jungen gemein ist, eine Erfahrung, die selbst den grauesten Alltag mit einem strahlenden Himmel der Wunder überzieht. In der Gesamtheit unserer menschlichen Wirklichkeit gibt es nichts, was damit vergleichbar wäre.

Es ist kein bloßes Mysterium. Alles ist ein Mysterium. Dass es überhaupt so etwas gibt wie eine Kreatur, die, irrigerweise oder nicht, tief in ihrem Körper ein Selbst empfindet oder von einem Selbst weiß, dessen Tod unvermeidbar ist, wenn der Körper stirbt – das ist doch an sich schon ein Mysterium.

Dass aber über unseren Köpfen, wenn wir unseren Geschäften nachgehen, über unseren Köpfen, wenn unsere Kinder uns in Erstaunen versetzen und unsere Eltern uns in Verwirrung stürzen, über unseren Köpfen, wenn wir unseren Vergnügungen nachjagen, »die keine Spur des Heiles an sich haben«*, diese unglaubliche, faszinierende, wundersame Existenz einer Luft, eines Äthers, eines Himmels ist, die sich nicht nur *über uns* erstreckt, sondern auch nördlich, südlich, westlich und östlich von uns und ebenso *unter uns*, wenn wir die gesamte Masse des Gesteins bis zur anderen Seite des Erdballs durchmessen – einer Luft, eines Äthers, eines Raumes, die wir uns, selbst wenn wir die Mathematik zu Hilfe nehmen, um das Wirkliche unwirklich zu machen und es mit ihren Zaubertricks zu bezähmen, nur grenzenlos vorstellen können –, das ist ein Wunder, so gewaltig, dass die Einsamkeit daneben ihren Schrecken verliert.

Jeder Mensch ist nun einmal ein einzigartiger Geist in einem einzigartigen Körper. Ob stehend, sitzend, kniend, liegend oder, wie der Dichter sagt*, »mit den langsamen Schritten über den glänzenden, summenden Sand schreitend, wo windige Wellen wandern«: Sie sind absolut einzigartig. Ihr Geist hat seine ganz eigenen geheimen Gedanken, Launen, Ideen, Impulse, Temperamente, Schrecken, Ängste, Manien und Illusionen.

Er ist voller furchtsamer Vorahnungen, angewiderter Erinnerungen, schrecklicher Einbildungen. Und nicht eine einzige davon ist identisch, nicht einmal fast-identisch, mit denen des Geistes irgendeines anderen Menschen. Sie wurden allein geboren, und allein werden Sie sterben. Warum, im Namen der Erde, lassen Sie sich zu dieser Abneigung gegen die Einsamkeit hinreißen? *Üben Sie die Einsamkeit!* Lassen Sie keinen einzigen Tag verstreichen ohne das trotzige Bemühen, wenigstens ein paar Momente kostbarer Einsamkeit an sich zu reißen, Momente einer heiligen Einsamkeit, einer göttlichen Einsamkeit, der Einsamkeit von Wasser und Luft, von Feuer und Erde, von Sonne und Mond, von jedem Stern im Weltraum und jener himmlischen Annihilation, wenn Sie und Ihr Körper beide tot sind.

Selbst wenn das Schicksal aus Ihnen eine Kellnerin oder einem Büroboten gemacht hat, lassen Sie es zu *Ihrer heimlichen Manie* werden – keiner Seele bekannt außer Ihnen selbst –, für sich zu wiederholen, als sei es ein Glück bringender Satz aus einem Märchen oder aus einer alten Zeremonie: »Allein mit dem endlosen Raum! Allein mit dem endlosen Raum! Nichts kann mich verletzen, wenn ich allein mit dem endlosen Raum bin!«, während Sie von einem Zimmer ins andere hasten, von Tür zu Tür, über den Hof schlendern oder die Straße hinab zum Briefkasten oder Schreibwarenhändler laufen.

Ein weiterer sehr bedeutsamer Aspekt dieser *Philosophie des wahren Lebens,* dieser Philosophie, sich *trotz des wahren Lebens* seiner selbst zu erfreuen, ist die Kunst, das Wohlgefühl beim Essen und Trinken, das stille Vergnügen, sich nachts in den Schlaf fallen zu lassen, mit dem Gefühl dieser ultimativen Einsamkeit unserer Seele zu verbinden, die vom endlosen Raum umgeben ist.

Wenn wir in der Ecke sitzen, in die wir qua Schicksal, Notwendigkeit, Zufall oder aus freiem Willen hineingeraten sind, und unsere Mahlzeit einnehmen sowie mit größtem Behagen einen Tee oder Kaffee trinken, sollten wir, der »Philosophie des Trotzdem« zufolge, diese zufällige Einsamkeit in unserer Ecke mit unserer absoluten Einsamkeit im endlosen Raum in Einklang bringen.

In solchen Momenten haben wir ein elementales und abgrundtiefes Recht, in unserem Genuss so selbstsüchtig und selbstbezogen zu sein wie irgend möglich. Warum, lässt die bewundernswerte Schriftstellerin Emma Smith* eine ihrer Figuren fragen, warum wurde uns ein eigenes, ganz persönliches Rückgrat gegeben, wenn wir nicht auch ein eigenes, ganz persönliches Glück genießen dürfen?

Und genau das gleiche kosmogonische Orakel aus den abgelegenen Winkeln des Raums, jenes Raums, dem eine Grenze zu setzen wir keiner Spezialchiffre paradoxer Algebra erlauben dürfen, gewährt uns das uneingeschränkte Recht auf eine unvergleichliche Befriedigung, die wir mit reinem, aller Pflichten und Verantwortungen ledigem Herzen genießen dürfen, eine Befriedigung, die zu tief reicht, um in Worte gefasst zu werden, eine Befriedigung, die wir mit den Ozeanen und Wüsten und moosbedeckten Gipfeln unserer ausgelaugten, erschöpften Erdenmutter gemein haben, die tiefste, vollkommenste und unaussprechlichste Befriedigung, die Mensch, Tier und Pflanze und auch die Myriaden niedrigerer Lebensformen kennen – die Befriedigung, im Schlaf zu vergessen, dass alles so ist, wie es ist.

TROTZ ... ALLEN STOLZES

Was genau streben wir eigentlich mit dieser »Philosophie des Trotzdem« an? Nun, formulieren wir es so klar und deutlich wie möglich. Wir versuchen eine Reihe von Maulwurfshügeln aus Erde und Ton – ich spreche natürlich von philosophischer Erde und Ton – zusammenzuscharren und daraus eine Art behelfsmäßigen Klumpens zu bilden, wie er sich in ferner Vergangenheit für die Hersteller von Standbildern als nützlich erwiesen hat und sich vielleicht auch für andere Schwächlinge mit ähnlichen Nerven als nützlich erweisen mag, die wie wir selbst eine seltsame Erleichterung empfinden, wenn sie Ton und Erde, Sand und Schnee oder was auch immer zu menschlichen Gestalten formen und diesen Figuren zahlreiche subtile Umrisse und Linien, fein geschwungene Rundungen und kunstvoll geformte Ausbuchtungen verleihen, wie man sie nur durch den tagtäglichen Widerstand gegen alle Stammestotems und -tabus erreichen kann.

Aber das genügt noch nicht. Auch wenn wir den besten metaphysischen Sand und den philosophischsten Ton entdecken würden, die je auf unserem Planeten gefunden worden sind, und selbst wenn es uns wie dem alten Nestor in seinem Palast in den Sanddünen* gelänge, drei Generationen Sterblicher zu überleben, während wir diese Figuren formten und polierten, dann müssten wir doch nach dem Modellieren dieser Puppen noch ein Letztes tun: Wir müssten, so schockierend das auch klingen mag, diese Figuren, die wir seit Jahren geformt haben, so lange zurechtschneiden, abschleifen und auflösen, bis für manche Augen nichts mehr von ihnen übrig geblieben ist.

Aber dennoch ist alles vorhanden. Einfach gesagt müssen wir, wenn unsere »Philosophie des Trotzdem« uns so dienen soll, wie wir es wünschen, täglich und stündlich eine ganz besondere Geste unserer Einbildungskraft einüben. Mit dieser Geste – und vergessen wir nicht, dass es sich dabei um einen geistigen Akt handelt und dass wir als Philosophen sprechen und nicht als Naturwissenschaftler – schmälern wir die Größe und Bedeutung unseres Körpers.

Natürlich kommt unser Geist ohne Körper nicht aus, aber dieser Körper kann durchaus auch sehr klein sein. Also los! Führen wir in unserer Fantasie unseren Körper auf den Nullpunkt zurück, reduzieren wir ihn auf eine so winzige Dimension, dass er unberührbar, unspürbar und praktisch nichtexistent wird. Eine Nadelspitze an Substanz ist alles, was ein persönlicher Geist erfordert. Diese Nadelspitze eines materiellen Körpers muss der Geist einfach haben, denn einen reinen Geist oder ein körperloses Bewusstsein, das mit dem Wind hierhin und dorthin treibt oder nach Belieben herumschießt, ist ein Ding der Unvorstellbarkeit. In dem Moment, in dem man versucht, sich einen solchen körperlosen Geist vorzustellen, ist man gezwungen, ihn mit etwas auszustatten, das der – wenn auch zu einem grauen Schleier ausgedünnten – Substanz eines materiellen Körpers gleicht. Für die menschliche Intelligenz ist der abstrakte Geist oder das essentielle Bewusstsein ohne jegliche Körperlichkeit vielleicht nicht *undenkbar*, aber doch *unvorstellbar*.

Weder kann ein Geist ohne einen Körper existieren noch ein Gedanke ohne einen Denker: Um uns von unserem Stolz zu befreien, müssen wir daher ständig mithilfe unserer Vorstellungskraft die Größe und Bedeutung unserer körperlichen Hülle oder unserer unentrinnbaren Körperlichkeit verringern. Wir müssen uns immer kleiner und kleiner vorstellen, bis nur noch wenig mehr übrig bleibt als ein hypothetischer euklidischer Punkt* in einem unentrinnbaren Raum.

Aber das ist noch nicht das Hauptanliegen unserer Philosophie, sofern es um den Stolz geht. Wir sind nun ein bewusstes »Selbst«, dessen körperliche Struktur auf eine unsichtbare Nadelspitze reduziert ist oder, sagen wir lieber, auf ein winziges Samenkorn, das auf der Gezeitenwoge der Sargassosee treibt.

Versenken wir nun diesen winzigen Mikroorganismus, der im äußeren Mysterium des Raumes und im inneren Mysterium der Zeit herumtreibt, die ihm beide aus der Vergangenheit und Zukunft zuwinken, versenken wir ihn nun in jene Sicht der Dinge, die ihn momentan völlig in Anspruch nimmt. Wir müssen natürlich immer noch den Stolz des Bewusstseins dieses

Materiekörnchens reduzieren, aber wir können damit noch ein wenig warten, da seine Aktivitäten von Zeit und Raum begrenzt sind, denn, schicksalhaft auf seine Nadelspitze von einem Körper verwiesen, kann es außer im Medium dieser beiden äußersten Dinge *nicht einmal denken.*

Wenn wir davon ausgehen, dass ein gewisses Vergnügen der einzige Sinn dieses von Zeit und Raum beschränkten Geistes mit seinem unsichtbar kleinen Körper ist, dann sind wir auch in der Lage, die Menschen und Dinge rings um uns her in einem anderen Licht und viel deutlicher als zuvor zu sehen.

Uns ist nun klar geworden, dass jeder Wurm und jede Mücke unter uns einzigartig sind, aber zu sagen, wir sehen sie, »wie sie sind«, wäre eine theologisch-wissenschaftliche Illusion, die ins Leere beziehungsweise bloß dahin führt, dass schließlich genau das Hilfsmittel verschandelt und verunstaltet wird, von dem unser gesamtes Vorstellungsvermögen abhängt, so begrenzt es auch sein mag: nämlich die absolute Subjektivität und Individualität der Sicht der Dinge, wie sie jedem Wurm und jeder Mücke, jedem Tier und jedem Menschen eigen sind.

Ich bezweifle übrigens, ob es je einen Philosophen gegeben hat, der die Aussage bestreiten würde, dass die menschliche Einsicht, wie sehr sie auch durch wissenschaftliche Erfindungen unterstützt wird, zu großen Teilen eine subjektive Angelegenheit ist.

Und so gelangen wir zu unserem Schluss: Da unser menschlicher Geist durch Zeit und Raum begrenzt ist und da wir – trotz aller schändlichen Grausamkeiten der Vivisektionisten – nicht in der Lage sind zu wissen, was nichtmenschliche Organismen denken und fühlen, ist es uns unmöglich zu wissen, »wie die Dinge sind«. Je mehr wir philosophieren, desto größer wird in unserem Hinterkopf der Zweifel, ob solche erschreckenden Missgestalten wie die »Dinge, wie sie sind« überhaupt existieren oder möglicherweise existieren können.

Wir würden uns der Realität ein wenig annähern, ohne ihr jedoch zu nahe zu kommen, wenn wir erklärten, dass wir eigentlich herausfinden sollten, »wie die Dinge sich selbst fühlen«. Wir sagen »Subjektivität« anstelle von »Relativität«, weil der Begriff »Relativität« unlängst eine technische, superphysikalische, fast supermathematische Bedeutung erlangt hat, während der Begriff »Subjektivität« weiterhin die tausendundein Schrullen, Launen, Kaprizen und Manien, Drehungen und Windungen eines *individuellen »Selbst«* andeutet, egal, welcher Spezies dieses Selbst auch angehört. Wir halten es sehr wohl für möglich, dass die Relativitätstheorie nur ein paar hundert Jahre lang gelten und sich als genauso irreführend erweisen wird wie die Schlussfolgerungen, die Pawlow aus seinen Hundeexperimenten gezogen hat. Hingegen finden wir alle Probleme, mit denen wir es gegenwärtig zu tun haben, in dem Wort »Subjektivität« zum Ausdruck gebracht.

Hier lauern in der Tat jene Nebel und Dünste, jenes Rütteln und Schütteln, jene heiklen Illusionen und noch heikleren Desillusionierungen, jener scheußliche Geschmack und jene makabren Schrecken, die die Unschuld noch der schlichtesten Empfindungen verderben, die ihrerseits, der »Philosophie des Trotzdem« zufolge, den eigentlichen Sinn unseres Ringens mit dem Geheimnis der Existenz ausmachen.

Und eine der schlimmsten dieser bösartigen Drehungen und Windungen von »Subjektivität«, die das göttliche Vergnügen der reinen Empfindung vergiften, ist der aufdringliche Rummel um die vereinnahmende Bedeutung jener Emotion, die wir »Stolz« nennen. Jede Kerze des Weihnachtsfestes, bei dem wir als Kinder am unbeschwertesten herumgetollt sind, muss erneut angezündet werden, wenn wir diesen feierlichen Teufel verjagen wollen.

In einer Welt wie der unsrigen, wo jeder Hüpfer eines jeden Flohs in einer Slum-Latrine möglicherweise in unberechenbarem Ausmaß die Federn aller Adler über den Gipfeln des Snowdon* kräuselt, bleibt uns unwissenschaftlichen, untheologischen und unmathematischen Schwächlingen mit unserer schlichten »Philosophie des Trotzdem« nichts weiter übrig, als uns unserer Einbildungskraft *negativ* wie *positiv* zu bedienen.

Ja, wir können sie nutzen, wie der alte Gott der Winde seinen wilden Abkömmling nutzte*. *Imaginatio generat causas** – und unsere Vorstellungskraft funktioniert nur in angemessen göttlicher, wenngleich *negativer Weise,* wenn sie uns wie ein treuer Leibwächter vor Bösem schützt. Ja, wir müssen unsere Vorstellungskraft – und das ist eines der subtilsten Geheimnisse aller wirklichen Poesie – dazu bringen, um uns herumzustolzieren wie ein Leibwächter, während wir uns zwingen, uns an den schlichtesten Empfindungen zu erfreuen! Und diese schlichtesten Empfindungen sind stets zugleich auch – dem großen Paradoxon des Seins zufolge – die allertiefsten, -natürlichsten und -geheimnisvollsten, denn es sind diejenigen, die die vier großen Elemente selbst genießen: Luft, Erde, Feuer und Wasser. Es sind die Empfindungen von Sonne und Mond und von allen Planeten, die Empfindungen eines jeden Sterns im Tierkreis, die Empfindungen der fernsten Galaxis im Raum und schließlich die Empfindungen des unendlichen Raumes selbst, jenes göttlichen Äthers, der sie alle hält und stützt, jener höchste Äther, der die einzige Dimension in diesem unergründlichen Multiversum ist, von der wir etwas wissen.

Daher trifft es zu, dass wir, solange unser poetisches Vorstellungsvermögen getreu und loyal den Marsch um unser Lager der schlichten Empfindungen fortsetzt, wirklich und wahrhaftig den göttergleichen Genuss am Leben mit den Elementen selbst teilen, deren Nachwuchs und Opfer wir gleichermaßen sind.

Aber kein Mann – auch keine Frau – kann sich vollständig in den Elementen verlieren, auch nicht in jenen primitiven elementaren Freuden wie Essen und Trinken sowie in der warmen Sonne oder dem kühlen Wind, die er auf seinem Körper spürt, solange ihn Stolz, Eitelkeit oder Dünkel daran hindern.

Nichts in der großen, weiten Welt zerstört das Vergnügen an der reinen Empfindung so rasch wie die unheilvollen Begeisterungen und die feierlichen Aufgeblasenheiten unseres lächerlichen Ego. Wie, in drei

Teufels Namen, *kann* ein redliches Menschentier genießen, was es sieht, hört, fühlt, schmeckt und riecht, wenn es damit beschäftigt ist, sich mit anderen Angehörigen derselben Spezies zu vergleichen?

Ihm wird sogleich bewusst, dass die anderen ihm seine momentane Befriedigung neiden – und siehe!, schon ist seine Befriedigung halb dahin. Die glücklose Kreatur wird nun wachsam. Sie knurrt wütend oder starrt verstohlen und misstrauisch um sich. Um unserem Kampf mit dem Leben das Beste abzugewinnen, müssen wir uns selbst völlig vergessen und so vollständig im Gefühl des Augenblicks leben, dass im striktesten Sinne *von uns nichts anderes übrig bleibt als ein Gefühl* – eine an einem bestimmten Punkt zwischen dem ewigen Verlauf und dem ewigen Rückzug von Raum und Zeit aufgehängte Empfindung.

Von den drei Formen des Stolzes, nämlich dem echten Stolz, der Eitelkeit und dem Dünkel, ist die Eitelkeit wohl am harmlosesten und der Dünkel bei weitem am gefährlichsten. Eitelkeit heißt, zu viel an unsere – echten oder vermeintlichen – körperlichen Vorzüge zu denken, während Dünkel bedeutet, dass wir uns für klüger, weiser, großartiger und wichtiger halten, als wir es in Wirklichkeit sind.

Bei unseren Bemühungen, uns zur Freude am Leben zu zwingen, müssen wir uns tagtäglich in Demut üben. Wir müssen uns von allem befreien, was uns daran hindert, uns in der jeweiligen Empfindung zu verlieren. Stolz ist dabei jedoch etwas völlig anderes als Eitelkeit und Dünkel und geht viel tiefer als diese beiden.

Wenn man sich Stolz als die *persona perdita** oder als dritte Person dieser dämonischen Dreiheit vorstellt, kann man ihn als den Zustand beschreiben, sich zu lebhaft und ständig seiner moralischen oder geistigen Überlegenheit bewusst zu sein. Jemand kann zutiefst stolz darauf sein, dass es ihm gelingt, seinen Stolz erfolgreich zu verbergen – oder auch seine überlegene Abstammung, seinen überlegenen Geschmack, seine überlegene Tugend, seine überlegene Weisheit. Aber die Sache geht noch tiefer. Was diese drei Teufel anbelangt, so kann man sicherlich ohne zu zögern sagen, dass im Vergleich zum Stolz die Eitelkeit eher ein alberner Troll und der Dünkel eher ein dummer Narr ist als ein Teufel.

Lassen Sie uns unsere Ideen hierzu an einem praktischen Beispiel näher erläutern. Nehmen wir an, Sie sind ein Mann, der im Frühling einen unter Naturschutz stehenden Wald durchschreitet. Irgendwann bemerken Sie einen Ihnen gänzlich unbekannten Vogel, der aus seinem Nest auffliegt. Im selben Augenblick nehmen Sie einen anderen Menschen wahr – offensichtlich einen Forstaufseher, der Sie aber noch nicht erblickt hat. Er kommt über einen schmalen Pfad zwischen den Bäumen direkt auf die Stelle zu, an der Sie stehen.

Ihres großen Interesses an Vögeln wegen haben Sie eigentlich vor, auf den Baum zu jenem Nest zu steigen – nicht in der Absicht, die Eier zu stehlen, sondern nur, um sie anzuschauen. Sie sind jedoch ein hochmütiger Mensch mit einem ausgeprägten Gefühl für die eigene Wichtigkeit, und daher ist Ihnen die Vorstellung, von dem Forstaufseher auf halber Höhe eines Baumes ertappt zu werden, Anlass genug, die Sache aufzugeben und sich aus dem Staub zu machen.

Aber Dünkel ist nicht Ihre einzige Schwäche. Sie sind zudem noch stolz. Und am stolzesten sind Sie auf Ihr Mitgefühl mit Vögeln. Das ist durchaus ein ganz aufrichtiges Mitgefühl, aber trotz aller Aufrichtigkeit ist doch der Stolz auf ein solches Mitgefühl noch stärker ausgeprägt als das Mitgefühl selbst.

Ganz unabhängig von dem Forstaufseher befürchten Sie, dass der unbekannte Vogel von dem Anblick eines Eindringlings, der in sein Nest späht, aufgestört werden würde, selbst wenn Sie weder die Eier noch auch nur ein Zweiglein berühren würden. Doch Ihr Stolz darauf, so einfühlsam gegenüber den Empfindungen von Vögeln zu sein, ist wie ein zweiter Forstaufseher, der sich auf einem inneren Pfad nähert. Konfrontiert mit diesen beiden entscheiden Sie sich schließlich, sich so diskret wie möglich zu entfernen, zugleich aber auch so würdevoll, wie es die Situation eben zulässt.

Nehmen wir nun aber einmal an, dass Ihre Haltung gegenüber Vögeln frei ist von allem Stolz und die gegenüber Forstaufsehern frei von allem Dünkel, dass aber Ihre Schwäche in einer übergroßen Eitelkeit hinsichtlich Ihrer äußeren Erscheinung, der Eleganz, Ihrer Figur und Ihres klassischen Profils besteht.

Nun, in dieser Situation wird Ihnen augenblicklich offenbar, dass weder die Vogelmutter, falls sie sich noch auf der Szene befindet, noch der Forstwart, der Sie aus seinem geschützten Wald hinausjagen will, sich »einen Dreck« um Ihr Gesicht oder Ihre Figur scheren. Daher klettern Sie unter dem Drang Ihres brennenden Wunsches, das unbekannte Nest zu erreichen, und völlig unberührt von irgendwelchem Stolz oder Dünkel auf den Baum, und wenn Sie entdeckt haben, dass Sie nicht in das Reich einer gewöhnlichen Ringeltaube eingedrungen sind, sondern in das einer Hohltaube oder Turteltaube, schwingen Sie sich rasch wieder herab und entfernen sich, lange bevor ein gezielter Schuss aus der Flinte des Forstaufsehers Ihre Flucht aufhalten könnte. Da sind Sie also, schlendern friedlich heimwärts ohne ein besonderes Triumphgefühl, aber doch mit eindeutig bereicherten Kenntnissen über die Nester von Tauben.

Unserem imaginären Konvertiten wird vermutlich aufgefallen sein, dass diese Argumentation einen kleinen Makel aufweist. Ich meine den Stolz unseres Kletterers auf sein überlegenes Feingefühl. Woher wollen wir wissen, dass ihn nicht der Stolz auf sich selbst als »Urheber« dieses selbstgerechten Mitgefühls mit Vögeln sowie eines Überlegenheitsgefühls weniger einfühlsamen Vogelliebhabern gegenüber davon abgehalten hat, dieses Nest oder gar noch viele andere seltene Vogelnester auszunehmen? Nun, wir wissen es einfach nicht. Das ist einer jener feinsinnigen Punkte, die uns auf immer entgehen.

Die Vorstellung, dass unser Stolz auf unsere Tugend der Hauptgrund und die Hauptstütze ebendieser Tugend ist, ist eines der grundlegenden Paradoxien der menschlichen Psychologie, denen wir uns stellen müssen. Die »Philosophie des Trotzdem« vertritt allerdings die Ansicht, dass die Hilfe, die unsere Tugend durch unseren Stolz erfährt, je nach Veranlagung der betreffenden Person stark variiert.

Aber dehnen wir mit keckem Mut unsere komplizierte und heimliche Untersuchung noch ein wenig weiter aus. Graben wir nach den unterirdischen Wurzeln unseres gewöhnlichen Stolzes auf die Tugenden, die wir vielleicht besitzen, und untersuchen wir, ob da wirklich irgendein teuflischer Wurm zusammengeringelt liegt oder etwa eine unschuldige Made mit dem starren Blick eines Cherubs* oder eine schwachsinnige Raupe, die nicht weiß, wo ihr Schwanz und wo ihr Kopf ist.

Die Frage des Stolzes ist von größter Bedeutung, wenn wir unsere »Philosophie des Trotzdem« auf festen Boden stellen wollen. Drücken wir es ganz einfach aus und behaupten wir: Wenn Ihr Hauptwunsch darin besteht – was wir sehr hoffen und wovon wir denken, dass es so sein sollte –, das Leben zu genießen und sich so zu verhalten, dass Sie die Chancen anderer, das Leben zu genießen, eher vergrößern als verringern, dann sollten Sie bestrebt sein, Stolz, Eitelkeit und Dünkel vollständig in sich zu tilgen. Das ist eine schwere und aufwändige Aufgabe, aber sie ist das genaue Gegenteil jenes verderbten, grausamen, bösen, unerträglichen, manichäischen Puritanismus*, mit dem man sie vielleicht auf den ersten Blick gleichsetzt.

Sie könnten einwenden, dass dieses Hinwegfegen des Stolzes dem Wettbewerbssinn an die Wurzel geht, der in der einen oder anderen Gestalt einer der Hauptgründe menschlichen Glücks bildet. Nein, ganz im Gegenteil. Wir behaupten, dass die vollständige Eliminierung persönlichen Stolzes mit einer Fülle angenehmster Rivalitäten einhergehen kann.

Ein fröhlicher Wettbewerb kann dermaßen zu einem Spiel werden, das man um der Sache selbst willen und ohne Hintergedanken spielt, dass ein philosophisch versierter Spieler mit demselben Vergnügen gewinnt oder verliert – auch wenn das bestimmten Naturen als unglaubliches Paradox anmutet! Ich würde sogar so weit gehen, den Geist Homers heraufzubeschwören und darauf hinzuweisen, dass man in der *Ilias* trotz der ständigen Erörterungen von *kudos* und *euchos*, von »Ruhm« und »Ehre«, aus den Höhen und Tiefen seiner unvergleichlichen Musik ein Raunen der tragischen Erkenntnis heraushören kann, dass – obwohl diese Krieger aus schierer Notwendigkeit töten und getötet werden und obwohl ihnen die trostreiche Zuversicht, »unter den Nachgeborenen« berühmt zu sein, über die Grausamkeiten dieses »tränenreichen Krieges« hinweghilft – die eigentliche Poesie niemals in der Verehrung der Leiden liegen kann, sondern stets in der Freude über das süße Licht der Sonne, *solange dazu noch Zeit ist.* So spricht Sarpedon zu Glaukos* gegen Ende des 12. Gesangs:

> Trautester, könnten wir ja durch dieses
> Kampfes Vermeidung
> Immerdar fortblühen, unsterblich beid
> und unalternd,

Weder ich selbst dann stellte mich unter
die vordersten Kämpfer,
Noch ermuntert ich dich zur männer-
ehrenden Feldschlacht.
Aber da gleichwohl drohn unzählbare
Schrecken des Todes
Rings und keiner entflieht den Sterblichen,
noch sie vermeidet:
Auf, dass wir anderer Ruhm verherrlichen
oder den unsern!

Was wir indes bedenken sollten, ist nicht der Trost, den wir ruhmreichen Heldentaten abgewinnen können, die uns die Notwendigkeit auferlegt hat. Es geht eher um die abgrundtiefe Erleichterung nach einer geglückten Flucht aus der Abhängigkeit von den Meinungen, die andere über uns hegen. Diese Flucht kann nur gelingen, wenn wir uns unseres Stolzes restlos entledigen. Auch lässt sich diese furchtbare und Leben vernichtende Abhängigkeit von dem, was andere über uns denken, wunderbar ersetzen. Ich meine damit die private Genugtuung, die wir, völlig unabhängig von anderen Menschen, allen Fertigkeiten und Geschicklichkeiten verdanken, die wir ihrerseits in unserem Umgang mit der Welt zum Tragen bringen können.

Diese Befriedigung, die aus dem kunstvollen Umgang mit der Hartnäckigkeit materieller Substanzen erwächst – eine Befriedigung, die sicherlich alle aufrechten Arbeiter ebenso gut kennen wie der geschickteste Handwerker –, braucht überhaupt nichts zu tun haben mit Stolz, Eitelkeit oder Dünkel. Sofern eine solche

Geschicklichkeit nur *ein reines Gefühl der Geschicklichkeit* ist, das nur wir selbst erleben, kann es uns kaum zu diesen gefährlichen Lastern verleiten.

Auch entspricht die Harmlosigkeit unserer Befriedigung über unsere Kunstfertigkeit im Umgang mit der Materie derjenigen im Umgang mit den Drangsalen des Lebens und den Besessenheiten unseres Geistes, wozu eine ganz ähnliche Geschicklichkeit und Selbstkontrolle gehört.

Solche ausgebildeten und beharrlichen Fähigkeiten, solche geschickten Kunstgriffe, ob sie nun auf das äußere Universum gerichtet sind oder auf uns selbst, sind ein Grundbestandteil jener Anpassung an das Leben und an die Natur, die sich in der Tier- und Pflanzenwelt instinktiv vollzieht und die wir teils instinktiv, teils mit Bedacht vollbringen. Und wir können sie genießen, ohne dabei die Meinungen anderer im Geringsten zu beachten, woraus ja nur allzu leicht Stolz, Eitelkeit und Dünkel erwachsen.

Wenn unsere »Philosophie des Trotzdem« ein wahrhaftiger Hafen sein soll, in dem wir uns zu neuen Reisen einschiffen – und nicht etwa ein jämmerlich zusammengeflicktes Floß nach einem Schiffbruch –, dann *müssen* wir sicherstellen, dass der Kiel unseres Bootes und die Spanten seines Bauches in Demut verzapft sind.

Die Demut selbst ist eine der mächtigsten Waffen, die uns in unserem Lebenskampf um den Genuss zur Verfügung stehen. Hier liegt in der Tat der Dreh- und Angelpunkt der ganzen Situation. Wir *wollen* uns alle unser erfreuen, aber wir sind so furchtbar unphilosophisch, dass wir stets in Versuchung geraten, unsere Vorstellungen einer reichhaltigeren, tiefer gehenden, volleren Befriedigung zugunsten der konventionellen Vorstellungen aufzugeben, denen die meisten anderen Menschen anhängen.

In dem kurzsichtigen Verlangen nach dem, was Homer *kudos* und *euchos* nennt – man muss hier zugeben, dass auch die meisten homerischen Helden diese unphilosophische Sichtweise einnehmen –, sind wir versucht, unser Leben der kontemplativen Empfindungen für ein Leben des äußeren Erfolgs zu opfern. Die »Philosophie des Trotzdem« hingegen geht das Risiko ein, sich nicht nur von der Lebenssicht der konventionellen Welt unserer Zeit zu unterscheiden, sondern auch von der Lebenssicht der konventionellen Welt in homerischer Zeit, und sie besteht zudem hartnäckig darauf, dass sich nach dem eigenen Tod lediglich die Gefährtin und die Kinder, vielleicht auch ein paar Freunde und Nachbarn an einen erinnern. Aber wenn man das Leben der kontemplativen Empfindungen lebt, das die »Philosophie des Trotzdem« in mindestens drei Dimensionen zu umreißen versucht, wird man sich – wenn der Augenblick und der Ort zusammentreffen, die unsereinem als Schnittpunkt des Todes vorbestimmt sind – als weiser denn König Agamemnon und als glückhafter denn der leichtfüßige Achilles erwiesen haben.

Um aller Dinge willen, die Ihnen teuer sind: Lassen Sie sich von keinem dieser boshaften, grausamen, sadistischen, puritanischen Freudenhasser das vergällen, was von ihnen mit Vorliebe Ihre »Zügellosigkeit« oder auch

»Genusssucht« genannt wird – Begriffe, die von dem gerissensten und verruchtesten aller menschlichen Gefühle erfunden wurden: dem Neid, der sich als Tugend gibt!

Diese besessenen Wahnsinnsneider haben noch ein weiteres Wort in die Welt gesetzt, das ebenfalls aus ihrem teuflischen Schmelztiegel, ihrem Dämonenlabor stammt, wo sie lebendige Leichname mit »spirituellen Harnischen« versorgen – nämlich das Wort »Materialismus«. Doch wann immer Sie, mein zögernder Konvertit, beschuldigt werden, »zügellos« zu sein oder »materialistisch«, dann werfen Sie einen scharfen Blick auf Ihren Ankläger, ob das nun ein Mann ist oder eine Frau, und Sie werden den grünen Schimmer in deren Schlangenaugen erkennen!

Es gibt keinen Grund, sich vor solchen Beschuldigungen aus jener Ecke zu fürchten! Nur zu, seien Sie so »zügellos« und so »materialistisch«, wie Sie nur können. Das Leben wird schon dafür sorgen – da das Leben aus »Selbsten« besteht, die sich alle Mühe geben, sich ihrer zu erfreuen –, dass Sie nicht derart »vom Himmel begünstigt« sind, um sich Ihrer auf lange erfreuen zu dürfen. Dafür wird das Leben schon sorgen. Darin kann man sich auf das Leben verlassen. Was unsere kleine Schar von »guten Gefährten«, als welche Pantagruel* uns betrachten würde – und denken Sie daran, dass wir alt, mittleren Alters und jung sind sowie beiderlei Geschlechts –, wirklich braucht (als wüssten wir das nicht!), ist ein zufrieden stellender Ersatz für jenen besonderen, vergeistigten und wundersamen Glauben, den das Christentum seinerzeit geboten hat, der aber seinen *Zauber* aufgrund – wir brauchen hier nicht in die Einzelheiten zu gehen! – der inneren Gesetzmäßigkeiten des Lebens *verloren* hat, wie man es bei allen und bekannten Religionen beobachten kann. Die polizeistaatlichen Faktoren im Russland und im China unserer Tage können natürlich leicht zu einem satanischen Labor werden, um Engelsrüstungen für Teufel zu schmieden, und wenn wir die Parole »Sklaven, ihr seid frei!« hören, dann sollten wir Sklaven dem Wind die tödlichen Worte entnehmen, die zu dieser Parole passen: »Mein Vater hat euch mit Peitschen gezüchtigt, ich aber will euch mit Skorpionen züchtigen!«*

Nun wollen wir versuchen, uns eine imaginäre Situation vorzustellen, in die es den einen oder andren von uns schon verschlagen haben mag, und einige jener falschen, konventionellen Eindrücke abzuschütteln, die von den Blicken, Berührungen, Lauten, Gerüchen und Geschmäckern dieses Trugbilds von einem Kosmos erzeugt werden!

Unsere kleine Schar von Möchtegernphilosophen versucht, gleichsam ein privates und geheimes Tagebuch der tiefsten Gefühle zu erarbeiten, die uns bei unseren tagtäglichen Abläufen anwandeln, verbunden mit der umsichtigen Entwicklung einer Methode, mit deren Hilfe unsere Gefühle durch den eigenen tiefsten Willen dazu angeleitet werden können, uns zum Genießen zu zwingen.

Einem besonderen Instinkt zufolge, den auch Sie noch entdecken werden, sind die Momente, in denen

Sie am glücklichsten sind, gar nicht diejenigen, in denen Sie registrieren, was die Leute von Ihnen denken oder über Sie sagen oder wie sie Sie anblicken. Das sind vielmehr die Momente, wenn Ihnen Ihre Arbeit, egal, was es ist, *gut* von der Hand geht. Geld spielt dabei natürlich auch eine wichtige Rolle. Es ist Unsinn, etwas anderes behaupten zu wollen. Aber wir alle wollen uns die Annehmlichkeiten und Freuden, die wir uns erarbeiten, von der Gesellschaft und von der Menschheit auch *redlich verdienen*. Das hat nichts mit Stolz zu tun. Das ist eine Frage der Selbstachtung – eines elementaren Instinktes, den wir mit Pferden und Hunden, vermutlich auch mit Kamelen und Ochsen gemein haben.

Bei den handwerklichen Berufen sind es nicht Moral und Frömmigkeit, die aus einem guten Arbeiter einen Künstler machen. Nein, es ist etwas, das viel tiefer reicht, das seine Wurzeln in der Natur und in deren geheimnisvollen Trieben hat, mit denen sie es in *ihren* Werken und in *ihrer* Kunst zu so unglaublicher Perfektion bringt. Wir brauchen doch nur an einige Methoden und Kniffe der Natur zu denken, die wir rings um uns her an Lebewesen und Organismen beobachten, um zu erkennen, dass das, was wir Menschen Stolz, Eitelkeit und Dünkel nennen, in Wirklichkeit mit dem Putzen eines schimmernden Federkleids, dem Recken wolliger oder behaarter Gliedmaßen, dem Schlagen einer glänzenden Flosse, dem Krümmen schuppiger Stachel und dem Lecken mit nassen Zungen nichts zu tun hat.

Die Kinder der Natur sind darauf aus, zu genießen, wie sie nur können, das heißt, soweit es mit den Geboten der Fruchtbarkeit und der Sicherheit vereinbar ist, die für den Fortbestand der Art nötig sind.

Ein wahrer Philosoph muss selbstsüchtig sein, aber selbstsüchtig auf eine bestimmte, besondere Weise. Zunächst einmal muss sich der Philosoph ebenso wie der dümmste Narr seinen Lebensunterhalt verdienen. Und um Geld zu verdienen, gibt es – wenn man nicht zum Kriminellen oder Parasiten werden will – keine andere Wahl, als seine Kollegen zu besänftigen und dem Chef zu gefallen. Die einzige Alternative dazu ist, sich einen anderen Chef und andere Kollegen zu suchen. Wenn man seine Kollegen nicht gegen sich aufbringen will, darf man sich weder hochmütig verhalten noch etwa eine »stille Überlegenheit« an den Tag legen oder herumprahlen. Um aber seinen Arbeitgeber, seinen Chef, seinen Lektor oder Manager zufrieden zu stellen – und wenn man nicht gerade ein hübsches Mädchen ist, das es auf einen durchtriebenen Flirt absieht –, muss man genau das tun, was von einem *verlangt* wird, was nicht unbedingt heißt, *gute* Arbeit zu leisten, denn in dieser heiklen Frage können Sie beide sehr wohl unterschiedlicher Meinung sein – nein, einfach die Arbeit, die von Ihnen erwartet wird. Ihr Bestreben als ein Novize oder Konvertit zur »Philosophie des Trotzdem« ist ein völlig selbstsüchtiges, nämlich sich zum Genießen zu zwingen.

Und es fällt Ihnen viel schwerer, sich zum Genießen zu zwingen, wenn Sie jede Sekunde bei der Arbeit verabscheuen und wenn Sie alles hassen, was damit zu tun hat. Doch, mein lieber Neophyt, wir von der »Philosophie des Trotzdem« wollen damit nicht sagen, dass Sie Ihre Arbeit unbedingt lieben müssen. Wir behaupten nicht einmal, dass Sie Ihre Arbeit in irgendeiner Weise oder in einem besonderen Sinne *mögen* müssen. Ein zur »Philosophie des Trotzdem« Bekehrter kann sich an dem Vorgang freuen, eine Sache zu tun, die er an sich oder im Kern überhaupt nicht ausstehen kann. Nehmen wir an, dass Sie eine Frau sind, deren Arbeit darin besteht, aufzuräumen und Böden zu schrubben oder in einem Büro Briefe zu tippen und Zahlen zu addieren. Oder nehmen wir an, dass Sie ein Mann sind, dessen Arbeit es ist, Unkraut auf Kieswegen zu jäten, Hecken und Büsche zu stutzen, Gras zu mähen und Setzlinge auszupflanzen.

Wenn Sie, eine Frau, aufräumen und Staub wischen und schrubben oder tippen, sortieren und ablegen, hindert Sie keine dieser Aktivitäten daran, sich in Ihrer Fantasie den Gefühlen, Empfindungen und Emotionen hinzugeben, die Sie am stärksten anregen. Ihre Hände und Ihr Gehirn verrichten eine langweilige, automatische, mechanische Arbeit, aber das braucht nicht zu heißen, dass die materiellen und chemischen Substanzen, mit denen Ihr Körper in Kontakt kommt, sich nicht auch mit den Gefühlen und Empfindungen, die Sie gerade am heftigsten genießen, verbinden können, dass Sie sie nicht berühren und sie von Ihnen nicht berührt werden können. Solange wir eine Wahl haben und unser Geist und unsere Muskeln sich frei bewegen können, kann nichts uns daran hindern, uns der Umarmung des gesamten Universums hinzugeben, gewiss aber der der lebendigen Elemente rings um uns her. Und da tut es auch nichts zur Sache, ob wir in einer Beiküche nach gekochtem Kohl stinken oder in einem Büro nach muffigen Akten.

Und wenn Sie, ein Mann, den Kiesweg von Unkraut befreien und Laub zu Haufen harken, bereit für die Schubkarre und das Feuer, bedeutet *das* etwa, dass Sie sich nicht in einem gesegneten Augenblick auf die Harke gestützt ausruhen und mit Ihrer taktilen Fantasie den gesamten geheimnisvollen Kosmos ringsumher umfassen können?

Auch können wir trotz unserer völligen Ablehnung der mystischen Liebe nichts an den unvergleichlichen Schwingungen auszusetzen finden, die zwei Liebende miteinander verbinden, die von benachbarten Gebäuden aus in genau diesem Augenblick zitternde Wellen magnetischer Strömungen miteinander austauschen, die ebenso sehr romantisch-ekstatisch aufgeladen sind wie gelassen-kontemplativ. Beten wir nur, dass ihre Freude sich nicht in die Verzweiflung jener Königin von Karthago verwandelt, die, »eine Weid' in ihrer Hand, am wilden Strand«* stand, oder in das Heulen des Windes auf einer der beiden Straßen nach Loch Lomond*.

Ach, wenn die eigene Philosophie wahrhaftig wirksam sein soll, dann muss sie notwendigerweise unendlich flexibel sein und sich gleichermaßen bis an die Grenzen von Zeit und Raum ausdehnen sowie auf einen Punkt verkleinern können wie das Auge des winzigsten Insekts. *Demut* ist das Schlüsselwort, aber in unserer philosophischen List, mit der wir gesegnet sind, ist es uns eher um eine altertümliche, eine, wenn man so sagen darf, paläolithische Demut zu tun als um eine buddhistische.

Ja, wenn wir uns auf wahrhaft kosmisch-komische Art freuen wollen – denn wir *müssen* über uns selbst lachen, damit wir frohen Herzens genug bleiben, um überhaupt genießen zu können, so wie wir uns auch vorstellen sollten, dass die Luft, wenn sie denn menschliche Sinne hätte, sich über diese übervölkerte Welt freuen würde, in die wir geworfen sind –, dann müssen wir uns zwingen, die komische Seite der Dinge zu schlucken und unsere komischen Demütigungen und lächerlichen Schnitzer bis auf die Spitze zu treiben, und wenn wir uns über die Situation nicht irgendwie anders aufheitern können, dann beginnen wir besser damit, mit allem Mut und mit vollem Ernst den Narren zu spielen. Denn wenn auf dieser Flucht vor dem Stolz, der Eitelkeit und dem Dünkel, die so wesentlich ist, um uns unser erfreuen zu können, Prosperos Stab* die Demut ist, dann ist ein gewisser unwiderstehlicher Humor das »Sesam, öffne dich«.

Jawohl, wir müssen uns aber und abermals wiederholen, dass wir Mücken, Würmer und Käfer sind, wenn schon keine Affen oder gar Krallenaffen. Wir müssen Ihnen hier versichern, dass am Ende die geistige Haltung, die wir hier vertreten, zum Teil, wenn nicht sogar insgesamt, an unserem aalglatten und absurd aufgeblasenen menschlichen Hirn kleben bleibt wie eine Klette.

Unsere eher spirituell gesinnten Freunde werden uns hier unterbrechen und zum hundertundneunzigsten Mal einwenden, dass wir »spirituelle Wesen in einer spirituellen Welt« seien. Unsere Antwort darauf lautet, dass es dann umso notwendiger wäre – nicht etwa unnötiger –, des Ausmaßes unserer Kleinheit inne zu sein. Denn natürlich ist es unphilosophisch, weiterhin die Überlegenheit der einen Hälfte der Natur über die andere zu betonen – auf der einen Seite »Mäus' und Ratten und solch Getier«* und auf der anderen Seite wir selbst, mit unserem Leben in spirituellem Stolze und unserer Überlegenheit nicht nur über Würmer und Käfer, sondern auch über Hunde, Katzen und Affen.

Unsere »Philosophie des Trotzdem« lehrt uns selbstverständlich die wahre Weisheit unserer Universalmutter, der Erde, und deshalb müssen wir diese Frage der Überlegenheit ein für alle Mal klarstellen.

Wir streiten ja gar nicht ab, dass ein Lachs größer ist und vielleicht auch attraktiver aussieht als ein Stichling. Wir streiten auch nicht ab, dass Sie, etwa ein gut aussehender junger Mann oder eine hübsche Frau, schöner, intelligenter und von komplexerem Nervensystem sind als ein Affe oder, mehr noch, als eine Raupe oder eine Nacktschnecke. Wir streiten auch nicht ab, dass es aufgrund dieser Tatsache Ihr gutes Recht ist, stolz, eitel oder dünkelhaft zu sein. Sie sind ein Selbst, ein selbstbewusstes Menschenwesen. Die Nacktschnecke ist ebenfalls ein Selbst, das sich von anderen Schneckenidentitäten unterscheidet und so einzigartig in ihrem Schneckendasein ist wie Sie in Ihrem Menschsein.

Aber Sie haben kein Recht, wegen Ihrer Überlegenheit gegenüber jener schwarzen Schnecke, die Sie gerade vom Pfad aufgehoben und in die Hecke gesetzt haben, stolz und eitel zu sein, so wie Sie auch kein Recht haben, sich als erfolgreicher oder gut aussehender Mensch anderen Menschen überlegen zu fühlen, denen ihre Sterne weniger günstig gesinnt sind und die ein weniger glückliches Schicksal haben. Unsere Philosophie lehrt uns, dass alles eine Sache des reinen Zufalls ist, wie oder wann oder von wem *Sie,* eine Feder im Wind, ein Strohhälmchen, aus den Nebeln der Vorhölle ins Wochenbett Ihrer Mutter geweht wurden.

Warum dann bloß diese ganze verdammte Ehr- und Ruhmsucht? Oh, mein guter Freund, sehen Sie denn nicht den Abgrund, der sich auftut im Unterschied zwischen der völlig legitimen Empfindung, in der man sich insgeheim seiner eigenen Stärke rühmt – einer Empfindung, die von Natur aus zum unveräußerlichen Körper gehört –, und jener anderen Ehrsucht, wenn Sie sich jemandem überlegen fühlen, dessen männlicher oder weiblicher Stamm ein bisschen weniger vom Ruhm führenden Saft durchdrungen ist?

Junge Menschen, die von der »Philosophie des Trotzdem« nachgerade durchtränkt sind, würden völlig zu Recht gegen die Art protestieren, in der die homerischen Helden sich in den von ihnen Bezwungenen sonnen. Junge Menschen sind in der Regel schneller von Begriff als alle Philosophen, weil sie frei von logischen Schritten einfach »auf die Schlussfolgerungen losspringen« können – und das ist manchmal kein schlechtes

Verfahren. Solche jungen Gelehrten werden daher unserer Philosophie ohne weitere Schwierigkeiten folgen, wenn wir darlegen, dass wir mitnichten im Streit mit Menschen, Göttern oder Tieren liegen, die »sich in ihrer Stärke sonnen«. Nur dann, wenn sie sich in der fehlenden Stärke anderer sonnen, haben wir gegen eine derart unphilosophische Prahlerei etwas einzuwenden.

Unser ganzes Bemühen, diese »Trotzdem«-Philosophie zu formulieren, nehmen wir nur deshalb auf uns, weil wir tagtäglich sehen, wie Leute sich *durch geduldiges Üben verbessern,* sei es beim Kricket, Hockey, Fußball, Nähen, Stricken, Waschen, Kochen, Rudern, Schwimmen, Klettern, Sammeln, Studieren, Predigen, Gärtnern, Schreiben oder Tippen, und wir wissen durch unseren persönlichen Umgang mit ihnen ganz genau, dass diese Leute beim Älterwerden *nicht* stetig philosophischer werden, sondern einfach nur ein bisschen zäher. Wir hingegen wollen nicht zäher werden, sondern philosophischer.

Wenn sie ihrer Kindheit, ihrer Jugend, ihren besten Jahren entwachsen, dann werden wir Zeuge – ob wir wollen oder nicht –, wie sie ganz unabhängig von ihrem Glauben, ihrer Partei, ihrer Institution oder Sekte immer unglücklicher werden, immer seltenere Augenblicke der Freude genießen und ganz offensichtlich – »Oh, Jago, diese Schande, Jago!«* – das Leben ständig grausamer und ihr Schicksal in diesem Leben immer unerträglicher finden.

Für diese Menschen sind wir Philosophen des »Trotzdem« aufgestanden, haben uns »reingehängt« oder sind sozusagen unter dem Zaun hindurch in ihren Hof gekrochen. Was wir ihnen bringen, ist wirklich und wahrhaftig ein völlig neues Beruhigungsmittel. Es versetzt sie in die Lage, ihre ganzen Lebenstechniken auf sich selbst und ihre eigenen Empfindungen zu beschränken. »Wie unverschämt selbstsüchtig!«, werden unsere dummen Gegner jetzt ausrufen.

Im Gegenteil, falls Sie sich die Mühe machen, Ihre Gefährten und Nachbarn ein wenig genauer unter die Lupe zu nehmen, dann werden Sie feststellen, dass diejenigen, die durch lange und geduldige Praxis die schwierige Kunst erlangt haben, sich heimlich, selbstsüchtig, fortwährend und durch alle möglichen eigenen Tricks *zum Genießen zu zwingen*, genau auch diejenigen sind, mit denen der Umgang so angenehm ist. Möglicherweise sind sie tatsächlich selbstsüchtig. Gut, sie *sind* selbstsüchtig. Sie haben völlig Recht, ihnen das vorzuwerfen. Aber wozu zum Teufel sollte man ein *Selbst* haben, wenn nicht zur *Selbstsucht?*

Das ändert nichts daran, dass unsere »Philosophie des Trotzdem« eine neue Art und Weise gefunden hat, wie man das Leben nehmen kann, eine Art und Weise, die nicht eben stoisch ist, auch nicht gerade epikureisch*, eine Art und Weise, die vor allem *grundlegend agnostisch im Hinblick auf die Naturwissenschaften* ist*, eine Art und Weise, die sich nur eines absolut sicher ist, nämlich dessen, dass jede kosmologische Theorie über das, was gemeinhin »Materie« genannt wurde, in Beziehung zu dem, was gemeinhin »Geist« genannt wurde, dass jede Theorie, die auf der Mathematik beruht, ob man sie nun als »Zahl«, als »Struktur« oder als »Beziehung« betrachtet, in soundso vielen Jahren zugunsten einer anderen aufgegeben werden wird und diese wiederum zugunsten einer weiteren und so fort – Theorien, die allerdings irgendwann einmal und mit gewissen Modifikationen allesamt wieder auftauchen, weil irgendein mysteriöser Kreislauf des Schicksals die besondere Methode einer vergangenen Ordnung in das wiederbelebte Experiment einer neuen Ordnung einbringt.

Die »Philosophie des Trotzdem« glaubt, dass Demut die Grundlage aller Weisheit ist. Sie glaubt, dass das Haupthindernis für jene *Selbstsucht*, für die sie eintritt, der Stolz, die Eitelkeit und der Dünkel der Moralisten sind. Sie ist zu dem Schluss gelangt, dass von allen Menschen in der Welt schon immer die Moralisten am dünkelhaftesten waren, im wahren Sinne von Dünkel, das heißt, dass sie wirklich und wahrhaftig glauben, weitaus klüger und viel bedeutsamer zu sein, als sie es in Wirklichkeit sind.

Die »Philosophie des Trotzdem« hat herausgefunden, dass das beste Mittel gegen Stolz, Eitelkeit und Dünkel die *Empfindung* ist. Beschließen Sie, Ihr ganzes Leben nur für Empfindungen zu leben, und Sie werden bald feststellen, dass Sie das Leben eines Menschentieres führen. Sehen Sie nur, wie ein Schaf wiederkäut oder was ein Hund mit einem Knochen anstellt – da haben wir das Geheimnis des Lebens! Walt Whitman, Keats, Charles Lamb, Goethe* – da haben wir vier Menschen, die das Leben aus vollem Herzen liebten und wussten, wie man mit den launenhaften und liebedienerischen

Orakeln der Wissenschaften agnostisch umgehen sollte! Die Sache ist die: Wenn man die Essenz der metaphysischen Weisheit von Spinoza untersucht – und wir können ziemlich sicher sein: in geringerem Maße auch die Weisheit aller Metaphysiker –, dann stellt man fest, dass man letztendlich und hintergründig eine *bestimmte Empfindung* erlangt, eine gewisse kosmogonische Empfindung; mitnichten eine kosmische Emotion, nein, nein, vielmehr eine *kosmische Empfindung.*

Und wie geht ein Junge oder Mädchen, ein Mann oder eine Frau nun tatsächlich mit dieser geistigen Konzentration auf körperliche Empfindungen um? Nun, das Selbst in uns, das lebendige Zentrum unseres Seins, erfasst unseren physischen Körper und benutzt ihn für seine eigenen Momente intensiven Empfindens.

Dieses Ego, dieses Selbst, dieses »Ich bin Ich«, das *fühlt* – und wer vermag zu sagen, ob dies nun eine Illusion ist oder das unvermeidliche Ergebnis dessen, ein bewusstes Lebewesen zu sein? –, *als sei es in unserem Körper,* zwingt nun genau diesen Körper mit seinen Kräften des Hörens, Sehens, Schmeckens, Fühlens und Riechens, die bestimmte Empfindung oder die bestimmte Folge von Empfindungen zu genießen, in denen es sich verlieren will.

Und falls Sie an dieser Stelle ausrufen: »Aber fordern wir unseren Geist da nicht auf, unseren Körper wie einen Sadisten zu behandeln?«, dann antworten wir: »Ganz und gar nicht! Unser Körper ist bloß unser alter Bruder, der Esel, der uns völlig versteht, und wenn wir ihn zwingen, sich diesem Geräusch, diesem Anblick, diesem Geschmack, diesem Gefühl, diesem Geruch zu widmen, dann vermitteln wir unserem fügsamen und treuen alten Kumpan genau das gleiche Vergnügen, das wir unserem bewussten Selbst vermitteln, und unser Körper verdient durchaus seine Hälfte des Vergnügens, denn schließlich sind es die Sinne dieses ergebenen Dieners, durch die wir diesen ›Nabelschaugenuss‹, falls uns Unschuldigen ein so großartiges Wort gestattet ist, unserer hypersinnlichen Kontemplation erlangen.«

Und der ganze Triumph dabei ist, wohlgemerkt, ein Triumph der Demut, einer Demut, die auf die Spitze getrieben wurde. Das ist in der Tat ein perfektes Beispiel dafür, wie Egoismus oder »Selbstsucht«, wenn man so will, auf die Spitze oder bis zum äußersten Extrem getrieben, aufhört, sie selbst zu sein und sich in etwas anderem verliert!

In diesem Fall verliert sie sich in reiner Empfindung, dem schönsten, angenehmsten, göttlichsten und himmlischsten Ding, in dem man sich überhaupt verlieren kann! Nicht nur aller Stolz, alle Eitelkeit und aller Dünkel sind mit einem Mal verschwunden, sondern auch *Sie* selbst – jawohl, *Sie*: Charles, Walter, Wolfgang, Etienne, Livio, Susan, Celia, Rosamond oder Mary –, Sie sind vollständig dahingeschmolzen!

Was bleibt dann noch übrig? Nichts außer einer dinglichen Schwingung von Empfindungen, bis zur Grenze des Genusses genossen von einem Paar dinglicher Entsprechungen, die man Geist und Materie zu nennen pflegte Selbst und Nicht-Selbst oder sogar Subjekt und Objekt.

Um es anders auszudrücken: Das »Sie« in diesem Fall, das Ego, das Selbst, der Johnny, die Jenny, der Herr und die Frau, ist tatsächlich zum Gurren der Ringeltaube geworden, zum Anblick einer grünen Wiese mit einem lila Heckenschatten, zum Gestank des Qualms von der brennenden Müllhalde, zum Geschmack der ersten Brombeere, zum Druck der Hand Ihrer Gefährtin!

Und indem dieses bewusste Selbst, absichtlich ausgedünnt bis zum Fast-Nichts, seine Ekstase der Aufmerksamkeit fortsetzt, wird sein Fast-Nichts – siehe da! – zu einem Fast-Allen!

Einfacher gesagt: *Sie*, allein im unendlichen Raum und in der endlosen Zeit, Sie, verloren in himmlischen Klängen, göttlichen Farben, paradiesischen Geschmäcken, bezaubernden Düften, unbeschreibbaren Berührungen, erleben in diesem Augenblick die schlichtere, sanftere, ruhigere, weniger aufregende erste Stufe jener Ekstase, die Männer und Frauen im Moment der Erfüllung ihrer sexuellen Liebe empfinden, jene Ekstase, die ein Dichter empfindet, wenn er sich – wie Prometheus am Ende der Tragödie von Aischylos – in trotzigem Aufbegehren in das Opfer fügt, das die Urmutter des Lebens und des Todes ihm auferlegt hat.

Denken Sie eine Weile darüber nach, ehe Sie diese »Philosophie des Trotzdem« zurückweisen. Denken Sie darüber nach, mein unbekannter Leser, wie sehr Ihr gegenwärtiges Leben von den Sorgen und Ärgernissen aufgezehrt wird, die Ihnen von anderen Leuten bereitet werden. Wie *jener Franzose** vor nicht allzu langer Zeit sagte: »Die Hölle, das sind die anderen.«

Was also erwarten wir vornehmlich von einer Philosophie? Ein System wie das Hegelsche über Sein und Nichtsein und Werden und über die »Idee« und wie aus dieser »Idee« alle offensichtlichen Dinge, mit denen wir vertraut sind – die komischen, tragischen, so verlockend schönen und so entsetzlich unangenehmen –, herausspringen wie Katzen und Mäuse, wie Pythons und Kaninchen aus der Tasche eines Zauberers?

Wird uns das davor bewahren, den Gashahn aufzudrehen? Ich gestehe, dass es unserem Bedürfnis eher entspricht, vom großen Kant zu lernen, dass Zeit und Raum bloß gedankliche Kategorien sind und dass es *etwas Anderes* in unserem gespaltenen Bewusstsein gibt, etwas, das er den »kategorischen Imperativ« nennt, das auf uns zuschießt wie ein Flammenspeer aus einer Dimension, die völlig außerhalb unseres unentrinnbaren Raum-Zeit-Gefüges liegt!

Ja, Kant hilft uns in einer Krise viel besser als Hegel, aber, oh, so viel weniger, als wir eigentlich an Hilfe brauchten! Und obwohl der große Spinoza, der die unwiderstehliche Notwendigkeit der Mathematik auf die fraglose Notwendigkeit eines Gottes übertrug und diese beiden Übermächte auf unser tägliches Verhalten, obwohl also Spinoza vielleicht in der Lage gewesen ist, ein vielseitiges Genie wie Goethe von der quälenden Pflicht der täglichen Selbstaufopferung zu befreien, werden nur einige wenige von uns bereit sein, an dieser Befreiung teilzuhaben.

Natürlich könnten Sie sagen, wenn Ihr Vater oder Ihre Mutter, Ihre Frau oder Ihr Mann, Ihr Sohn oder

Ihre Tochter Sie an den Rand des Wahnsinns treiben, dass Sie – als Stoiker, Platoniker oder Anhänger Sokrates' und nicht als der, der Sie sind: ein nervöser junger Mann mit einer Leidenschaft für Nietzsche oder eine empfindsame junge Frau, deren Lieblingsschriftsteller Dostojewski ist – sehr wohl in der Lage seien, solche Wutanfälle zu vermeiden, aber ich könnte darauf entgegnen, dass Sie Platon und Sokrates eines voraus haben, nämlich den Umstand, von den zweitausend Jahren der jüdischen Schriften und der Anbetung Jesu von Nazareth als der Inkarnation des Absoluten völlig durchdrungen zu sein.

Die Philosophie des Sokrates, zumindest in der Interpretation Platons, kann kaum als eine Philosophie der Demut bezeichnet werden, wohingegen die Demut ein Hauptelement der Lehren Jesu ist – zumindest glauben wir das mehr oder minder seit neunzehnhundert Jahren.

Das Deprimierende an so vielen Philosophien ist, dass sie mit ihrem ganzen logischen oder wissenschaftlichen Gehabe eher daran interessiert sind, sich gegen alle anspruchsvolle Kritik zu immunisieren, als an ihren Möglichkeiten, den Bedrückungen, denen jedes Lebewesen jederzeit unterliegt, den Stachel, das Pochen, den Biss und das Gift zu nehmen.

Ach, und diese Schmerzen werden durch das Gift unseres Stolzes und unserer Eitelkeit und unseres Dünkels stärker und eitern und schwären und verwandeln sich in geschwürige und übel riechende Wunden. Streichen wir die Kränkungen unseres Stolzes, unseres Dünkels und unserer Eitelkeit aus jeder so genannten »Verletzung unserer Gefühle« heraus – und, siehe da!, wir sind bereits halb geheilt!

Unsere »Philosophie des Trotzdem« oder ähnliche »Philosophien der Lebenskunst« sollten in der Lage sein, eine dumme, eine beklagenswerte und skandalöse Lücke in dem zu schließen, was man die »Kunst des legitimen Egoismus« nennen könnte. Mir ist keine Religion und keine Metaphysik bekannt, die irgendjemandem *en détail* zu Hilfe kommt, dessen Wunsch einzig und allein darin besteht, sich auf sein gegebenes Leben einzustellen, vom Aufwachen am Morgen bis zum Einschlafen am Abend, das zu ertragen ihm oder ihr vom Schicksal bestimmt ist – auf ein Leben mit all seinen komplizierten Problemen und massiven Erschütterungen.

Dem ersten Leitsatz unserer »Philosophie des Trotzdem« zufolge muss man alle ausgeprägten Gegensätze wie Gut und Böse, Wahrheit und Falschheit, Schönheit und Hässlichkeit mit großer Vorsicht behandeln. Ja, unsere Philosophie besteht darauf – stetig, skrupellos und listig –, dass diese herkömmlichen Gegensätze mit analytischer Vorsicht behandelt werden sollten, mit vernünftiger Vorsicht, mit humorvoller Vorsicht, und obwohl wir keiner diabolischen Vorsicht das Wort reden wollen, könnten wir doch verwegen genug den Begriff »Pantagruelismus« ins Spiel bringen. Unglücklicherweise sind wir, die Begründer dieser »Philosophie des Trotzdem«, – und genau das ist der Grund, warum wir so achtsam versuchen, diese Philosophie in allen Belangen auszuarbeiten – überempfindliche Schwächlinge, die in ihrer naiven Aufrichtigkeit eingestehen müssen, dass wir uns bloß an unsere Ideen klammern, weil es uns in unserer nervösen und papierenen Gelehrsamkeit an der Zähigkeit fehlt, das Leben so zu nehmen, wie es ist.

Wir haben sicherlich in der Geschichte der Menschheit einen Punkt erreicht, an dem eine neue Philosophie so nötig ist wie nie zuvor. Zwar haben viele von uns bereits ihre geschärfte, hoffnungsvolle und geneigte Aufmerksamkeit den existentialistischen *logoi* zugewandt, die wir mithilfe von Rezensionen und unserer Bibliotheken zu tanzenden Mustern anordnen konnten wie Spiegelbilder auf dem Wasser, aber wir haben dennoch niemanden getroffen, dessen Alltag von existentialistischen Einsichten getragen, getröstet und inspiriert worden wäre.

Wir fühlen uns in diesem Augenblick wie die Botschafter eines verstreuten Volkes, das zu einfältig ist, um die Feinheiten einer komplizierten und schwierigen Philosophie zu begreifen. Wir sind sozusagen über Gott und den Teufel hinausgewachsen, rutschen immer noch über das Eis des unmittelbaren Augenblicks und sehen darin alles andere als einen *monochronos hedone* im Sinne Aristippos'*.

Als Botschafter eines solchen Volkes sehen wir uns gezwungen, darauf zu bestehen, dass unsere »Philosophie des Trotzdem« von Grund auf absolut egoistisch sein muss. Falls Sie uns weiterhin bedrängen, jenes so ungerechtfertigt denunzierte Wort zu benutzen, werden wir nicht zögern, damit im Mut unserer Feigheit herauszuplatzen und kühn zu sagen: »absolut selbstsüchtig!«

Nein, nein, mein idealistischer Konvertit, Ihr kleingeistiger Sohn und seine flatterhafte Schwester stehen nicht in Gefahr, vom Lesen dieses kleinen Büchleins korrumpiert zu werden, das weniger ein »Handbuch des Teufels« ist als vielmehr ein Vorwort zu Jeremy Taylors *Holy Living* oder *Holy Dying**.

Dieses Buch ist die Essenz der Lebenserfahrung einer seriös gesinnten Schar verwandter Geister, deren recht besonderer Vorzug bei ihrem Unterfangen ist, dass sie – obzwar von unterschiedlichem Alter und beiderlei Geschlechts und in Verfolg ihrer Arbeit von intensiver Ernsthaftigkeit – aber doch in ihrer Haltung gegenüber der großen Masse der gewöhnlichen Menschheit nicht nur einen schamlosen und bislang uneingeschränkten Sinn für Komik an den Tag legen, sondern auch ein verschmitztes Vergnügen daran empfinden, alle möglichen Katzen aus allen möglichen Säcken zu lassen und sich mit Krethi und Plethi darüber zu streiten, welche der alten Zirkusnummern und Rosstäuschertricks weiterhin erlaubt und welche verboten werden sollten.

Stellen Sie sich vor, wer immer Sie sind, eines Morgens in Ihrem kleinen Zimmerchen wach zu werden, ohne sich sogleich ankleiden zu müssen. Ihnen ist gerade zweierlei zu Bewusstsein gekommen: zum einen die Wärme unter Ihrer Bettdecke, zum anderen, dass diese Wärme an so einem kühlen, nebligen Morgen in einer großen Stadt, während das graue Licht sich verdrossen und mechanisch in Ihren vier Wänden bewegt wie ein urwüchsiger Polizist, eine äußerst angenehme und wünschenswerte Sache ist.

Sie können aus Ihrem quadratischen Fenster drei Dachrinnen sehen, zwei Schornsteine und einen steilen, schiefergedeckten First. Durch dieses Fenster dringt, wenn der Wind von Norden her weht, in unregelmäßigen Abständen das Pfeifen einer Lokomotive an Ihr Ohr.

Ach, was für ein köstliches Gefühl göttlicher Wärme Sie nun genießen – diese Wärme als solche, diese unverfälschte, vollkommene Empfindung von Wärme, und Sie, das bewusste Selbst, das mit seinem Körper diese Wärme genießt, diese einzigartige Wärme, die nur die Lebewesen auf der nördlichen Halbkugel unserer Welt genießen können! Aber was ist *das*? Ihr Genuss wird alsbald völlig von Ihren Gedanken zunichte gemacht, von Ihren indignierten, beißenden, kratzenden, juckenden, nagenden Gedanken.

Und um was für eine besondere Gedankenkette handelt es sich da? Aha, das ist der Haken! Es ist der Gedanke, wie Ihr Vater, Ihre Mutter, Ihr Kind, Ihr Freund, Ihr Hausherr, Ihr Nachbar, Ihr Chef *Ihre Gefühle verletzt haben*. Ihre »Gefühle«? Das jedenfalls reden Sie sich ein. Doch analysieren Sie einmal diese »Gefühle«, die so bitterlich verletzt wurden, dass der Groll, die Bitterkeit, die schwelende Entrüstung, die Sie empfinden, weitaus stärker sind als die dreimal gesegnete Wärme der Empfindung, die Sie eben genossen haben! Jawohl, analysieren Sie diese verletzten Gefühle, und was finden Sie? Sie stellen fest, dass Sie einzig und allein in Ihrem Stolz, Ihrer Eitelkeit und Ihrem Dünkel verletzt worden sind. Ihre Eltern haben Ihrem Stolz eine schwere Kränkung zugefügt, eine Kränkung, die unerträglich, unzumutbar und ungeheuerlich ist! Ihr Kind hat »Ihre Gefühle verletzt«! Nun gut, fahren wir fort, diese grausame Verletzung zu analysieren – und siehe da!, es stellt sich heraus, dass schlicht und einfach Ihr Stolz verletzt worden ist.

Nun wollen wir es Ihren armen Gefühlen noch schwerer machen! Stellen wir uns vor, dass die Schläge von Ihrer Gefährtin oder Ihrer Liebhaberin stammen. Solche Schläge sind noch brennender, ätzender, bitterer, vernichtender als alle anderen. Ihre Gefühle sind *nun* von Ihrer Liebhaberin, Partnerin, Gefährtin verletzt worden!

Aber auch hier ist es Ihr Stolz, Ihr tiefster und äußerster Stolz gewesen, dem dieser durchdringende Stich, dieser markerschütternde Schock zugefügt worden ist. Daher sollten Sie nun auf diese Verletzung den Balsam, die Narde, die kostbare Salbe unserer Philosophie auftragen. Greifen Sie den empfindsamen Stolz beim Schopf und »brechen Sie ihm den Hals«, so wie es uns Verlaine mit der reinen Formulierungskunst zu machen rät, wenn wir Gedichte schreiben wollen.

»Aber wie können wir unserem Stolz den Hals brechen?« So lautet natürlich Ihre schlichte Frage, und die »Philosophie des Trotzdem« muss darauf eine einfache Antwort geben. Diese Antwort lautet: Analysieren Sie ruhig und realistisch und distanziert die Verletzung

Ihrer Gefühle in jedem einzelnen Fall. Dann müssen Sie die Person, die Ihre Gefühle verletzt hat – Ihre Eltern, Ihre Gefährtin, Ihr Kind, Ihren Freund, die Person, die Sie beschäftigt, oder diejenige, die Sie beschäftigen –, in Gedanken so weit von sich fortschieben, als lebten sie in einem anderen Land oder als wären sie gestorben.

Wenn es Ihnen dazu an Fantasie mangelt, stellen Sie sich diese Personen schlafend vor. Menschen wirken schlafend immer entwaffnender und anrührender als im Wachzustand. Aber das ist bloß der Anfang dessen, was Sie in Gedanken tun sollten, um Ihre Verletztheit loszuwerden.

Klugerweise sollten Sie sofort dieses Bildnis, diese Maske, dieses *eidolon** Ihrer Gefährtin, Ihres Kindes, Ihrer Eltern, Ihres Chefs oder Ihrer Kollegen in sich aufnehmen – dieses Bildnis, das in Ihrer Fantasie auf eine jämmerliche Parodie des wahren Selbst der betreffenden Person reduziert ist, so ohne jegliche Würde und Anmut, als sei sie im Zustand lächerlichen Schlafes überrumpelt worden oder, noch grotesker, im Augenblick des Todes.

Also gut, da haben Sie sie nun, wie Sie sie haben wollen: sicher aufgehoben in einer jämmerlichen Haltung, die ihnen jegliche Würde und Anmut nimmt. Aber nun werden sie wach oder kommen wieder zu sich. Und Sie haben das Gefühl, Sie könnten gar nicht genug tun und sagen, um sie in gehobene Stimmung zu versetzen.

Da haben Sie nun das ganze Geheimnis dessen, wozu Sie sich in den Tiefen Ihres Geistes durchringen müssen, wo über alle wirklich wichtigen und tragikomischen Aspekte Ihres Lebens entschieden werden sollte – *nicht durch Zufall allein*, wie allgemein üblich, sondern durch den Zufall, der einem Geist widerfährt, der sich *von vornherein* auf die Tricks und Spielchen des Zufalls *vorbereitet hat* und der eigentlich genügend eigene Tricks und Spielchen kennt, um damit zurückzuschlagen!

Ich sage Ihnen, es liegt an Ihnen, sich in den Tiefen Ihres Geistes zu entscheiden, welche Gefühle Sie gegenüber Ihrem Mann, Ihrem Vater, Ihrem Sohn, Ihrer Frau, Ihrer Mutter, Ihrer Tochter hegen.

Doch statt uns zu entschließen, auf eine philosophische Weise zu fühlen, stückeln wir nun das, *was wir tatsächlich empfinden*, als eine neue Philosophie für den armen Herrn Jedermann und die arme Frau Jederfrau zusammen und, schlichte Narren, die wir sind, sorgen und behelligen wir uns weiterhin mit der Frage, was die Wahrheit unserer Gefühle ist. Was für ein Unsinn!

Unsere »Philosophie des Trotzdem« kann Ihnen genau sagen, was Sie fühlen, ohne jemals Sie oder Ihren Mann gesehen zu haben. Sie empfinden Hassliebe, und Wut-Zärtlichkeit, und diese Gegensätze sind in jeder Minute einer jeden Stunde eines jeden Tages zu unterschiedlichen Anteilen gemischt, und jede Jahreszeit eines jeden Jahres vertieft, verärgert, mildert, verfeinert, klärt und verkompliziert Ihre vergangenen Gefühle.

Um des lieben Mitleids willen, Jack oder Jill, Gott weiß wer, lasst es euch einhämmern, dass wir aus gutem Grund alle ein Rückgrat haben, wie die kluge Schriftstellerin Emma Smith sagt. Wir *müssen* einfach die

Fähigkeit kultivieren, die Objekte unserer Hassliebe und unserer Wut-Zärtlichkeit als herzzerreißend komisch und absurd, als unendlich tragisch und grotesk zu erkennen.

Wenn uns dies gelingt und wir in grimmiger Entschlossenheit allen Stolz, alle Eitelkeit und allen Dünkel aus uns herausschneiden, wo immer wir das Messer ansetzen können, dann sollten wir auch in der Lage sein, das Leben aus der richtigen Perspektive zu betrachten – nicht als eine »spirituelle« Arena, in der wir alle »spirituelle Wesen« sind, die gegen Teufelsarmeen antreten, sondern so, wie wir wirklich sind: ebenso tragisch und komisch menschlich wie lächerlich und bemitleidenswert tierisch.

Ja, wir müssen lernen, die Selbstliebe unserer Verwandten und Freunde als etwas zu sehen, das in der naiven Schlichtheit ihrer albernen Vortäuschungen fast herzzerreißend ist. Unser übertriebener menschlicher Kult dessen, was wir »Würde« nennen, ist es, der uns auf den falschen Weg führt. Ach, meine Konvertiten, seht ihr denn nicht, dass es genau diese verfluchte menschliche Würde ist, die alle unsere herrlichen kosmogonischen Empfindungen beeinträchtigt?

Wir müssen lernen, uns selbst als komische Kreaturen zu sehen, die alle damit beschäftigt sind, ihr »Gesicht zu wahren«, so wie es die Chinesen tun. Wenn Sie einen ausgeprägten Sinn für die tragische Absurdität von uns allen kultiviert haben, für das Groteske der Menschen, die Ihnen in diesem Augenblick zu schaffen machen, wer immer *diese* sind und wer immer *Sie* sind, dann erkennen Sie auch das pathetische Heldentum ihrer Kämpfe mit dem monströsen Drachen, den wir Leben nennen. Und wenn Ihnen das schließlich in seinen wahren Proportionen deutlich geworden ist, dann spüren Sie auch das Pochen eines ernsten, stummen Respekts für jeden einsamen Ringer auf der Erde, der dieses dämonisch-gorgonische Ungeheuer zu bezwingen sucht.

Doch eines Tages werden Sie mit der Erkenntnis aufwachen – wie viele Morgendämmerungen auch über Ihr schläfriges Haupt hinweggezogen sein werden, bis es so weit ist –, dass Ihre Freunde und Verwandten ein Recht auf Lob haben. Und wenn Sie sie dann loben, wird es gewiss jemanden geben, der das für eine »Schmeichelei« hält. Lassen Sie sich nicht davon irre machen, ob es wirklich Schmeicheleien sind. Allein dergleichen auszusprechen wird in Ihnen die erregendste Empfindung hervorrufen, die Sie jemals erlebt haben – nämlich die Empfindung, dass Sie und sie und wir alle Mitspieler im ultimativen Traumzirkus aus Zeit und Raum sind.

Wenn wir so tun, als seien wir »spirituelle Wesen in einer spirituellen Welt«, dann ist das das allerbeste Beispiel für Stolz, Eitelkeit und Dünkel. Goethe sagt, dass ein Mensch sehr bald zu dem *wird*, was man in ihm sieht, wenn man nur lange genug mit ihm zusammen ist. Und wir sind ganz sicher: Wenn Sie auf subtile, aber doch beharrliche Weise den Menschen »schmeicheln« – und das ist etwas ganz anderes als ihnen weiszumachen, sie seien »spirituelle Wesen« –, dann werden Sie feststellen, dass nicht nur *die anderen* neuen Mut fassen, sondern auch *Sie selbst* – neuen Mut für den tagtäglichen Kampf mit dem Lebensdrachen.

Falls nun, was leicht passieren kann, in der Schmeichelei Ihrer Kumpel oder Kolleginnen, Ihres Vaters, Großvaters oder gar Urgroßvaters ein boshafter kleiner Tropfen diebischer Neckerei enthalten sein sollte, dann sollten Sie das nicht allzu ernst nehmen.

Wir schwören Ihnen, oh, getreuer Konvertit, dass Sie unverhofft vor einer verblüffenden und völlig unerwarteten Offenbarung stehen werden. Die höchste Kunst der Schmeichelei ist es natürlich, dem armen, schwer arbeitenden, überlasteten Tier zu schmeicheln, *das wir im Grund unseres Herzens alle sind,* und zwar ohne den leisesten Anhauch der Überlegenheit. Wir sonnen uns einfach nur in dem heimlichen Erfolg in der größten aller Künste und Handwerke: der Kunst, einem anderen Menschenwesen prickelnde Freude zu bereiten. Nehmen wir nun an, Sie haben Ihre verletzten Gefühle auf den Nullpunkt reduziert und genießen nun mit Fug und Recht sich selbst und Ihren Erfolg in dieser subtilen Lebenskunst, während Sie friedlich im Bett liegen und sich dem urtümlichen Luxus aller Nordländer hingeben: dem schlichten Empfinden, es »schön warm« zu haben.

Die alten Griechen wussten sehr gut, dass es von hoher Weisheit zeugt, ein listiges Orakel bloß zu wiederholen, und daher zögert die »Philosophie des Trotzdem« auch nicht, noch einmal jenen vernünftigen *logos* des modernen Franzosen zu wiederholen: »Die Hölle, das sind die anderen.«

Tun wir nun so, als würden Sie, der Sie so »schön warm« in Ihrem Bett gelegen haben und dem es durch die Gunst des Schicksals und die Ermunterung der Philosophie vergönnt gewesen ist, das zu genießen, was Aristippos von Kyrene *monochronos hedone* nannte, »die Lust des Augenblicks«, jetzt von der unvermeidlichen Routine der *anagke,* der »Notwendigkeit«, herausgefordert werden. Da beweist sich, wer ein echter Philosoph ist! Einfach gesagt: Sie finden sich nun am Frühstückstisch mit Ihrer Familie wieder, in einem Raum, in den die Sonne zu dieser Stunde verschwommen, aber deutlich sichtbar durch den Nebel scheint.

Tapfer beginnen Sie mit der Ausübung unserer Philosophie, indem Sie sich zwingen, sich zu freuen und sich in jene Essenz der glückseligen Maßlosigkeit zu stürzen, die Aristippos Ihnen anempfiehlt, selbst wenn Sie sich im Blickfeld eines äußerst gierigen Großvaters befinden.

Das listigste und geschickteste Argument unserer spiritualistischen Antagonisten lautet, dass wir, wenn wir ihre Dogmen zugunsten unserer eigenen aufgeben, zu »Materialisten« werden, wie sie immer zu sagen belieben. In ihren Tiraden haben sie diesen Begriff so oft benutzt, dass er den üblichen Schimpfwörtern ähnelt, mit denen wir in gänzlich anderen Kontexten vertraut sind.

Doch als Beispiel für die groteske und jämmerliche Weise, in der unsere geplagte Gattung mit trommelnden Fäusten wider den Stachel löckt, anstatt sich auf ihren Kampf mit dem Minotaurus »Leben« zu konzentrieren, ist dieser Begriff »Materialismus« der allerjämmerlichste. Denn die tatsächliche Konnotation dieses Wortes im gegenwärtigen Streit ist das völlige Gegenteil der Begriffsverwendung, der sich unsere Gegner in ihrem Stolz auf die »Spiritualität« befleißigen.

Denn während wir, Stück für Stück, unsere praktische »Philosophie des Trotzdem« aufbauen, stellen sich Form, Gestalt und Struktur von diesem außergewöhnlichen *Etwas,* das wir erblicken, hören, schmecken, riechen, berühren – kurz: in uns aufnehmen –, von diesem »Etwas«, das einst »Materie« genannt zu werden pflegte, in ihrem schrecklichen Mysterium und ihrer magnetischen Anziehungskraft als göttlicher heraus denn alle denkbaren »spirituellen Wesen«.

Verächtlich von »Materie« zu reden beschwört Goethes großes Wort aus dem *Faust* herauf: *»Name ist Schall und Rauch«*, denn sie ist schließlich die lebendige Substanz der einzigen Welt, die wir und unsere Kinder jemals kennen werden.

Kehren wir jedoch zu unserem Frühstück am Familientisch zurück, und da rät uns unsere »Philosophie des Trotzdem« an, zwar mit unseren Verwandten zu plaudern und zu scherzen, ihnen zu schmeicheln und uns ihnen zuliebe auch zum Narren zu machen, aber doch hin und wieder einen Blick zum Fenster zu riskieren, wo wir zwischen zwei dunklen Schornsteinen direkt in die verschwommene, nebelverhangene Scheibe einer gelblichroten Sonne blicken, deren Rand mit einem blutfarbenen Streifen versehen ist.

Nun hören Sie mir gut zu, mein Freund. Haben Ihre Verwandten auch nur die leiseste Ahnung von der ungeheuren Veränderung, die unsere Philosophie in uns hervorruft, wenn wir sie bei ihnen und uns selbst zur Anwendung bringen? Wir haben natürlich von dieser Veränderung stark profitiert, *aber ist das den anderen auch aufgefallen?* Haben sie bemerkt, dass wir nicht länger sorgenvoll und gequält aussehen und auf ihren Mangel an Interesse, Respekt und Bewunderung nicht mehr gereizt reagieren?

Diese Bewunderung bleibt auch weiterhin aus. Aber fällt ihnen auf, dass wir anders damit umgehen? Hat unsere geschickte, subtile Schmeichelei sie in eine so selbstgefällige Stimmung versetzt, dass sie keinen Gedanken an eine Veränderung in uns verschwenden? Nehmen sie uns immer noch für so völlig selbstverständlich hin, dass sie immer noch schlechter über uns denken als wir über sie?

Oder fragen sie sich vielleicht beiläufig, warum wir heute Morgen so besonders fröhlich sind, und schreiben es in Gedanken dem Umstand zu, dass wir irgendein angenehmes Ereignis erwarten, über das wir bisher Stillschweigen bewahrt haben?

Aber nehmen wir nun einmal an, dass einer unserer Verwandten bei diesem ganz gewöhnlichen häuslichen Mahl selbst eine halbkonvertierte Seele ist, die sich uns so langsam anschließt. Gehen wir noch weiter und tun so, als wäre einer von ihnen in ähnlichem Maße wie wir – und es wäre doch amüsant, wenn sich herausstellen sollte, dass es der Älteste von allen ist, ja, tatsächlich der Großvater unserer zänkischen Familie – die ganze Zeit über damit beschäftigt, all diese praktischen Feinheiten herauszuarbeiten, die von den meisten philosophischen Systematikern so missachtet worden sind, unsere bedeutsame Methode, um den Stolz, die Eitelkeit und den Dünkel loszuwerden, jene teuflischen Spielverderber des köstlichen kontemplativen Genusses.

Es wäre sicherlich amüsant, wenn ausgerechnet unser schweigsamer, alter Großvater unserer kleinen Schar neurotischer Exzentriker bei der Entwicklung der »Philosophie des Trotzdem« geholfen hätte. Warum eigentlich nicht? Wenn unsere Philosophie tatsächlich überzeugend sein will, dann muss sie ganz Alte wie ganz Junge zu ihren experimentellen und geistigen Vätern zählen.

Besteht der übermäßige Hochmut von Menschen mittleren Alters darin, dass sie im Ringen mit dem Leben bestehen und dass sie dessen Gesetze bestimmen? Ach, kommen Sie schon. Nehmen wir an, Großvater ist einer unserer Experten im Hintergrund, die nun eine Methode enthüllen, mit der wir die *Materie,* aus der der Kosmos besteht, anbeten und verehren können, indem wir das Element des Stolzes in unserem Bewusstsein auf ein Minimum beschränken.

Nun, da die Sonne bei ihrem ersten Auftritt, während wir unser Frühstück verspeisen, wie ein gelbes Bullauge in der eisengrauen Flanke des riesigen, sich nun durch die zerreißenden Nebelschleier vorwärts in unbekannte Meere schiebenden Erdkreuzers wirkt und die beiden indigo-dunklen Schornsteine wie dessen Zwillingsschlote anmuten, sollten wir vielleicht davon ausgehen, dass das »Ego« unseres Großvaters den Kunstgriff *be-*

herrscht, seine persönliche Bedeutung als Mensch von Gewicht und Würde nicht mehr so wichtig zu nehmen – und das, obwohl der alte Herr, wie wir das für unsere Zwecke weiterhin unterstellen, nie mehr gewesen ist als ein zuverlässiger Handwerker in einer Werkstatt, in der, sagen wir, Teleskope und Mikroskope und all jene Instrumente mit geschliffenen Linsen hergestellt wurden, die der exzentrische Freund des immer noch »unertrunkenen« Walter in *Dombey and Son** zu verkaufen pflegte.

Aber wer immer »wir« sind und wer immer »Sie« sind, wir sind allesamt arme, menschliche Säugetiere auf diesem seltsamen irdischen Globus, denen man beibringt, sich als »spirituelle Wesen« zu begreifen, halb Engel und halb Teufel, nur weil wir ein paar Faden tiefer in die Natur hineinsehen können als unsere schuppigen und gefiederten Vettern, die aus Eierschalen ins Leben hinausbrechen!

Aber ob es nun das innere »Selbst« oder »Ego« oder das allerinnerste »Ich« von Großvater oder dem kleinen Tom, von Papa oder Mami oder Schwester Bess ist, das nun die »Philosophie des Trotzdem« ausübt: Was es wahrhaftig tut, ist sehr einfach. Das Selbst zwingt sich, zu genießen, ungerührt von der »Hölle« der Bewunderung, des Misstrauens, des Neides, der Verachtung, der Verlockung und des Ekels anderer.

Um diesen Genuss zu erlangen, den es im Einklang mit Aristippos von Kyrene für den Sinn und Zweck allen Lebens hält, schneidet es sich eine Scheibe – ja, gleich mehrere »Scheiben« – von den psychologischen

Geheimnissen der christlichen Heiligen ab, um sie seinen eigenen heidnischen Zwecken zuzuführen.

Wir wären in der Tat äußerst dumme Dickhäuter, wenn wir uns in unserem rationalistischen Hochmut einbilden würden, dass unsere Gattung es sich leisten kann, all die subtilen psychischen und überpsychischen Erfahrungen jahrhundertelanger christlicher Experimente mit dem menschlichen Herzen, den menschlichen Nerven und Gefühlen zu missachten. Eine der seltensten dieser Erfahrungen, die man nur auf subtilste Weise gewinnt, ist fraglos in der christlichen *Kunst der Demut* zu finden.

Die »Philosophie des Trotzdem« sollte meiner Meinung nach tatsächlich darum bemüht sein, das Konzept der Demut noch weiter zu treiben, als es die christlichen Heiligen getan haben. Den Rahmen dazu bildet die Tatsache, dass – während die »Demut der Heiligen« mit einem Leben nach dem Tode belohnt wird – die von uns verfochtene Demut eine Belohnung an sich darstellt, indem sie dem *bewussten Leben des Menschenwesens,* der höchsten Punktzahl, die die Natur im Würfelspiel des Zufalls und mit ihren Tarotkarten der Notwendigkeit erreicht, wahrhaften und echten Genuss ermöglicht.

Dieser Genuss ist erreichbar durch die Verneinung all dessen, was das »Selbst« an natürlichem Stolz und Dünkel mit sich herumschleppt, sowie durch die Verneinung all dessen, was es von außen zusammengetragen hat, um sich in seiner eigenen grandiosen Kultur Stimulation zu verschaffen.

Aber was ist von diesem reduzierten Ego nun übrig geblieben? Absolut nichts außer der ungetrübten Fähigkeit des Beobachtens, des Aufzeichnens und der Erinnerung an die Eindrücke, die sich bei ihm einstellen. Das essentielle Selbst in Ihnen hat sich nun wahrhaftig in die einzige, empfindliche Bildplatte verwandelt, auf der das gesamte Universum seine Eindrücke von sich selbst aufzeichnen kann.

Es spielt keine Rolle, ob Sie mit Ihren Sinnen und Gefühlen das *korrekte* Abbild des Kosmos widerspiegeln. Darum geht es auch nicht. Um genießen zu können, brauchen wir keine korrekte Spiegelung, sondern einfach nur eine Spiegelung.

Unser Ego ist ein wahlloser Kosmosgenießer. Es vereinnahmt und verzehrt und umgreift jedes Universum. Dabei ist es ihm ziemlich egal, ob die Farben und Formen, mit denen es zu tun hat, von unseren Experten als »objektiv« oder »subjektiv«, als »absolut« oder »relativ« bezeichnet werden. Es genügt unserem gedemütigten Selbst, unserem geläuterten, ausgesiebten, abgetakelten und *auf reine Wahrnehmung reduzierten Selbst*, wenn es vereinnahmen, schlucken und genießen kann.

Kommen Sie! Lassen Sie uns gemeinsam Walt Whitman lesen*: »Mischung mein eigen, das Mischbare und Sichtbare, geheimnisvoller Ozean, in den die Ströme münden!« So etwas Ähnliches, nur der Situation angemessen, in der wir uns befinden, genießen wir nun, während wir unser dick mit Butter bestrichenes Brot kauen, unseren Tee trinken, mit den Verwandten scherzen oder ihnen mit einem Gemisch, einer »Mischung«

aus Walt Whitman oder Charlie Chaplin, schmeicheln. Unser gedemütigtes, angeknabbertes »Ego« mit seinem leichten Reisegepäck, unbelastet vom überheblichen Glauben an spirituelle Wesen in spirituellen Welten oder vom Bedürfnis, für sich selbst oder für andere großartig zu erscheinen, kann sich dem Gefühl hingeben, die halb verdaute Nahrung eines verschlungenen Universums wiederzukäuen, während zwischen seinen endlos mahlenden Kiefern Vergangenheit, Gegenwart und Zukunft einander begegnen und verloren gehen wie Wellen in der Flut.

Natürlich ist es in der imaginären Familie, die wir heraufbeschworen haben, sehr wahrscheinlich nicht der Älteste, der sich fragt, ob er die »Philosophie des Trotzdem« nun praktizieren soll oder nicht. Eher als ihr Großvater, eher auch als ihre Eltern oder ihre Brüder würde sich dazu vermutlich die junge Dame berufen fühlen, die wir irgendwie beeindruckt haben. Nun, nehmen wir an, dass es dieses junge Mädchen ist, dessen genießerisches Bewusstsein hier und jetzt mit dem Verzehr eines recht leckeren Butterbrotes und einer überaus wohlschmeckenden Tasse Tee sowie damit in Anspruch genommen ist, dass es diese Köstlichkeiten »vermischt« – falls wir dieses Wort von Whitman, der es vermutlich von Buffon übernommen* hat, ausleihen und in ein Verb verwandeln dürfen, was Littré zufolge* auch Voltaire gemacht hat – mit jener gelben Sonnenscheibe zwischen jenen dunklen Schornsteinen.

Doch wie sehr es dieses Spiel, verschiedene Ebenen des Genusses nach Kräften so kunstvoll miteinander zu

»mischen«, auch spielt, jeder, der etwas über die Sorgen eines jungen Mädchens weiß, wird mit mir übereinstimmen, dass unsere kleine Schwester sich ganz gehörig anstrengen muss, damit diese goldene »Melange« aus Frühstück und Sonnenaufgang nicht von den Sorgen und Schwierigkeiten ihres Schullebens aufgezehrt wird.

Jeder Mensch hat sowohl ein inneres Leben der Sorgen als auch ein inneres Leben der Freude. Aber unsere großartige philosophische Methode läuft auf einen gewissen geistigen Zaubertrick hinaus, mit dem unser inneres Heiligtum der Freude von jenem anderen abgeriegelt werden kann.

Wir müssen katzenartig, hundeartig oder gar mäuseartig genug sein, um dieses Versteck in unserer Seele zu verbergen und geheim zu halten, und wenn wir das nicht so gut können wie ein Tier, dann zumindest wie ein mittelalterlicher Heiliger. Jawohl, wenn *du*, meine kleine Schwester, deine Gedanken vor deinen Schulsorgen verschließen willst, dann musst du zunächst einen heimlichen Talisman magischer Demut finden, der dich mit seinem unsichtbaren Mantel weicher umhüllen kann als das weichste Fell einer Maus.

Trotz aller Ehren, die wir von der »Philosophie des Trotzdem« in unserem höflichen Anstand den berühmten Psychiatern für ihre psychoanalytischen Linderungsmittel unserer erotischen Laster – mit denen wir gegen alle puritanischen Konventionen der Gesellschaft verstoßen – zu erweisen verpflichtet sind, sollten wir doch diese Mittel mit äußerster Vorsicht einnehmen.

Nehmen wir zum Beispiel den Begriff »Minderwertigkeitskomplex«. Wie sehr müssen wir uns abmühen, um die profunde Weisheit zu erlangen, dass wir an einem solchen »Minderwertigkeitskomplex« leiden! Das Schlimmste daran ist, dass im Grunde unser aller Herzen das genaue Gegenteil dessen nistet: ein blinder, verderbter, grausamer, dummer, alberner, komischer, lächerlicher, pompöser, prüder, verächtlicher, verrückter »Überlegenheitskomplex«.

Die Wahrheit lautet: Je eher wir lernen, intuitiv vor der leisesten Regung in uns selbst zu fliehen, zum Einsiedler oder zum Heiligen zu werden, zu einem Menschen, der sich einer Sache mit Leib und Seele hingibt oder der wegen seines erhabenen Lebenswandels allseits verehrt wird, umso besser ist das für die Vernünftigkeit und die Tiefsinnigkeit unserer Philosophie!

Wer so hochsinnige moralische Werte verficht, dass er nicht wie ein gewöhnlicher Mensch leben kann, sondern andere Dinge tun, essen und auf dem Leib tragen muss, unternimmt den Versuch, sich die Erde unter den eigenen Füßen abzugraben. Die Erde unter den Füßen sowie den unendlichen Raum über unseren Köpfen zu spüren ist indes die einzige Art und Weise, geistig gesund zu bleiben. Die Dichtkunst Homers kann uns in vielerlei Hinsicht eine große moralische Stütze bieten. Aber die Manie dieses großen Dichters für *kudos* oder »Ruhm«, so als sei die ganze Welt ein großes Wimbledon, ist dann doch zu dick aufgetragen.

Dichtung als solche leitet uns nie fehl, aber die Dichter, denen wir sie verdanken, tun es durchaus. Die Inbrunst, in der einige der größten Dichter aller Zeitalter nach Ruhm gierten und jagten, hetzten und lechzten, hat etwas zutiefst Tragisches und Erbärmliches. Doch das Verlangen, ein großer Heiliger zu sein, ist noch gefährlicher als das, ein großer Dichter zu sein. Der Stolz spiritueller Überlegenheit ist gefährlicher als aller andere Stolz. Der Stolz auf die eigene Herkunft, auf den guten Geschmack, auf den Reichtum, auf den eigenen Verstand – sie alle beeinträchtigen und zehren den Genuss des Lebens nicht so sehr aus wie dieser verfluchte Stolz spiritueller Überlegenheit.

Das unbeschreibliche friedvolle Gefühl, das sich dann einstellt, wenn wir das Schicksal, wenn wir Zufall und Notwendigkeit genießen, dieser abgrundtiefe Frieden im Herzen des Aufruhrs, dem Walt Whitman seine gesamte Poesie widmete, wird schon von den geringsten Anwandlungen einer Überlegenheit zunichte gemacht, auch wenn unsere listigen Prediger und Gebetshändler und selbst ein paar gewiefte alte Schurken unter den »heiligen Männern« dies vor uns zu verbergen suchen. Diese verdammte Überlegenheit vergällt uns einfach unsere Freude an Schicksal und Zufall, denn wenn man sich für spirituell überlegen hält, wie sollte man dann den Prozess durchlaufen können, sein Ego in jene Negation allen Gewichts zu verwandeln, die den einzigen Weg darstellt, um mit dem Kosmos und dem magischen Fluss aller Geschehnisse, die einem widerfahren, zu verschmelzen?

Dieser Prozess, in dessen Verlauf wir sämtliche uns hier und jetzt umgebenden Elemente und Lebewesen in all ihren Formen und Farben in uns aufnehmen und uns gegen alle Widerstände zwingen, sie zu genießen – dieser Prozess kann, wie ich schon ausgeführt habe, nur *gelingen*, wenn wir das Gewicht dessen, was unser Bewusstsein mit sich herumschleppt und woraus es besteht, auf ein Minimum reduzieren!

Man muss allerdings einräumen, dass die Fülle dessen, was wir in diesem glücklichen Moment in uns aufnehmen, nicht unbedingt sehr groß zu sein braucht. Es wäre in der Tat angemessener und stünde eher in Einklang mit dem schöpferischen Zauber unserer gegenwärtigen Demut, wenn wir die grandiosen Begriffe »Kosmos« und »Universum« nicht länger benutzen und auch damit aufhören würden, uns deren grenzenlose Abgründe als den unvermeidlichen Hintergrund jener Einzelheiten vorzustellen, in die wir in dieser Sekunde uns versenken.

Es wäre wirklich übertrieben, wenn wir, nachdem wir uns selbst so weit gebracht haben, unser Eigengepäck auf das Äußerste zu reduzieren, großartig damit zu prahlen begännen, eins mit dem Kosmos zu sein – aber wie eine umgekehrte Kaulquappe: mit dem Kosmos als Schwanz und unserem Selbst als Kopf.

Für unsere Zwecke, das heißt für die Zwecke unserer »Philosophie des Trotzdem«, reichen die Formen und Farben dessen, womit wir in diesem Moment konfrontiert sind, wirklich völlig aus. Beim Haupte Ihrer Mutter, diese Oberfläche ist geheimnisvoll genug, als dass wir auch nur einen Zoll tiefer eindringen müssten! Unsere kleine Schar der »Trotzdem«-Kreuzfahrer nimmt nun ganz allmählich die Möglichkeit einer äußerst aufregenden Idee wahr, nämlich dass aus der Oberfläche der Welt, wie eingemauert oder umzäunt auch immer, alle möglichen Universen geschaffen werden können und dass man von dort aus in unendliche Tiefen eintauchen kann.

Was also ist das Ziel unseres »Trotzdem«-Feldzuges? Wir wollen die erregende »Aura«, die die Wörter »epikureisch« und »stoisch« für uns ungelehrte und ungebildete Menschen ausstrahlen, mit jener besonderen emotionalen Stimmung verbinden, die den eher metaphysischen Systemen der Philosophie eigen ist, um sodann *unsere* unakademischen, ungelehrten Schlussfolgerungen auf das gewöhnliche Leben zu übertragen. Und diese irrwitzige Idee, uns eine wirklich praktische Philosophie auszudenken, die sich auf das Alltagsleben anwenden lässt, hat nun zur Folge, dass wir die diversen geistigen, emotionalen und ästhetischen Tricks ausformulieren, mittels deren wir erfolgreich mit dem Leben ringen und Monat um Monat, Jahr um Jahr immer weniger unser Elend verringern können.

Das einzige »große« philosophische System, das uns – manchmal allein schon dadurch, dass wir das Buch in Händen halten – mit seinem Zauber über die wirklichen Krisen des Lebens hinweghilft, ist die *Ethik* des Spinoza*, von der Goethe so intensiven und unergründlichen Gebrauch machte.

Nun, nehmen wir in diesem praktischen Geiste – im Geiste von Spinozas Einfluss auf Goethe, wie wir kühn behaupten wollen – einmal an, dass wir entweder als junger Mann oder als junge Frau in irgendeiner großen

Stadt einer Büroarbeit nachgehen, die uns inzwischen so vertraut geworden ist, dass wir sie fast automatisch ausführen können, weshalb wir sie häufig auch beklagenswert langweilig und uninteressant finden.

Die Hauptaufgabe aller Philosophie ist es, sich mit dem Langweiligen und Uninteressanten abzugeben, und es wäre sicherlich sonderbar, wenn unsere Lebensphilosophie sich keinen Deut um das Leben scheren würde. Was manche als »Eskapismus« verdammen, sollte indes das Hauptziel unseres Lebens sein. Und der beste »Eskapismus« kommt in jener tiefsten aller Maximen zum Ausdruck: »Tauch in das zerstörerische Element hinab!« Wir entrinnen unserem Hauptfeind am schnellsten und ein für alle Mal, indem wir ihn verschlingen.

Nun sitzen wir also mitsamt unserer »Philosophie des Trotzdem« in unserem vertrauten Büro. Tun wir so, als seien wir gerade von einer Tasse Tee oder einem Nescafé im Keller zurückgekommen und als befänden wir uns in der Stimmung, ein wenig von dem zu praktizieren, was wir gerade gelesen haben, um in unserer »Philosophie des Trotzdem« *logos* an *logos* zusammenzufügen. So machen wir uns nun in aller Unschuld und Naivität daran, die Gegenstände in diesem Büro in Augenschein zu nehmen, aber auf eine Art, in der das Gewicht der eigenen Persönlichkeit nicht zählt und hinter der keine wie auch immer gearteten moralischen, ästhetischen, religiösen oder idealistischen Absichten stehen, die aber einer absolut reinen Beobachtung – sagen wir, dem nackten Zustand des bewussten Selbst, wenn es eine bestimmte Stelle an der Oberfläche einer unergründlichen und chaotischen Welt betrachtet –, so nahe kommt, wie es irgend geht.

Beobachten wir die Stühle, Schreibtische, Wände, Teppiche, Aktenschränke, Bücherregale und jenen Bürostuhl mit seiner Kipplehne, den unser Chef in seiner ganzen Fülle nun einnimmt. Über alldem nehmen wir durch das Fenster ein Himmelsviereck wahr, über das heute der Wind eine ungewöhnliche Herde von tierförmigen Wolken treibt, einige wie Kamele geformt, andere wie Eisbären und Rentiere, Elche und Mammuts, Walrösser und Seelöwen, Wale und Delfine.

Und Sie betrachten den Sessel, in dem Ihr Arbeitgeber sitzt, und Sie fragen sich, ob tatsächlich ein Körnchen Wahrheit in jenen Märchen liegt, in denen leblose Dinge vorkommen, die denken können. Sie betrachten die unverkennbare Stirn Ihres Chefs, dessen Augen freundlich, ja, sogar ausgesprochen wohlwollend dreinblicken, aber Sie wissen genau – niemand weiß das besser als Sie –, welche Schurkereien, Hinterlistigkeiten und Gemeinheiten in einigen Zellen dieses Gehirns zusammen mit dem Wohlwollen hausen, das gerade aus den Augen dieses Mannes scheint.

Und was machen wir auf Empfehlung der »Philosophie des Trotzdem« kurz zuvor mit unserem freien Geist, als wir mit unserer von Feder, Schreibmaschine und Papier gefesselten Hand mechanisch unsere Arbeit verrichtet haben? Nun, sie empfiehlt uns *nicht*, uns unseren Arbeitskollegen überlegen zu fühlen oder zu mutmaßen, wie viel nützlicher als alle anderen wir für den Chef sein könnten, falls er uns die Chance dazu gäbe.

Auch empfiehlt sie uns nicht, daran zu denken, wie viel ehrenwerter als der Chef wir doch wären, falls wir in diesem Sessel mit den polierten Armlehnen säßen. Die »Philosophie des Trotzdem« ruft in uns mitnichten die Vorstellung hervor, dass der Sessel plötzlich zum boshaften Troll wird, der sich einen teuflischen Spaß daraus macht, den Chef abzuwerfen und auf einem hölzernen Bein, *tippeti-tap, tippeti-tap*, um ihn herumzutanzen. Sie sagt uns vielmehr einfach nur, was wir mit unserem Bewusstsein anfangen sollen, wenn wir es von allen großartigen Vorstellungen befreit haben, dass es ästhetischer und kosmischer sei als das des Chefs, und wenn wir ihm erst beigebracht haben, wie viel weiser und menschlicher es ist, komisch statt kosmisch zu sein. Genau an diesem Punkt werden wir Sie, wenn Sie gestatten, oh, Sie Fast-Konvertierter, persönlich anreden und Sie anflehen, sich in jene »langen, langen Gedanken«* zu verlieren, voll der geheimnisvollen Energie jenes »Wunschdenkens«, über das die Experten so gern herfallen, das aber unserer Meinung nach die Zukunft entwirft. Und wenn Sie Ihre Arbeit beendet haben, ohne sich jedoch schon Ihren Mantel anziehen zu dürfen, weil die Stunde noch nicht geschlagen hat, dann fleht unsere Philosophie Sie an, sich mit jedem Pulsschlag auf die kämpferische Empfänglichkeit vorzubereiten, mit der Sie das nasse Straßenpflaster, die leeren Grundstücke zwischen den Häusern und den Bus nach Hause entzückt genießen können, anstatt das alles elend erdulden zu müssen.

Aber nun sind Sie frei, und wenn Sie auf dem Weg zur Haustür den breiten Spalt in der obersten Kellertreppenstufe klaffen sehen, der Sie schon so oft an einen ähnlichen Sprung in der Treppe erinnert hat, die zu Ihrem Zahnarzt hochführt, dann haben Sie schlagartig einen widersprüchlichen Geschmack auf der Zunge – den schrecklichen nach Desinfektionsmitteln und den köstlichen von Nescafé –, was Sie einen vertrauten, zugleich aber verstörenden Augenblick durchleben lässt.

Nun bitten wir von der »Philosophie des Trotzdem« Sie frank und frei, uns mitzuteilen, ob Ihnen irgendeine andere »Gewohnheit«, »Kampagne« oder »dynamische Richtung« bekannt ist, die sich unter dem Etikett einer »Philosophie« unserer Haltung gegenüber derartigen Alltagsgefühlen annimmt. Falls nicht, dann lässt sich kaum die Schlussfolgerung vermeiden, dass alle bisherige und so genannte »Philosophie« *eine* Sache ist, aber die Kunst, mit dem *wahren Leben* fertig zu werden, eine ganz *andere!*

Da haben wir die ganze Situation. Selbst jene beiden großen gegensätzlichen und einander dennoch ergänzenden Haltungen bei den alten Römern, die epikureische Lebensweise und die stoische Lebensweise, die zwar wirklichkeitsnäher sind als unsere modernen Systeme der Metaphysik und erst recht als der Platonismus und der Neoplatonismus, stehen dem vorbeiziehenden Strom der Dinge oder den Kleinigkeiten des Alltagslebens nicht nahe genug. Alle großen Glaubenssysteme hingegen, in die das Übernatürliche Eingang gefunden hat und in denen das Wundersame für selbstverständlich gehalten wird, legen sich noch die kleinste Kleinigkeit unserer alltäglichen Lebenserfahrung an ihre doktrinäre, mystische und sakramentale Brust. Ihre ureigensten Traditionen, voll gepfropft mit häuslichen Gepflogenheiten und historischen Regelwerken, bevölkert von Totems und Tabus aller Art, sind »im dunkeln Hintergrund und Schoß der Zeit«* bereits »dick und sämig«* geworden – mit allen Mandragoren und Nepenthes* für die vertrauten Situationen und Krisen menschlicher Schwäche, der wir armen Opfer des Minotaurus-»Leben« seit unzähligen Generationen anheim gefallen sind.

»Komm an unseren Busen, kleiner Mann! Komm an unseren Busen, kleine Frau! Hier sind die ausgestreckten Hände, mein lieber Junge, mein süßes Mädchen! Hier sind die mächtigen Brüste, an denen du noch die geringsten Sorgen abladen kannst – und nicht nur in *diesem* Leben!« Na also, da haben wir's! Wenn Sie glauben wollen, dann *können* Sie auch glauben – womit die ganze Sache erledigt und die Last von Ihren Schultern genommen ist.

Wirklich erledigt? Aber nein, Monsieur le Curé*! Nein, nein, inspirierter Erweckungsprediger! Nein, nein, Vater Zosima* vom heiligsten aller Mönchsklöster! Nein, nein, großer Guru aus Indien! Nein, nein, mächtiger Nachfahre des Propheten von Mekka!

Unsere Philosophie mag eine armselige Angelegenheit sein, aber sie ist unser. Wir gehören jener riesigen, anonymen Menge an, die Homer, wenn er ihre bescheidenen, schlichten und aufrechten Worte wiedergeben will, als *tis* bezeichnet, als ein »jemand«: die ewigen Zuschauer, die Krethis und Plethis. Wir gehören zu den Namenlosen, die vom Gedanken an die Atombombe nicht um den Schlaf gebracht werden, sondern die sich einfach ausstrecken in »rauch'gen Hütten, auf unbequemer Streue ..., von summenden Nachtfliegen eingewiegt«*. Oh, nein! Die großen übernatürlichen, theologischen, metaphysischen Wunderglauben, so ehrwürdig und heilig und erfahren, wie sie sind – sie verlangen uns zu viel ab.

Wir weigern uns, unser poetisches, unser humorvolles und unser genuin shakespearisches Recht aufzugeben, nichts und niemand anderem verpflichtet zu sein als unserem Kampf, auf unsere Weise fertig zu werden mit der Glückseligkeit und der Verdammnis jener Dimension *mysteriöser Materie*, aus der die Welt besteht, in der wir leben.

Und wir haben die Absicht, uns weiterhin zum Genuss unser selbst zu zwingen, so wenig wie möglich beeinträchtigt durch Stolz, Eitelkeit und Dünkel – mithilfe der Schriften so unspiritueller Tröster wie Rabelais, Shakespeare, Cervantes und Charles Dickens.

Denn wir brauchen keine außergewöhnliche Willenskraft, kein außergewöhnliches Bewusstsein, keine außergewöhnliche Güte. Alles, was wir in unserer Schwäche, in unserer Mattheit, in unserer Nervosität und in unserer ruhelosen Fantasie brauchen, ist die standhafte, in den Tiefen unseres Wesens verborgene und geheime Weigerung, uns vom Leben korrumpieren zu lassen, und der feste Entschluss, bis zum bitteren Ende mit dem Leben zu ringen und dagegen zu kämpfen. Aufgrund unserer Schwäche macht uns das Leben zu seinen Sklaven. Aber obwohl wir ein diebisches Vergnügen daran haben, *anagke* oder der »Notwendigkeit«, unserer Herrin und Meisterin, mit Händen und Füßen und Köpfen und Zungen zu schmeicheln, werden wir ihr doch tief in unserem Herzen und ganz im Gegensatz zu unserer demonstrativen Unterwürfigkeit weiterhin trotzen und uns zwingen, unseren Trotz zu genießen. Und so wird es ihr mithilfe ihres mächtigen Verbündeten, des Todes, zwar am Ende gelingen, uns zunichte zu machen, doch uns zu überwältigen – das schafft sie nicht.

TROTZ ... ALLER ORTHODOXIE UND HÄRESIE

Die »Philosophie des Trotzdem« stellt in diesen verwirrenden Zeiten einen Versuch dar, ein natürliches Bedürfnis zu stillen, das etlichen Menschen erst unlängst zu Bewusstsein gekommen ist, nämlich das Bedürfnis, eine *selbst entwickelte Lebensordnung* aufzustellen, auch wenn wir das nur im Geiste tun und niemals explizit ausformulieren oder in vernünftigen Sätzen niederschreiben – eine Ordnung, die wir mit Bedacht mehr oder minder zu einer Methode fortentwickeln können, die einfach genug ist, um zur Gewohnheit werden zu können.

Wenn wir nun die allgemeinen Prinzipien grob umreißen, auf denen die »Philosophie des Trotzdem« beruht, dann erkennt unsere kleine Schar von Freunden in aller Deutlichkeit, dass alle anderen Kreaturen der Welt, ob männlich oder weiblich, jung oder alt – und wir sagen ganz bewusst »Kreaturen«, weil wir besonderen Wert auf unsere enge Beziehung zu denen legen, die manchmal als »niedere Tiere« bezeichnet werden –, ja, dass sich alle anderen Kreaturen der Welt durch eine »Gewohnheit« oder durch eine »Lebensweise« auszeichnen, die bestimmte, grundsätzliche Parallelen zur unsrigen aufweist. Diese Verbindung zu anderen Lebewesen auf der Erde ist eine ganz natürliche Hilfe für uns, wenn wir unsere eigene Schrittfolge des Lebenstanzes ausformulieren.

Unser Grundgedanke ist der, wirklich und wahrhaftig der natürlichen Ordnung der Dinge zu folgen und sich damit anderen gegenüber an jene Gesetze des Anstandes und der Natürlichkeit und der rücksichtsvollen Schicklichkeit zu halten, die die alten Griechen in der Göttin Themis* symbolisierten, während wir selbst »uns zusammenreißen« oder »ducken« (*aleis* ist das homerische Wort dafür, das eigentlich bedeutet »sich zum Sprung ducken«) und unsere gesamte Philosophie so eng an uns heranziehen, als wäre sie eine zweite Haut, um die volle Wucht der nächsten wilden Welle der schäumenden und reißenden Lebensflut abzuwehren.

Unser Hauptprinzip ist *das physische Erkennen* mit allen erdenklichen Sinnen, als auch den Übersinnen und den Untersinnen – das Erkennen aller materieller Dinge rings um uns her, der Dinge drinnen, wenn wir uns in einem Gebäude befinden, und der Dinge draußen, wenn wir uns im Freien aufhalten, sowie daran anschließend das Erkennen sowohl unserer gewohnten Kulisse drinnen und unseres gewohnten Kulisse draußen, die wir geistig in enge Beziehung zueinander bringen. Alsdann, ausgehend von diesen Formen und Farben, von diesen Lichtern und Schatten, von diesen harten und weichen Substanzen, ausgehend auch von allen Menschen, die in unserem Leben eine Rolle spielen – denen gegenüber wir kein Jota jenes mystischen Gefühls zu empfinden brauchen, mit dem uns gewisse Figuren, die das fragwürdigerweise »Liebe« nennen, so oft tyrannisieren, zu denen wir aber dennoch anständig und freundlich sein müssen –, ist es unsere Aufgabe, unser Bewusstsein, unsere Wahrnehmung (oder wie auch immer wir es nennen) von der Oberfläche unseres Planeten hinaus in den Weltenraum mit all seinen sichtbaren und unsichtbaren Sternbildern, seinen sichtbaren und unsichtbaren Sonnen und Monden zu zwingen. In diese Formen und Farben, diese Substanzen und Elemente müssen wir uns stürzen, wenn wir den größten Nervenkitzel erleben wollen, den ein Mann, eine Frau, ein Junge oder Mädchen nur erleben kann.

Wenn wir diesen Sprung getan haben, müssen wir dem natürlichen Trieb unseres Geschlechts folgen und uns als Mädchen und Frauen der Umarmung all dieser Dinge hingeben, die gar nicht unbedingt zu einer Einheit miteinander verschmolzen sein müssen, selbst wenn wir die Fantasie haben, uns die Natur als ein riesiges männliches Wesen vorzustellen, das verzweifelt in uns verliebt ist, und als Jungen oder Männer all diese Dinge umarmen wie mysteriöse nymphenartige Wesen, statt sie zu einem einzigen weiblichen Wesen zu verschmelzen, einer köstlich hingebungsvollen, kosmogonischen Braut.

Schauen Sie, wir müssen den großartigen Trick beherrschen lernen, den man »kosmische Emotion« nennen könnte, etwas, das viel einfacher und näher liegend und auch viel angenehmer ist, als es klingt. Die Personen, die uns umgeben, und die sich uns gegenüber fraglos für weit überlegen halten, müssen in diesem Prozess der »kosmischen Emotion« bis auf ihr Fleisch und Blut degradiert werden – nun gut, nach Maßgabe von Zeit und Ort, Geld, Anlass, Brauch und persönlichem Geschmack immer noch kostümiert, aber doch im unmittelbaren Erdenbild zu Gestalten reduziert, die kaum stärker in unsere heimliche Seele eindringen als die Figuren eines Bildes von Breughel dem Älteren, in die man sich in einer Galerie vertieft.

Aber ach, liebster schwankender Konvertit, wir Einfaltspinsel müssen Sie darauf hinweisen, dass wir bei unserer letzten Generalversammlung den Beschluss gefasst haben, dass es für zögernde Neophyten wie Sie eine große Hilfe sein müsste, wenn wir einen besonderen Begriff prägen würden – jawohl, einen philosophisch klingenden Fachausdruck – für diesen Sturz hinein in diese »Materie« des Kosmos oder doch zumindest in das, was wir dafür halten.

An unserem Beschluss können Sie ermessen, was für Unschuldslämmer wir sind, denn wenn in der Welt anspruchsvoller religiöser Diskussion eines als unbestrittene Grundlage gilt, dann die Erkenntnis, dass für den Orthodoxen nichts gefährlicher ist als der Pantheismus* oder die Anbetung *aller* Dinge als einer *einzigen* Gottheit. Wir haben also beschlossen, ein Wort zu erfinden, das etwas von der köstlichen Hingabe der sinnlichen Befriedigung vermittelt, die Goethe in einzelnen Szenen seines *Faust* zum Ausdruck bringt, ein Wort jedoch, mit dem die »Materie«, die Chemie der planetarischen Elemente, nicht ganz so angesprochen wird, als sei sie göttlich.

Das Wort, das wir zu diesem Behufe erfunden haben, ist das seltsam klingende Verb »kosmogonisieren«. Sie müssen den Akzent – vergeben Sie uns diese Vertraulichkeit – auf die Silbe »mog« legen, *nicht* auf das »kos«. Unsere »Philosophie des Trotzdem« lehrt uns also, zu »kosmogonisieren«, und wir definieren dieses Kosmogonisieren als die Freude an der hingebungsvollen Erregung, die man aus der passiven wie aktiven Umarmung dessen zieht, was man den »Stoff« des Kosmos nennen könnte – in dem Sinne, der Prospero zu dem Seufzer verleitet: »Wir sind der Stoff, aus dem die Träume sind.«*

Worin sich unsere »Philosophie des Trotzdem« von allen anderen Philosophien unterscheidet, alten wie modernen, das ist das Beharren auf einer bestimmten, speziellen und vollständig einzigartigen Art sinnlichen Gefühls für diese planetarische Umgebung und ihre atmosphärische Aura, die so viel »Persönlichkeit« hat – wenn natürlich auch keine menschliche.

Der stärkste Beweis, den wir hier für die Macht und Anziehung der Gefühle anzubieten haben, die dieses »Kosmogonisieren« aus dem »Stoff« der Naturträume erzeugt, ist die Tatsache, dass die Philosophen des »Trotzdem« jeden Glauben an ein Leben nach dem Tod als etwas betrachten, vor dem man angesichts des einschmeichelnden Gekräusels auf dem großen subtilen Meer übernatürlicher Religionen fliehen sollte. Unserem Eindruck nach hängt der ganze uralte Streit zwischen Orthodoxie und Häresie, wie überhaupt das gesamte Thema Religion, zutiefst zusammen mit Stolz, Eitelkeit und Dünkel.

Unsere Praxis der verzweifelten Freude am »Kosmogonisieren« mitten im Stoff der elementaren Naturträume läuft darauf hinaus, das persönliche und egoistische Element im menschlichen Bewusstsein so weit zu reduzieren, dass nur an bestimmten Punkten in Zeit und Raum, an denen sich die hinreißendsten Vergnügungen ergeben, die Persönlichkeit eines Geschöpfes und ihr stolzer Glaube, dass ihre Seele den Tod des Körpers doch überleben könne, einen Eindruck hinterlässt wie die verschwundenen kleinen Wellen, nachdem der Wind über eine Wasseroberfläche hinweggeweht ist.

Für unsere Philosophie ist das Leben ein gefährlicher Bräutigam oder eine verhängnisvolle Braut, und die Kunst des Lebens vom Anfang bis zum Ende ist die Kunst des Krieges. Je enger wir in Harmonie mit der Natur leben, umso enger wird unsere Verbindung mit den anderen Kindern der Natur, die ebenso kämpfen und leiden wie wir. Genau das ermutigt uns, auf jene primitiven Reaktionen des bestimmten Geist-Körpers besonderen Wert zu legen, aus denen sich unsere Identität zusammensetzt, die wir mit Säugetieren, Vögeln, Fischen, Reptilien, Insekten und, in geringerem Maße, auch mit Pflanzen und Bäumen gemeinsam haben.

Und wenn wir angesichts der primitivsten dieser Mitsterblichen zu einer gehörigen Demut finden, dann haben wir auch kein Recht anzunehmen, dass wir die einzige Spezies sind, in der jedes Individuum seine ihm eigentümliche Einstellung gegenüber dem Leben hat. Sobald wir das Licht der Welt erblicken, ziehen wir in den Krieg – und das gilt gleichermaßen für Menschen und Vierbeiner und Vögel und Fische und Insekten und Pflanzen.

Und worauf unsere »Philosophie des Trotzdem« an dieser Stelle insistieren muss, das ist die Freude, die wir uns durch das bloße Formulieren bestimmter Prioritäten in unserem geistigen wie körperlichen Kampf mit der Existenz bereiten können – ob wir in der Anwendung unserer Entdeckungen nun erfolgreich sind oder nicht.

Was halten *Sie* denn für die wichtigste Haltung, die wir anstreben sollten, wenn wir diesem wirren Streit zwischen den diversen Glaubensrichtungen entkommen wollen, den offensichtlich nichts und niemand beenden kann?

Wir sagen sogleich: die praktizierte Demut. Jawohl, wir erklären mit Nachdruck, dass wir wie – Professor Seeley zufolge* – Goethe eine dünne Schicht weißen Lichtes unter jede Theorie legen, die wir vertreten, damit sie nicht einmal uns selbst als etwas Endgültiges, Abgeschlossenes oder Absolutes anmutet, für deren »Wahrheit« wir uns bedingungslos einsetzen würden. Eine dünne Schicht weißen Lichtes hinter jeder Meinung, die irgendjemand vertritt, würde verdeutlichen, was unsere Meinungen wert sind: Sie hätten gewiss ihren Wert als ein Spiel von Farben und Formen – *aber das ist auch alles*. Wie Dickens einen Kellner über einen anderen sagen lässt*: »Der Anspruch dieses Sklaven ist null und nichtig!«

Unser Thema in diesem Kapitel ist, von den Problemen der Sexualität und der Klassenzugehörigkeit einmal abgesehen, zweifelsohne das schwierigste, dem wir uns zu stellen haben. Es ist das Problem der Religion, und das ist deshalb so besonders vertrackt, weil es auf verschlungene und subtile Weise mit fast unserer gesamten Lebenseinstellung verknüpft ist.

Ob wir uns nun in Sachen Religion um eine flexible und elastische oder um eine klar umrissene und eindeutige Haltung bemühen – sie unterliegt immer der Gefahr, verbogen und entstellt zu werden. Wir können uns glücklich schätzen, wenn es uns gelingt, dass sie zumindest ihre Kontur und ihre Form beibehält, die wir so hartnäckig für sie zu schaffen versucht haben.

Und was *sind* ihre Kontur und ihre Form? Wenn es also um die Religion geht – welche Zwecke, Absichten und Grundzüge verfolgt da die »Philosophie des Trotzdem«, was will sie, um es weniger grandios auszudrücken, entwickeln und verdeutlichen?

Nun, wir werden darauf so rasch und eindeutig wie möglich antworten. Gehen wir davon aus, dass es vier Grundeinstellungen zur Religion gibt: die orthodoxe, die häretische, die agnostische und die atheistische. Mir scheint, wir können auch annehmen, dass die größten Schriftsteller der Welt – Aristophanes, Rabelais, Shakespeare, Cervantes und Goethe – im Großen und Ganzen eine agnostische Haltung einnehmen, während Dante den orthodoxen Katholizismus und Milton den orthodoxen Protestantismus unterstützen, Walt Whitman und Dostojewski die häretische Haltung und Nietzsche die atheistische. Rein ästhetische Schriftsteller wie Walter Pater* erfreuen sich an ihren Kunstwerken und haben überhaupt keine Haltung.

Und nun wollen wir geschwind mit der beruhigenden Neuigkeit aufwarten – denn ohne Zweifel sind Sie diese fünf vertrauten Zugangspfade durch den dichten Wald schon leid –, dass die »Philosophie des Trotzdem« eine sechste Art gefunden hat, mit der Religion umzugehen, einen Weg, der weder agnostisch ist wie der Shakespeares noch orthodox wie der Dantes, weder häretisch wie der Dostojewskis und Whitmans noch atheistisch wie der Nietzsches oder ästhetisch und kritisch wie der Paters. Unsere Philosophie lehnt es schlicht und einfach ab, über das Thema überhaupt nachzudenken!

Einfach gesagt ist für sie die Religion etwas sehr Gefährliches – etwa so etwas wie eine Schafhürde direkt auf einem Vulkan, um die man aber, wenn man klug und glücklich leben will, besser einen weiten Bogen schlägt.

Aber die »Philosophie des Trotzdem« würde ihren Jüngern niemals priesterlich verkünden: »Es gibt keinen Gott, keinen Teufel mit göttlichem Namen, der nur dazu da ist, uns zu quälen; wenn wir uns verzehren müssen, dann nicht, um das Leiden eines höheren Wesens zu stillen«, wie es der Dichter in *The City of Dreadful Night* sagt*. Sie würde auch niemals mit dem absoluten Agnostizismus eines Shakespeare verkünden:

»Wir sind der Stoff, aus dem die Träume sind, und dieses kleine Leben umfasst ein Schlaf.« Sie lehnt es ab, die Wahrheit oder Falschheit von Dantes Annahmen und Miltons Vorurteilen zu diskutieren. Sie lehnt es ab, sich einen eigenen köstlich berauschenden Lethetrunk* zu mischen.

Ihre Haltung zur Religion ähnelt der Haltung vieler aktiver und praktischer Menschen zum so genannten Spiritualismus. Sie steckt voller Furcht, in Kontakt mit einer ganzen Dimension seltsamer, unbeherrschbarer, zügelloser Kräfte zu geraten, die für den natürlichen Seelenfrieden und unsere normalen Tätigkeiten sehr gefährlich sein können.

Die »Philosophie des Trotzdem« ist stattdessen zu der Erkenntnis gelangt, dass der einzig sinnvolle Test, welchen Wert bestimmte Dinge in unserem persönlichen Leben haben, nicht die pragmatische Frage ist »Funktioniert das?«, sondern »*Verstärkt oder verringert das* unsere Freude am Leben?«.

Zweifelsohne haben zahllose Menschen in der Religion ekstatische Freuden erfahren und werden das weiterhin erleben. Ebenso aber steht fest, dass die Religion in vielen Fällen tiefes, entsetzliches Leid verursacht hat. Wir werden uns deshalb nicht dafür entschuldigen, dass die Haltung unserer »Philosophie des Trotzdem« zur Religion das Gegenteil einer subtilen oder komplizierten Einstellung ist. Als menschliche Wesen sind wir qua kulturellem Erbe ohnehin von viel zu vielen subtilen, komplizierten, verwickelten und verschachtelten Reaktionen auf dieses außergewöhnliche Phänomen geprägt.

Unserem Gefühl nach müssen wir diese subtilen Reaktionen wie Versuchungen meiden und einfach hoffen, dass unsere naiven und Mitleid erregenden Verwandten auf den tieferen Stufen der Schöpfungsordnung ihnen gegenüber immun sind. Unser Weg ist es – schlicht, grob, nüchtern, stoisch und fröhlich gesprochen –, überhaupt keinen Weg zu haben, und wenn irgendein standhafter Atheist uns wegen Feigheit vor dem Feinde verflucht, dann sollten wir Jünger der »Philosophie des Trotzdem« ihm antworten, dass wir uns nicht zu den geringsten Tollkühnheiten veranlasst sehen, da das Thema, welche Richtung man auch vertritt, ob man dafür oder dagegen ist, so gefährlich ist wie die Pest. Gottlosigkeit ist gefährlich. Heiligkeit ist gefährlich.

Am besten, wir geben keinem dieser beiden gefährlichen Extreme eine Chance, uns zu schaden! Es kann uns egal sein, ob wir einem Wahnsinn mit tödlicher Ansteckungsgefahr dadurch die Ehre erweisen, dass wir vor ihm fliehen. Ehrt man die Pest, indem man sie meidet, ehrt man ein tödliches Fieber, indem man ihm aus dem Weg geht, oder einen Vulkan, indem man seinen Schlackenströmen zu entkommen sucht? Vergessen wir nie, dass wir uns eigentlich im innersten Wesen von allen fanatischen und kategorischen Gedanken, nach Wahrheit zu streben und Lügen zu entlarven, fernhalten müssen. Wir müssen *nichts* dergleichen! Wir müssen die Pest meiden und uns am Leben freuen.

Wenn man sich erst einmal auf die Sache einlässt, ist es sehr schwer, ihr wieder zu entkommen. In dem Augenblick, in dem wir anfangen, die Religion zu attackieren oder zu verteidigen, drängen sich all unsere gemeinsten, unsere boshaftesten, die stolzesten, eitelsten und hochmütigsten Impulse, die wir haben, alle Grausamkeiten, Morbiditäten, Phobien und Manien, die uns in unseren dunkelsten Momenten heimsuchen, scharenweise in unsere Gedanken und lassen unsere Nervenbahnen vibrieren. Es gibt nur eins, wie sehr uns auch angesehene Atheisten und spitzfindige Jesuiten wegen unserer lasterhaften Gleichgültigkeit verfluchen – und das ist *loszulassen*! Glücklich ist der Mensch, der den Unterschied zwischen Orthodoxie und Häresie gar nicht kennt.

Der ganze Zweck unserer »Philosophie des Trotzdem« ist ein praktischer – uns zu helfen, das Leben mehr zu genießen, als wir es gegenwärtig tun. Wir reichern sie natürlich in unserem Bemühen, sie flexibler und anwendbarer zu machen, ständig an. Wir versuchen auch, uns ihre Maximen anzugewöhnen, wenn auch tunlicherweise nicht so weit, dass die Gewohnheiten völlig automatisch werden, denn so wichtig es ist, bestimmte Neigungen zu entwickeln und nach ihnen zu leben, so wichtig ist doch die Freiheit, sie als Neigungen zu behandeln und nicht als »kategorische Imperative«.

Wenn wir nun aber unserer »Philosophie des Trotzdem« zufolge das Thema der Religion völlig unterschlagen, ob in ihrer orthodoxen Ausprägung wie bei Dante, in ihrer häretischen wie bei Walt Whitman und Dostojewski, in ihrer atheistischen wie bei Nietzsche oder in ihrer agnostischen wie bei Shakespeare, tut sich dann nicht ein gähnender Abgrund im Bereich unserer gemeinsamen Erfahrung auf? Aber ganz gewiss doch! Und deshalb können auch durchschnittlich sensible Menschen wie Sie und ich nicht umhin, klar zu erkennen, was für eine Leere am Grunde unserer Vorstellungskraft verbleibt, wenn wir uns von der Religion abwenden – eine Leere, deren sich unsere religiösen Schriftsteller und auch eine Reihe ernsthafter Denker wie der Apostel Paulus und Dante, wie General Booth* und Kardinal Newman* bemächtigen wollen, wenn sie ihre gesamte Fantasie aufbieten, um uns zurück in den Schoß der Kirche zu scheuchen.

Aber kommen Sie! Wir haben doch diese nackte, blutende Zermürbung freimütig eingestanden. Wir haben zugegeben, dass die Welt eine gewisse traditionelle Atmosphäre verloren hat, den obskuren Nebel des Wunderbaren. Wir fühlen uns wirklich ein wenig verloren, wie kleine Kinder ohne ihre Amme, genau wie unsere religiösen Lehrer gehofft haben. Aber was können wir tun?

Nun, genau hier kommt die »Philosophie des Trotzdem« ins Spiel. Wir können die Lücke füllen. Und unser Hauptpunkt ist, dass diese Lücke wirklich und wahrhaftig eine imaginäre ist! *Sie existiert gar nicht.* Sie ist die feinstgesponnene und tiefstreichende *Lüge*, die je von dem einen Geist ersonnen wurde, der die Kunst der psychisch-mystischen gewissenserschütternden Lügen am besten beherrscht – dem Geist des Medizinmannes eines Stammes, der Medizinmänner aller Menschenstämme.

Diese so ungeheuer gerissenen Teufel haben es geschafft – ich sage »Teufel«, aber wie ich bereits angedeutet habe, gehören dazu einige der verhängnisvoll mächtigsten und tragisch zugespitztesten menschlichen Vorstellungen –, uns sensible und hochempfindliche Narren in den völlig falschen Gedanken einzulullen, dass alle magischen Wunder, alle geheimnisvollen, flüchtigen Schönheiten und die herzzerreißende Erhabenheit des menschlichen Dramas vor der Kulisse der Naturelemente auf der Religion beruhen und dass die gesamte Poesie der Existenz verschwinden würde, wenn wir der Religion den Abschied gäben und unser Leben ohne sie organisierten! Genau *das* erklärt die »Philosophie des Trotzdem« hier und jetzt als perfide Lüge.

Was uns angetan wurde, hat lange überdauert. Fast zweitausend Jahre lang. Alle *Stimmungen* von Männern und Frauen und Kindern, die das tragische und wiederkehrende Ritual der Grundnotwendigkeiten des menschlichen Lebens durchlaufen haben, alle poetischen Assoziationen unserer jahrhunderte- und jahrtausendealten Menschheitserfahrungen, aus der fernen Vergangenheit heraufbeschworen und verknüpft mit dem Leben unserer Eltern, deren Eltern und deren Eltern, wurden in unseren Köpfen zwangsläufig mit den Belangen der Religion durcheinander gebracht – und damit auch mit allen wütenden Streitereien zwischen Orthodoxen und Häretikern.

In Wirklichkeit sind diese großartigen Aspekte unserer Existenz mit ihrem erhebend weiten Horizont reine

Poesie und haben absolut nichts mit Religion zu tun, weder mit der Orthodoxie noch mit irgendwelcher Häresie.

Betrachten wir nun das gähnende Loch genauer, das entstünde, wenn wir sowohl die Orthodoxie als auch die Häresie aus unserem Leben säuberlich herausschneiden würden. Es wäre zugleich ein subjektives und ein objektives Loch. Es wäre ein Loch in uns, die wir das Leben betrachten, und ein Loch in dem Leben, das wir betrachten.

Der schlichte Grund dafür ist, dass während dieser ungeheuer langen Zeitspanne die Fantasie als Element der Poesie mit der Fantasie als Element der Religion verquickt wurde. Nun, dann müssen wir eben seelische Chemiker werden, die auch vernichtende Erkenntnisse nicht scheuen und unseren Geist mit ein paar starken Lösungsmitteln versorgen.

Diese raffinierten Medizinmänner unserer Gattung, die seit zweitausend Jahren an uns herumdoktern, haben die Dichtung mit der Orthodoxie vermischt, mit der Häresie und mit allen anderen Aspekten unseres gesamten Nerven- und mystischen Lebens, und es ist nun Aufgabe der »Philosophie des Trotzdem«, diese geschickt angerührten und bequemen Mischungen zu *entmischen!* Wir müssen einige dieser gefährlichen Mixturen durch ein sauberes, einfaches, ehrliches, *heidnisches* Sieb streichen und ein paar der schlimmsten dieser uralten Täuschungen gegen das gesegnete Licht der Sonne halten. Wir müssen einige der Hauptstränge dieses riesigen, fließenden, schwankenden, schleppenden, atmosphärischen Nebelgewandes entwirren, das teils aus den tiefsten und wahrhaftigsten Wellenlängen unserer Nervenempfindungen besteht, sich teils aber auch übernatürlichen Beimengungen verdankt.

Unsere Ahnen haben seit grauer Vorzeit mit den poetischen Fäden und Fasern dieses Nebelgewandes die Kargheit abgedeckt, die Grausamkeiten eingehüllt, die Widrigkeiten gemildert, die Wunderlichkeiten versinnbildlicht und die Unschuld verewigt.

Diese Medizinmänner haben die Stille des Waldes und das monotone Rauschen der sich am Strand brechenden Wellen genommen und in den Gobelin aus himmlischer Liebe und himmlischem Zorn eingewoben, und wir müssen sie nun mit kühner Entschlossenheit entwirren und wiedergewinnen und sie ihren rechtmäßigen Eigentümern zurückgeben: den Mysterien des Lebens und der Natur sowie dem gleichrangigen Mysterium unseres Umgangs damit.

Jawohl, wir sind dazu aufgerufen – und zwar nicht, wie diese spitzfindigen Moralisten uns versichern, im Namen des Teufels, sondern im Namen jener geheimnisvollen Bewegung der Evolution selbst, die Matthew Arnold »die Strömungsrichtung« nennt, »die zur Rechtschaffenheit strebt«* –, uns an die Arbeit zu machen. Und es ist nach diesen zweitausend Jahren dessen, was wir den »neuen Übernaturalismus« nennen könnten, keine leichte Aufgabe, das Gefühl der *Frömmigkeit* (oder was daraus im Mittelalter wurde und das nichts mit der alten römischen *pietas* zu tun hat) aus den zahllosen *anderen* Gefühlen der Ehrfurcht, der Ehrerbietung, des

Staunens und der Bewunderung herauszulösen – Gefühlen, die angesichts des Zaubers der Natur und der überwältigenden Tragödie des menschlichen Lebens in uns beben, feierlich in uns aufsteigen oder uns an der Kehle packen und uns verstummen lassen.

Beachten Sie bitte, dass wir »Trotzdemisten« in einer Hinsicht großes Glück haben: Wir müssen nämlich den *Sinn für Humor* nicht aus diesem Tempelvorhang herauslösen, in den unsere Hohepriester geschickt so viel »Naturzauber« eingewebt haben, der nach uraltem Recht unserer Mutter, der Erde, gehört und nicht irgendeiner Himmelskönigin. Der schlichte Grund dafür ist, dass sie den Humor als Einziges in ihren Tempelvorhang nicht aufnehmen konnten dank der Schar all der kleinen Götter, die schon seit Ewigkeiten in den Hainen und Quellen menschlicher Erfahrung lebten, bevor der »neue Übernaturalismus« entstand, und die dort noch Ewigkeiten weiterleben werden, wenn der »neue Übernaturalismus« sich schon längst in Luft aufgelöst hat!

Jawohl, Humor ist die einzige Sache, die ihrem Wesen nach ihre Herkunft aus dem menschlichen Herzen nicht leugnen kann – so wie Pantagruel schon als Kind die natürliche Freiheit seines Geistes nicht verleugnen konnte, als er die Ketten ertrug, die ihn an seine Wiege fesselten: »Man band ihn also los, worauf er sich sogleich hinsetzte und sich's tapfer schmecken ließ, doch erst nachdem er seine Wiege mit der Faust in fünfmal hunderttausend kleine Stücke zerschlagen hatte, wobei er erklärte, er würde sich nie wieder hineinlegen.«*

Wie wir notgedrungen schon auf vielfältige Art und Weise angedeutet haben, zielen unsere schlauen, ach so kultivierten Apologeten nun einfach darauf ab, die Philosophie aller Freidenker fürchterlich dumm, lächerlich engstirnig und, falls das auch noch möglich ist, verhängnisvoll schwerfällig und langweilig erscheinen zu lassen. Aber etwas weniger Dummes, weniger Engstirniges, weniger Langweiliges als den Kampf, den unsere »Philosophie des Trotzdem« in verzweifelter Waghalsigkeit nun auf sich nimmt, kann man sich kaum vorstellen. Es geht darum, unseren »Geist«, unsere »Seele«, unser »Ich«, unser »bewusstes Selbst« – denn es spielt überhaupt keine Rolle, wie wir es nennen, solange wir mit unserem Gehirn wissen und mit unseren Nerven und Instinkten empfinden, über was wir reden – von dem bleibenden Eindruck zu befreien, dass übernatürliche Wesen uns beobachten, dass sie unseren Gedanken lauschen, uns ihre Gedanken einflößen und in bestimmten Krisen vorsätzlich unsere Treue zu ihnen und ihren Verhaltensregeln, die sie uns seit zweitausend Jahren eingeflößt haben, auf die Probe stellen. Das ist eine evolutionäre Transformation, eine psychologische Seelenwanderung für die angespannten Nerven auch unserer kleinen Schar, auch wenn das die meisten Angehörigen unserer Bruderschaft der Hartgesottenen vermutlich nur so berühren dürfte, als flehten sie Erwachsene an, vor dem Essen kein Gebet mehr zu sprechen und vor dem Schlafengehen nicht mehr vor dem Bett niederzuknien.

Aber wir arbeiten die Lebensweise unserer »Philosophie des Trotzdem« nicht für die Hartgesottenen dieser Welt aus, obwohl man diese Bemerkung nicht so verstehen darf, als würden wir uns einbilden, unsere Freunde mit einem System zu versehen, das mit dem Existentialismus rivalisieren könnte.

Die »Philosophie des Trotzdem« ist darauf angelegt, jedermann Hilfe und Trost zu bieten, und wenn sie für ihre Ziele ein Vorbild brauchte, dann fände sie es eher in dem Roman *Marius der Epikureer** statt bei Bunyan* oder Jeremy Taylor.

Wir befassen uns mit jenem komplizierten Strom von Sinneseindrücken und emotionalen Reaktionen, die wir Tag für Tag vom Augenblick des Erwachens bis zum Moment des Einschlafens durchlaufen: dem »Strom des Bewusstseins«. Unser revolutionäres Konzept läuft darauf hinaus, dass dieser Bewusstseinsstrom nicht nur reguliert und beeinflusst, sondern auch von einem völlig anderen »Strom« abgelöst werden kann, dessen essentielle Existenz aus der Empfindlichkeit seiner flüchtigen Substanz gegenüber dem besteht, was man unseren »re-kreativen« Willen nennen könnte.

Dieser »re-kreative« Wille ist nichts weniger als die lebendige Energie des »Selbst«, der »Seele« in uns, wenn wir sie dazu einsetzen, *uns zur Freude zu zwingen* – unabhängig davon, was unser Bewusstsein, dieser klare Fluss, in diesem Augenblick widerspiegelt.

Unsere Philosophie zielt in der Tat auf etwas ab, dem sich kein System, kein Beweggrund, keine Zielsetzung jemals verpflichtet gefühlt haben, etwas, auf das selbst die Religion sich niemals konzentriert hat, weil sie so mit unserem Verhalten gegenüber anderen Personen und mit deren Verhalten uns gegenüber befasst ist, dass sie gegenüber dem Zauber der Natur in der Regel blind und taub ist. Und dieses mysteriöse »Etwas« besteht in seinem Kern aus nichts mehr und nichts weniger als der fassbaren Essenz der »Materie«, so wie wir sie durch ihre Wirkung mit dem »Verstand« erfassen.

Doch obwohl kein Strom religiöser Gedanken oder Empfindungen sich jemals schlicht und einfach auf den Fluss der Gefühle konzentriert hat, die das Ego täglich aus der sichtbaren Welt empfängt, haben sich in diesen Fluss zwangsläufig religiöse Eindrücke wie giftige Färbemittel unter die unschädlichen Farben geschmuggelt. Unser Edikt muss lauten: »Hinaus mit allem!«, selbst wenn im Reißen und Zerren einige kostbare, wenngleich morbide Mischformen verloren gehen.

Und hier kommen wir nun zu einem sehr hübschen Punkt. Ganz offensichtlich stellt doch die gesamte Welt der schönen Künste, nicht nur in erinnerungswürdigen und beredten Versen und Prosa, sondern auch in einer ungeheuren Vielzahl von Gemälden und Skulpturen, gemeinsam mit der klassischen Kunst der Griechen und Römer, den Hintergrund unserer gesamten ästhetischen Bildung dar – wobei wir natürlich nur über diejenigen reden, die reich genug sind, um sich eine solche Bildung leisten zu können!

Und es entbehrt nicht der leisen Ironie, dass wir, die Begründer der »Philosophie des Trotzdem«, von der Logik unserer Situation her betonen müssen, dass unser »Reißen und Zerren« angesichts der Überfülle der Kunstwelt des Christentums einem seltsamen ritualistischen Tanz nicht unähnlich ist – nein, wir sollten es besser einen »metaphysischen« als einen »ritualistischen« Tanz nennen –, obwohl wir nicht den Wunsch hegen, dich, oh, du höchst empfänglicher, wenngleich immer noch ein wenig schwankender Halbkonvertit, an die Tollheiten jener heidnischen »Priester des Baal« zu erinnern, die »sich mit Schwertern und Lanzen wundgeritzt«* haben sollen. Bei unserem Tanz, wenn wir uns hin- und herdrehen – und unserer kleinen Schar gehören wohlgemerkt ein Großvater und eine Großmutter, eine Mama und ein ganz gewöhnlicher Papa, aber auch ein junger Mann und ein junges Mädchen an –, dürfen wir nicht etwa an den Bildern oder *eidola* »reißen und zerren«, die Europas Umgang mit zweitausend Jahren der »Verchristlichung« der Künste widerspiegeln. Wir müssen vielmehr an den Klammerwurzeln und -fasern, an den Tentakeln, den Greifarmen und den Ranken unseres eigenen inneren Wesens »reißen und zerren«, mit denen wir uns bislang an diese Kunstwerke in dem Versuch geklammert haben, ihnen wie besessene, aber bleiche Vampire den Lebenssaft auszusaugen.

Ja, dieses »Reißen und Zerren«, von dem wir hier sprechen, und das unhieratische Messer, mit dem, wenn wir die Priester des Baal aus unseren Gedanken vertreiben, wir unseren völlig neuen metaphysischen Tanz in diesem Kunsttempel tanzen, haben nichts mit diesen historischen Kunstwerken an sich zu tun, an denen wir uns heute vermutlich so intensiv erfreuen wie nie zuvor, sondern mit gewissen stolzen, einsamen, sensiblen, hartnäckigen Fühlern unseres eigenen Bewusstseins, die wir abschneiden und wegwerfen müssen, ehe ein heimatloser »Dämon der Liebe« sie erschnüffelt und sich an ihnen festsaugt wie ein Vampir in Gestalt eines Blutegels.

Jawohl, der rasante, gefährliche, geschickte und leichtfüßige Tanz zwischen dem Busen der Kunst, an dem wir unsere Lebenskraft nähren, und den seelischen Fühlern, die wir stutzen müssen, damit kein Dämon diese »paradiesische Milch« aufzuschlecken beginnt – das ist kein wilder Tanz von Mänaden und Bacchanten*. Es ist die älteste und schwierigste Kunst in der Geschichte der Menschheit.

Vielleicht wird es nun unserem verdutzten Konvertiten klarer, warum so naive und schlichte Philosophen wie wir bereits Walter Paters *Marius der Epikureer* als ein Buch aufgeführt haben, das unseren Vorstellungen entgegenkommt. Wir könnten auch die Dichtung von Matthew Arnold nennen, die Kunststudien von Berenson*, die Essays von Rémy de Gourmont*, die uns alle in dieselbe Richtung führen, während ein Buch wie das von Len Howard* über die Persönlichkeit von Vögeln uns hilft, unseren Horizont über die Menschheit hinaus zu erweitern.

Diese »Richtung«, wenn wir es so nennen dürfen, bedeutet einfach nur, uns einer intensiven Freude an Kunstwerken hinzugeben, *wie sie sind*, statt uns an deren Blut so zu mästen, als seien sie das Futter unserer Orthodoxie oder unserer Häresie. Nun hingegen gehen wir völlig in ihnen auf, wie Len Howards Amseln in *ihrer* Kunst. Ja, vergessen wir uns vollständig, und in der verzückten Trance hypnotischer Demut werden wir, wie die großen Künstler, die diese Dinge schufen, in den Formen und Farben, den Mustern und Kompositionen dieser Dinge aufgehen

Unsere schlichte »Philosophie des Trotzdem« – diese Philosophie, die sich weder an die Hartgesottenen dieser Welt wendet noch an die intellektuellen Experten, die aber dennoch den Wagemut aufbringt, sich als lebendige Rivalin des Existentialismus aufzuspielen – versucht nunmehr, für die Natur wie auch für die Kunst jenen mysteriösen Zauber wiederzugewinnen, der, ein violetter Faden nach dem anderen, eine goldene Aura nach der anderen, eine silberne Welle nach der anderen, so vollständig von den Apologeten einer übernatürlichen Religion vereinnahmt worden ist, dass wir uns des Eindrucks nicht erwehren können: Alles, was diese Apologeten übrig lassen – wir sollten besser sagen: was sie übrig lassen *würden* –, wenn »sie«, diese gerissenen Vereinnahmer der Magie des Lebens, ihre Zelte abgebrochen haben und fortgezogen sind, wäre eine Welt geistloser, farbloser, trostloser, chemischer Kräfte, beherrscht von physikalischen und mathematischen Gesetzen und mit nichts darinnen, darum herum, darüber oder darunter, das nicht nach Ursache und Wirkung funktionieren würde und nicht erschöpfend nach wissenschaftlichen Prinzipien analysiert werden könnte.

Unsere »Philosophie des Trotzdem« hält dafür, dass diese listigen Apologeten des »Übernaturalismus«, der übernatürlichen Interpretation des Lebens, von der menschlichen Lage ein völlig falsches Bild gezeichnet haben. Wir bestehen darauf, dass es mit Sicherheit im menschlichen Leben und in der Natur ein Element gibt, ein natürliches, unvermeidliches und universelles Element, das man weder jemals hinwegerklären noch auf angemessene Weise *überhaupt erklären kann*. Dieses Element bezeichnen wir von der »Philosophie des Trotzdem« beharrlich als »poetisch«. Wir sind uns völlig darüber im Klaren, dass es auch in anderen Begriffen beschrieben werden kann, auch in einer viel wissenschaftlicheren Sprache, aber das Wort »poetisch« ist für uns in einem universellen Sinn menschlicher und gemahnt viel weniger an besondere Privilegien als das Wort »ästhetisch« oder »künstlerisch«.

Unserer Vorstellung nach ist das, was wir als das »Poetische« denken, ebenso wie es die alten Lieder und Balladen sind, ein ungeheurer »Gleichmacher«, und obwohl es uns natürlich seine Könige und Bettlermädchen bietet, seine Ritter und *belles-dames-sans-merci**, seine Meisterheiligen und Weihnachtssinger, so appelliert es doch auch an unsere kindliche Leidenschaft für Märchen und an die Tagträume unserer Jugendzeit.

Wenn wir nur – so reden wir uns selber ein – die gerissenen kirchlichen Kulte des Übernatürlichen durch die schlichte Poesie des Lebens ersetzen könnten, hätten wir den Kampf schon gewonnen, denn wir hätten damit unser »Donnergrollen« zurückerobert, wie man es nennen könnte, das – mitsamt seinem magischen Hintergrund der Naturelemente – die listigen Frommen dem natürlichen Leben des Menschen auf Erden gestohlen haben, indem sie im trickreichen Jargon ihrer geistigen Gerichtshöfe Meineide schworen, dass diese Poesie des menschlichen Lebens niemals den Verlust der übernatürlichen Religion überleben würde.

Die Poesie des Lebens in ihrer wahren und ewigen Essenz hängt in keiner Weise vom Übernatürlichen ab, und sie braucht auch keine Religion. Aber beides, das Übernatürliche und die Religion in ihrer orthodoxen wie häretischen Form, wurde mit einem überaus kunstvollen Instrumentarium auf die Zeugungsorgane und in den Schoß unserer tiefsten poetischen Gefühle projiziert. Wir »Philosophen des Trotzdem« müssen nun nach einer echten schöpferischen Antriebskraft trachten, die in vollkommenem Einklang steht mit jenen rätselhaft geheimen Veränderungsprozessen, die wir »Evolution« nennen. Wenn der Existentialismus seinen Stammbaum von erstaunlichen Theologen und spitzfindigen Metaphysikern ableitet, müssen wir schlichteren Denker unsere »Trotzdem«-Gedanken mit der leicht zu begreifenden Theorie der »Evolution« zu verbinden versuchen – ein Begriff, der gegenwärtig hinter jeder Wolke neugierig hervorlugt.

Wir haben übrigens vor kurzem auf unserer Insel an einem Symposium mit lauter gelehrten Professoren teilgenommen, wo die tatsächlichen Prozesse der Evolution diskutiert wurden, und da ist es unserer »Philosophie des Trotzdem« klar geworden, dass der Abgrund zwischen gewöhnlich intelligenten Menschen wie uns, die sich abmühen, einen Kanon mehr oder minder philosophischer Gedanken auszuformulieren, und unseren zeitgenössischen Spezialisten in Sachen Mathematik und Biologie heutzutage so breit ist, dass wir auf unserer Seite mit einer absolut geheimnisvollen Sprache okkulter Symbole konfrontiert sind, angesichts deren wir uns vorkommen wie Schwarzafrikaner vor Vertretern der *Apartheid*. Und diese Spezialisten auf der anderen Seite müssen sich vorkommen wie Platonschüler, die in der Athener Akademie nicht nur von einem ratlosen und trägen Auditorium neureicher Römer angestarrt werden, sondern von einem noch viel ratloseren, aber gleichzeitig hoch interessierten Auditorium äußerst schlichter und bäuerlicher Philosophiestudenten aus Böotien*.

Natürlich juckt es den Theologen immer in den Fingern, die gesamte Vorstellung von einer Evolution in den üblichen Größenordnungen von Zeit und Raum in ihrem Mühlbach, *diipetes* oder »von Gott gespeist«, zu ertränken, in jener flutenden Leere, die vollständig aus Verneinungen besteht, welche sie die »Ewigkeit« nennen. Aber wenn die Theologen unsere schlichte Philosophiererei für eine tödliche Beleidigung und für eine Narretei vor der Ewigkeit halten, dann halten die Wissenschaftler sie für reines Babygeschrei.

Wir haben vor kurzem auf einer wissenschaftlichen Konferenz einen Gelehrten mutmaßen hören, dass der moderne Erfindungsdrang – vor allem soweit er sich auf die Beherrschung der Lüfte richte – unserem Willen den *élan vital* genommen habe, uns selber etwas wachsen zu lassen, was Flossen oder Flügeln, Schuppen oder Fingern gleichkäme, und stattdessen diesen Elan immer erstaunlicheren Maschinen zukommen lasse.

Hört daher, oh, Konvertiten unserer großen Pantagruelischen Suche nach einem angenehmeren Leben, wie die »Philosophie des Trotzdem« ihre Papyrusschulter ans rostige Rad der seelisch-körperlichen Evolution zu lehnen gedenkt. »Lasst uns«, ächzt dieses vergessene Rad, wenn es sich zu drehen beginnt, »lasst uns uns von diesen fatalen, fanatischen Furien abwenden, die mit ihren Teufelsflügeln zwischen Orthodoxie und Häresie flattern und ohne die Hilfe eines Engels oder Teufels anfangen, ein neues Forschungswerkzeug zu erschaffen, eine unsichtbare Nabelschnur der Versunkenheit, ein neues biologisch-psychologisches telepathisches Medium.«

Wir – diese sonderbare Schar von armen Tölpeln – werden uns gewiss dann als ernst zu nehmende Rivalen nicht nur der metaphysischen Spitzfindigkeit des Existentialismus, sondern auch der nüchternen Logik des alten und neuen Positivismus erweisen, wenn es sich herausstellt, dass wir die einzige Schar von Philosophen sind, deren Lehren tatsächlich die Regeln enthalten, aus sich selbst heraus eine gänzlich neue psychophysische Kraft zu entwickeln, die sich hier und heute für unsere Geschichte als ebenso wichtig erweisen mag wie das Auftauchen unserer ersten, dem Meer entstiegenen Vorfahren am Strand und unserer späteren, von den Bäumen hinabgestiegenen Ahnen auf dem Boden.

Nicht ohne Interesse stellen wir im Blick auf die Religion fest, wie sehr doch der eiserne Zugriff, den sowohl die Römisch-Katholischen und die Griechisch-Orthodoxen als auch unsere anglikanische Hochkirche und die protestantischen Freikirchen auf ihre Gläubigen ausüben, einem bestimmten Element in den Lehren des Apostels Paulus geschuldet ist, das nicht nur dem *Geheimnis der Wiedergeburt* in den Eleusinischen Mysterien* gleichkommt, sondern auch einem psychosomatischen Sprung in der Evolution.

Aber wir sollten jetzt doch auf unsere Erläuterungen der »Philosophie des Trotzdem« zurückkommen. Nehmen wir an, wir gehen auf einem staubigen Pfad neben der Hauptstraße zwischen Derby und Nottingham spazieren. Wir sind dabei dem Herzen unserer Insel so nahe, wie man nur sein kann, und so weit entfernt wie möglich vom Meeressand und von den Stränden, Felsentümpeln und Salzmarschen, von muschelgesäumten Prielen und möwenbesiedelten Sanddünen, wo so viele unserer Vorfahren dem Meer ihrer fernen Fahrten entweder entkamen oder dorthin zurückkehrten.

Die Sonne brennt heiß hernieder. Unsere Schatten sind kurz und stämmig. Weißer Julistaub überzieht das Gras. Unter unseren Füßen erblicken wir beim Gehen Strohhälmchen, Stöckchen, Farnkrautbüschel, zerbrochene Schneckenhäuser, Schafwollflusen, Moosfetzen, verkrumpelte welke Blätter, hin und wieder eine weit herbeigeflogene Feder aus dem Flügel eines geplagten Vogels oder einen weit gereisten Fetzen unleserlichen Zeitungspapiers von Gottweißwoher.

Während wir leichthin über die verschiedenen Menschen und Völkerschaften plaudern, über die wir nur wenig wissen, und dabei ständig dem Drang widerstehen, uns in eine tödliche Wut oder einen Hass auf irgendeinen Anti-Christen, Anti-Buddha, Anti-Laotse, Anti-Mohammed oder Anti-Moses hineinzusteigern, und während wir uns zwingen, uns von dem ganzen Problem religiöser Gefühle abzuwenden – ob dafür oder dagegen – wie vor einem ansteckenden Fieber, da erhebt sich erneut die schreckliche Frage, mit welchen Empfindungen oder Gefühlen wir die blutende Leere in unseren Nerven und unserer Fantasie füllen können, die zuvor von der Religion erfüllt war.

Darauf weiß unsere Philosophie eine Antwort: Wir müssen uns konzentrieren auf die Entwicklung jener Kraft, über die wir in gewissem Ausmaß bereits verfügen, mit der wir unser Bewusstsein – *als sei es tatsächlich* die »Seele«, die »Psyche« oder die »Einheit« unabhängig vom Körper, als welche es sich so oft fühlt – auf externe Objekte richten, die uns zufällig ins Auge fallen. Wir blicken, genauer gesagt, in diesem Augenblick auf ein bestimmtes Stück Land mit hohem Gras und gelbem Habichtskraut, in dem sich ein weggeworfenes Stück bunte Pappe verfangen hat.

Je genauer wir diesen Grasflecken mit dem gelben Habichtskraut betrachten, auf dem auch eine ungewöhnlich zarte Kletterpflanze mit fein geformten Blättern und winzigen weißlichen Blüten wächst, umso schärfer fällt uns etwas Erstaunliches auf – das ist eigentlich übertrieben, aber uns fehlen an dieser Stelle die angemessenen Worte, und das Wort »wundersam« wäre irreführend –, wie nämlich diese Pflanze mit Namen *Corydalis claviculata** sich zwischen jenen lebendigen Grashalmen um ein abgestorbenes Stück Baumwurzel windet und in ihre Umarmung auch das Stück grobe bunte Pappe eingeschlossen hat.

Zwischen der abgestorbenen Wurzel, an die sich die *Corydalis claviculata* klammert, und dem staubigen Gras, das sie überschattet, wächst ein stark angefressener Pilz von einem unappetitlich staubigen Braun. An einem der längsten Grashalme befindet sich einer jener torpedoförmigen weißen Klümpchen schaumiger Flüssigkeit, die man vermutlich überall als »Schneckenspucke« bezeichnet.

Über diese kleine Wunderwelt zu unseren Füßen, über die sich der weiße Staub der Straße gelegt hat, weht eine erfrischende Brise aus Nordwesten, ein Wind, der in *Hiawatha** »keewaydin« genannt und liebevoll als »Heimatwind« umschrieben wird.

Und nun bietet uns die große Göttin Zufall, die einzige Gottheit, deren Anbeter aufgrund der Weisheit der Natur vom verabscheuungswürdigen Fieber der Orthodoxie *gegen* die Häresie, des Glaubens *gegen* den Unglauben frei sind, eine echte Gelegenheit, die neue kreative Kunst auszuüben, die die »Philosophie des Trotzdem« als Religionsersatz anbietet.

Dieser unser Ersatz – an den wir uns mit all unserer Nestelei und Tasterei so hartnäckig klammern – enthält in sich alle uralten, natürlichen Triebe, denen der evolutionäre Druck in allen lebendigen Dingen freie Bahn gewährt. Und wie rät uns unsere Philosophie, unseren Willen Punkt für Punkt umzusetzen? Nun, sie rät uns, jene geheimnisvolle Entität in uns zu ergreifen, die sich, wenn sie ihre Identität bestätigen will, »Selbst«, »Ego«

oder »Ich« nennt, und mit größter Anstrengung – bitte vergessen Sie nicht, dass sich mit genau einer solchen Anstrengung die Titanen gegen Zeus erhoben, weshalb wir oft von »titanischer Anstrengung« sprechen – versuchen Sie nun Ihr Bewusstsein dazu zu bewegen, seinen Körper zu verlassen, der nicht nur alles enthält, durch das er lebt, sondern auch alle fünf Sinne, mit denen er aufs Leben reagiert. Sie zwingen Ihr Bewusstsein, einen luftigen Abgrund zu überqueren und sich anschließend auf die eine oder andere Gruppe äußerer Objekte zu konzentrieren, von denen einige ein eigenes rudimentäres Bewusstsein haben, andere nicht.

Wenn wir sozusagen erst einmal unser Zelt im Mittelpunkt dieser Objektgruppe aufgeschlagen haben, müssen wir uns unserer Philosophie zufolge bemühen, uns entweder in diese Dinge zu verlieren und von ihnen vereinnahmt zu werden oder sie zu umklammern und uns in sie zu vertiefen.

Nun kommen wir zum Hauptpunkt dieser ganzen Vorgehensweise – und »Vorgehensweise« ist das richtige Wort dafür, denn als Nächstes zwingen wir unser Bewusstsein, außerhalb seines eigenen Körpers eine gewisse Distanz »voranzugehen«, von ihm auszustrahlen oder sich auszudehnen, während es sich weiterhin der Sinne und des Lebens ebendieses Körpers bedient.

Ein Bewusstsein ohne einen Körper ist eigentlich undenkbar, denn ein solches Bewusstsein könnte aufgrund des Umstands, bloßes Bewusstsein zu sein, zu keinem Zeitpunkt oder irgendwo im Raum existieren, und daher sind wir kaum auf Kants *Kritik der reinen Vernunft* angewiesen, um zu begreifen, dass wir keinen *Gedanken* unabhängig von einem *Denker* denken können.

Wir brauchen zwar unseren Körper als ein Gefäß, aus dem wir unser Bewusstsein nähren, aber es gibt keinen Grund, warum wir uns die Fähigkeit absprechen sollten – und wohlgemerkt, dieses »Wir« ist jenes »Selbst« oder »Ich« oder »Ego« oder jene »Entität«, über die alle Lebewesen auf diesem Globus verfügen –, unser Bewusstsein von seiner Basis oder seinem *point d'appui**, vom Sprungbrett unseres Körpers aus zu projizieren, bis es sich wie ein zitternder Fühler oder eine elastische psychologische Nabelschnur auf das bestimmte Objekt seiner Konzentration hin ausstreckt.

Wir benutzen den Ausdruck »elastische Nabelschnur«, weil wir die enge Verbindung zwischen unserem physischen Körper und seinem menschlichen Bewusstsein betonen wollen. Doch in Wirklichkeit fordert uns die »Philosophie des Trotzdem« zu dem Versuch auf, unser Bewusstsein – in diesem Fall wie einen lebendigen Strom aus magnetischen Schwingungen – auf das Objekt zu projizieren, das unsere besondere Aufmerksamkeit gefesselt hat.

Wir brauchen uns dabei nicht mit der Frage zu befassen, wo genau sich in unserem Körper oder unserem Gehirn das Zentrum befindet, von dem aus unser Wille seine Befehle erteilt, und wo der Wille selbst irgendeinem obskuren planetarischen Druck gehorcht – einem Druck von »etwas« jenseits unserer Insektenidentität, jenseits unserer Fischidentität, jenseits unserer Vogel- und Vierbeineridentität, jenseits auch unserer menschlichen Identität. William James' Lieblingsphilosoph Fechner zufolge* könnte dieses »Etwas«, ohne im Geringsten übernatürlich zu sein, in der lebendigen Identität des Planeten selbst existieren.

Unsere Philosophie fordert uns auf, jeden Aspekt dieser bestimmten Gruppe von Objekten zu »lesen, uns einzuprägen und im Geist zu verarbeiten«*, in deren Mitte wir uns mit titanischer Anstrengung hineinversetzt haben. Es ist in der Tat von äußerster Bedeutung, dass wir uns in den Formen und Farben, den Stimmungen und Auren dieser Objekte unserer Kontemplation vergessen sollten.

Wenn wir uns in dieses intensive, aber natürliche und evolutionäre Spiel hineinstürzen und unsere Identität so tief in die Objekte versenken, über denen wir schweben, dass wir uns fast in ihnen verlieren, dann stellen wir fest, dass unserer »Philosophie des Trotzdem« das Verdienst zukommt, nicht nur einen Ersatz für die verfluchte Plage von Häresie *versus* Orthodoxie zu entdecken, sondern auch in diesem Ersatz einen Großteil der Wunder und der poetischen Magie entdeckt zu haben, von denen unsere religiösen Apologeten uns glauben machen wollen, sie seien dahin, wenn auch die Religion verloren sei.

Doch es kann keinen Zweifel geben, dass es ein großer evolutionärer Vorteil wäre, wenn wir es wirklich meistern würden, unser Bewusstsein – manche würden es unsere »Seele« nennen – über eine gewisse Entfernung hinweg auf Dinge oder Menschen zu richten. Und unserer Philosophie zufolge würde sich dieser Vorteil noch stärker auswirken, wenn das projizierte Bewusstsein von der Bürde persönlichen Stolzes und des Egoismus befreit wäre. Je entpersönlichter und entsubjektivierter unser Bewusstsein wird, umso mehr wird es zu dem, was man als »reines und unverdünntes Bewusstsein« bezeichnen könnte, und umso weiter wird es seine Schwingungen von seiner Basis in unserem Körper und Gehirn aussenden können. Als Erstes ist bei diesem Bemühen, das Bewusstsein weiter auszuwerfen, zu bedenken, dass seine Basis und das Reservoir seiner Empfänglichkeit weiterhin im Körper verhaftet bleiben müssen. Das »Du«, das zu dieser evolutionären Geste gehört, ist das *Körpergehirn,* das jene mysteriöse Kraft nutzt, die wir »Willen« nennen, um sein Bewusstsein hinaus auf das Objekt seiner Aufmerksamkeit zu schießen. Aber der zweite Gesichtspunkt ist ebenso bedeutsam: Je weniger das Bewusstsein *mit dem Selbst befrachtet* ist – mit anderen Worten, je leichter das Reisegepäck ist –, umso weiter wird es sich zwingen können!

Wenn es das Objekt erreicht, auf das es gerichtet wird, und das Selbstbewusstsein in ihm sich ins reinere Bewusstsein der direkten, ungehinderten, unbelasteten Beobachtung aufgelöst hat, werden Sie in der Lage sein, alle fünf Sinne ungeschmälert auf das Objekt Ihrer Kontemplation zu richten und jeden Aspekt dieses Dings in Ihrem Gedächtnis zu fixieren.

Im Fall dieses besagten Grasfleckens nahe dem Wurzelstumpf, der von dem unglaublich zarten Blattwerk der Pflanze namens *Corydalis* umschlungen wurde, wird sich die Befriedigung, dass Sie in jedem kleinsten Detail wahrnehmen können, wie die Dinge aus reinem Zufall in eine Beziehung zueinander getreten sind, die keine kreative Gottheit je hätte voraussehen können, als eine unvergleichliche Erfahrung erweisen, falls es Ihnen gelingt, Ihr sicherlich schwer befrachtetes Selbst aus dem Bewusstsein fernzuhalten.

Hier und jetzt entdecken wir, während wir gelassen diesen Grasflecken betrachten, dass es der reine Zufall ist, der ihm eine so besondere Schönheit verleiht. Aber da unsere »Philosophie des Trotzdem« ihrer Konzeption nach ein System der Theorie *und* der Praxis sowie auf gewöhnliche Menschen abgestellt ist, die ein Bedürfnis nach philosophisch inspirierten Lebensregeln verspüren, aber gewiss keine ausgebildeten Experten in diesen Dingen sind, sind wir gewiss klug beraten, jetzt mit einem gänzlich anderen Beispiel aufzuwarten, um unser evolutionäres Experiment zu verdeutlichen, einem Beispiel, das eher mit dem schlicht Menschlichen zu tun hat als mit irgendeiner Offenbarung einer besonderen Schönheit, die sich zufällig preisgibt.

Versetzen wir uns daher mit angemessener Geschwindigkeit durch die Luft zu dem vertrauten Küstenvorsprung in der Grafschaft Dorset, der als White Nose bekannt ist, und fliegen wir von hier aus über die Bucht von Weymouth, bis wir auf der anderen Seite des Hafeneingangs den befestigten Felsvorsprung erreichen, der in der Gegend als Nothe bekannt ist und den man leicht als das weibliche Gegenstück zu dem beeindruckenderen männlichen Organ betrachten könnte, das wir gerade hinter uns gelassen haben.

Fliegen wir nun weiter, dem viel besuchten Abschnitt niedriger Klippen folgend, die zu der malerischen Ruine von Sandsfoot Castle führen. An dieser Stelle blicken wir uns ein wenig um, bis wir eine kleine Erhöhung entdecken, einen Wiesenhang oder einen befestigten Kamm, von dem aus man leicht in Richtung Westen sehen kann. Etwa auf halber Höhe zwischen unserem gegenwärtigen Aussichtspunkt und der lang gezogenen, sich gegen den Atlantik abzeichnenden Linie von Chesil Beach verläuft die weiße, klassisch wirkende und an Italien gemahnende Straße zwischen der Gemeindekirche von Wyke Regis und einem auffälligen weißen Tor nahe einer unscheinbaren Brücke über einem brackigen Meeresarm.

Wenn wir unseren Beobachtungsposten eingenommen haben, müssen wir in Vorbereitung auf unser telepathisches Experiment als Nächstes eine bestimmte romantische Handlung erfinden wie für – nun, sagen wir: einen Roman von Thomas Hardy*. Die Handlung muss flexibel sein, denn es ist wesentlich, sie an imaginäre Protagonisten beiderlei Geschlechts und unterschiedlichen Alters anzupassen.

Nun scheint es uns das Beste, so zu tun, als gäbe es eine Familie nahe dem Kirchhof von Wyke Regis und einen Familienangehörigen, der gerade jetzt mit einem Herzen voller unterdrückter Gefühle einen hardyschen Spaziergang unternimmt von dem grauen Friedhof bis hin zu diesem einsamen weißen Tor. Daher schickt es sich für einen aus unserer Gruppe einfacher Leutchen, die langsam eine »Philosophie des Trotzdem« aufbauen, jeden Schritt dieser einsamen Gestalt durch die Dämmerung zwischen dem Kirchhof und dem weißen Tor nachzuvollziehen.

Wer immer sich dieser Aufgabe annimmt, muss vor allem sorgsam darauf bedacht sein, sich das Gesicht dieses einsamen Wanderers auszumalen. Es ist in der Tat diese »quasimediale« Kunst, mittels deren unsere kleine Schar äußerst naiver und schlichter Menschen sich frisch daranmacht, »sich selbst« in dieser oder jener erinnerungswürdigen Situation »vorzustellen«, zu der wir uns vor allem befähigen sollten, während unsere Konvertiten an der Zahl und hoffentlich auch an Klugheit ständig zunehmen, unsere Flagge zumindest auf einer einzigen kleinen Insel in der wogenden See unphilosophischer Verwirrung zu hissen.

Aber vielleicht ist es in diesem Beispiel sogar klüger, wenn wir es zulassen, dass unser Experiment von einem unserer Konvertiten ausgeführt wird – erlauben Sie mir, noch einmal den shakespeareschen Begriff zu benutzen – statt von einem der Unsrigen.

Und wie vollzieht dieser inspirierte Konvertit dieses denkwürdige Experiment? Nun, wir sind übereingekommen, dass wir einen deutlichen Blick auf das Antlitz einer Menschengestalt im Zwielicht vor dem Hintergrund von Chesil Beach benötigen. Unser Verfolger hat kein Fernglas. Alles hängt von seinen indianerartigen Fähigkeiten ab. Oder etwa doch nicht? Könnten wir das nicht abhängig machen von dem erstaunlichen Erfolg eines echten evolutionären Neubeginns? *Das* müssen wir uns genau überlegen.

Und nun kommen wir zum Dollpunkt, wie der Volksmund sagt, der ganzen Sache. Gleichviel, welcher Konvertit unserer ebenso praktischen wie grundsätzlichen Philosophie jetzt gerade die Gestalt zwischen Wyke Regis und Chesil Beach verfolgt, wir müssen bedenken, dass wir kein Recht haben, ihn mit irgendeiner ungewöhnlichen Willenskraft auszustatten. Er wird sich anstrengen müssen wie ein Titan, aber die Titanen mussten sich deshalb anstrengen, weil ihnen genau wie uns selbst der Wille und die übernatürlichen Kräfte der göttlichen Olympier fehlten. Vermutlich bedarf es gerade der menschlichen Schwächen wegen einer ungewöhnlichen und außergewöhnlichen Anstrengung über Generationen hinweg, um eine wichtige evolutionäre Veränderung wie diese – teils psychologisch, teils physisch – herbeizuführen. Aber irgendeine Kreatur – in diesem Fall eben ein Mensch – muss in der planetarischen Evolution den ersten Sprung nach vorn wagen. Jawohl, falls wir wirklich uns selbst vertrauen und nicht etwa dem Übernatürlichen, muss es einen bestimmten Moment in unserer Geschichte geben, in dem ein lebendiges menschliches Bewusstsein, um es grob und deutlich auszudrücken, »aus seiner eigenen Haut springt«.

Wir bringen lediglich unseren zögernden Konvertiten, wie wir ihn nach dem Philosophen in *Wie es euch gefällt* zu nennen belieben, auf diesen bestimmten Abschnitt der weißen Straße und zu diesem bestimmten weißen Tor über der Fläche verlorenen Gezeitenschlamms und einsamer Salzwassertümpel, damit sein schwankender Geist von der dramatischen Bedeutung in der menschlichen Geschichte im Sinne dessen beeindruckt wird, was wir anstreben. Wir hoffen vor allem, mit dem romantischen, hardyesken Hintergrund unseres Experiments seine Gedanken vollständig davon zu befreien, dieses mit irgendwelchen hypnotischen Experimenten in Verbindung zu bringen.

Wir sind hier mit der Projektion eines natürlichen menschlichen Bewusstseins befasst, das sich immer noch im Vollbesitz seiner körperlichen Sinne befindet – um es zu wiederholen: eine Projektion über eine bestimmte festgelegte Entfernung hinweg, wo es ganz normal funktionieren kann und frei ist von jedweder Absicht, irgendwen hypnotisieren, beherrschen oder von ihm Besitz ergreifen zu wollen, aber wo es einen verzweifelten Wunsch verspüren kann, eine bestimmte Person zu trösten, zu halten und zu stützen und vor einem Unglück, ja, sogar dem Selbstmord zu bewahren, weil diese Person offensichtlich extrem niedergeschlagen, wenn nicht sogar völlig verzweifelt ist.

Wir hoffen nun, dass unser Konvertit in seiner Schwäche, wenn er sich dem Mann nähert, der sich inzwischen über das weiße Tor lehnt, darum bemüht ist, sein »Bewusstsein« oder seine »Seele«, wenn ihm das lieber ist, sein »Ego« oder sein innerstes »Selbst« zu projizieren, denn solange er sich dieser Anstrengung unterzieht, ist es uns egal, wie er es dann nennt: »Gefühl ist alles«, sagt Goethe, »Name Schall und Rauch.« Unser Konvertit ist nun dem Mann am Tor so nahe, dass er jede Veränderung in dessen Zügen erkennen kann.

Wir können nicht oft genug wiederholen, dass wir hier nicht an eine hypnotische oder mesmeristische Beherrschung* oder etwas Ähnliches denken. Wir denken nur an eines: an die Projektion des Bewusstseins eines Menschen weiter aus seinem Körper heraus, als es jemals vollzogen wurde. Ein solches »Bewusstsein« muss sich der Empfindungen des Körpers bedienen, zu dem es gehört. Es muss jeden einzelnen der fünf Körpersinne nutzen und kann nicht herumschweben wie ein körperloser Geist, und zwar aus dem einfachen Grund, weil es keine körperlosen Geister gibt.

Unsere kleine Schar beiderlei Geschlechts und von sehr unterschiedlichem Alter ist sich des Risikos völlig bewusst, dass sie mögliche Konvertiten durch ihre bäurische Angewohnheit ewiger Wiederholung verärgern kann, aber nur durch ständige Wiederholung – zumindest glaubt sie dies – und wiederholtes Zurückgreifen auf die ursprünglichen Grundlagen ihrer Methode lässt sich eine in ihren Augen zufrieden stellende Philosophie entwickeln.

Wiederholen wir daher unsere Entscheidung: Der einzige Weg, eine Lebensordnung auf die Beine zu stellen, die gewöhnlichen Menschen Bedeutung, Vergnügen und Trost verleiht, ist der, alle Spezialisten und Experten sowohl aus dem religiösen als auch dem wissenschaftlichen Lager zu meiden und ihnen aus dem Weg zu gehen. In diesem historischen Moment, in dem der Kreml sich ausschließlich im Interesse des russischen Nationalismus listig den »Schwarzen« und »Gelben« als Führer anbiedert, die schon so lange von uns »Weißen«

ausgebeutet worden sind, ist es nur natürlich, dass deren Seite im gleichen Maße Hilfe bei der Nichtreligion sucht wie unsere Seite Hilfe bei der Religion.

Natürlich kommt es auf beiden Seiten zu teuflischen Grausamkeiten, und für das kollektive Bewusstsein unserer kleinen Schar »guter Gefährten« ist der Vergleich zwischen orthodoxer Grausamkeit und häretischer Grausamkeit wie ein Vergleich zwischen Gilles de Laval*, dem unaussprechlich grauenhaften Ungeheuer aus dem Zeitalter Johannas von Orléans, der hundertundfünfzig Kinder zu Tode marterte, mit dem weitaus weniger infernalischen Marquis de Sade, dessen »Liebesmühen« zur gleichen Zeit stattfanden wie der Sturz der Bastille.

Kein zögernder Konvertit unserer Philosophie darf je vergessen, dass deren Haltung – weit entfernt von aller Skrupellosigkeit und Schamlosigkeit, geschweige denn vom Hang zur Grausamkeit, weil sie vollständig und entschieden auf die so genannte Liebe im religiösen Sinne dieses irreführenden Wortes verzichtet – ausschließlich der natürlichen Freundlichkeit und unserem Gemeinschaftsgefühl verpflichtet ist.

Unsere »Trotzdem«-Philosophie stürzt sich vielmehr in die Wirbel dieser wirren Welt – allem voran ihr kosmogonischer Bugspriet, der sich vor allem auf unsere eigenen Empfindungen hin richtet, die bis zur äußersten Grenze zu genießen wir uns, und darauf bestehen wir hartnäckig, *zwingen* müssen. Die äußere Welt dessen, was gemeinhin »Materie« genannt zu werden pflegt – nicht nur, wo Gras und Hecken,

Bäume, Moos und Erde für eine weiche, üppige und nachgiebige Substanz unseres Planeten sorgen, sondern auch in Mauern und Steinwerk, Schiefer und Kacheln, Schornsteinen, Pflastersteinen und harten Straßen –, die zwar der »Seele« eines Menschen eine viel unattraktivere Masse an Stoffen bietet, um sich hineinstürzen oder von ihr aufgefangen werden zu können, enthält aber doch in Wirklichkeit mit all ihren dramatisch schräg einfallenden Lichtstrahlen und ihren fantastischen Formen und Farben genügend stoffliche Gaben, um den Schlund eines ausgesprochenen Drachen an Empfindungen zufrieden zu stellen. Die äußere Welt – ich muss es einfach sagen – ist die natürliche Braut und der natürliche Bräutigam der Seele eines jeden Geschöpfs.

Aber unsere kleine Schar von männlichen und weiblichen Pionieren und jungen wie alten Abenteurern kann sich nicht zufrieden und Lotospflaumen essend auf den Gestaden der Stille ausruhen. Seit zweitausend Jahren sind wir von der musikalischen Kadenz der hebräischen Schrift verzaubert worden, die in lateinische Beschwörungen und griechische Metaphysik übersetzt wurde, bis uns die bebenden psychischen Pfeile des Neuen Testaments schließlich in so süßem Einklang zugesetzt haben wie die Schläge eines Taktstocks in den Händen eines göttlichen Dirigenten, so dass jeder Gedanke, der uns in den Kopf kommt und sich *nicht* mit Sport, Politik, Wirtschaft oder Mord, sondern mit anderen Fragen des Universums befasst, vom Siegel der Religion geprägt ist, falls er nicht gerade durch irgendeine neue wissenschaftliche Offenbarung abgelenkt wird.

Daher müssen wir uns – während wir uns zwingen, alles zu genießen, ob es nun »genießenswert« ist oder nicht, was sich in den Formen und Farben der *materiellen Außenwelt* darstellt – auf diese tatsächlich gewagte evolutionäre Transformation und unsere ureigene Seelenwanderung konzentrieren. Warum auch nicht? Mit allen lebenswichtigen Veränderungen, die je passierten, hat irgendwann irgendein Wesen begonnen. Warum da nicht auch *unsere* bescheidene kleine Schar genau *jetzt* und *hier*?

Aber in welche Richtung geht unser geheimer, schwacher Wunsch nach *Evolution*, um aus den gegenwärtigen Wirbeln herauszukommen? Kann er es mit den neuen Flugmaschinen aufnehmen? Kann er sich für seine eigenen, schlichten Zwecke die neue Mathematik aneignen? Kann er die andere Seite des Mondes erkunden? Nein, nichts davon. Aber warum sollte er sich nicht doch auch nur ein kleines Stück in die Richtung aufmachen, über die wir hier nachdenken, nämlich in die Richtung auf jenen Trick, das Bewusstsein aus dem eigenen Körper herauszuprojizieren und gleichzeitig in Verbindung mit den eigenen Körperempfindungen zu bleiben?

Und warum sollten wir nicht auch den Vorteil unseres natürlichen menschlichen Mitgefühls nutzen – dasjenige Gefühl, das jedem Sohn und jeder Tochter gemeinsam ist, die je von einer Mutter geboren wurden – und mit unserem projizierten Bewusstsein das verletzte

Bewusstsein eines anderen trösten, stützen und umfangen, vielleicht das eines Menschen, dem wir in besonderer Weise zugetan sind?

Dürfen wir nicht den Anspruch erheben, unserem abendlichen Spaziergänger im Sinne eines »emotionalen Experiments in Evolution«, um es einmal so zu nennen, vom alten Friedhof zum weiten Strand gefolgt zu sein?

Wir von der »Philosophie des Trotzdem« haben mit diesem Experiment bereits ein paar zögernde und vorsichtige »Anstrengungen« zugunsten einer bestimmten, unglücklichen Person unternommen, die uns das Schicksal in den Weg gespült zu haben scheint, als wollte es mit Bedacht unsere Prinzipientreue auf die Probe stellen, insbesondere die Treue zu jenem Prinzip, dass wir jedem aus den unglücklichen Verstrickungen heraushelfen sollten, bei denen bloß ein schrecklicher emotionaler Knoten durchschlagen werden muss.

Wie wir bereits angedeutet haben, streben wir nichts weniger an als einen vollständig menschlichen und, falls möglich, authentisch evolutionären *Ersatz* für den Einfluss des Übernatürlichen. Die Kraft des Geistes, das Übernatürliche zu erfinden, ist folgenschwer und schrecklich, aber noch erschütternder ist seine Kraft, an das von ihm Erfundene zu glauben.

Nun, hier sehen wir also einen wahren Ersatz für das Übernatürliche am Werk. Hier gibt es keinen Anhauch von Panik, Verzweiflung oder Hysterie. Hier gibt es nur einen ruhigen, entschiedenen Versuch, die »kreative Evolution« dieser terrestrischen Dimension ein wenig weiterzuführen als bisher. Und warum sollte das nicht durch eine Schar schlichter Philosophen wie uns geschehen? Nehmen wir zum Beispiel an, dass das Ziel unseres derzeitigen Experiments, der Spaziergänger im Zwielicht, dem unser Botschafter folgt, den Einfluss unseres Interesses immerhin so weit verspürt, dass er seinen Gang vom Friedhof in Wyke Regis ein wenig länger ausdehnt als ursprünglich geplant.

Das hat dazu geführt, dass sowohl der Spaziergänger als auch unser Freund, der ihm folgt, völlig aus unserem Blickfeld verschwinden und offensichtlich mit dem Ziel weitergehen, die Brücke zu überqueren, die zum Chesil Beach führt, über die Kanäle aus Brackwasser und Seetang hinweg, die Portland zu einer Halbinsel machen.

So sei es denn! Unser philosophischer Protagonist folgt weiterhin unserem einsamen Flüchtling zur Brücke über das Marschdelta mit seinen flachen Tümpeln und ihren Massen schwarzen und bernsteinfarbenen Seetangs. Am anderen Ende der Brücke bleibt er stehen, um dem Mann nachzusehen, der nun über die Böschung voller magischer Kiesel, von denen so viele durchsichtig scheinen, wenn man sie ans Licht hält, auf den Strand hinabgeht. Unser Verfolger sieht von seiner gegenwärtigen Position aus nichts vom Atlantik, aber er sieht, wie die Sonne einen Moment lang auf diesem riesigen Kieskamm zur Ruhe zu kommen scheint, ehe sie, blutrot getrübt vom Widerschein der Tragödie des Ostens, in den Wogen des Westens versinkt.

Die Einsicht, wie wir unsere Philosophie zu begründen versuchen, ist diese: Jeder Mensch, ob männlich oder weiblich, ist beim Eintritt ins Leben dem Gewicht, dem angestauten Druck Tausender und Abertausender von Jahren ausgesetzt – einem Gewicht, das drauf und dran ist, seine oder ihre Seele zu prägen; einem Druck, der eine riesige Lawine von Energien, Intuitionen, Andeutungen, Instinkten und Ahnungen absorbiert hat wie ein einziger großer, alles hinwegfegender Moloch. Aber trotz aller Schwächen und Furchtsamkeiten steht es immer noch in unserer Macht, dem Monster zu trotzen und es zu meiden. Jawohl, vor allem aber – oh, du vorsichtigster aller sensiblen Konvertiten – müssen wir alle religiösen Auseinandersetzungen meiden wie die ansteckendste Plage. *Demut* ist das Schlagwort. Eine gewisse humorvolle Demut ist die Eigenschaft, zu der wir uns selber beglückwünschen müssen – oder wir vergehen in unserem feierlichen, morbiden Stolze!

Wir müssen uns unsere enge Verbindung mit Wesen wie Insekten, Flugsauriern, Blindschleichen, Maulwürfen, Stinktieren und fliegenden Eichhörnchen ins Gedächtnis rufen.

Wenn es in einem Gespräch um das Übernatürliche geht, sind die Menschen, entweder als Gläubige oder als Rationalisten, oft ziemlich stolz auf sich. Unseren schlichten, direkten Gemütern will es scheinen, als bestehe die einzige Alternative zum Glauben an eine übernatürliche Macht, die uns hört, uns beobachtet, uns belauscht, uns zuflüstert und uns unterstützt – für manche eine unwiderstehliche Vorstellung! –, in der Unterwerfung unter die gute alte Natur. Wir folgen ihr, wenn wir uns unserer Exkremente entledigen, wenn wir unseren Nachwuchs zeugen und empfangen, wir hegen wie die Bäume, Pflanzen und Tiere ein erdverbundenes Vertrauen und setzen vage darauf, dass sich die Lebensbedingungen, nach denen wir uns sehnen, nicht nur für uns, sondern auch für unsere Sprösslinge, unseren Nachwuchs, unsere Kinderbrut oder auch für unsere kinderlosen Gefährten endlich einstellen, ehe wir völlig vergehen.

Jede Philosophie, die diesen Begriff verdient, sollte über eine Speerspitze verfügen, mit der sie dem Schwung, der Brandung und dem Druck der riesigen evolutionären Welle Vorschub leisten kann. Eine Philosophie sollte selbstverständlich dazu taugen, aus ihren Anhängern »philosophisch« denkende Menschen zu machen, aber wenn Sie nun glauben, dies sei der einzige Zweck unserer »Trotzdem«-Philosophie, dann irren Sie sich gewaltig.

Es gibt in unserem Gedanken- und Gefühlssystem eigentlich keinen »Hauptzweck«, ebenso wenig wie es einen »Hauptzweck« im Leben einer Mücke, eines Stichlings oder eines Wurms gibt. Jedes Lebewesen im Multiversum ist nicht bloß ein Lebewesen, es ist ein schöpferischer Gott und ein zerstörerischer Teufel. Es bewohnt seine eigene Welt nicht bloß, es erschafft und vernichtet sie auch.

An diesem Punkt möchten wir jedem schwankenden Konvertiten noch einmal in Erinnerung rufen, wie mühevoll wir gelernt haben, unseren egoistischen Stolz abzulegen. Keiner soll sich als unser Konvertit bezeichnen, der nicht – nein, wir sagen nicht: »die Demut zur

Braut« genommen hat, denn wir wissen um den Stolz eines jeden Bräutigams – sein Bewusstsein derart gründlich von der Wahrnehmung seines Ich geläutert hat, dass es zum reinen Rezipienten einer Empfindung geworden ist.

Uns zufolge ist das Ding, das *ist,* das Ding, das *existiert,* nicht etwa eine Person, die etwas genießt, oder etwas, das von jemandem genossen wird. Eigentlich geht es überhaupt nicht um eine Person und verdammt wenig um ein Ding. Es gibt nichts außer einer Empfindung, die intensiv genossen wird, oder genauer, obgleich umständlicher gesagt: nichts außer einem Werkzeug, um das Bewusstsein eines bestimmten Körpers zu bearbeiten, eines Körpers, dessen Sinne von ebendem Bewusstsein benutzt werden, das sich nun vorsätzlich vollkommen entleert hat bis auf den reinen, schlichten Genuss *eines ganz bestimmten Gefühls*, das es aus der Berührung mit einem bestimmten Ding gewinnt.

Unser schwankender Konvertit sollte auch etwas anderes nicht übersehen: Wenn unser Bewusstsein sich derart absichtsvoll zur planetarischen Speerspitze der »Seufzer und Geburtswehen«* des Erdenlebens macht und darum kämpft, sich von seinem Körper fortzuprojizieren, ohne den Kontakt zu seinen körperlichen Empfindungen zu verlieren, wenn es das in der ausdrücklichen Absicht tut, das Bewusstsein eines anderen Menschen zu unterstützen, zu trösten und zu halten, dann sollte es verdammt noch mal Acht darauf geben, dass da keine aufgeblasene kleine Spinne des Stolzes in irgendeiner hoch gelegenen Ecke der sich bietenden

Gelegenheit das Blut aus jedem unserer Mitleidsnerven saugt, um unser Gefühl der Tugendhaftigkeit zu bestärken.

Für uns, die wir wahrhaftig der »Philosophie des Trotzdem« folgen wollen, ist es von großer Bedeutung, uns ihre gesamte Lebensordnung oder Lebensweise zu jeder Zeit klar vor Augen zu führen. Das ist viel angenehmer und dennoch verwegener, viel leichter und dennoch selbstbezogener, viel wilder und dennoch selbstkontrollierter, viel freier und dennoch ausgeglichener als alles, was die Orthodoxie oder die Häresie ihre Schüler lehrt.

Aber was genau ist dieses runde und doch zugespitzte Projektil eines Systems wirklich, zu dem unsere »Philosophie des Trotzdem« wird, wenn wir sie durch Gebrauch geglättet haben und als unseren Lebenszweck zu beherrschen gelernt haben?

Nun, versuchen wir, uns absolut klar und deutlich auszudrücken. Die Schwierigkeit mit diesen geistigen Dingen ist die, dass wir von unseren körperlichen Empfindungen so abhängig sind, und wenn wir uns vorzustellen versuchen, wie unser Bewusstsein sich in *diese* oder *jene* Szene stürzt, dann sehen wir es im Allgemeinen als eine Wolke aus sichtbarem oder unsichtbarem Dunst vor uns, die, wenn wir uns im Freien befinden, einen Felsenkamm oder eine staubige Straße, einen Waldpfad oder einen bemoosten Weg einhüllt, und wenn wir drinnen sind, die Wände, Möbel, Bilder, Teppiche, Kissen und den Schnickschnack aller Zimmer im Haus. Aber unsere Philosophie ist getragen von der Unbedingtheit ihrer Ziele, sowohl die Eindrücke des »Draußen« als auch des »Drinnen« zu empfinden und beide miteinander zu durchdringen, aber nicht zu einem Gesamteindruck zu verschmelzen, so dass wir beide Aspekte unseres gegenwärtigen Lebens als vermischte genießen können. Unser Leben »draußen« folgt uns nach »drinnen« und unser Leben »drinnen« folgt uns nach »draußen«, und die Eindrücke beider derart vermischter Welten bilden zusammen den ständig gegenwärtigen Druck der ungeheuren, schwebenden Mannigfaltigkeit der vielfachen Nicht-Selbste, die in uns aufzunehmen die beständige Grundlage unseres Daseinszwecks ist, während all unsere Sinne sich einem stark magnetischen Impuls intensiver Freude hingeben.

Nur wenn dieser Hintergrund des Empfindens erreicht worden ist, gibt es für das Leben einen Ausgangspunkt, von dem aus er zu weiteren und kühneren Bestrebungen aufbrechen kann. Aber ehe wir weitere Spiele mit dem immer wiederkehrenden Gegensatz von Selbst und Nicht-Selbst spielen, sollten wir uns auf die einfachste, direkteste und natürlichste Weise vergegenwärtigen, wie die gegenwärtige Situation genau beschaffen ist.

Wir müssen zum Beispiel erkennen, dass es überall, wo wir uns auf der Oberfläche dieses runden Planeten ausruhen, ob im Herzen einer Großstadt, unter Zeltplanen in einer riesigen Wildnis oder in einer Hütte am Meer, stets Formen, Strukturen und Farben dessen um uns herum geben wird, was gemeinhin »Materie« genannt wird, die entweder zum *Inneren* unseres Zeltes oder Wagens, unserer Hütte, unseres Hauses oder Schiffes gehören oder zum *Äußeren* dieses bestimmten Fleckens freier Natur.

Obwohl nun viele Substanzen, die durch diese Farben und Formen ringsumher verkörpert werden, etwa die Felsen und Steine unter freiem Himmel oder die vor dem freien Himmel geschützten Sparren und Zeltstangen, hart und unnachgiebig sind, ist diese Härte und Unnachgiebigkeit doch eine Eigenschaft, die im Grunde nur einen unserer Sinne anspricht: den Tastsinn. Aufgrund unseres Vermögens zur chemischen Analyse – eines Vermögens, das wir auch in unserer Fantasie leicht anwenden können, denn ebenso wie alle Substanzen durch chemische Prozesse aufgelöst werden können, lassen sich alle Substanzen kraft unserer Fantasie dazu bringen, sich in die durchlässigsten aller Elemente, in Wasser oder Luft, aufzulösen – können wir uns allerdings auch vorstellen, wie sich unser Bewusstsein durch diese Gegenstände ergießt und sie wie Nebel oder Dampf durchdringt, bis wir, *gemäß unserem Geschlecht,* entweder die eine oder die andere zweier wunderbarer Empfindungen genießen. Denn in diesen ultimativen Verbindungen des Selbst mit dem Nicht-Selbst – obwohl unsere Fähigkeiten, solche Berührungen bis zum Äußersten zu genießen, durch überbewusste oder unbewusste sexuelle Fantasien in uns beflügelt und ermöglicht werden können – genießen wir diese Empfindung natürlich nach Maßgabe unseres Geschlechtes auf unterschiedliche Weise: Wenn wir männlich sind, wollen wir diese Formen und Farben der elementalen Welt *besitzen*, als weibliches Wesen wollen wir von diesen Dingen *besessen werden*.

Und nun kommen wir zu unserer großen evolutionären Geste, einer Geste, der – auch wenn es ohne Zweifel viele Jahre braucht, um mit dem zu beginnen, worauf sie abzielt – alle Zeichen und Vorzeichen und Vorahnungen anhaften, die im Fall eines solchen evolutionären Fortschritts unweigerlich in Erscheinung treten würden.

Wie die Dinge momentan stehen, ist es ziemlich klar, dass für uns Lebewesen – von unserem menschlichen Selbst hinab zum niedersten nichtmenschlichen Selbst und hinauf zu allen möglichen höheren Identitäten dieser und anderer Dimensionen, die uns so überlegen sind wie wir den Reptilien und Pflanzen – unser Bewusstsein dasjenige unserer bestimmten Körpergestalt ist und dass es diesem Körper nicht entkommen kann.

Aber wenn wir von diesem höchsten aller menschlichen Gefühle beherrscht werden, könnte dann unser Verlangen, unser Bewusstsein weit über die Grenzen unseres Körpers hinauszuschleudern, damit wir durch die Lüfte an einen Ort oder zu einem Menschen eilen können, nach dem wir uns sehnen, könnte dann dieses Verlangen den emotionalen Sprung nach vorn bewirken, vorausgesetzt, diese Situation und ihre Inbrunst stellen sich nur oft genug ein?

Hier haben wir den perfekten Schauplatz für ein wichtiges biologisches Experiment, und was dieses Experiment besonders bedeutsam macht, ist der Umstand, dass wir in jedem Stadium feststellen können, welchen

Erfolg wir bei dieser Flucht aus dem Körper haben. Damit meine ich dieses: Wenn wir unser Bewusstsein zu einem bestimmten Zeitpunkt an einen bestimmten Ort oder ins Bewusstsein eines bestimmten Menschen aussenden, dann wäre es natürlich absolut möglich, das Gelingen dieser kühnen Exkursion des Bewusstseins hin zu einem Punkt außerhalb seines Körpers nachzuweisen. Aber zwei wesentliche Punkte in diesem aufregenden Experiment dürfen wir nie außer Acht lassen. Zunächst müssen wir sehr darauf bedacht sein, dass wir nicht »außer Reichweite« jener körperlichen Empfindungen geraten, von denen unser Bewusstsein abstrahlt und von denen es abhängig ist. Und sodann muss unser Körper, wenn wir ihn verlassen, irgendwo bequem sitzen. Wir gehen davon aus, dass ein so unerhörter evolutionärer Schritt wie dieser vermutlich mehrere hundert Jahre braucht, um sich durchzusetzen, und daher ist es gegenwärtig das Klügste, das Experiment einfach geistig auszuführen, als probiere unser Bewusstsein seine Flügel aus, indem es sich vorstellt, es nähere sich einem bestimmten Menschen oder betrete ein gewisses Haus, derweil wir alle vermeintlichen Hoffnungen auf Beweise und Bestätigungen oder selbst auf persönliche Verwirklichung fahren lassen müssen.

Also sollte man vorerst dieses Spiel einfach nur zum Vergnügen spielen. Wenn es uns tatsächlich gelingt, den Zwischenraum zu überbrücken und in den von uns auserkorenen Raum oder Geist einzudringen, auf den wir dieses »Selbst«, dieses »Ego«, dieses »Ich bin Ich« mit seiner elastischen, so weit wie irgend möglich von den körperlichen Sinnen ausgedehnten Nabelschnur projiziert haben, dann ist es am sichersten, diesen Erfolg zu genießen wie ein Tennismatch und zu hoffen, diesen Sieg vor unserem Lebensende noch viele Male wiederholen zu können. Aber wenn damit jemand herumprahlen oder auf einer pseudowissenschaftlichen »Verifizierung« insistieren würde, als sei ihm mit einer psychologischen Forschungsarbeit ein gewaltiger Durchbruch geglückt, dann würden wir anderen »Trotzdem«-Philosophen sofort wissen, dass es unter uns einen Wolf im Schafspelz gäbe.

Denn sehen Sie, oh, klügster Konvertit: Diese ganze Sache, sich mit wechselndem Erfolg wieder und wieder anzustrengen, ist doch nur ein selbstverständlicher Anteil unserer gesamten Lebenskunst. Wir machen das doch nicht aus spektakulären Gründen. Wir tun es, weil es in unserer Philosophie um dynamische Aktivität geht und nicht um abstrakte Logik.

Was unseren evolutionären Neubeginn – der mehr als alles andere, was wir möglicherweise auf die Beine stellen, die gesamte Stimmung dieser imaginären, übernatürlichen Welt untergräbt, die uns seit zweitausend Jahren in Bann hält – vor allem auszeichnet, ist seine völlige Übereinstimmung mit der Natur. Rabelais würde sagen, er ist *pro-phusis* oder »mit der Natur«, während alle religiösen Aktivitäten, ob orthodox oder häretisch, *anti-phusis* oder »gegen die Natur« sind.

Aus diesem Grund haben wir keinen Anlass zu der Frage: »Was geschieht mit unserem Körper, wenn wir unsere ›Seele‹, unser ›Bewusstsein‹ über eine gewisse

Entfernung hinwegprojizieren?« Die Antwort würde lauten: »Nichts Besonderes.« Es gibt keinen Grund, sich einen verlassenen Körper vorzustellen, der in Trance schlaff daliegt, bis die Seele in ihn zurückkehrt.

In Wirklichkeit bedienen wir uns bloß unseres Willens, um ein wenig regelmäßiger und intensiver das zu tun, *was wir Tag für Tag ganz auf natürliche und gewöhnliche Weise tun*. Das heißt, *wir imaginieren uns an die Seite* der Person oder des Dings, um die sich unsere Gedanken drehen. Das tun wir Tag für Tag, ohne in Trance zu fallen und ohne jemanden zu hypnotisieren oder von jemandem hypnotisiert zu werden! Nun, wir müssen einfach mehr »Mühe« für diese titanisch anstrengende Revolte gegen die bestehende Weltordnung aufbringen – und das ist auch schon alles, was wir tun können, zumindest in unserer Generation.

Jawohl, die »Philosophie des Trotzdem« rivalisiert mit den lebendigsten Erfahrungen des religiösen Lebens, ob orthodox oder ketzerisch – und wir sind natürlich davon überzeugt, dass sie sie bei weitem überbietet. Wir fliehen vor diesen Erfahrungen wie vor der Pest, einfach weil unserer Meinung nach alle vom Anhauch einer tödlichen Krankheit umweht sind, die zum Wahnsinn führt. Zugleich aber sind wir bereit zuzugeben, dass all diese Kulte, in denen das Übernatürliche gleichsam »eingefangen und eingemacht« ist und als Dampf, als Öl, als Atomenergie im tagtäglichen, allstündlichen Kampf mit der Existenz Verwendung findet, weitaus wirksamer sind, um den verlorenen und verletzten »Selbsten« unserer gebeutelten Menschheit die Kraft zu verleihen, die sie braucht, wenn sie ihr Spiel fortsetzen will, als die gesamte abstrakte Logik der rein metaphysischen Systeme.

Wir sind keine algebraischen Gleichungen. Wir sind keine Euklidischen Lehrsätze. Wir sind Männer und Frauen. Und was wir brauchen, sind Methoden, Tricks und Kniffe und subtile Hilfsmittel, die einem Menschen beim Ringen mit jenem alten Dämon helfen, der sich »Leben« nennt.

TROTZ ... ALLEN WAHNSINNS

Ganz und gar vernünftige Menschen gibt es nicht. Männer, Frauen und Kinder sämtlicher Völkerschaften der Welt sind alle ein wenig verrückt. Menschsein heißt Verrückstsein. Aber wenn es auch für uns alle natürlich ist, ein bisschen verrückt zu sein, scheint es uns doch ebenso natürlich, auf eine Person mit feindseliger Ablehnung zu reagieren, deren kleiner Tropfen Wahnsinn in solchem Ausmaß angeschwollen ist, dass sie für ihre Freunde und Verwandten zur Prüfung wird, für ihre Nachbarn zur Drangsal, für Fremde zum Ärgernis und für all diejenigen, die ihrer rechtmäßigen Arbeit und ihren gerechtfertigten Vergnügungen nachgehen, zur allgemeinen Belastung. Obwohl wir alle ein bisschen verrückt sind, gibt es doch Zeiten, in denen wir bei Arbeit oder Spiel von jenen gestört werden, bei denen der natürliche Tropfen dieses gefährlichen Stoffs zu groß geworden ist und unerträglich wird. Zorn steigt in uns hoch, und wir wenden uns an die öffentliche Meinung, an die Behörden und schließlich an die Polizei und verlangen nachdrücklich, dass diese Person »aus dem Verkehr gezogen« wird – deutlicher ausgedrückt, dass sie in ein Irrenhaus gesperrt wird.

Aber das deckt noch lange nicht das ganze Feld ab. Wie bei vielen anderen Komplikationen im wirklichen Leben kann man mit Menschen und ihren Besonderheiten nicht nach starren Prinzipien und endgültigen Regeln umgehen. Selbst unsere Richter – sicherlich die besten der ganzen Welt und an menschlicher Weisheit unseren örtlichen ehrenamtlichen Friedensrichtern so überlegen wie Hunde den Katzen und Pferde den Ziegen – werden manchmal unsicher, ob ein Angeklagter in der fraglichen Situation verrückt, boshaft oder schlichtweg ein wenig betrunken war.

Wir müssen uns wirklich der lästigen Wahrheit stellen, dass es unter uns einige ausgesprochen »komische Käuze« gibt, was niemand besser weiß als wir selber, von denen man dennoch erwartet, so reibungslos wie möglich mit ihren »normalen« Freunden und Verwandten umzugehen, was nichts anderes heißt, als sie zuweilen verächtlich von oben herab zu behandeln und sich zuweilen entsprechend behandeln zu lassen.

Denn es ist kein Scherz, wenn man »ein bisschen meschugge« ist und dennoch genauso leben soll wie der Rest der Menschheit, der nicht »meschugge« ist. Natürlich sind die Formen, die unser Wahnsinn annehmen kann, vielfältig und unberechenbar. Aber sie sind nicht unbegrenzt vielfältig, sondern laufen doch mehr oder minder auf ein bestimmtes Muster von Abweichungen hinaus, von denen einige so verbreitet sind, dass man aus ihrer bloßen Beobachtung ganz bestimmte Schlussfolgerungen ziehen kann.

Kommen wir besser sogleich zu der praktischen und

heiklen Frage: Welche Haltung nimmt unsere »Philosophie des Trotzdem« spontan zu diesem Problem des Wahnsinns ein?

Ich meine, diese Frage lässt sich ganz eindeutig beantworten. Unsere Philosophie steht vollständig und ohne jegliche Einschränkung auf der Seite des Wahnsinnigen und insofern mit ihm zusammen gegen den Rest der Welt – solange der Wahnsinn dieses Wahnsinnigen nicht gemeingefährlich ist.

Wenn wir daher mit unserer Philosophie auf der Seite des Verrückten stehen, wie fangen wir dann damit an, für ihn einzutreten? Nun, indem wir ihn nachdrücklich bitten, ganz für sich allein alle Aspekte seiner Manie zu analysieren und in den Tiefen seiner verborgenen Seele nachzudenken und abzuwägen, wo er dieser Manie nachkommen möchte, wo er sie zurechtstutzen und ausdünnen oder ob er sie, falls das überhaupt ginge, völlig auslöschen möchte.

Im Namen der »Philosophie des Trotzdem« würde ich unserem Freund nachdrücklich empfehlen, seinen Wahnsinn zur Gänze in den tiefen Abgründen seiner Seele zu verbergen – »tiefer, als ein Senkblei je geforscht«*. Ich würde ihm versichern, dass die »Philosophie des Trotzdem« ausnahmslos auf seiner Seite und mit ihm gegen die Welt steht, und ihm ausreden, mit seinen Geheimnissen bei irgendeinem Psychiater herauszuplatzen, sie einem Arzt vorzujammern oder sie in einem dieser warmen, gemütlichen, entspannenden, weich gepolsterten Beichtstühle preiszugeben, in denen unsere dunklen Erinnerungen an die Püffe und Stöße der Kindheit, an ihre Kitzel und Schauder, wie an Angelhaken zappelnde Würmer in die imaginären unterirdischen Gewässer am Grunde unserer Seele fallen, die man absurder- und paradoxerweise »das Unbewusste« nennt, obwohl unsere Gefängniswärter jeden Zoll ihres Schlamms und alle ihre Ungeheuer kennen.

Kurz gesagt, unsere »Philosophie des Trotzdem« würde zu einem dieser »Verschrobenen«, die nicht verrückt genug sind, um »aus dem Verkehr gezogen« zu werden, und die dennoch für sich und ihre besorgten Verwandten zu einer ernsthaften Belastung geworden sind, etwa sprechen wie folgt: Du, meine gute Seele, ob du in deiner innersten Zitadelle nun eine männliche oder eine weibliche Seele bist, du bist völlig allein – ich würde nicht hinzufügen: in einer unermesslichen und grenzenlosen Welt, denn was wissen wir schon von »Welten«? –, und dein ganz richtiges, angemessenes und natürliches Bestreben, was immer die zornigen Propheten und die weinenden Erlöser auch sagen, sollte einzig und allein der Frage gelten, ob du glücklich oder unglücklich bist.

Du kennst uns, die wir allen Klassen und Schichten dieser Insel entstammen, gut genug, um zu wissen, dass du dich in bestimmten Dingen, insbesondere in halb körperlichen, halb geistigen Eigenheiten, von uns unterscheidest, und du hast durch unglückliche Erfahrungen herausgefunden, dass wir anderen, wir Normalen, um diese Abweichungen besorgt sind, dass wir uns durch sie gestört und beunruhigt und zuweilen sogar beleidigt fühlen.

Nun, mein wunderlicher, bizarrer *daimoniee*, wie Homer stets sagt, wenn er gleichzeitig zärtlich und provozierend sein will, der beste Rat, den ich dir unter diesen Umständen geben kann, ist – ob es dir gefällt oder nicht – klar und eindeutig: Verbirg vor allen lebendigen Seelen, dass du, wie diese Normalen es nennen, »von Sinnen«, »wahnsinnig«, »geisteskrank«, »komisch«, »absonderlich« oder »blöde« bist – es herrscht kein Mangel an Bezeichnungen, mit denen der Normale seiner Feindseligkeit gegenüber dem Anormalen Ausdruck verleiht. Verbirg es, mein Freund, so tief, so listig und unauffindbar, dass niemand merken wird, wie du dich von uns anderen unterscheidest!

Nun sag mir nicht, um aller Götter willen, die jemals erfunden und dann durch menschlichen Wahnsinn verfälscht worden sind, sag mir nicht, dir fehle es an Selbstkontrolle, so etwas zu verbergen! Sie fehlt dir vielleicht in der ersten Sekunde, nachdem ich dich darauf angesprochen habe. Doch versuche es ein paar Tage lang, und du wirst bald feststellen, was du alles kannst. Du hast einfach keine Vorstellung, wie machtvoll dein Geheimnis sein kann, wenn du es erst einmal auf den Plan gerufen und angefangen hast, damit zu experimentieren!

Und wenn du dich abends zum Schlaf auf die Seite legst, wie wunderbar wird dann der Gedanke sein, dass du tagsüber das wichtigste Geheimnis deiner gesamten Existenz vor jedem Menschen verborgen hast, den du heute gesehen und gesprochen hast – nämlich die Tatsache, dass du wahnsinnig bist!

Welch himmlische Freude wirst du genießen, wenn du still bei dir sagst: »Ah, sie wissen es nicht! Sie wissen es nicht! Sie wissen es nicht!« Doch nun, mein lieber Freund, meine liebe Freundin, lädt uns unsere »Philosophie des Trotzdem« dazu ein, uns mit deinem Wahnsinn ein wenig eingehender zu befassen. Damit wird es für uns erforderlich, gewisse vorstellbare Fantasien vorauszusetzen, die, gemessen an dem, was wir bereits über die bizarren Fantasien des Wahnsinnigen wissen, möglicherweise von erfinderischen Männern oder Frauen in diesem historischen Moment aufgegriffen werden, um bestimmte größenwahnsinnige Triebe und erotische Obsessionen sowie alle möglichen provozierten, gequälten und begrübelten Perversitäten zu befriedigen, zu denen nur wenige von uns sich zu bekennen wagen, außer im Schutz des Wahnsinns.

Auch hier nimmt unsere Philosophie einen sehr klaren, eindeutigen und einfachen Standpunkt ein. Sie empfiehlt, neben der grundsätzlichen und absoluten Geheimhaltung, alle einsamen Ekstasen der Fantasie völlig auszuleben – das heißt: alle bis auf eine, nämlich den Rausch des Tötens. So verrückt wir auch sind und so wahnsinnig wir auch sein wollen, als Urheber der »Philosophie des Trotzdem« können wir nicht umhin, Mord ebenso wie den Kampf zwischen Orthodoxie und Häresie als etwas zu betrachten, das der Pest oder dem Schwarzen Tod ähnelt und das es daher um jeden Preis zu vermeiden gilt. Wer sind wir denn mit unseren Obsessionen und Manien, dass wir einem anderen Menschen das Leben nehmen dürften?

Nehmen wir an, dass Sie erst vor kurzem, nach Jahren des leisen Verdachts, zu dem Schluss gelangt sind, tatsächlich wahnsinnig zu sein. Na schön. Nun müssen Sie diesen Wahnsinn als eine gegebene Tatsache akzeptieren und Ihrer eigenen Lebensphilosophie – das heißt der »Philosophie des Trotzdem« – so viele definitive Ergänzungen hinzufügen, wie es Ihnen nötig erscheint.

Wir streben damit ein Ensemble aus geistigen, körperlichen und seelischen Zuständen an, die so miteinander verschmolzen, verbunden und verknüpft sind, dass sie zu etwas gerinnen und verhärten, was allzu leicht »zweite Natur« genannt wird, was aber in Wirklichkeit ein neues, selbst geschaffenes Ich ist.

Falls wir daher herausfinden, dass wir tatsächlich verrückt sind und dass uns eine innere Notwendigkeit die Vorstellung auferlegt, wir seien ein Pferd, eine Kuh, ein Ochse, ein Fuchs, ein Bär oder ein Seelöwe, dann müssen wir unserer »Philosophie des Trotzdem« zufolge unsere Entdeckung gut verbergen. Wenn unser Ehemann darauf besteht, dass es ein Fußrücken und nicht etwa ein Pferdefuß ist, auf den er unter dem Tisch versehentlich tritt – sehr wohl, umso besser, dann haben wir unser Geheimnis vor ihm bewahrt! Wenn unsere Gattin nicht merkt, dass die haarigen Arme, die sie umschlingen, die eines Gorillas sind – sehr wohl, umso besser, dann haben wir unser Geheimnis vor ihr bewahrt!

Das Beste daran ist, dass wir uns in unserer Fantasie grenzenlos freuen können, gleichzeitig aber unser köstlich ekstatisches, geheimes, geistiges, imaginatives Innen vor allen anderen verborgen halten.

Es spielt nicht die geringste Rolle, was unseren jeweiligen Wahnsinn ausmacht, solange wir ihn verbergen und solange er nicht in Mordgelüsten gipfelt. Wir wissen sehr gut, wie schwierig es ist, ihn geheim zu halten, aber wir schwören aufgrund persönlicher Erfahrungen, dass das nicht unmöglich ist.

Am schwersten fällt die Geheimhaltung vielleicht, wenn wir von dem Gedanken besessen sind, eine bestimmte historische Persönlichkeit zu sein. Ich als Mann könnte beispielsweise, wie es so fälschlich heißt, »unter der Illusion leiden«, der Dichter Dante zu sein. Nun, dann wäre es einigermaßen leicht, einen *stummen* Dante zu spielen – ritterlich und höflich, ein wenig hochmütig und überheblich. Die Schwierigkeiten fangen erst an, wenn der Dante, den wir darstellen, in eine Unterhaltung verwickelt wird. Außenstehende haben einfach nicht die geringste Ahnung, was es bedeutet, eine wohlbekannte historische Persönlichkeit zu sein. Sie begreifen die allgegenwärtigen Fallstricke nicht, die man überwinden muss, wenn man jemand ist, über den jedermann Bescheid weiß. Wenn wir in unserem Wahnsinn meinen, beispielsweise eine Kreatur zu sein wie der Krake, das entsetzliche Seeungeheuer der urzeitlichen Mythologie, dann darf man nicht verkennen, dass wir genau sogut wissen, dass wir ein Großvater sind, der mit Großmutter in einer netten, kleinen Häuserzeile in einem der Seebäder an der Nordküste lebt.

Dieses ungeheuer faszinierende und komplexe Thema ist nie so tief gehend analysiert worden, wie es das verdient. Was genau empfinden wir Wahnsinnigen eigentlich, wenn wir aufschreien: »Ich bin ein Bär!«, wenn wir in gelassenstem Selbstbewusstsein versichern, Napoleon oder Julius Cäsar zu sein, oder wenn wir es für selbstverständlich halten, dass unser Gesprächspartner, der gerade eine Zigarette von uns angenommen hat, darüber im Bilde ist, dass er sich soeben mit dem zweiten Aspekt der Dreieinigkeit unterhält?

Unsere Ärzte sind viel zu sehr mit ihren eigenen therapeutischen Experimenten beschäftigt, um sich eingehender um die Gefühle ihrer Patienten kümmern zu können. Ist es nicht seltsam, dass die *Gefühle* von Patienten – bei welchem Thema auch immer, vor allem jedoch dann, wenn es um ihren Wahnsinn geht – für die Ärzte immer das Allerlangweiligste und Ödeste sind, dass diese Doktoren aber sofort die Ohren spitzen, wenn sie irgendwelche Erinnerungen oder Anekdoten aus der Kindheit aus uns herauslocken können? Doch wenn wir uns über unsere *augenblicklichen Gefühle* zu ergehen beginnen, was für uns natürlich am allerwichtigsten ist, dann schweift die Aufmerksamkeit der gelehrten Herren merklich ab.

Wir Geisteskranken sehnen uns nach einer Untersuchung des gesamten Themas vom anderen Ende her – also nicht unter der Voraussetzung, dass die Anormalen die Dinge in falschem Licht, aber die Normalen sie so sehen, wie sie sind, sondern unter der, dass die Natur dem Anormalen durch verschiedene poetische Zeichen und symbolische Halluzinationen bestimmte profunde Geheimnisse der Wirklichkeit offenbart hat, die sie vor dem Normalen verborgen hält.

Die Untersuchungen der meisten Psychiater gelten bevorzugt den unangenehmen Schocks und den schrecklichen Erfahrungen, die uns allen in unserer Kindheit widerfahren. Doch was ist mit den Gefühlen von Kindern, die einfach spielen? Wenn ein Kleinkind schnaufend über einen Weg trabt, die eine Hand geballt, die andere einen Stock haltend, und dabei immer wieder die Silben »Tschu-tschu« ausstößt, dann sagt es doch nicht zu sich: »Ich tue so, als ob ich ein Zug wäre!« Es hat vielmehr in einem ganz besonderen Sinn das Gefühl, ein Zug zu *sein*! Wie haben es unsere Psychiater nur geschafft, ihre eigenen Gefühle als Kinder so vollkommen zu vergessen? Das ist ihnen ungeheuer gut gelungen, und die Kunst des Vergessens ist eine der vornehmsten Fähigkeiten, über die wir verfügen.

Auch wir, die wir Stück für Stück unsere »Philosophie des Trotzdem« für ganz gewöhnliche und einfache Menschen ausarbeiten, sind in dieser geheimnisvollen Kunst auch nicht völlig unbedarft! Wir haben immerhin gelernt, sowohl die Lust am Töten zu vergessen als auch die gefährliche Anziehungskraft des Übernatürlichen und das gehobene Vergnügen, das uns der Kampf zwischen Orthodoxie und Häresie bereitet hat.

Je schwieriger es ist, unsere jeweilige Manie zu verstecken, umso wichtiger ist es, dass wir es auch tun. Wir müssen uns dazu »sammeln« und die Haltung einnehmen, die Homer *aleis* nennt, »zum Sprung geduckt«. Wir müssen in der Tat unseren Verstand doppelt so scharf einsetzen, wie vernünftige Menschen es aus freien Stücken tun. Wir müssen uns sozusagen mit einer doppelten Schicht Selbstbewusstsein wappnen. Ein Teil unseres Verstandes muss damit befasst sein, sich verzweifelt, heftig, hartnäckig und trotzig an unseren Wahnsinn zu klammern, während der andere Teil unseres Verstandes so lebhaft wie möglich der riesigen, grenzenlosen Ungeheuerlichkeit der Abgründe von Zeit und Raum inne sein muss, in denen wir uns bewegen.

Auf diese Weise schließen wir das gesamte Multiversum mitsamt seiner dazugehörigen Vielfalt und seinen elementalen Anhäufungen in uns ein oder werden davon umschlossen, während wir uns zugleich – der gesamten Spezies, der wir angehören, zum Trotz – an unseren heiligen Wahnsinn klammern, unter dessen Bürde wir taumeln. Wir sind vollständig allein in einer Zeit ohne Anfang und ohne Ende, in einem Raum ohne alle Grenzen.

Zudem sind wir unmittelbar mit einer menschlichen Gesellschaft konfrontiert, die entschlossen ist, uns unseren kostbarsten Besitz zu entreißen. Die Gesellschaft ist unser Feind. Sie will uns vorgeblich »heilen«, was schlichtweg bedeutet, uns zu *töten,* denn wie Shylock sagt: »Ihr nehmt mein Leben, wenn ihr die Mittel nehmt, wodurch ich lebe.«*

Wenn wir, die wir so hartnäckig an unserer »Philosophie des Trotzdem« arbeiten, feststellen, dass unsere jeweilige Manie, unser eigener Wahnsinn, in unseren Kreisen solche Feindseligkeiten heraufbeschworen hat, dass man uns jetzt »heilen« will, dann müssen wir in die Schlacht ziehen. Oh, es ist mehr als nur eine Schlacht, es ist vielmehr ein Feldzug an drei Fronten gleichzeitig.

Wir müssen gegen unsere Angst vor der Einsamkeit ankämpfen. Das ist unsere erste Schlacht. Wir müssen gegen die Gesellschaft kämpfen. Das ist unsere zweite Schlacht. Und wir müssen darum kämpfen, *dass unser Wahnsinn geheim bleibt.* Das ist unsere dritte Schlacht.

Und die tragen wir eben nicht mit unserem Wahnsinn aus, sondern mit unserer eigenen Schwäche, gegen die wir schon in unserer ersten Schlacht ins Feld gezogen sind. Man könnte diese dritte Front als Kampf gegen den Stolz, die Eitelkeit und den Dünkel begreifen, die unserem Wahnsinn selber eigen sind, denn diese manischen Launen, unsere so zärtlich gehegten kleinen Verrücktheiten, haben die unglückselige Eigenart, auszubrechen und die bequemen Verstecke zu verlassen, in denen wir sie vor jenen verbergen, die sie umbringen und uns heilen würden, um in äußerst unangemessenen und unpassenden Augenblicken aufzutauchen, mit sich zu prahlen, anzugeben und sich zu brüsten und vollständig zu vergessen, dass sie die Ehrengäste in unserem Bewusstsein sind und nicht wir in dem ihren.

Wir müssen stattdessen diese »Alter Ego«, diese »zweiten Naturen« in uns zwingen zu begreifen, was wir uns selbst mühsam genug aneignen müssen. Damit, mein zögernder Konvertit, meinen wir die Eigenschaft, die man »Demut« nennt. Es wäre ganz offensichtlich ungerecht, wenn unser »Bewusstsein« – jene dauerhaften »Selbste« in uns, die von unserem gar nicht so mächtigen Willen überredet worden sind, sich diese menschliche Tugend der »Demut« anzueignen – dabei zuschauen müsste, wie ebendiese schwächliche Willenskraft unserem Wahnsinn willfahren, ihm frönen und ihn ermutigen würde, sich bis zum Äußersten durchzusetzen und alle »Demut« zum Teufel zu schicken.

Nicht, dass wir gegen unseren Wahnsinn ankämpfen würden. Das ist das Letzte, zu dem uns unsere Philosophie rät. Wir verbergen unseren Wahnsinn lediglich. Aber wenn sich unser Wahnsinn das Recht herausnehmen würde, übermütig zu werden und anzugeben, dann hätten wir bald keine Möglichkeit mehr, ihn zu verstecken.

Unser Wahnsinn ist unser Schoßhündchen, und wie ein Schoßhündchen verstecken wir ihn vor seinen Feinden, die *eo ipso* auch unsere Feinde sind, aber wenn unser Schoßhündchen sich das Privileg herausnimmt, die Hauptrolle spielen zu wollen, dann sollte es besser aufpassen. Nur ein schüchterner, zurückgezogener Wahnsinn, zu vornehm, um zu kämpfen, ist ein Schoßhündchen, das wir vor unseren Feinden – das heißt vor der Gesellschaft – verbergen und damit vor der gewalttätigen Drohung »töten oder heilen« in Schutz nehmen können.

Aber sobald unsere eigene hässliche Visage, die unseren Zeitgenossen so vertraut ist, von sich aus den Stolz Cäsars, die Unversöhnlichkeit Napoleons, die Verzweiflung des Judas, die messianische Einsamkeit Jesu, die majestätische Rätselhaftigkeit Merlins* anzunehmen beginnt oder, schlimmer, wenn sich aus ihr wie aus dem lebendig gewordenen verzerrten Mund des enthaupteten Apostels Paulus (von Leonardo eher in wissenschaftlicher Absicht als in Entrüstung skizziert) ein Schwall scharfer, mystischer, durchdringender, heilender, verletzender, erschreckender, verzaubernder Worte ergießt, würde da nicht unsere gesamte Technik des Lebens vernichtet, die zu entwickeln wir uns so bemühen?

Nein, wir müssen unsere Manien – oder unseren Wahnsinn, wenn Ihnen das besser gefällt – hegen wie eine zweite Natur, denn unser Wahnsinn *ist* tatsächlich unsere zweite Natur. Doch wir dürfen diesem gehätschelten »Alter Ego« nicht erlauben, sich in eigenem Stolz, eigener Eitelkeit und eigenem Dünkel zu ergehen – nein, nicht einmal mit der verrückten, introvertierten »Verehrung« des Apostels Paulus –, während wir selbst mit dem Teil unseres Bewusstseins, der sich mit unserem Wahnsinn überschneidet und ihn untermauert und der mit den weiteren Horizonten der Natur und deren oft viel schrecklicherer Vernunft in Verbindung bleibt, recht jämmerlich, doch mit der größten Weisheit, die wir je erlangt haben, unsere Demut kultivieren würden.

Das wäre ebenso unklug für uns und unsere »zweite Natur« wie schädlich. Unsere Manie, unser Wahnsinn, *kann* ein anregendes Schoßhündchen sein, ein erleuchtendes Schoßhündchen, ein wahrhaft prophetisches Schoßhündchen. Doch, ach, jene, denen ein solches Schoßhündchen vom Schicksal aufgezwungen worden ist, wissen nur allzu gut, dass es auch zum wahren Teufel werden kann.

Allerdings steht es auch außer Zweifel, dass in bestimmten Aspekten unserer Philosophie, die unsere kleine Schar sich auszuarbeiten abmüht, mehr als nur eine dieser Manien und Verrücktheiten für unser geduldiges und fleißiges Philosophieren von großem Nutzen sind.

Die Manien helfen uns durch die Schrecken, die sie uns einjagen, durch den abscheulichen und widerlichen Ekel, den sie so gern in die reine Quelle unseres Bewusstseins träufeln, durch die abstoßenden Gedanken, die sie uns eingeben, durch die unaussprechlichen Bilder, die sie unserer versiegenden Fantasie vorgaukeln. Ich kann Ihnen versichern, sie reißen und zerren und stoßen uns aus dieser völlig falschen Idealvorstellung vom menschlichen Leben heraus, in die wir – und zwar beide Geschlechter – vom Säuglingsalter an eingebettet und eingetaucht worden sind, nämlich dem Ideal, unsere *Persönlichkeit zu entwickeln*, der Vorstellung, unsere *Originalität zu kultivieren*, so als wäre es möglich, irgendetwas anderes mit unserer verfluchten Persönlichkeit zu tun als sie einfach zu akzeptieren und bestenfalls darauf bedacht zu sein, dass ihr Vermögen, uns unglücklich zu machen – ein Vermögen, an dem dieser schroffe Tyrann der »entwickelten Persönlichkeit« sich überaus delektiert –, jedes Frühjahr im Keime erstickt wird. Und wie wir alle, männliche und weibliche Philosophen des »Trotzdem« leidvoll genug erfahren haben, gibt es für eine sich entwickelnde Persönlichkeit jedes Vierteljahr einen neuen Frühling.

Genau! Hier liegt einer der größten Vorteile, die unsere kleine Schar von »Trotzdem«-Philosophen unserem Wahnsinn und unseren Manien abgewonnen hat: Wir sind dadurch gezwungen worden, unsere »Seelen«, unsere »Selbste« oder schlichtweg unser »Bewusstsein« von all diesen schweren und drückenden Lasten der »entwickelten Persönlichkeit«, der kultivierten »Originalität« sowie von allen diesen verfluchten Bürden der »Selbstinszenierung« und der »Selbstverwirklichung« zu läutern, damit wir zu dem werden, worauf unsere Philosophie in ihrer Weisheit abzielt: nämlich zur anonymen Harfensaite einer reinen, ungetrübten, unverwirrten, unbehinderten, ungestörten *Empfindung*.

Jenen besonderen Manien oder Wahnvorstellungen, die sich an die Fersen unserer kleinen Schar von Philosophiebaumeistern geheftet haben, stehen derart grauenhafte Schrecken und abstoßende Ekel zur Verfügung, dass wir alsbald darauf drängen, unser Bewusstsein – wenn wir es doch nur könnten, oh, wenn wir es nur vermöchten! – von allen Schrecken zu befreien und zu läutern, um es uneingeschränkt auf alles richten zu können, was außerhalb unser selbst liegt, und zu jener einzigen schwingenden Harfensaite zu werden, die erzittert unter der Umwandlung des glänzend geschuppten, sinnbildlichen, aber fliehenden Drachen des unendlichen Raums in ein völlig befriedigendes *Hier* sowie aller grenzenlosen Glieder der schwankenden Kette der unendlichen Zeit in ein völlig befriedigendes *Jetzt*.

Es gibt noch eine weitere Form unerträglichen Stolzes und Dünkels, vor dem unser Wahnsinn und unsere Manien unsere kleine Schiffsladung philosophiestrategischer Abenteurer bewahrt hat: nämlich den »Yeti« des utilitaristischen Denkens, das Ding, das wir »aufgeklärtes Selbstinteresse« nennen.

Hier haben wir es mit einem kaltblütigen Ungeheuer zu tun, das schlimmer ist als jede unversöhnliche Orthodoxie, die von tobenden und schreienden Häretikern bestimmt wird. Denn das unveräußerliche Gut eines solchen gorgonischen Wesens mit seinem versteinernden Blick, die Hand und das Auge des »aufgeklärten Selbstinteresses«, ist das Allerschlimmste.

Der Abscheu, den wir Philosophen des »Trotzdem« für das »aufgeklärte Selbstinteresse« empfinden, ist für uns unter allen geistigen Etiketten zum unüberbietbar komischen Fluch geworden: Wenn nämlich der höchste Lebenszweck das *Empfinden* ist, was für einen möglichen Handel sollten wir da, im Namen aller Heiligen und aller heidnischen Idole, mit einem so kaltblütigen, berechnenden Kult wie diesem besagten treiben können?

Da wir dieses ganze heilige Gerede über die Heiligkeit der »Liebe« verabscheuen und da wir daran glauben, dieses ganze Theater um die »Liebe« tunlicherweise gegen Höflichkeit, Anstand und Freundlichkeit eintauschen zu sollen – außer, natürlich, wenn jemand tatsächlich *verliebt* ist und wenn die Dinge sich, da man ja kaum ein Dante, ein Shelley, eine Brontë-Schwester oder eine spanische Carmen ist, von selbst und naturgemäß entwickeln –, brauchen wir mitnichten zu Menschenfeinden zu werden.

Um was für neurotische Leiden, nervöse Manien oder verrückte Obsessionen es sich auch handelt, mit denen wir schlichten Gemüter des »Trotzdem« uns abmühen müssen: Was uns bislang ungeheuer geholfen hat, ist unser Geschick, sie vor allen Verwandten, Freunden, Nachbarn und Arbeitskollegen geheim zu halten. Und eines haben wir entdeckt: Wenn Sie Ihre Lieblingsaversion, Ihren gehätschelten Horror, Ihre unerträglichen Gedanken und verabscheuenswürdigen Fantasien vor allen Leuten verbergen und nur dann, wenn Sie völlig allein sind, die entsetzlichen Missgeburten ans Herz oder an die Brust drücken, bis sie mit Ihnen verschmelzen und Teil von Ihnen werden oder Sie sich selber in sie versenken und Teil von ihnen werden, dann kommt ein Punkt, an dem Sie und Ihr Horror *so vollständig eins* sind, dass Sie *ihn* berühren, wenn Sie sich selbst berühren, und *er* den Kopf neigt und nickt, wenn Sie selbst den Kopf neigen und nicken!

Keine Angst, oh, höchst vorsichtigster aller Konvertiten! Denn es ist nun unser Privileg, Ihren intelligenteren Ohren eine weitere seltsame Entdeckung zu offenbaren, die wir Philosophen des gewöhnlichen Lebens gemacht haben.

Wir haben nämlich Folgendes entdeckt. Als männliche Opfer neurotischer Manien ist es für uns eine ziemlich ausgemachte Sache, dass wir Paulus sind – nun, lindern wir den Schock ein wenig, indem wir sagen: wir sind eine »Reinkarnation« des Apostels Paulus – und gleichzeitig nichts weniger als Cerberus, der hundegesichtige Satan des Tartaros*, und als weibliche Opfer solcher Grillen sind wir ziemlich überzeugt davon, dass wir gleichermaßen die Heilige Katharina* und Eurybia sind, die schreckliche Titanin, Schwiegermutter der Styx und Großmutter der Hekate*. Aber zugleich wissen wir, sofern wir Männer sind, in unserem menschlichen Bewusstsein *als wir selbst* insgeheim und mit völliger Gewissheit, dass der Teil, der dauerhaft *wir selbst* ist, sowohl Paulus als auch den schrecklichen Cerberus umgibt, einschließt und sich mit beiden überschneidet – oder, sofern wir Frauen sind, die Heilige Katharina und die entsetzliche Eurybia –, so dass wir mithilfe dieser Überschneidungen und Überlappungen gewissermaßen nur so *spielen*, als seien wir Heilige und Ungeheuer zugleich.

Und wir haben zudem entdeckt, dass wir uns so gründlich daran gewöhnt haben, den Apostel Paulus oder die Heilige Katharina, Cerberus oder Eurybia in unserem verstohlenen und dennoch geräumigen Bewusstsein zu verbergen, dass wir so manchen langen Tag verbringen, ohne an diese »zweiten Naturen«, die wir so listig mit uns führen wie Schmuggler irgendwelche kostbaren Spitzen, auch nur einen einzigen Gedanken zu verschwenden.

Natürlich gibt es unter diesen Manien auch unzählige schreckliche und hassenswerte Dinge, unter denen wir leiden und die wir selbst mit unseren größten philosophischen Anstrengungen der Seelenwanderung und der Transformation nicht in uns aufnehmen können. Aber im Hinblick auf diese Dinge haben wir ein sehr wirksames Mittel gefunden, um sie wenigstens unter Kontrolle zu halten.

Wir sind übereingekommen, so zu tun, als existiere da ein völlig imaginäres Bündel, in dem alles Mögliche drinsteckt und das vor allem dazu angetan ist, schreckliche Dinge in großer Vielfalt aufzunehmen. Dieses imaginäre Bündel der Schrecken ist für alle völlig unsichtbar, außer für jenen, der es trägt, und es wird von imaginären Riemen zusammengehalten, die sich dadurch auszeichnen, dass sie umso stärker und unentwirrbarer sind, je schrecklicher und abstoßender der Inhalt ist.

Sie sehen, mein höchst vorsichtiger und gewitzter Konvertit, dass unsere kleine Schar »guter Gefährten«, wie Rabelais es wohl ausgedrückt hätte, an unserer bescheidenen Lebensphilosophie so lange gearbeitet hat, bis sie nun wirklich in allen Einzelheiten stimmt. Dabei ist uns auch klar geworden, wie bedeutsam es ist, dass wir diesen sich windenden Drachen namens Leben mit seinen zwei verheerenden Hörnern, dessen eines »Raum« heißt, dessen anderes »Zeit«, auf zweierlei Weise bekämpfen. Als Erstes bekämpfen wir ihn mit der geballten Wucht unserer gesamten Philosophie, deren einzelne Elemente wir zu einem einzigen tödlichen und glatten Donnerschlag verschmolzen und verschweißt haben. Als Zweites bekämpfen wir ihn, als wäre unser individuelles Bewusstsein ein ganzer Schwarm separater »Bewusstseine« und als hätte jedes einzelne davon eine eigene gut geölte Kampfmaschine, die, je nach unserer Geschlechtszugehörigkeit, ein wenig unterschiedlich konstruiert worden ist und im Kampf ein bisschen anders eingesetzt wird.

Vor allem aber dürfen wir nie außer Acht lassen, dass unsere primäre und instinktive Reaktion auf die teuflischen Tricks des Lebens in einer freundlichen, humorvollen, nachsichtigen Haltung zu unseren Verwandten, Freunden, Nachbarn und Lebensgefährten bestehen muss, mit gewissen Einschränkungen auch zu unseren Arbeitgebern.

Der eigentliche Schwerpunkt der ganzen Sache steckt natürlich in dem Satz: *»Wir zwingen uns trotz allem.«* Zu jeder Sekunde des Tages sind wir von den Formen und Farben der uns umgebenden Objekte und der auf uns eindringenden Personen umgeben. Nun, es liegt an uns, uns zum äußersten Genuss dessen zu zwingen, so viele Dimensionen dieser siedenden, wirbelnden Multiversen zu entzücken oder von ihnen entzückt zu sein, wie wir sie zu vereinnahmen nur die Frechheit haben – und zwar durch Sehen, Riechen, Hören, Berühren und Schmecken sowie durch einen Gebrauch all dieser Sinne in immer rascherer Folge, als wären wir durch unseren Sexualtrieb dazu veranlasst.

Unsere Erfahrung hat uns gelehrt, dass sich das ganze Dilemma und Paradoxon von Zeit und Raum direkt dann vor unseren Augen abspielt, wenn wir zusehen, wie ein Molch auf den Tümpelgrund sinkt. Und wenn wir ein trockenes Stück Brot kauen, haben wir, so unbedeutend wir auch sind, den Trick gelernt, mit dem wir fühlen, dass wir in diesem Augenblick tatsächlich zur Gesamtheit des Nichts geworden sind, das sich heißhungrig auf die Gesamtheit der Existenz stürzt.

Unsere »Philosophie des Trotzdem« strebt in der Tat an, was ein alter Epikureer oder Stoiker mit *seiner* Philosophie angestrebt hätte. Der Unterschied ist allerdings der, dass nach dem süßen, verrückten, verderbten, verzweifelten, trügerischen Experiment einer zweitausendjährigen orthodox-mystischen Hassliebe und ketzerisch-mystischen Hassliebe unsere emotionale Lage insgesamt notwendigerweise viel komplizierter ist, auch wenn wir als Individuen so schlicht sein mögen wie das unschuldige Rindvieh.

Trotz unserer Versuche, uns in eine Laune oder Stimmung zu versetzen, zumindest aber eine entsprechende Methode dafür zu entwickeln, die uns beim Kampf des Lebens helfen kann, haben wir genügend gesunden Menschenverstand bewahrt, um zu erkennen, dass extremer Schmerz, extremes Mitleid oder extremer Schrecken uns jederzeit aus dieser »seligen Stimmung« herausreißen können.

Doch da kein sterbliches Wesen sich auf jede vorstellbare Situation vorzubereiten in der Lage ist, sollten wir sehr wohl einen Geisteszustand kultivieren, der es mit den meisten »Pfeil' und Schleudern des wütenden Geschicks«* aufnehmen kann. Und indem wir diese Stimmung kultivieren, haben wir, ob unsere Mitmenschen uns nun für verrückt halten oder nicht, das absolute Recht, eine Art System zu erfinden, wie grob und vorläufig es auch sein mag, auf das wir in unserer Besonderheit zurückgreifen können. Wir haben sogar mehr als nur ein »Recht« darauf. Es ist für uns eine zwingende Notwendigkeit, gar eine Pflicht.

Wenn unsere Besonderheit in mancher Hinsicht auch etwas verrückt anmutet, dann muss sich unsere »Philosophie des Trotzdem« eben diesen verrückten Komponenten unseres Wesens anpassen, sonst könnten wir eigentlich gut und gerne auf sie verzichten und würden dann unter den blinden, gewaltsamen und rücksichtslosen Püffen und Stößen der launenhaften Umstände rucken und zucken.

Wir müssen es uns zur Gewohnheit machen, mit einer kühnen, festen, zugleich aber auch äußerst geduldigen und gerissenen geistigen Regung jede einzelne unserer kleinen Manien wie auch unsere umfassende Verrücktheit gebührend zu berücksichtigen.

Dazu müssen wir den Trick beherrschen lernen, die unmittelbaren Eindrücke – die sich im Zurückweichen aufsummieren, bis sie zu jenem Konglomerat werden, das man korrekterweise »Multiversum« nennt – wie einen Feind zu behandeln, jawohl, wie einen Feind, den wir mit jedem seiner vorrückenden, stehenden oder fliehenden Bataillone erobern müssen. Mit dem Wort »erobern« meine ich Genuss bis zum Äußersten, jawohl, »genießen« im Sinne von essen, trinken, verzehren, besitzen, besessen werden und verschmelzen, bis es in der Welt nur noch zweierlei gibt: unser eigenes Bewusstsein und das Ding, mit dem sich unser Bewusstsein befasst.

Und es ist unabdingbar für uns, dass wir in jedem neuen Fall, mit dem unsere »Philosophie des Trotzdem« sich befasst, die besondere Art dieses Genusses, die wir ständig thematisieren und die der vornehme Zweck unserer menschlichen Erfahrung bleibt, im Auge behalten. Und dazu gehört auch, wieder und wieder auf die Methode zurückzukommen, die wir ausgearbeitet haben, um das Elend jener tausendundein Schmerzen,

Sorgen, Verletzungen, Hässlichkeiten, Besessenheiten, Schrecken, Illusionen, Entsetzen, Ekelgefühle und Abneigungen zu mindern, die jene Freude so sehr verderben, deren Raunen kosmogonische Implikationen beinhaltet, die nicht immer zu unserer üblichen gehobenen Stimmung passen, wenn alle anderen ihren Spaß haben.

Wir fürchten, dass diese Methode von vielen Menschen heftigst abgelehnt wird, und zwar allein aus dem Grund, weil sie sich, um sich durchzusetzen, einer unsichtbaren Waffe bedient. Diesen wütenden Kritikern können wir nur erwidern: Wenn die Hälfte der feindlichen Bataillone unsichtbar ist, dann ist es nur natürlich, wenn nicht sogar unvermeidlich, uns aus einem ähnlichen Arsenal zu bewaffnen.

Aber kehren wir zu unserer früheren Erwähnung dieser unsichtbaren Waffen zurück, über die wir verfügen. Wir besorgen uns ein Stück unsichtbare Sackleinwand oder ein anderes grobes, kräftiges Material und suchen ein paar unsichtbare Schnüre oder Lederriemen von ähnlicher Dauerhaftigkeit. Dann machen wir uns wagemutig an die Aufgabe, dieses Sackbündel mit allen abscheulichen Sorgen und abstoßenden Schrecken zu füllen, die unseren Genuss der Formen und Farben der uns umgebenden Elemente, der Stimmen und Gesten, Ausdrucksformen und Bekenntnisse unserer menschlichen Gefährten stören.

Der instinktive gesunde Menschenverstand unserer kleinen Schar guter Gefährten – wenn Sie, oh, feinsinnigster aller nachsichtigen Konvertiten, uns erlauben, unsere Bescheidenheit einen Moment lang hintanzustellen – wird sicherlich von folgender Tatsache bezeugt: Wenn wir unsere körperlichen Schmerzen, unsere finanziellen Sorgen, unsere gesundheitlichen Ängste, unsere beruflichen und emotionalen Enttäuschungen mit solch wütenden Verdrehungen und Verrenkungen fest an unsere neurotischen Sehnsüchte und manischen Schrecken, unsere messianischen und historischen Obsessionen und unsere eingebildeten Ekelgefühle drücken, dann verschmilzt der erste Kreis der Hölle nicht zu einem einzigen »großen Schandfleck«, sondern löst sich auf in etwas ungleich weniger Schlimmes. Wenn wir die rohen, widerwärtigen, fauligen, blutigen, pestilenten Schrecken in einen Topf werfen mit unseren greifbaren Ängsten – vor Krebs, vor dem Verlust der Rente, vor dem Gefängnis beispielsweise –, so lösen sie sich zwar nicht in Wohlgefallen auf, vermischen sich aber zu einem weniger infernalischen Gebräu.

Diese ganze Idee von einem Teufelsbündel, das natürlich dem ähnelt, das Bunyans Pilger zu tragen hatte, bis er es in das Loch schleuderte, das direkt in die Hölle führt, dient dem Zweck, den geplagten Geist zu erleichtern. Denn es ist stets eine Erleichterung für einen belasteten Menschen, etwas mit den eigenen Händen zu tun, und wir können uns sehr gut vorstellen, wie wir mit einiger Kraft die Zauberschnüre anziehen, die dieses schaurige, wenngleich unsichtbare Bündel aus Schrecken und Entsetzen, Fieber und Sorgen zusammenhalten.

Wir müssen eingestehen, dass Leute, die sich damit brüsten, normal und nicht vom geringsten Hauch des Wahnsinns angeweht zu sein, *eine* Tatsache etwas zögernder zur Kenntnis nehmen werden als unsere weniger stabilen Freunde: In dieser ganzen Angelegenheit der elementalen Freude, die unserer Philosophie zufolge den Hauptzweck des Lebens ausmacht, sind das männliche und das weibliche Selbst notwendigerweise gezwungen, leicht unterschiedliche Methoden zu verfolgen.

Nehmen wir nun, entsprechend unserer praktischen Methode des Philosophierens, den Fall eines Menschen an, der an einem warmen Septembernachmittag an der Straße steht und sich über die strahlende Sonne und die tiefen Schatten freut, die auf einen Flecken mit hohem Gras auf der anderen Seite eines Grabens fallen. Wenn diese imaginäre Person eine Frau ist, wird sie sich getrieben fühlen, sich hinzugeben, bis sie aufs Köstlichste in der Essenz dieses Sonnenscheins und Schattens versunken ist, die sie so unwiderstehlich von der anderen Grabenseite aus lockt. Wenn jedoch diese Person ein Mann ist, wird sein Genuss an diesem herrlichen Licht- und Schattenspiel eher einer »weit greifenden Eroberung« gleichen.

Auf jeden Fall, ob als Mann oder Frau, als Junge oder Mädchen, stürzen wir uns nun darauf und vereinnahmen das – oder werden von dem angezogen und vereinnahmt –, was unserer »Philosophie des Trotzdem« zufolge die ganze Masse, das Volumen und den himmlischen Raum unserer Nebel- und Sternkreisdimensionen des »Multiversums« ausmacht, womit wir *alles, was ist*, zu bezeichnen belieben oder auch, auf unsere schlichte, gemütliche, unmystische, unreligiöse, nichtkünstlerische, unwissenschaftliche Art, die *Gesamtheit des Lebens*. Nein, man braucht keine literarischen Kunstgriffe, um zu erklären, warum ein Flecken mit ungewöhnlich grünem Gras, auf den zufällig ein langer, tiefer Spätnachmittagsstrahl warmen Sonnenlichts fällt, in einem weiblichen oder männlichen Menschen ein solch entzücktes Gefühl hervorrufen sollte, dass wir den gesamten Lebenstraum, die Lebensvision, die Lebensillusion oder alles, was wir seit unserer Kindheit als schockierende, umwerfende, köstliche, abstoßende, monotone, erschöpfende, aber schlicht natürliche Erfahrung des Lebendigseins auf dieser Erde angesehen haben, ans Herz pressen oder von alldem gepresst werden.

Doch während wir beide, ein Mann und eine Frau, völlig verzaubert auf diesen sonnenbeschienenen Flecken wehenden Grases auf der anderen Grabenseite starren – können Sie sich das vorstellen, oh, mein wachsamster und vorsichtigster aller halbüberzeugten Konvertiten? –, löst jenem seltsamen »Gesetz« zufolge, wie wir es absurderweise nennen, weil es doch in Wirklichkeit gar kein »Gesetz« ist, sondern eine beobachtete Abfolge, nämlich dem »Gesetz« von der *Anziehung der Gegensätze* zufolge, das bloße Emporbranden dieser Welle köstlichen Gefühls in uns beiden automatisch eine ganze Wagenladung abstoßender und unangenehmer Bilder aus.

Und dann, gerade als der Ekeldämon begonnen hat, uns zu stören, den Mann auf die eine, die Frau auf eine andere Weise, und uns unvermeidlich den Gedanken aufdrängt, dass unsere Freude für den Rest des Tages verdorben ist, da erinnern wir uns plötzlich an das Teufelsbündel und beginnen, es zu schütteln und damit zu klappern und darauf einzuschlagen, während wir es fest und sicher an den unzerreißbaren Riemen halten.

Wir haben ja schon durch Erfahrung herausgefunden, dass das bloße Schütteln und Schlagen dieses völlig unsichtbaren, fest mit Zauberschnüren zusammengebundenen Bündels an sich schon reicht, um uns von den schlimmsten geistigen Obsessionen zu befreien. Obwohl wir kaum zu hoffen wagen, dass uns das bloße Schütteln und Schlagen unseres unsichtbaren Bündels jenen kosmogonischen Kitzel zurückbringen wird, den wir ursprünglich empfunden haben, weil die Sonne eben so auf jenes lange Gras auf der anderen Grabenseite fiel, stellen wir doch tatsächlich fest, dass die beiden Extreme exquisiter Köstlichkeit und abstoßenden Ekels einander aufgehoben haben und wir nun frei sind, mit gelasseneren Gedanken weiterzugehen.

Es ist geradezu gespenstisch, wie unglaublich vielfältig die Verrücktheiten und Manien sind, die in den Nervenbahnen noch des sanftesten und ruhigsten Menschen zirkulieren. Keiner von uns ist völlig normal. Wenn ein wirklich normaler Mensch mitten unter uns auftauchte, würden wir ihn sprachlos vor Staunen anstarren.

Der Grund für dieses Staunen ist nicht schwer auszumachen. Ein solcher Mensch würde uns durch seine

Exzentrizität unaufhörlich verblüffen. Man hat noch nicht hinreichend begriffen, dass die routinierte Munterkeit, mit der wir uns im täglichen Zusammenleben gegenseitig bei Laune halten, ein unerlässlicher Schutzmechanismus ist. Sie ist sogar die einzig völlig sichere Art und Weise, die schwarzen Pestbeulen, die blutenden Eiterpusteln, die haarigen Auswüchse, die bestialischen Verunstaltungen zu verbergen, die in dem Moment auftauchen würden, in dem wir uns natürlich und frei verhielten, in jenem Moment, in dem wir aussprächen, was wir denken, und sagten, was wir sehen, und in dem wir wirklich lachten und wirklich weinten.

Nur ein normaler Mensch kann es sich leisten, exzentrisch und originell zu sein. Wir schlichten Begründer der biederen »Philosophie des Trotzdem« – der einzigen Philosophie, die entschieden und besessen der genauen, besonderen, eindeutigen und flüchtigen Wahrheit *unserer* Gefühle huldigt, als seien diese Gefühle unterschiedliche und einzigartige, niemals wiederkehrende Einzelgeschöpfe – trauen uns nicht, exzentrisch zu werden, um nicht das wohl gehütete Geheimnis zu verraten, dass wir verrückt sind.

Die Erfüllung, die wir Neurotiker jedoch wohl am meisten scheuen – und dies gilt eher für die jüngeren unter uns, denn, wie wir ja bereits gestanden haben, gibt es unter uns Weise höchst unterschiedlichen Alters –, ist die, dass wir süchtig sind nach einer gewissen Missachtung des wohl ältesten Tabus: der Neigung, uns mit Kreaturen dieser oder jener anderen Gattung zu paaren.

Zu Vorzeiten führte die sexuelle Anziehung zwischen Wesen verschiedener Arten zu bemerkenswerten Ereignissen, unter anderem zur Entstehung der noblen Spezies der so genannten Zentauren, aber auch zu ganz anderen Resultaten. Und wenn einige unter uns sich von den schattenhaften Außenbezirken jenes seltsamen Grenz- oder Niemandslandes zwischen dem Menschlichen und dem Nichtmenschlichen unangemessenerweise angezogen fühlen, jener sonderbaren Unterwelt, die gleichzeitig eine Oberwelt war und von den alten Briten »Caer Sidi«* genannt wurde, dann müssen wir diese »titanischen Gassen« sehr vorsichtig betreten, denn man kann dort zuweilen nicht bloß imaginäre Phantome zwischen den riesigen, lange abgestorbenen Stämmen einer Lindenart herumhuschen sehen, die schon seit fünfzigtausend Jahren unbekannt ist, sondern minotaurus- und medusenartige *eidola*, die viel zu monströs sind, um in irgendein Teufelsbündel gezwängt zu werden, das eher, als dass wir es selbst in unserer größenwahnsinnigsten Vorstellung noch »tragen« könnten, *uns*, als Erfindungen *ihrer* Träume, »tragen« würde.

Unsere kleine Schar von Alten und Jungen beiderlei Geschlechts – jawohl, und bei Gott, auch mit ein paar vereinzelten Leutchen mittleren Alters! – hat ein für alle Mal begriffen, sofern wir denn in unserem heftigen Kampf mit der zwieschlächtigen Erfahrung dessen, was es heißt, lebendig zu sein, überhaupt etwas gelernt haben, dass unsere Philosophie dann, wenn sie uns nicht hilft, unsere Neuralgien und Verdauungsstörungen zu ertragen, wenn sie uns nicht hilft, mit unseren verhassten Fantasien fertig zu werden, die sich nur schwer abschütteln lassen, und wenn sie uns nicht bei unserer absoluten Weigerung hilft, alle Arten der Langeweile, Flachheit und Schalheit zu akzeptieren, dass sie es dann nicht wert ist, mit den fanatischsten und fantastischsten Orthodoxien oder Häresien auf eine Stufe gestellt zu werden.

Es hat wenig Sinn, uns selber beizubringen, die Religion wie die Pest zu meiden, solange wir nicht den seelischen Trick beherrschen, in wahrhaftiger Stetigkeit eine *vita nuova* zu leben. Das ist unsere Aufgabe.

Wenn unsere Ärzte uns vorgeblich »heilen« wollen, ist es ihnen in Wirklichkeit darum zu tun, unseren Wahnsinn umzubringen, aber *wir* glauben, dass wir selber unser Wahnsinn *sind* und dass sie uns daher mitnichten heilen, wenn sie diesen Wahnsinn umbringen – ganz im Gegenteil: Sie bringen uns um, ganz langsam, Zoll für Zoll.

Vielleicht sagen Sie nun, wir unterlägen einer Wahnvorstellung, seien Opfer von Halluzinationen oder würden von Trugbildern zum Narren gehalten – und damit haben Sie Recht. Aber die Weisheit des Lebens liegt, wie Goethe zu verstehen gab, darin, zu unterscheiden zwischen jenen Illusionen, die Sinn und Zweck der Natur transportieren, und jenen, die uns entweder einengen und einschränken oder uns zu einer wilden Jagd über Irrwege und verschlungene Alleen unaufhaltsam in die Sümpfe unaussprechlicher Langeweile und in die Abgründe nackter Katastrophen treiben.

Unsere Feinde, diese therapeutischen Mörder unseres Lebensglücks, erkennen nicht, dass wir ihre »normale« Welt, ihre Welt der »objektiven Realität«, mit Fug und Recht ablehnen – und zwar aus rein metaphysischen Gründen oder, wenn Sie denn die tiefste, elementare Wahrheit dieser Angelegenheit hören wollen, aus einem Grund, der eine der Grundannahmen einer wahrhaft philosophischen Lebenseinstellung ist.

Was ich sagen möchte, lässt sich knapp so ausdrücken: Jeder Mensch – ich gehe noch weiter und sage: »jedes Erdenwesen« – ist eine lebendige Einheit einer großen Welle schöpferischer Kraft, eigentlich eine integrale Einheit jener Energie, die die Zukunft erzeugt. Daher haben wir einen vollkommen triftigen metaphysischen Grund, diese objektive Welt abzulehnen, diese Welt der externen Wahrheit der Wirklichkeit. Denn wenn jedes Lebewesen tatsächlich aus der bereits bestehenden Welt heraus die Welt erschafft, die erst noch existieren wird, dann stehen wir, die Schöpfer einer Welt, die sich sogar jetzt durch unseren Willen und unsere Fähigkeiten, durch unsere Schwäche und unsere Vorsätzlichkeit ändert, nicht einer starren objektiven Wahrheit gegenüber, sondern sind vielmehr, als Schöpfer des Wandels, vom Wandel umgeben.

Verhalten wir uns daher wie echte Philosophen, das heißt wie kreative Philosophen! Und als solche sollten wir in jedem Moment unseres lebendigen Bewusstseins stetig, hartnäckig und resolut vorwärts schreiten im Gleichklang mit jener Schöpfung, mit der wir – vielleicht zu ungeduldig und stürmisch – begonnen haben:

der Schöpfung nicht nur unser selbst, sondern der Welt insgesamt.

Bei diesem mutigen Unterfangen ist es jedoch eine unserer ersten Entdeckungen, dass uns aus jedem der vier Elemente und aus allen vier Himmelsrichtungen – wir reden hier in der natürlichen Sprache von Menschen, die nicht erst seit zweitausend Jahren, sondern bereits seit mehr als zwanzigtausend Jahren auf Erden wandeln – das eine oder andere Tod bringende Verderben ereilt, sich auf uns überträgt und auf uns einwirkt. Es kann durchaus zu klein sein, um mit bloßem Auge gesehen zu werden, aber sein Zweck ist das genaue Gegenteil von Schöpfung, nämlich Vernichtung und Zerstörung.

Aber wir haben bereits die höchste und wichtigste Prüfung unserer Philosophie bestanden, indem wir uns überhaupt auf diese schöpferische Suche gemacht haben. Denn es besteht ein deutlicher Unterschied zwischen den destruktiven Kräften, die uns aus der Luft, der Erde, dem Feuer und dem Wasser anspringen, und der kreativen Kraft, die wir anwenden, da sich die destruktiven Kräfte von außen in einzelnen Angriffen auf uns übertragen und jede einzelne dazu bestimmt ist, in der Verderbnis zu vergehen, die sie bewirkt, während unsere kreative Kraft zwar immer wieder an vielen Fronten in unglaublicher Schnelligkeit von einer Schlacht zur nächsten hetzen und an vielen Fronten kämpfen muss, aber ihre Lebenskraft aus jenem fließenden, schwingenden, schwebenden Bewusstsein in uns zieht, das von unseren Sinnen abhängt. Gib uns daher, oh, nachsichtiger, wenngleich immer noch zögerlicher Konvertit, die Erlaubnis, noch einmal zu wiederholen, dass der einzige Wahnsinn, den wir uns aus den Nerven, der Seele und den Gefühlen ein für alle Mal herausschneiden müssen, der Drang zum Töten ist.

Wir sind ja selber lebendig, und auch wenn der uns bedrängende Wahnsinn eine Spur elender Verzweiflung aufweisen sollte, gibt uns das keineswegs das Recht, anderen, auch wenn sie unendlich verrückter sind als wir selbst, das Einzige zu nehmen, das uns in dieser Arena des Zufalls die Chance zu *intensiver Freude* gibt, die ja der Zweck des ganzen Systems ist – nämlich einen engen und schlüpfrigen Platz auf schwankendem und schwingendem und wippendem und nur scheinbar festem Grund, ehe eine Reihe zitternder Erschütterungen die ganze Tribüne zum Einsturz bringt.

Aber abgesehen vom Drang zum Töten und von den Grausamkeiten, die damit einhergehen, macht es keinen Sinn, uns »heilen« zu wollen, da wir doch so abgrundtief eins mit unserem Wahnsinn sind, dass *dessen* Ende auch *unser* Ende bedeuten würde.

Die größte Narretei dieser Mode, die wir Psychiatrie nennen, wird in der Haltung unserer modernen Medizinmänner gegenüber der bewundernswerten Obsession ersichtlich, die als »Messiaskomplex« bezeichnet wird. Unsere Modeheiler begegnen ihm mit besonderer Heftigkeit, wie ihrem ätzend höhnischen Tonfall leicht zu entnehmen ist, und das zeigt wieder einmal, wie gut wir daran tun, ihren Bemühungen mit großem Misstrauen zu begegnen.

Aber mit dem Begriff »Messiaskomplex«, auf den sie sich nach langem Blättern in hebräischen, lateinischen und griechischen Wörterbüchern und Lexika verständigt haben, haben sie sich, wie man so sagt, selbst »in den Fuß geschossen«, denn die nackte Wahrheit in dieser Angelegenheit ist, dass unsere modischen Psychiater von allen Experten diejenigen sind, die am wenigsten philosophisch denken. Man kann sich kaum etwas Unphilosophischeres vorstellen als ihre Grundidee dessen, was sie »das Unbewusste« nennen, jenes Aquarium voller Ungeheuer, die so aussehen wie die Exkremente vorsintflutlicher Seeschlangen, auch kaum etwas so Mittelalterlich-Groteskes und Grell-Fantastisches wie die menschlichen Grimassen dieser exkrementalen Ausgeburten, die aus ihren blutbesudelten Auswüchsen hervorbrechen wie die Teufelsfratzen, die einem frommen Kirchgänger in Augenblicken äußerster emotionaler Erschütterung aus dem Chorgestühl entgegengrinsen, um sich dann wieder in die Ritzen der grünschwarzen Holzbänke zurückzuziehen.

Aber wenn sich unsere Experten auf die monströsen Wasserdämonen stürzen, die sich in *jenem Becken* umeinander schlingen, das wir alle in den Tiefen unseres Seins verborgen zu halten bezichtigt werden, dann wird es immer klarer, warum es von allen Illusionen des menschlichen Geistes ausgerechnet der »Messiaskomplex« ist, über den sich unsere Seelenärzte besonders besorgt zeigen und den sie vor allem heilen wollen.

Je mehr Messiasse es in unserer verrückten Welt gibt, desto mehr von uns Wahnsinnigen werden geheilt werden – und zwar *nicht* durch die Wissenschaft, sondern durch die Magie. Denn es hat sich nun, nach langen Studien unserer zwiegeschlechtlichen Schar aufrechter pantagruelscher »guter Gefährten« unterschiedlichen Alters, für die »Philosophie des Trotzdem« als einigermaßen zwingend erwiesen, dass die Medizin, seit unsere beiden Weltkriege in den Zustand übergegangen sind, der heute existiert, zu ihrem Ausgangspunkt zurückgekehrt ist, vor dem uns der prophetische Paracelsus vergeblich gewarnt hatte: dem ganzen grausamen, entsetzlichen, abstoßenden Dilettantismus der schwarzen Magie, der systematischen Hexerei, der Hypnose, der Vivisektion und der versuchsweisen Herstellung von Medikamenten aus den Auswüchsen aller möglichen tierischen Organe, die man nur ausquetschen, ausdrücken oder abziehen kann.

Unsere Philosophie lehrt, dass *alles in uns ist* – nicht nur das »Himmelreich«, sondern auch alle »Reiche der Hölle«. Und wenn einer von uns Symptome dessen aufweist, was unsere modernen Psychiater oder Seelenheiler als »Messiaskomplex« zu verhöhnen belieben, dann heißt unsere »Philosophie des Trotzdem« dieses Ereignis mit Stolz und Freude willkommen, anstatt es als Abweichung vom Pfad der Klugheit zu betrachten und sich daran zu stören.

Aus unserer Sicht der Dinge – und wir mögen ja schlichte Geister sein, aber sind keine Idioten, und zu uns gehören weise Frauen und lebenserfahrene Männer ebenso wie sehr jugendliche Orakel beiderlei Geschlechts – könnte unseren Freunden und Verwandten und Nachbarn nichts Besseres passieren, als wenn sich ein paar lebendige Propheten in unserer Mitte einfinden würden.

Denn *alles ist in uns*. Diese vier Worte könnte man in der Tat als metaphysisches Motto, als Grundsatz unserer Philosophie verstehen. Sie klingen wie ein *logos* des Pythagoras und entsprechen, im Vergleich zur ungeraden Zahl *Drei*, der pythagoreischen Zahl *Vier** als einer Erklärung für die Geheimnisse des Lebens.

Wir meinen, dass es unser eigenes Herz ist, dem Jesus, Buddha, Mohammed, Konfuzius und Laotse entstammen – jawohl, selbst das bemerkenswert aussehende kleine Wesen, dessen Name Gudea lauten soll*, die mächtigste Gottheit jener geheimnisvollen Sumerer, den vermutlich ersten aller planetarischen Stämme mit einem richtigen Pantheon. Und da wir selber die Gottesmacher sind und da die Götter uns selbst entspringen, haben wir da nicht das Recht, uns selbst als natürliche Schöpfer des Übernatürlichen zu bezeichnen? Wenn wir nun vor jeder Orthodoxie und Häresie fliehen, was wir natürlich tun, als seien sie eine gefährliche Pestilenz oder ein ansteckendes Fieber, werden wir, je eher wir uns an den Gedanken gewöhnen, dass sich all diese göttlichen Wesen ein und demselben Ursprungsort verdanken und dass dieser Ort das menschliche Herz ist, umso besser wohl mit jenen anderen mächtigen, Angst erregenden und Besitz ergreifenden Kräften fertig, die ebenfalls in uns beheimatet sind: nämlich den *eidola* der dahingegangenen Großen sowie den Schrecken aller Manien, die wir in uns selbst erzeugen.

Ein seltsamer Aspekt unseres Wahnsinns wird in der üblichen Behandlung von Geisteskrankheiten nicht angemessen berücksichtigt, nämlich die Tatsache, dass Männer ihre Besessenheiten leichter ertragen können als Frauen die ihren. Es ist, als bringe die bloße Tatsache, ein Mann und damit der Natur ohnehin entfremdeter zu sein, etwas angeboren Verrücktes mit sich, so dass in gewissem Sinne alle Männer dieses Gefühl einsamer Absonderung gewohnt sind. Das legt den Schluss nahe, dass unsere vormenschlichen Ursprünge im Schoß einer »großen« ätherischen, elementalen »Tierkreismutter« liegen, einer unaussprechlichen *Bona Dea** unserer aquaterrestrischen Dimension in diesem sich unendlich ausdehnenden Multiversum.

Verhalten wir uns daher wie echte Philosophen und erkiesen wir zu unserem Losungsspruch jenes große Wort: »Ich bin ein Mensch. Es gibt keinen Gott mehr. Lernen wir, unsere eigene Menschlichkeit zu verehren.«* Erforschen wir auch, was es wirklich bedeutet, von dem Gedanken besessen zu sein, dass wir selbst, *in persona*, tatsächlich eine berühmte historische Gestalt sind, eine Gestalt mit einem einst ungeheuren Einfluss auf die Welt.

Gehen wir also hier und jetzt und dreist davon aus, dass wir in unserer Illusion tatsächlich Paulus sind. Natürlich ist eine solche Obsession vom Standpunkt der objektiven Wahrheit aus gesehen völlig verrückt. Aber wie wir gesehen haben, ist unser kreativer Impuls so stark und der Weltenstoff, mit dem wir umgehen, so formbar, dass dieser verrückten Idee eine gute Portion Realität innewohnt, wenn wir nur die notwendige minimale Intelligenz aufbringen, um diese Illusion auszuspinnen, ohne uns völlig zum Narren zu machen.

Trotz der unzähligen Legenden weiß niemand, wie Paulus wirklich aussah, und deshalb müssen wir es weder für verbürgt halten, dass er körperlich so abstoßend war, wie es einige der Legenden überliefern, noch müssen wir die bestürzenden Vorstellungen akzeptieren, was es genau mit seinem »Stachel im Fleisch«* auf sich hatte.

Wenn wir also nun mit unserem Spiel beginnen, Paulus zu sein, wenn wir dieses Spiel mit der intensiven inneren Befriedigung spielen, die uns die vollkommen wahnsinnige Vorstellung vermitteln wird, wir seien tatsächlich der Heilige, dann stellt sich heraus, dass die Metamorphose sich von innen nach außen vollziehen muss und nicht von außen nach innen. Schlicht gesagt: Wir müssen in beträchtlichem Ausmaße wirklich und wahrhaftig Paulus *sein.* Der verzweifelt-dämonischen Triebkraft, eine der kreativsten Kräfte auf unserem Planeten, die den Körper dieses außergewöhnlichen Mannes – unserer Meinung zufolge nach Homer und Shakespeare der größte Mensch, der je gelebt hat – mit sich wehte wie ein welkes Blatt, die aber dennoch die fünf Sinne dieses Körpers nutzte wie fünf feurige Streitwagen, muss der verzweifelte Druck unseres eigenen geheimen Drängens entsprechen.

Wenn sich Paulus jenem vulkanischen Ausbruch unterwirft, der alle alten Werte weltlichen Stolzes und Pomps donnernd zum Einsturz bringt, und dann seine besondere Magie zu entwickeln beginnt, mit der die Dinge, die unsichtbar und innerlich sind – jawohl, die Dinge, die *nicht sind* im Vergleich zu jenen, die sind –, in eine mysteriöse Atmosphäre verwandelt werden, die zugleich Teil der Natur ist, dann erkennen wir, dass mit uns etwas geschehen ist, dem alle Erklärungen und Analysen nicht Genüge tun können.

Wenn wir in uns fühlen, was Paulus fühlte, wenn wir innerlich von diesen unbeschreiblichen neuen Werten besessen sind, dann sind wir unweigerlich gezwungen, die verrückte Idee völlig auszukosten, dass wir tatsächlich Paulus *sind*. Und warum eigentlich nicht? Hat Paulus nicht genau das mit Christus getan? Allerdings hat ihn die Verwandlung in sein Idol weniger verwirrt, als wir es heute sind, wenn wir meinen, Paulus zu *sein*.

Aber wenn wir von dieser neuen Vision der geheimen Essenz des Lebens besessen sind, wie wir es in unserem Wahnsinn sein müssen, dass wir Paulus sind und fühlen, wie er gefühlt hat, dann müssen wir auch klug genug sein, um inmitten dieser Illusion klaren Kopf zu behalten und wie der Heilige selbst unseren Geschäften nachzugehen wie ein normaler Mensch, dem aber dennoch eine ungewöhnliche Offenbarung zuteil geworden ist.

Es gibt hienieden keinen Grund, warum wir nicht in der Lage sein sollten, vor unseren Freunden und Verwandten vollständig zu verbergen, dass wir Paulus sind. Paulus hat nie behauptet, Christus zu sein, und dennoch sprach er unentwegt über den »Christus in sich«. Auf gleiche Weise sollten wir über den Paulus *in uns* reden können, ohne deshalb an die große Glocke zu hängen, was wir insgeheim nur allzu gut wissen.

Außerdem, ist etwa der Umstand, dass wir Paulus sind, irgendein Grund, uns nicht an den Worten zu sättigen, mit denen er – das heißt: *wir* – seine Episteln schrieb? Andererseits brauchen wir, wenn wir seine Gedanken als die unsrigen zum Ausdruck bringen, ja nicht unbedingt auf deren genauen Wortlaut zurückzugreifen. Es könnte wohl keinen besseren Beweis unserer wahren Identität mit diesem Mann geben, wenn wir andere Worte finden würden, die dazu angetan wären, dieselbe Wirkung auszuüben. Da wir der Mann selbst sind, zeichnen wir uns natürlich auch durch seine Dynamik und seine Überzeugungskraft aus, aber deshalb sind wir mitnichten gezwungen, die Worte und Gesten, deren er sich bedient, zu übernehmen.

Kurz und gut: Wir sind Paulus. Es geht niemanden etwas an, wie wir das herausgefunden haben. Was allein zählt, ist, dass wir es wissen. Und falls wir mit dieser Erkenntnis die Tatsache verraten, dass wir wahnsinnig sind, beweist das nur, dass wir uns auf dem richtigen Weg befinden. Paulus empfand, dass das Mysterium, das er »Christus« nannte, tatsächlich in seinem Bewusstsein weilte und immer mehr zu seiner wahrhaften Seele wurde, während seine normale Persönlichkeit allmählich von diesem göttlichen Eindringling aufgesogen wurde und Stück für Stück immer mehr dahinschwand!

Daher empfinden wir als wirklicher Paulus – wie sehr unser Äußeres dem auch widersprechen mag –, dass wir, so wie es auch ihm widerfuhr, voll und ganz von einem unergründlichen Geist beseelt sind, der zugleich er selbst ist und nicht wir selbst.

Paulus bezeichnete dieses Mysterium in den alten Zeiten als »Jesus Christus«, aber da wir ein heutiger Paulus sind, steht es uns vollkommen frei, dieses *mysterium tremendum* mit einem anderen Namen zu belegen, der besser dazu passt als dieser alte.

Während wir unsere alten Aufzeichnungen nach jedem Hinweis darauf durchwühlen, was wir beim Verfassen unserer Apostelbriefe empfunden haben – denn wir sind sicher, dass uns heute der gleiche Geist inspiriert wie damals –, gewinnen wir gewisse Ahndungen eines absolut grauenhaften Einblicks, ebenso schön wie schrecklich, durchdringend, verblüffend, vernichtend und schockierend, in die geheimen Schichten unseres eigenen Wesens wie auch in die verborgenen Kräfte der kosmischen Schwingungen über und unter uns.

So ergehen wir uns in dem wahnsinnigen, aber dennoch vermutlich völlig zutreffenden Wissen, tatsächlich Paulus zu sein. Doch plötzlich und unvermittelt, indem wir als wahrhaftiger Paulus unseren täglichen Geschäften nachgehen, finden wir uns inmitten eines wilden, tödlichen Konflikts wieder, eines Konflikts, der sich möglicherweise mit dem Apostel Petrus entsponnen haben kann, und zwar um die genaue Beziehung zwischen der Person Jesu und der Person des Wesens, das Jesus als seinen »Himmlischen Vater« bezeichnet. Und noch ehe wir gewahr werden, was eigentlich passiert, sind wir in eine verzweifelte, wilde Kontroverse mit einem Elternteil, einem Bruder, einer Schwester, einem Freund, Nachbarn oder Besucher darüber verwickelt, welchen Standpunkt wir in dieser heiklen Angelegenheit einnehmen sollen. Und dann brechen alle Plagen über uns herein! In unserem Herzen brandet die Häresie der Monophysiten oder der Pelagianisten gegen die Orthodoxie des Athanasios, die Prädestinationslehre oder Augustinus' Auffassung der Taufe* auf – und siehe, aus unserer untersten Magengrube ringelt sich wie Rauch aus dem tiefsten Schlund der Hölle die absolute Teufelswut auf, ein Zorn, von dem nicht gesagt werden kann, welches Ventil er sich in dieser Frage sucht, der aber natürlich auf Gewalttätigkeiten und Grausamkeiten hinausläuft, wenn nicht gar auf Mord und Totschlag.

Nun, man kann nur eines tun, wenn *dieser* Pestkarren auf einen zurumpelt: weglaufen! Aber Ach und Weh, es gibt Manien, die einem viel mehr auf der Seele brennen und vor denen man unmöglich weglaufen kann. Ich meine damit jene besonders furchtbaren Manien, die mit unseren eigenen privaten, geheimen, persönlichen und körperlichen Eigenheiten zu tun haben. Angst vor Krebs kann sich rasch zu einer solchen Wahnvorstellung auswachsen. Eine andere, die verstörendste von allen, führt zu einem morbiden und höchst unangenehmen überscharfen Bewusstsein von den natürlichen und unverzichtbaren Körperfunktionen.

Wenn wir unter einer solchen Drangsal leiden, dann werden wir uns erschreckend deutlich des Schlagens unseres Herzens bewusst, des Pochens unseres Pulses, dann bemerken wir entsetzt das Flattern unserer Lider, und schließlich – ich neige dazu, dies als das Allerschlimmste zu betrachten – schlägt uns erstickend und würgend der normalerweise gänzlich unbewusste Atemvorgang in Bann. Ja, jedes Ein-, jedes Ausatmen ist dann ein bewusster Akt – mehr noch, wir sind uns *schmerzlich* bewusst, ob wir durch den Mund oder durch die Nase atmen.

Es ist eine instinktive und ganz natürliche Reaktion, dass wir versuchen, diese Schrecken vor anderen zu verbergen, selbst vor jenen, mit denen wir zusammenleben. Das Schaudern und der Ekel, den so etwas in uns hervorruft, ist in der langen und unglücklichen Geschichte des menschlichen Gemütszustandes ein eigenes Phänomen.

Nun, und was hat unsere »Philosophie des Trotzdem« in ihrer dilettantischen Scharfsinnigkeit zu diesem Thema zu sagen?

Worauf sich unsere Wahnvorstellungen auch gerade kaprizieren, welche körperlichen Merkmale des jeweils anderen Geschlechts wir anzunehmen beginnen, was für Krebssymptome wir bereits entwickelt haben und ob wir darauf mit Herz- und Pulsrasen, Liderflattern und Atemnot reagieren, wir von der »Philosophie des Trotzdem« – und wir haben dieser besonderen Krankheit, die wir vielleicht »Überbewusstsein des hyperroboterisierten Dynamos« nennen können, so viel Zeit und Aufmerksamkeit gewidmet, dass wir meinen, das Recht beanspruchen zu dürfen, als führende Experten auf diesem Gebiet zu gelten – sind schließlich auf den folgenden Rat verfallen: Man kann am besten gegen diesen besonderen Wahn angehen, indem man sich vom Stuhl oder aus dem Bett erhebt und, egal um welche Tageszeit, zu einem Lauf auf der nächstgelegenen Landstraße aufbricht, an deren Rand Meilensteine aufgestellt sind, um dort weiterzulaufen, bis man mit der Hand den zweiten Meilenstein berührt. Und wenn man dann erschöpft wieder zu Hause ankommt, dürfte man gut und gerne vier Meilen zurückgelegt haben.

Bei unserem Wettlauf mit dem Wahnsinn tragen wir das Bündel, das wir bereits beschrieben haben, das Bündel mit den Kleinigkeiten und Gegenständen, die wir irgendwo auf unseren Irrfahrten aufgelesen haben. Ja, nun sind wir außer Atem und aufgrund der Last des Bündels, in dem jetzt auch noch der schwere »hyperroboterisierte Dynamo« steckt, zu erschöpft, um noch an unser Herz, unseren Kreislauf, unseren Atem oder das Augenzwinkern zu denken, wie viel seiner schauerlichen Energie dieser automatische Dynamo auch noch abgeben mag. Wir wissen bloß, dass wir das Teufelsbündel geschlagen, gerüttelt, geschüttelt und geboxt haben, bis alle Vorstellungen, die uns auf unserem Lebensweg die meisten Unannehmlichkeiten bereitet haben, zu einem stinkenden Kloß zusammengepresst worden sind. Diese Müllfetzen und -stückchen sind die eroberten Feinde. Es sind keine lebendigen Entitäten mehr, sondern Klumpen und Teilchen, Müll und Abschaum, zerborstene Fragmente aller sterblichen Gedanken und aller sterblichen Dinge, die in der großen Werkstatt der Natur fortgeworfen worden sind, wie sie wiederum als Teil der »Ausgangsstoffe« dienen, aus denen sich die unzähligen Werke unseres unermesslichen Multiversums zusammensetzt.

In dem gesamten Arsenal psychologischer und psychoanalytischer Therapien gegen den Wahnsinn gibt es nichts, was diesem erschöpfenden Lauf mit unserem unsichtbaren Bündel an Wirksamkeit gleichkäme, einem Bündel, das wir beim Laufen durch- und durchschütteln, besonders dann, wenn wir es entschlossen mit unseren tiefsten Schrecken und unseren beißendsen und nagendsten Sorgen gefüllt haben – genau wie wir uns das »Bündel« vorstellen, das sich Bunyans Held gefüllt hat. Vor allem haben wir uns größte Mühe gegeben, es vor allen Freunden und Verwandten geheim zu halten, so sorgsam verborgen, dass sie womöglich sagen: »Nun, Soundso ist natürlich ein absoluter Trottel, aber wenigstens behält er es für sich.«

Weil wir all diese abstoßend übernatürlichen Schrecken in unser unsichtbares Bündel gepackt haben, diesen Riesenhaufen aller Dinge, die oft den Frieden unserer glücklichsten Tage verderben, und weil wir schließlich auch den »hyperroboterisierten Dynamo« von Herz, Puls und Atem mitten hineingeworfen haben, ist es nun zum Bersten voll.

Mit ein paar Schlägen auf den zweiten Meilenstein können wir den Roboterdynamo in Stücke schlagen. Und so kehren wir »glücklich und zufrieden« und mit dem erleichterten Gefühl eines Sieges über all diese drückenden Lasten organischen und anorganischen Mülls von unserem Viermeilenlauf zurück. Wir können unser Teufelsbündel fast als Privatmuseum eines neurotischen Sammlers ansehen, der seine persönlichen Abneigungen und Schrecken überwindet, indem er die gesamte Kollektion zusammenschnürt.

Binden Sie Ihr unsichtbares Bündel Teufelsexkrement mit starken Schnüren zusammen. Das ist das Geheimnis Ihrer Flucht! Und wenn Sie es ganz fest zusammengebunden haben, dann sorgen Sie um Himmels willen dafür, dass nichts mehr herausfällt. Denken Sie immer daran, dass es Ihnen gehört, nicht etwa Sie ihm! Schwenken Sie die unsichtbare Last locker und leicht in einer Hand. Dabei dürfen Sie keinen Augenblick lang vergessen, dass alle Menschen, auch Ihre Liebsten und Nächsten, *Ärzte sind, die Sie heilen wollen* – während *Ihr* Ziel, so völlig allein, wie Sie in einer Welt sind, die viel wahnsinniger ist als Sie selbst, darin besteht, Ihren Wahnsinn zu verbergen.

Oh, und vergessen wir auch niemals, dass dieses Bündel, das wir tragen, nicht nur für andere unsichtbar ist, sondern auch für uns selbst, und da es dem Dunst oder Nebel ähnelt, besteht keine Gefahr, dass wir damit in unseren eigenen vier Wänden an Tassen, Untertassen, Tische oder Stühle stoßen oder unter freiem Himmel an Bäume, Büsche, Mauern, Tore, Hecken, Autos oder was es sonst noch geben mag.

Die bloße Tatsache, dass es die kreative Fantasie eines Menschen ist, die seinen Wahnsinn nährt, lässt alle Versuche, ihn heilen zu wollen, gleichermaßen absurd wie rachsüchtig erscheinen.

Um das alles zusammenzufassen: Jeder, der irgendwie »seltsam« ist, sollte tunlicherweise die Haltung einnehmen, alle anderen Menschen als potentielle Ärzte anzusehen. Und während wir unsere »Absonderlichkeit« in den Tiefen unserer Seele verbergen, sollten wir uns das unsichtbare und fest verschnürte Bündel all dessen, was wir erleiden, zunutze machen, um uns selbst das Gefühl zu geben, dass wir unsere seelischen Probleme gut unter Kontrolle haben. Jawohl, wir müssen unsere seelische Anormalität *akzeptieren,* statt zu versuchen, sie zu heilen, und wir müssen uns ständig sagen, dass der einzige und alleinige Zweck unseres Lebens darin besteht, mit unserer Umwelt zu ringen und uns so zur Freude zu zwingen, bis wir schließlich in völliger Zufriedenheit – wenn auch endgültig und absolut – tot sind.

TROTZ ... ALLER KLASSEN

Weil für unsere Philosophie klugerweise Empfindungen viel mehr zählen als Gefühle und unser so genannter Wille, wie schwach auch immer ausgeprägt, beim Genuss dieser Empfindungen in unserem Sinnesleben eine so beherrschende Rolle spielt, dass wir uns trotz der quälendsten, lächerlichsten und widerlichsten Gefühle zur Freude zwingen können, ergibt sich aus diesen Prämissen wie von selbst, dass eine der übelsten Hürden für dieses Leben der reinen Empfindung, nach dem unser planetarischer Instinkt so sehr dürstet, sich unserem Klassensystem verdankt. Daher muss der gewöhnliche Mensch danach streben – und je eher wir unsere Jungen und Mädchen davon überzeugen, das Alphabet dieser evolutionären Veränderung einzuüben, umso besser –, sich persönlich entschieden von der sozialen Klasse zu lösen, der er angehört.

Wir, die es uns nach einem philosophischen Leben hinzieht, müssen stets zu vermeiden versuchen, den Klassen in die Hände zu spielen, indem wir weder die eine noch die andere Seite vertreten, damit unter uns nicht jener Klassenkampf ausbricht, der anderswo bereits zur »Diktatur des Proletariats« geführt hat – einem

Phänomen, das inzwischen in Russland und China und deren Satellitenstaaten fatal vertraute Züge annimmt.

Angesichts der erstaunlichen Ergebnisse wissenschaftlichen Fortschritts, der zum Beispiel unser gesamtes wirtschaftliches Leben bestimmt hat und nun in Rundfunk und Fernsehen kulminiert, vergessen wir nur allzu leicht jene anderen Kennzeichen der Zivilisation wie etwa die Entwicklung des Vermögensrechts und der Gewohnheitsrechte, die unser Alltagsleben geprägt haben.

Die Auswirkung dieser Gewohnheitsrechte sowie des Rechtssystems, das auf deren Grundlagen errichtet wurde, wird offensichtlich, wenn wir den Unterschied zwischen uns selbst und den primitiven Stämmen betrachten: in der Kleidung, die wir tragen, in der Art und Weise, wie wir essen und trinken, in unseren Autos und Flugzeugen sowie all den anderen komplexen Utensilien, die durch den zunehmenden Gebrauch von Erdöl und Elektrizität entstanden sind. Ebenso offensichtlich wie diese technisch-mechanischen Unterschiede, und um keinen Deut weniger schwerwiegend, sind die Unterschiede geistiger und psychologischer Natur.

Und mit der Entwicklung dieser verbrieften Rechte aus den Naturrechten früherer Zeiten hat sich allmählich auch *ein* Recht konsolidiert, das sich heute als zuverlässigste und stabilste Stütze für die persönliche Freiheit, für die Freiheit der Gedanken sowie von Wort und Schrift, für die Bewegungsfreiheit, für die Freiheit der Berufswahl, für die Mitbestimmungsfreiheit über die Arbeitszeit und Freizeit erweist. Das ist unser Recht, alles, was uns unsere tägliche Arbeit einbringt – ob wir nun Lohn oder Gehalt oder sonst was beziehen –, als eine Sache anzusehen, *mit der wir tun und lassen können, was wir wollen.* Wir können es für Notlagen sparen, so billig wie möglich davon leben und sind vor allem von sämtlichen Kräften des Gesetzes davor geschützt, beraubt zu werden.

Es war unserer Ansicht nach ein Franzose, der erklärte: »Eigentum ist Diebstahl.«* Diebstahl von wem? Wir müssen annehmen, dass er meinte: von der Öffentlichkeit, mit anderen Worten, vom Staat, vom totalitären Polizeistaat, in dem der Einzelne ein hoffnungsloser Sklave ist und die herrschende Bürokratie nichts weiter als eine Oligarchie selbsttrunkener Polizisten.

Wir »Philosophen des Trotzdem« planen – und, aufgepasst!, wir geben hier bloß preis, worauf wir uns bislang geeinigt haben – einen konzentrierten und konzertierten Angriff auf unser Klassensystem von einem Standpunkt aus, den wir nicht nur als neu erachten, sondern auch als einen Standpunkt, von dem aus die verfluchte Sache angreifbarer ist als von allen anderen her.

Wir müssen daran denken, dass das Klassensystem auf diesen Inseln – der Plural ist hier unverzichtbar, denn die höchst selbstbewusst-überlegene »Vornehmheit« ist nämlich aus Irland und Schottland zu uns gedrungen – von Grund auf durch unser System des Erstgeburtsrechts beeinflusst worden ist.

Da in jeder einzelnen Familie alles verfügbare Bargeld dazu benutzt wird, den »Schein zu wahren« – was bedeutet, damit ein großes Haus, einen schönen Garten und einen ansehnlichen Park zu unterhalten –, bleibt den jüngeren Söhnen nichts anderes übrig, als in die Welt zu ziehen, entweder im Dienst ihres Landes oder indem sie so gut wie möglich ihren Lebensunterhalt bestreiten.

Nun könnte man mutmaßen, dass dieses System die britische Aristokratie viel schwächer macht als den Adel in Frankreich und Deutschland, aber das scheint keineswegs der Fall zu sein. Es stärkt vielmehr die Macht der Klassen direkt unterhalb des Adels, das heißt jene, die wir grob als die obere Mittelklasse bezeichnen. Diese Klasse, welcher die meisten unserer angesehenen Berufsstände angehören und die Mehrzahl der führenden Männer in Armee, Marine und öffentlichem Dienst, ist das ganze neunzehnte Jahrhundert lang die wahre Herrscherin des British Empire gewesen, und es ist bemerkenswert, dass deren Niedergang, der sich nun schon fast die ganze erste Hälfte dieses Jahrhunderts vollzieht, statt mit einem endgültigen Knall den Überrest der Aristokratie zu Fall zu bringen, diesem ehrwürdigen alten Baum eher neues Leben einhaucht. Er scheint immer noch in der Lage zu sein, mithilfe seiner Wurzeln den Saft für seine grünen Äste tief aus der Erde zu ziehen.

Das liegt wohl vor allem daran, dass es dieser Oberklasse gelungen ist – möglicherweise, weil sie weniger philosophiert als die anderen –, die praktischste und kompetenteste zu bleiben. Aber es könnte auch sein – wenngleich diese Vorstellung möglicherweise eine gefährliche Spalte in unserem eigenen philosophischen

Urgestein ist, aus der Snobismus sprießt –, dass es dem gleichen Umstand geschuldet ist, den Nietzsche für die Unterlegenheit der Zeitgenossen von Sokrates und Euripides* und Platon gegenüber den Vertretern des vorherigen Zeitalters geltend machte, als die heldenhafte Haltung noch spontaner und weniger analytisch war und ein gewisses Selbstbewusstsein die Wurzeln des Willens noch nicht hat verdorren lassen.

Natürlich müssen wir bedenken, dass der beherzte Sprung zur Tat, vom philosophischen Standpunkt aus gesehen, recht oft nur ein unglückliches Experiment ist. Allerdings ist es auch nicht ausgeschlossen, dass eine gewisse fatale Lethargie, unter der einige von uns leiden, eine Stimmung anzeigt, in der eine seltsame Umkehr zum Ausdruck kommt: fort von unseren Vorfahren, den auf Bäumen lebenden Lemuren, über einen überwucherten Nebenpfad des Atavismus zurück zu den vorsintflutlichen Sauriern.

Hier ließe sich abermals einwenden, dass die Art und Weise, in der wir die kompetente Klugheit der Oberklasse auf diesen Inseln hervorheben, einfach bloß der Beweis für unseren eigenen Snobismus ist, dem sehr wahrscheinlich alsbald ein abscheulicher Anfall leidenschaftlich empfundener Unterlegenheit folgt. Wir sind auf jeden Fall gezwungen, uns mit der Frage auseinander zu setzen, inwieweit die Bewunderung für die Oberklasse, deren wir uns nicht ganz enthalten können, das Sinnesleben gefährdet, für das wir eintreten, da diese Bewunderung, latent und verstohlen, den wohl tödlichsten Stolz beinhaltet, den Stolz auf einen überlegenen Geschmack, wenn dieser Geschmack auf alles bezogen wird, was von einer unwägbaren Klassenatmosphäre umgeben ist, wenn er den moralischen Geschmack, den künstlerischen Geschmack und den kulturellen Geschmack miteinander vermischt und wenn er nicht zuletzt eine Vorliebe für sexuelle Abweichungen zur Schau stellt, da es keinen größeren Gleichmacher in der Welt gibt, keinen besseren Einebner aller Unterschiede als den Akt der Kopulation – so wie es niemals einen listigeren Verteidiger der Klassenschranken gegeben hat als die altmodische Gouvernante, die sozusagen den »Klassenbaum« an seinen zarten Wurzeln bewacht und nährt, wässert und düngt.

Aber das Leben vollzieht sich immer, so auch hier, nach Maßgabe von Gegensätzen und Widersprüchen. Im Herzen von allem, was gut und großartig ist, findet William Blake zufolge eine »Hochzeit von Himmel und Hölle«* statt. Und wenn wir, die »Philosophen des Trotzdem«, beschlossen haben, auf diesen Inseln einen umfassenden Krieg gegen die Klassen zu führen, dann nicht deshalb, weil sie den Stolz heranzüchten. Ganz im Gegenteil: Die Klassen brüten jene subtile und morbide Unterlegenheit aus, die – wie die Pestbeulen des Schwarzen Todes und wie der seltsame Hass, von dem alle religiösen Feindseligkeiten getragen sind – das Beste, was die Evolution uns bisher geschenkt hat, töten kann, gerne töten würde und eines Tages töten wird, falls unser Menschenverstand, wie es der gesunde, von der Natur angeregte Menschenverstand noch immer getan hat, nicht ein Wunder bewirkt. Ja, es herrscht eine Selbsterniedrigung vor, die eine Karikatur echter Demut darstellt.

Diese Selbstabwertung neigt stets dazu, im Gewande unmäßigen Selbstbewusstseins daherzukommen, und ist, abgesehen von den unerträglichen Schmerzen, der Grund für so manche der schlimmsten Qualen, die Menschen ertragen müssen. Sie ist schlimmer als Stolz, Eitelkeit und Dünkel, weil sie verräterischer ist, komplizierter und viel unechter.

Jedes Lebewesen hat das absolute Recht, auf sich stolz zu sein, weil sich der Stolz auf sich selbst nicht von der Freude an sich selbst unterscheidet. Jedes Lebewesen hat seine eigene, einzigartige Identität, auf die es stolz sein kann, ohne sich die Freude an sich selbst zu verderben.

Wie lässt sich nun die dauerhafte Anerkenntnis, einer niederen Klasse anzugehören – auch wenn diese Anerkenntnis nicht ganz so weit geht wie die erstaunliche Haltung der »Unberührbaren« im arischen Indien –, mit dem Schock für unsere persönlichen Gefühle vergleichen, mit der Verletzung unseres individuellen Stolzes, wenn wir in einem Einzelwettkampf einem Rivalen unseres eigenen Schlages unterliegen? Das ist eine höchst bedeutsame Frage, und unsere »Philosophie des Trotzdem« ist einigermaßen überzeugt davon, dass die kalte, schwerfällige, gefühllose, unirritierbare, krustentierartig selbstverständliche Gewissheit, als »Unberührbarer« allen anderen Menschen, die man in diesem Moment um einen Tropfen Wasser aus dem Brunnen anbettelt, schicksalhaft, gänzlich und unausweichlich unterlegen zu sein, uns niemals den gleichen scharfen Schmerz zufügt, wie ihn der Sieg eines Rivalen in einem besonderen Kampf auslöst.

Allerdings müssen wir hier und jetzt zugestehen, dass es tagelanger Diskussionen bedurft hat, bis wir einen Ausgleich »gefunden« oder »bewirkt« haben zwischen den alten, schlichten, heidnischen Tugenden des Mutes und der Ausdauer sowie jenen ungeheuer subtilen und viel komplizierteren Selbstquälereien und Selbstvorwürfen des furchtbar beeindruckenden paulinischen Mythos vom »Christus in uns«.

Da wir nun den christlichen »Mysterien« einige ihrer subtilsten Geheimnisse geraubt und den heidnischen Schreinen ein paar der schlichteren Eigenschaften ihrer alten Helden genommen und diese beiden Essenzen miteinander vermischt haben, fragen wir uns, wie wir diese »göttliche Salbung« auf die teuflischen Scharten in den diversen Schiffskielen auftragen können, auf denen wir sicher und trocken auf den Sanddünen der Klassenunterschiede gelandet sind.

Wir einfältigen Philosophen müssen irgendwie zu der philosophischen Einsicht gelangen, dass der Stolz eines Lebewesens darauf, so zu sein, wie die Natur es gemacht hat, auf natürliche und leichte Weise mit allen Empfindungen einhergeht, mit denen die Natur es ausgestattet hat, und dass dieser Stolz daher die Weisheit und das Ziel unseres Lebens ist – und nicht etwa ein Leben des Gefühls, ein Leben der Pflicht, ein Leben der Heiligkeit, ein Leben der Wissenschaft oder eines der Vorbereitung auf ein Leben nach dem Tod.

Jedes System an sich ist tödlich für das Sinnesleben, dessen Einlösung wir uns auf unsere Fahnen geschrieben haben. Aber ebenso wie ein wahrer Philosoph seine Niederlage in einem sportlichen Wettkampf mit Gleichmut hinnimmt, kann auf unserer eigentümlichen Insel diese Tödlichkeit des Systems, wie sowohl dessen Anhänger als auch dessen Gegner bereits festgestellt haben, bis zu einem gewissen Grad überwunden werden.

Die Psychologie der Situation ist in der Tat viel einfacher als jene, die aus Giftpilzen »zur Kurzweil die nächt'gen Pilze«* zubereiten, uns glauben machen wollen. Wir haben bereits deutlich genug erkennen lassen, dass die Meisterschaft der »Philosophie des Trotzdem« darin besteht, die einfachste aller psychologischen Künste zu beherrschen, nämlich eine leichtfingrige Dieberei im Sinne der des flügelbeschuhten Gottes Hermes – schlicht und einfach die Kunst, aus dem Neuen Testament genug Weisheit zu stehlen, damit wir bekommen, was wir für unseren urtümlichen animalischen Kampf brauchen, uns unser selbst zu erfreuen.

Wir versuchen unaufhörlich – und wie wir meinen: mit höchster Berechtigung –, die psychologischen Einsichten der Heiligen zu nutzen, wenn wir naiven Kinder der Natur uns in unserem elementalen und urtümlichen Wunsch verteidigen, unterstützen und schützen, uns an den Empfindungen des Essens und Trinkens, des Schlafens und Wachens, des Riechens, Berührens und Schmeckens zu erfreuen, vor allem aber, um uns am Anblick des ganzen organischen und anorganischen

Wachstums sowie aller elementalen, unwägbaren und atmosphärischen Einflüsse rings um uns her zu laben.

Manche Leute, die in Erfahrung bringen, wie sehr wir uns bei unserer fast verzweifelten Kultivierung der *Demut* die schlichte Kunst, auf die Natur zu reagieren, angeeignet haben, mögen uns fragen, wie zum Teufel das Klassensystem dieses Landes einem die Freude verderben oder die Empfindungen stören kann, wenn das Allerschlimmste, zu dem es fähig ist, die Demontage unseres Stolzes ist.

Ah, mein kluger Herr, Sie sind wohl niemals ein Junge gewesen, sonst würden Sie heute wissen, dass es einen tiefen Abgrund gibt zwischen dem Stolz auf sich selbst und dem Stolz, einem anderen Menschen überlegen zu sein. Sehen Sie denn nicht, oh, Sie neunmalkluger Konvertit, dass unsere Philosophie es uns zwar ermöglichen kann, die Demütigung zu ertragen, in einem wie auch immer kindischen Wettkampf von einem Kontrahenten geschlagen zu werden, doch dass da, in herablassender Gutmütigkeit und in dezenter Höflichkeit, der allgemeine Glaube an die fraglose Überlegenheit vorherrscht, ein Glaube, der uns höchst subtil aller Waffen zur Gegenwehr beraubt – abgesehen von jenen einfachen Waffen der guten alten Französischen Revolution mit ihrer blutigen Gewalt?

Diese Sache mit den Klassen beruht auf der Überlegenheit von Menschen, die andere Menschen – egal mit welchen Waffen! – im Kampf des Lebens geschlagen haben, damit ihre Nachfahren und Erben sich mit dem köstlichen Gefühl auf den alten Lorbeeren ausruhen können, zu überlegen zu sein, *um irgendetwas dagegen tun zu müssen.*

Oh, wie sehr sich dies von der schlichten, natürlichen, direkten Demütigung unterscheidet, von irgendeinem Rivalen in irgendeinem Wettstreit besiegt zu werden! Sexuelle Rivalitäten fügen oft noch tiefere Wunden zu als alle anderen, aber wir von der »Philosophie des Trotzdem« vertreten die Ansicht, dass gegen die Demütigung, von einem Rivalen in dieser Arena besiegt zu werden, alle möglichen Salben und Pasten aufgeboten werden können, die denjenigen unter uns unbekannt sind, die gesellschaftlich geächtet worden sind.

Aber mehr noch als alle Fälle sexueller Rivalität hält uns das entsetzliche Gefühl von Selbstverachtung in seinem hartnäckigen Pfuhl tiefster Verzweiflung gefangen, wo der Schlamm so zäh ist und die Binsen so dicht wachsen, dass wir nicht einmal einen ausreichenden *point d'appui* unter unseren Füßen finden, auf dem wir uns hoch genug zu erheben in der Lage wären, um überhaupt stürzen zu können.

Eines der schlimmsten Werkzeuge, die in einem solchen Fall unsere Traurigkeit formen, und einer der schlimmsten »Motoren«, die den Schmerz der Demütigung antreiben, ist unser Wissen, dass wir nichts daran ändern, sondern nur das tun können, was mein walisischer Freund Hywel* so beschreibt: »Macht weiter, ohne Rücksicht auf Verluste!«

Oh, wie viel besser ist es, ein wenig skeptisch zu sein, ein wenig frivol, ein wenig ironisch, ja, selbst ein wenig simpel, als die eigene Verstandeskraft, Intelligenz oder Logik allzu ernst zu nehmen! Und daher lautet auf die Frage: Wohin müssen wir uns wenden, um die reine Wahrheit über das menschliche Leben zu vernehmen? die ultimative Antwort unserer »Philosophie des Trotzdem«: An Altweibermärchen! *Da* liegt die Weisheit, die in Erfahrung verwurzelt ist. *Da* liegt die Weisheit, die vom gesunden Menschenverstand genährt wird, von jenem Menschenverstand, der die Erfahrungen deutet!

Hier kommt in einfacher kindlicher Prosa die Essenz von Homer und Shakespeare, Rabelais und Cervantes zum Ausdruck. Von *Mother Goose* bis zu den Brüdern Grimm – all diese Märchen scheinen von einem freundlicheren, humorvolleren und nachsichtigeren Planeten in unsere tragische und mühselige Welt geschleudert worden zu sein!

Aber wenn wir sagen, dass die Philosophie, die sich in diesen prallen Zusammenfassungen des menschlichen Lebens niederschlägt, eher die Philosophie einer alten Frau ist als die eines alten Mannes, so denke ich, dass man bei Shakespeare viel mehr über die weibliche Einstellung zum Leben erfährt als beispielsweise bei Fielding, Thackeray, Trollope,* Tolstoi und allen anderen großen Prosaschriftstellern, außer bei Rabelais in der Figur des Pantagruel und bei Cervantes in der des Don Quichotte.

Warum ist das so? Warum kommen Homer und Shakespeare den tieferen Schichten unsterblicher weiblicher Weisheit näher als jene inspirierten Psychologen, die einen mit ihren dämonischen Einsichten geradezu erschrecken, wie Euripides, Paulus, Dostojewski und Nietzsche? Die ewige Essenz der Poesie liegt nicht, wie Matthew Arnold so wunderbar, aber so irrig erklärt, in der »Naturmagie« der Elemente – obzwar diese, den Göttern sei Dank, immer ihre Rolle als unvergänglicher Hintergrund aller Dinge spielen werden –, sondern im menschlichen Körper begründet.

Die vornehmliche Sorge von Frauen gilt direkt oder indirekt, in Bezug auf sich selber oder auf andere, dem menschlichen Körper und allen organischen und anorganischen Substanzen – sei es innerhalb der eigenen vier Wände, auf den Märkten einer Stadt, in den Latrinen im Hof oder auf den Herden in der Küche –, die mit dem menschlichen Körper zu tun haben. Hier und nirgendwo anders ruht die wahre Poesie, und daher sind die modernen Dichter trotz all ihrer Begabung und Feinsinnigkeit vergleichsweise wenig inspirierend.

Es scheint ein Naturgesetz zu sein, dass nur Themen, die seit sehr langer Zeit, eigentlich schon seit »unvordenklichen Zeiten«, mit dem menschlichen Leben auf Erden zu tun haben, also Themen wie Liebe und Krieg, Schlaf und Geburt, Tod und Bestattung, Essen und Trinken, sowie Themen, die mit den vier antiken Elementen Erde und Luft, Feuer und Wasser – vergessen wir Uran und Radium! – und mit den drei irdischen Erscheinungen zu tun haben, als die wir Tier, Pflanze und Mineral einmal ansehen wollen, dass nur solche Themen die Kraft haben, das anzuregen, was wir »poetische Stimmung« nennen, und zu dem zu werden, was wir »Dichtkunst« nennen. Ob etwas anziehend oder abstoßend ist, ob anmutig oder ekelhaft, das spielt für die Mutter der Musen keine Rolle. Wichtig ist nur eines: eine lange, lange, lange Verbindung mit dem menschlichen Leben auf Erden. »Das Licht, das niemals auf Land oder Meer fiel« kann auf alles scheinen, das so alt ist, dass wir seine Ursprünge vergessen haben.

Es gibt durchaus Tausende wunderbarer Dinge, die jedoch nicht lange genug existiert haben, um unsere poetische Fantasie authentisch anzuregen. Die Mutter der Musen ist das Erinnerungsvermögen, die Erinnerung an alte Assoziationen, so alt, dass sich deren Ursprünge verloren haben. Ja, auch äußerst ekelhafte und abstoßende Dinge können *poetisch* sein, wenn sie absolut nichts *Kunstvolles*, Kluges oder Subtiles, wenn sie nichts Vornehmes oder Prophetisches haben.

Wie poetisch doch alte Lumpen sein können! Wie poetisch doch ein Kuhfladen sein kann! Feuer und Wasser, Brot und Fleisch, Milch und Butter, Honig und Blut, all diese Dinge und ihre Attribute gehören einer schlichten Dimension an, wo allein die ausgebleichten Knochen der menschlichen Erfahrung immer wieder ihre Auferstehung feiern. Das ist der übliche Weg, und an manch einem Kirmesplatz entlang dieses Weges, so vertraut, dass wir sie missachten, wenn wir sie zuerst erblicken, begegnen wir Mother Goose und den Brüdern Grimm.

Aber was hat all dies mit Snobismus zu tun? Nicht wenig, mein Freund. Denn wenn wir diese vertrackte Sache mit Stumpf und Stiel angehen wollen, dann müssen wir wissen, welches der beiden Geschlechter dafür verantwortlich ist, sie in die Welt gesetzt zu haben, und welches sie nun, da sie so tief verwurzelt ist, weiter fördert. Und wir sind der Ansicht, dass Männer und nicht Frauen die Schuldigen sind. Ich weiß, dass es auf den ersten und oberflächlichen Blick nicht danach aussieht. Frauen sind die Herrinnen in unseren Häusern, in unseren Gesellschaften, wenn wir uns so was leisten können, und im Umgang mit den Nachbarn. Das gilt für alle Klassen. Es gibt keinen Mann in Großbritannien – nein, auch nicht unter den einfachsten Land- oder Fabrikarbeitern –, der die Frau seines Hauses nicht mit einer Mischung aus höhlenmenschartiger Bewunderung, ängstlicher Ehrfurcht und herablassender Belustigung betrachtet, mehr oder minder vermischt mit stolzer Zufriedenheit, Besitzer einer so geschickten Lotsin in diesen delikaten Untiefen von Bett und Haushalt und dem Umgang mit den Nachbarn zu sein!

Oh, ja, bei unserem tagtäglichen Umgang mit den Nachbarn und unseren tagtäglichen Beilegungen der kapriziösen Rivalitäten zwischen unseren verschiedenen Freunden und Bekannten spielen die Frauen die beherrschende Rolle. Sie sind sozusagen die Starter, Zeitnehmer und Schiedsrichter, auch wenn sie keinem Gericht vorstehen. Jawohl, ich gebe es zu! Von der höchsten bis zur niedrigsten Klasse und in all deren Unterabteilungen, denn es gibt auch bei den Arbeitern erstaunliche Unterschiede, sind Frauen die Jongleure der täglichen Lebensrunde.

Doch obwohl sie diese Rolle im mäandernden Fluss des gewöhnlichen Lebens spielen und sich so natürlich durch dessen verwirrende Windungen bewegen, kann man sie vollständig von der Anklage freisprechen, dass sie es gewesen wären, die mit dem snobistischen Spiel der Klassen begonnen hätten. Dafür muss die Natur selbst verantwortlich sein, und wie künstlich und unnatürlich dieses Klassensystem auch unter der Einwirkung des *Rebellen gegen die Natur*, des Männertieres, geworden ist, ist sein Urelement aufgrund der Natur und aufgrund dessen solide geblieben, was die Frauen der Natur direkt abgewinnen. Ja, das Männertier ist zwar dasjenige, das jagt und kämpft, fährt und reitet, segelt, umherzieht und angreift, ist aber doch von Anbeginn an in seiner größeren Distanz zur Natur der Urheber aller perversen Künstlichkeit und des Snobismus.

Aber *was* oder *wer* auch immer das Klassensystem ins Leben rief, unter dem wir heute leben – für unsere »Philosophie des Trotzdem« zählt nicht nur, wie wir klaren Kopf bewahren und wie wir unser Leben in der allumfassenden und unerträglichen Umklammerung seiner absurden Konventionen genießen können, sondern auch, wie wir es anstellen, dem verfluchten Ding ein Ende zu setzen.

Die Idealfiguren des »perfekten Herrn« und der »perfekten Dame« – fragen Sie den ersten Obdachlosen, dem Sie heute begegnen, ob wir nicht absolut Recht haben – sind die gerissenen Teufel, denen die Gutmütigkeit so zur zweiten Natur geworden ist, dass selbst der alte Caliban ihnen glauben würde, dass »Gott sie berufen habe«, um sich bei Trinculo einzuschmeicheln.*

Was *unserem* Klassensystem seine besondere Eigenschaft verleiht, ist natürlich unser System des Erstgeburtsrechts im Hinblick auf den Landbesitz. Dieses System erzeugt den »jüngeren Sohn« und damit das seltsame Ideal des »perfekten Gentleman«. Denn gleichviel, was für einen Titel dieser kostbare jüngere Sohn auch beansprucht oder wessen sein Vater sich rühmt, sein Geldmangel und die Tatsache, dass *seine* Kinder nicht einmal den »Titel« bekommen, der ihm selbst noch ein bisschen Auftrieb gibt, zwingen ihn, auf sein unanfechtbar blaues Blut zu pochen.

Diese Sache mit dem Erstgeburtsrecht in Großbritannien – ganz anders als auf dem Kontinent – streicht natürlich den unwägbaren, magischen, unsichtbaren, atmosphärischen, fast übernatürlichen Unterschied, ein »echter Gentleman« zu sein, bis zum Äußersten heraus. Aber wie erkennen wir einen solchen Herrn, wenn wir ihm begegnen? Gentlemen kann man wie Stare oder Buchfinken überall antreffen. Einem einsamen Exemplar kann man am Strand begegnen, in der Eisenbahn, im Bus, auf einer Esplanade, in einer Kneipe, einem Café, auf einem Landsträßchen, auf der Heide und in Wiesen und Feldern.

Nun, gehen Sie auf den guten Burschen zu und sprechen Sie ihn an. Sie brauchen ja nicht zu fragen: »Sind Sie ein Gentleman?« Sie können ihn nach der Uhrzeit fragen oder um Feuer bitten. Ist er nun ein feiner Herr oder ist er keiner? Jedermann auf dieser Insel weiß die Antwort darauf. Zuerst aufgrund seiner Stimme, zweitens aufgrund seiner Stimme, drittens aufgrund seiner Stimme. Und danach, aber weit abgeschlagen, aufgrund seiner Kleidung, die, wie jedermann hierzulande weiß, immer ein kleines bisschen *schäbig* ist, wenngleich im malerischen Sinne.

Und nach seiner Kleidung – aber nur ein kühnes »Trotzdem« ringt sich, zögernd genug, zu dieser Feststellung durch – sind es seine Manieren, seine Haltung, sein Betragen, seine Reaktion auf unsere unvermittelt auf ihn zugehende Person, seine Höflichkeit, seine Rücksicht, sein Takt und seine Freundlichkeit.

Nun, um die Söhne der »Neureichen« der industriellen Revolution mit diesen ausgezeichneten Tugenden auszustatten, verabschiedete Thomas Arnold* – obwohl sein freidenkerischer Sohn Matthew irgendwann einmal in einem Versammlungsraum in Oxford meinte: »Der gute Doktor ist nicht unfehlbar« – unsere berühmten öffentlichen Schulen zugunsten seiner eigenen Idealschule in Rugby. Das ist ein interessanter Punkt, der uns vielleicht die Anklage einhandeln wird, wir dilettierten ignorant mit Nuancen und Feinheiten, die völlig außerhalb unserer Erfahrung lägen. Dabei beziehen wir uns auf den Unterschied zwischen dem Adel und der oberen Mittelklasse. Letztere ist die Klasse – auch wenn die Dinge sich rasch ändern –, aus der noch vor ein paar Jahrzehnten die Mehrheit der Ärzte, Anwälte, Pfarrer, Lehrer und Professoren hervorgegangen ist, ganz zu schweigen von den Offizieren in Armee und Marine.

Und genau in dieser Klasse mit ihrem beklommenen Respekt vor dem Adel, dessen Lebensweise sie immer ein wenig verblüfft, schlagen sich die eher unangenehmen Aspekte des Mysteriums Snobismus in satirischen Geschichten und Versen nieder.

Es hat aufgrund solcher kursorischen Ausflüge ins Gesellschaftsleben, wie wir sie hier gerade unternehmen, den Anschein, als ob Matthew Arnolds Aufteilung von unsereinem in Barbaren, Philister und Pöbel doch ziemlich zuträfe. Der heutige Adel scheint durchaus fähig zu sein, zum Kern der Sache zu kommen, indem er sich rasch und effizient an moderne Bedingungen anpasst, indem er die Hälfte seiner Liegenschaften erfolgreich vermietet, über die Erbschaftssteuer schachert, ohne ins Gefängnis zu wandern, und die meistversprechenden Teile seines Landbesitzes landwirtschaftlich nutzt. Gerissen, sinnlich, leicht im Umgang, egoistisch, gutmütig, absolut selbstbewusst und mit unendlich mehr Kenntnissen ausgestattet, wie man an gutes Fleisch, gute Butter, Milch, gute Wolle, gutes Heu und gutes Wasser gelangt, als die höheren Berufsstände, sind die Aristokraten viel besser als die Angehörigen der oberen Mittelklasse in der Lage, sich an einen Lebenskampf anzupassen, der zusehends anmutet wie graue Vorzeit und nicht einmal mehr wie Mittelalter.

Doch diejenigen, die hier aus eigenen guten wie schlechten Erfahrungen heraus mit der Ausformulierung einer Art Handbuch für eine praktische Lebensphilosophie befasst sind, müssen – obwohl sich unter ihnen natürlich auch einzelne Vertreter beider Oberklassen befinden können – als zur Bevölkerungsmasse Großbritanniens gehörig betrachtet werden und daher, Matthew Arnold zufolge, zum »Pöbel«.

Wir können mit ziemlicher Sicherheit davon ausgehen, jener großen hin und her wogenden, fluktuierenden und sich verändernden Masse gewöhnlicher Menschen anzugehören, die im modernen fachlichen Sinne nicht als »Proletarier« gelten, andererseits aber auch nicht unbedingt zu den kleinen Ladenbesitzern, zu den Verkäufern in großen Geschäften oder Büroangestellten, die alle zum typischen Angestelltenheer der unteren Mittelklasse zählen, zu gehören.

Aber »wer wir auch sind«, wie Walt Whitman es ausdrücken würde, es ist absolut wesentlich, dass wir eine resolute, wohlbedachte, gelassene, leidenschaftslose, wenngleich nicht allzu kalte und logische Haltung gegenüber dem Problem des Klassenbewusstseins einnehmen.

Eines ist gewiss. Obwohl unsere Freunde, um nett zu uns zu sein, vielleicht so tun, als würden sie uns in eine höhere Klasse einstufen als in die, der wir angehören, und obwohl uns unsere Feinde eher einige Stufen niedriger platzieren, um sich an ihrer eigenen Überlegenheit zu delektieren, wissen wir dennoch im Grund unseres Herzens ganz genau, wo unser angestammter Platz ist.

Zudem befolgen wir vorbehaltlos die traditionell-konventionellen und qua Gewohnheit aufgestellten Verhaltensregeln der jeweiligen Klasse, der wir angehören, auch wenn wir uns dadurch selbst stigmatisieren und zu erkennen geben, dass wir mit einigen unserer Nachbarn nicht auf gleicher Stufe stehen.

Und das gilt nicht nur für unser Verhalten, sondern selbst für die Art und Weise, wie wir uns häuslich in unseren Gegenständen einrichten. Wo zum Beispiel im Schlafzimmer der Spiegel hängt, ist, wenn wir einer bestimmten Klasse angehören, ebenso rigoros vorgeschrieben wie der Platz von Messer, Gabel und Löffel auf dem weißen Tischtuch.

Vielen ansonsten so ironischen Schriftstellern unserer Zeit fällt nicht einmal auf, dass es für gewöhnliche Menschen, selbst wenn sie nicht sonderlich konventionell sind, äußerst ungewöhnlich ist, ihre Klasse zu wechseln, also entweder in die Klasse darunter ab- oder in die darüber aufsteigen zu wollen. Wenn wir aus der Klasse »aussteigen« wollen, in die wir hineingeboren wurden, dann gewöhnlich aus einem eher revolutionären Sentiment heraus oder weil uns ein überaus ehrgeiziges Karrieredenken antreibt.

Die »Philosophie des Trotzdem« vertritt etwas ganz Anderes und viel Drastischeres. Sie zielt nicht auf eine eilfertige Abschaffung aller Klassenunterschiede ab, was nur zu einer »Diktatur des Proletariats« führen würde, wie wir sie im heutigen Russland und in seinen Satellitenstaaten vorfinden. Unsere kleine pantagruelsche Schar »guter Gefährten« ist vielmehr damit befasst, innerhalb der »Philosophie des Trotzdem« ein geheimes, fast könnte man sagen: ein *atmosphärisches* Lebenssystem zu erschaffen, das wie das Christentum oder der Taoismus unter allen politischen Systemen und Regierungen ausgeübt werden kann.

Unsere Idee ist es, das Klassensystem von innen heraus zu zerstören, und zwar allmählich statt durch revolutionäre Gewalt. Einige sehr wichtige und seltsame

Veränderungen in unserem Klassensystem haben bereits begonnen, wie wohl alle intelligenten Menschen bemerkt haben, und im Einklang mit ihnen wollen wir nun einen philosophischen Vorschlag machen. Und wir schlagen vor, jenem bestmöglichen aller weisen Worte Genüge zu tun: »Taucht in das zerstörerische Element hinab!«

Was nun ist dieses »zerstörerische Element« dieses Problems der Klassenunterschiede? Wir dürfen gewiss zu Recht antworten: »Der privilegierteste Menschentyp, den wir uns nur vorstellen können!« Nun denn, setzen wir also unsere Fantasie ein, benutzen wir, falls unser kritischer Konvertit uns diese Freiheit erlaubt, ein wenig das, was wir die »weiße Magie der Rührschüssel« nennen können, und ringen wir uns zu einer Reihe von Aktionen durch, die so gerissen sind wie die von Metternich oder Talleyrand, doch zugleich so prinzipientreu wie die von Tom Paine oder Jean-Jacques Rousseau, so patriotisch wie die von Cicero und zugleich so verzweifelt wie die von Nietzsche – und warten wir ab, was passiert!

Kurz und gut, wir haben uns entschlossen, unsere gesamten *Imitationstalente* einzusetzen, um den Tonfall, die Manieren, Kleidung, Gewohnheiten, Interessen, Vorurteile, die Gleichgültigkeit und das Vermeidungsverhalten der Oberklasse dieser Inseln zu kopieren, denn wenn es um den Adel geht, dann sieht es auf den Hebriden, den Orkneys, den kleinen Inseln Man, Wight, Thanet und Sark oder selbst in Irland nicht viel anders aus als in den snobistischsten Grafschaften Englands.

Sie werden daher bald, mein erstaunter Konvertit, in unserer kleinen Gruppe das Temperament, die Vorlieben, die Sitten, Gewohnheiten, Eigenheiten, Kleidungen, Speisen, Interessen, Zeitungen, Tabakwaren, Geschmacksrichtungen, Vorurteile, Grenzen, Ignoranzen und vor allem natürlich den *Tonfall* vorfinden, denn Letzterer entscheidet unweigerlich darüber, wer zur höchsten Klasse des Landes gehört! Nun zieren Sie sich nicht so wie ein Kindermädchen, mein lieber Freund, und reden Sie uns nicht ein, das ginge über Ihre Kräfte. Sie können das sehr wohl. Wollen Sie also *nun*, oh, mein geduldiger und aufmerksamer Konvertit, mit von der Partie sein? Der Punkt ist doch der: Auch wenn wir unseren eindeutigen Kreuzzug nur als kleine Gruppe gewitzter und boshafter Reformer antreten, mit dem Ziel, jede einzelne Eigenschaft unserer leibhaftigen Aristokratie zu imitieren und diese Mimikry auszuüben, wo immer es geht – wäre es dann nicht möglich, dass im Laufe der Zeit immer mehr junge Menschen uns nacheiferten? Könnte daraus nicht eine regelrechte Mode werden?

Und falls das so einträte, wäre es dann nicht auch möglich, dass der unwägbaren Selbstzufriedenheit dieser fanatischen Leute, dieser bislang so unerschütterlichen Überlegenheit der Aristokratie uns anderen gegenüber ein Schock versetzt würde? Und was dann?

Aber ach, dieses Nachahmen der adligen Manieren, wie es deren vermeintliche Überlegenheit auch immer erschüttern würde – es wäre doch zu wenig. Nein, zusätzlich zu unserer Nachahmerei und zusammen mit unserer weisen Versöhnungsbereitschaft müssen wir tief in uns selbst eine emotionale französisch-revolutionäre Überzeugung von der »Gleichheit aller Seelen« kultivieren.

Ohne diese gefühlsmäßige Überzeugung würde unser ziemlich leichtfertiger, aber intensiver und aufrichtiger Hass auf diese Überlegenheit nicht funktionieren. Angenommen, wir könnten auf diese zutiefst leidenschaftliche Weise empfinden, dass »alle Seelen gleich sind«, bestünde da nicht die Gefahr, dass wir lediglich eine schlimme Vormachtstellung, der wir gerade entronnen sind, durch eine noch schlimmere ersetzen? Wir müssen den inneren Blick fest auf *die* Grundbedingung dieses verrückten Lebens heften, und diese Grundbedingung ist nicht die »Gleichheit aller Seelen«, wie wünschenswert das auch sein mag, sondern die Art und Weise, wie wir uns gegen diese anderen »gleichen Seelen« behaupten. Es nützt nichts, wenn wir dem Absoluten trotzen und dem Vatikan entkommen, nur um von Stalins Polizeistaat regiert zu werden.

Doch abgesehen von der Gefahr, in die Fänge des Kreml zu geraten, droht hier noch ein ganz anderes Ungemach. Es ist zum Thema sowohl der historischen Psychologie als auch für einige von uns der persönlichen Erfahrung geworden, dass im Gleichklang mit der fast sehnsüchtigen Anerkennung der »Gleichheit aller Seelen« das warme, freundliche, nette, überfließende, humorvolle Entzücken in einem fast ironischen Verhältnis gewichen und geschwunden ist, das gemeinhin ein Mann für seine Frau, seine Familie, seine

Eltern, Kinder, Brüder, Schwestern und Nachbarn aufbringt. Es scheint fast so, dass ein Mensch, je mehr er die »Gleichheit aller Seelen« anerkennt und je mehr er sich kampfesmutig und mit allen verfügbaren Waffen in seiner Reichweite für dieses Ziel einsetzt, desto angespannter, anspruchsloser, unfreundlicher, unnachsichtiger, unnachgiebiger in seinen Beziehungen zu den Menschen wird, mit denen er Tag für Tag Umgang hat.

Dass alle Seelen gleich sind, ist eine triftige und anregende Doktrin, aber aus einem sonderbaren psychologischen Grund scheint sie dem »Herzen unseres Mitgefühls« vampirhaft den Lebenssaft auszusaugen. Sie scheint beispielsweise unsere freundliche Nachsicht gegenüber der Schnarcherei von Cousine Jane zu beeinträchtigen oder gegenüber der abstoßenden Art, wie Onkel John seinen Haferbrei herunterschluckt.

Liegt das vielleicht daran, dass es so überaus angenehm ist, sich dem hinzugeben, was Matthew Arnold »die Strömungsrichtung, die zur Rechtschaffenheit strebt« nennt, und dass diese Hingabe zu einer Empfindung von so köstlicher Süße werden kann, dass sie unsere Kraft zur Initiative schmälert? Wir haben guten Grund zu der Annahme, dass es in der Natur eine Kraft gibt, die uns dafür bestraft, wenn wir persönlichen Entscheidungen aus dem Weg gehen, wenn wir uns entspannt und erleichtert allen Empfindungen ausliefern, die uns von der Anspannung des Denkens, der Anstrengung eigener Willenskraft und den furchtbaren Stichen der Verantwortung erlösen.

In genau dieser Weise waren wir daran gewöhnt, uns dem alten Klassenbewusstsein hinzugeben, und sind damit allen Ansprüchen aus dem Weg gegangen, das wahre Wesen des Opfers zu untersuchen, mit dem wir – wie es nun scheint: um des Adels willen – unsere Originalität darboten. So wie wir die himmlische Überzeugung von der »Gleichheit aller Seelen« aufgeben und schließlich auch unsere Freiheit der persönlichen Kritik dransetzen werden.

Letztendlich finden wir uns dann in der ebenso komfortablen wie faulen Ausrede wieder, dass wir wegen der »Gleichheit aller Seelen« davon entbunden sind, unserem privaten und höchst persönlichen Gewissen zu folgen. Unser geheimer Rückfall ist durch die köstliche Empfindung ausgelöst worden, dass wir, eine kleine Einheit an Lebenskraft, nun von einem *größeren Ganzen* absorbiert worden sind. Aber funktioniert die Natur auf diese Weise? Ganz gewiss nicht. Die Natur beschränkt sich mit entsetzlicher und abstoßender Hartnäckigkeit auf Einzelheiten und überlässt es jedem »größeren Ganzen«, ob nah oder fern, sich um sich selbst zu kümmern!

Goethe sagt irgendwo, dass die Natur nicht mit einer Stimme spricht, sondern mit einer Vielzahl von Stimmen, und wenn wir daran denken, wie viele falsche Richtungen wir bei unserer langsamen, gewundenen, stockenden Pilgerfahrt über die Alpen unserer Erfahrung eingeschlagen haben und wie oft wir unsere Meinung ändern und umkehren mussten, zwar nicht im vollen Kreis zurück bis zu unserem letzten Halt, aber in gewundenen Halbkreisen und Dreiviertelkreisen, und wie all unsere Fortschritte eben gerade nicht durch den flutwellenartigen Konsens der allgemeinen menschlichen Überzeugungen angeregt und inspiriert wurden, sondern durch das seltsame Genie und den fast unheimlichen und magischen Aufstieg einzelner wandernder Völkerschaften, dann scheint es tatsächlich ein groteskes Vorhaben zu sein, derart vulkanische Ausbrüche zu unternehmen, um die Insignien des Adels abzuschütteln, nur um unseren unschuldigen Hals unter das Joch von Ochsen zu beugen oder in die Halfter von Esel zu stecken!

Wir hatten gedacht, wir könnten dem Bewusstsein unserer eigenen Klasse entkommen – welcher auch immer – und zum Bewusstsein der Menschheit vorstoßen. Aber diese Vorstellung des »Bewusstseins« als einer vagabundierenden Entität, die ohne einen natürlichen Körper im Raum umherschwebt, diese ganze Vorstellung eines eidolon-entelechischen Geistes*, der von den Winden eines allgegenwärtigen Chaos umhergeweht wird, in einer seltsamen Dimension, die unsere gewöhnliche durchdringt – diese Vorstellung wird wohl schließlich vollständig aus unserem Denken verschwinden, gemeinsam mit unserer gegenwärtigen irrigen Vorstellung dessen, was die Psychiater »das Unbewusste« zu nennen belieben, jenem gurgelnden und schluchzenden Phantomtümpel voller sich windender Wasserschlangen!

Möglicherweise kennt die Natur in ihrer evolutionären Weisheit andere, völlig andere Methoden, ihre geheimen Absichten durchzusetzen. Sicher müssen wir uns geistig und emotional und so bald wie möglich von diesem verfluchten Klassensystem befreien, das uns auf diesen Inseln in die kuriosesten Formen presst, aber wenn wir uns der Vorstellung von einem Bewusstsein der Menschheit insgesamt zuwenden und versuchen, uns auf jener majestätischen, aber rein imaginären Welle zurückzulehnen und mit ihr auf- und abzusinken, zu fallen und zu steigen, herumzuwirbeln und hochzuschießen, dann haben wir das Geheimnis, wie man am besten mit dem Leben umgeht, verpasst und *nicht* gefunden.

Und was hat unsere »Philosophie des Trotzdem« hierzu zu sagen? Wenn wir dem Adel abschwören, so ihre Einlassung, weil er von diesem sechsmal verfluchten System am meisten profitiert – denn man kann jede unserer drei Klassen in zwei Abteilungen unterteilen, aber alle sechs sind insofern in den unübertrefflichen Adel einbezogen, weil er über sie triumphiert –, dann müssen wir dieses blasse und oberflächliche Ideal eines universellen Menschheitsbewusstseins ebenfalls aufgeben.

Unser Klassensystem ist hassenswert, aber es ist real, während diesem Menschheitsbewusstsein weniger Realität zukommt als einem Meeresungeheuer. Haben wir denn gar nichts von der Natur gelernt? Haben wir nicht gelernt, dass die Natur niemals etwas tut, ohne sich zweier Dinge zu bedienen – erstens eines Ereignisses, das sich reinem Zufall verdankt, zweitens eines gewissen Sehnens, Verlangens oder einer Begierde, so intensiv, als sei sie aus dem Stoff der Realität gewebt, eines Wunsches, der dazu geboren scheint, von der ultimativen Illusion benutzt zu werden, die das Leben sich über sich selbst macht, wenn es sich zum Kampf gegen den Tod anschickt? Aber bitte beachten Sie, oh, halbüberzeugter Konvertit: Indem wir dieses Menschheitsbewusstsein insgesamt als unrealistisch zurückweisen, stellen wir keine Sekunde lang in Abrede, dass wir, wenn wir wie Robinson Crusoe plötzlich einem rot-, schwarz- oder gelbhäutigen Menschen begegneten, nicht unmittelbar das Gefühl empfänden, eine verwandte Seele vor uns zu haben, die unserer eigenen menschlichen Art angehört, und nicht etwa einen Affen oder ein Ungeheuer.

Nein, nein! Wenn unser persönliches Ich dem Klassensystem entrinnen will, muss es sich völlig davor bewahren, irgendeinem anderen System beizutreten. »Schafft alle Systeme ab!«, muss sein Wahlspruch lauten, und da irgendein superkluger Philosophenkönig einmal die Idee hatte, die Menschheit mit Geld als einem Tauschmittel zu beglücken, ob in Form von Gold-, Silber-, Kupfer-, Eisenstücken oder als sorgfältig bedruckte Papierstreifen, haben wir, solange die herrschenden Gebräuche und Sitten uns daran nicht hindern und solange die Gesetze unseres Landes gerecht und fair bleiben, die Freiheit zu arbeiten, wann und wo wir wollen, und unser Geld zu sparen und auszugeben, wie wir es für richtig halten.

Ja, die List, das Geschick und die Klugheit des individuellen Geistes sind der einzige Dreh- und Angelpunkt und die einzig zufrieden stellende »Entelechie«, von deren ausgewogener Position aus wir alle, ob wir nun offiziell und formell der höchsten oder der niedrigsten Klasse oder irgendeiner Zwischenklasse angehören, in der Lage sind, uns von der fatal subtilen und fatal durchdringenden und fatal allgegenwärtigen *Atmosphäre* unseres britischen Klassensystems zu befreien.

Der Apostel Paulus erinnert uns im Zusammenhang mit seiner eigenen verzweifelten Christusbotschaft – *yr achos*, wie wir es hier in Nordwales nennen* –, dass wir in dieser Klassenfrage »nicht gegen Menschen aus Fleisch und Blut«* kämpfen.

Nur *indem wir unsere Gedanken davon befreien*, wie Dr. Johnson* uns in Bezug auf klassentypische Sprachgewohnheiten anrät, können wir dieses unphilosophische Parfüm loswerden, dieses *Eau-de-comme-il-faut*.

In Wirklichkeit sind die Quartiere auf diesem unserem alten Schlachtschiff von einer Insel so beengt, dass es nur wenige Akademiker gibt, die nicht wenigstens ein paar Tropfen blauen Blutes in sich haben, und nur wenige Kaufleute, in deren Adern nicht wenigstens ein paar Tropfen Akademikerblutes fließen, während die uralten Familiennamen, denen wir an jeder Ecke unserer Insel begegnen, beweisen, dass in unserer Landbevölkerung Namen überdauert haben, die als Meilensteine der Fortpflanzungsgeschichte zwar noch in den Wörterbüchern als Allgemeingut aufgeführt werden, aber doch davon zeugen, dass hier über Jahrhunderte hinweg mehr Gene aus adeligen Lenden weitergegeben wurden, als selbst Shakespeare ahnen lässt.

Wir müssen diesen Kampf um die Abschaffung der Klassenschranken mit den raffiniertesten Waffen unserer raffiniertesten Feinde austragen. Falls sich irgendjemand in diesem Kampf grob, brutal, vulgär und abgestumpft verhält, und sei es auch nur gezwungenermaßen, dann soll es eher auf ihrer Seite sein als auf unserer. Sollen sie doch diejenigen sein, die uns beschimpfen! Sollen sie doch von verräterischen Intellektuellen reden, von Klugscheißern, affektierten Stadtmenschen und gewissenhaften Lumpen!

Nein, wir müssen einfach anerkennen, dass diese Philosophie, die wir hier aufstellen und an diesem teuflisch wichtigen Punkt der planetarischen Geschichte ausformulieren, sich mit geschickten Kunstgriffen und feinem Spott ihren Weg durch das kretische Labyrinth suchen muss. Es spricht viel für unsere Ursprungsidee, die Stimmen, den Tonfall, den Stil, die Haltung und Manieren der Oberklasse zu *imitieren*. Allerdings würden wir dafür wenigstens zwei Generationen brauchen, und so lange können wir nicht warten! Unsere Aristokraten denken natürlich, wir könnten das gar nicht, aber wir sind sehr wohl dazu in der Lage. Macht euch da ja nichts vor! Wir könnten es schaffen. Und wir sollten auch die Besten von ihnen auf unsere Seite ziehen, sobald wir es geschafft haben, die Konventionelleren und Dümmeren als komische Figuren hinzustellen.

Sie glauben, man könne sie nicht verulken. Genau darum geht es. Aber es ist möglich, sehr gut sogar! Und zwar gründlich! Nun, stürzen wir uns also in dieses Labyrinth des Minotaurus und ritzen wir in dessen zufriedenen Bauch eine scharfe Karikatur der Phantasmagorie seiner verfluchten Überlegenheit!

Täuschen Sie sich nicht, höchst vorsichtiger Konvertit! Wir können diese unsichtbaren Klassenketten sprengen, wenn wir sie nur *ganz oben* angreifen und den Kopf des Riesen zwergenhaft erscheinen lassen. Dann wird sich seine lässige und sorglose Miene in die einer verrückten Vogelscheuche verwandeln. Die Illusionen der Klasse sind gewiss kompliziert und subtil, und um sie zu untergraben, müssen wir noch subtiler vorgehen, als sie es sind. Jawohl, die Spiegelbilder und Illusionen unseres Gegners sind vielgestaltig und tief verankert. Aber seine Verbündeten sind grob, brutal und von Grund auf vulgär.

Es ist daher unsere Aufgabe, diese komplizierten Feinheiten zu überwinden und seine brutalen Verbündeten zu beschämen. Wir müssen die unschuldig wirkenden Champignonbeete, mit denen diese teuflischen Klassengärtner ihre höchst köstlichen Giftpilze umgeben, so attackieren wie weichpelzige Maulwürfe, die sich durch würzig riechenden Laubmulch wühlen. Wir müssen erkennen, dass das ganze Klassensystem durch allgemeine Trugschlüsse und eingängige Thesen gestützt wird, von denen viele schlichtweg Lügen sind. Flüstern wir uns daher selbst einen philosophischen Exorzismus zu und stürzen wir uns durch diesen papiernen Wandschirm!

Es hat allerdings keinen Sinn, wenn wir so tun, als wäre unsere Antiklassenkampagne eine Sache immer neuer Angriffswellen! Wir können uns durch eine bemalte Kulisse nach der anderen stürzen, es wird weiterhin die verstockte, die unkorrigierbare, die unsichtbare Atmosphäre herrschen. Bisher steht uns noch keine spirituelle Atombombe zur Verfügung, mit der wir diese ganze Atmosphäre hoch in den Himmel jagen könnten, wie es Paulus mit den eigenen pharisäischen Skrupeln tat, während er sich gleichzeitig den obwaltenden Kräften unterwarf.

Nein, wir müssen durch ihre schlichten und dummen Schädel huschen. Wir müssen die Frontallappen unserer eher unschuldigen Nachbarn durchdringen und ihre Gehirne aus den kleinen silbergefassten Chrysolithfläschchen der weißen Magie mit den wirksamen Tropfen paracelsischer Desillusionierung besprengen.

Aber Ach und Weh, »bei unserer Frau und Sankt Kathrin«!* In dieser ganzen Gemengelage mit den ausgebufften Strategien und fantasievollen Taktiken unseres Kreuzzuges gegen die Konvention unterliegen wir der furchtbaren Gefahr, den Hauptzweck des ganzen Unterfangens aus den Augen zu verlieren, der natürlich nicht so sehr darin besteht, in Großbritannien eine einzige Klasse auszurufen, sondern es jedem Einzelnen zu ermöglichen, sich von dem Klassenkonzept insgesamt zu befreien.

Dies wird der Einzelne unserer Philosophie zufolge natürlicherweise tun, wenn er allmählich die Kunst einer Empfänglichkeit entwickelt, aufgrund deren all die persönlichen Attribute auf ein Minimum schrumpfen, auf die man im allgemeinen Selbstverständnis so stolz ist. Am schlimmsten ist, dass so viele der hitzigsten und schärfsten Feinde des Klassensystems in Großbritannien die Ansicht vertreten, dass die einzige Möglichkeit, es abzuschaffen, schlicht und einfach der Kommunismus sei, jene umfassende Tyrannei, die man euphemistisch »Diktatur des Proletariats« nennt. Unser Weg, der individualistische, ist viel langsamer. Was Stalin und seine Geheimpolizei in fünf Jahren geschafft haben, würde bei uns fünfzig Jahre dauern!

Doch in Bezug auf uns Menschentiere hat die Langsamkeit auch ihre Vorteile, und in der Dimension von Zeit und Raum gibt es noch andere Feinheiten, die absolut nichts mit der Oberklasse, der Mittelklasse oder der Arbeiterklasse zu tun haben, Feinheiten, die nicht einmal etwas mit dem evolutionären Adel des *Homo sapiens* zu tun haben.

Wir Männer und Frauen sollten es besser nicht mehr für selbstverständlich halten, dass wir uns, wenn wir keinen Ersatz für den Polizeistaat finden, damit abfinden müssen, entweder Barbaren zu sein wie der Adel, wie die Spießbürger und die Kaufleute oder aber Arbeiter wie alle anderen.

Wir müssen vielmehr eine scharfe Frontlinie gegen das Klassensystem ziehen, von der aus wir gleichermaßen unsere groß angelegten strategischen und unsere raschen taktischen Züge ausführen können.

Nun, lieber Leser, beantworten Sie uns *eine* Frage: »Was hat sich unter allen Umständen und gegenüber allen Feinden als die beste Strategie erwiesen?« Und die Antwort liegt in dem denkwürdigen Ausspruch: »Tauch in das zerstörerische Element hinab!«

Was genau könnte aber dieser Satz in unserem Fall bedeuten? Nun, wir werden Ihnen sagen, was er unserer Philosophie zufolge bedeuten könnte. Und merken Sie auf, das betrifft Sie alle, ob Sie nun ein Mann oder eine Frau sind, jung oder alt. Seien Sie auf jede und alle möglichen Situationen vorbereitet. Beginnen Sie damit, Ihren Geist von allem zu befreien außer von dem Gedanken, dass Sie bereit sind, das Klassensystem bis zum bitteren Ende zu bekämpfen.

Sie sind sich selbstverständlich, wie wir bereits angedeutet haben und wie jedermann sonst auf diesen Inseln, von den Tiefen Ihrer Seele bis zu den Fingerspitzen Ihres ganz genauen Platzes in diesem Klassensystem bewusst.

Sie können jederzeit spontan an Ihren Vetter Soundso denken, der ein Lord ist, an Ihren Vetter Soundso, der ein gehobener Müßiggänger ist, an Ihren Vetter Soundso, der mit Gin handelt, an Onkel Dick, der einen Laden hat, an Onkel Ted, der auf einem Bauernhof arbeitet, an Tante Eliza, die als Kinderfrau arbeitet, oder an Großonkel John, der ein Landstreicher ohne festen Wohnsitz ist.

Nun, genau das widerfährt Ihnen, wenn Sie einen Moment lang Ihre eigene Position bedenken. Doch in der nächsten Sekunde ist das alles verschwunden. Mit Sack und Pack, mit Stumpf und Stiel haben Sie die ganze Sache in nichts aufgelöst.

Und nun, aller Klassengewänder entkleidet, stehen Sie splitternackt vor irgendeinem konventionellen Freund oder Verwandten – und dann müssen Sie sofort und unmittelbar den Kampf aufnehmen. Aber Sie müssen dazu ein ausgesprochener Machiavelli sein, ein schamloser Jesuit, ein Talleyrand, ein Metternich, ein moralischer Bauernfänger mit einer Scharfsinnigkeit, die Herrn Gladstone* wie einen naiven Volksredner dastehen ließe!

Sie müssen es Ihren Verwandten glauben machen, dass es der sicherste Weg ist, andere Menschen mit seinem Adel zu beeindrucken, indem man so tut, als sei man sich der Tatsache, ein hoher Herr oder eine feine Dame zu sein, gar nicht bewusst! Reden Sie mit ihm über die Möglichkeit, dass Sie diese oder jene Stelle bekommen können, um die sich zu früheren Zeiten keine Dame und kein Herr und nicht einmal der Nachwuchs eines wohlhabenden Ladenbesitzers im Traum beworben hätte, und flößen Sie es seinem wachen Verstand ein – denn in diesen Klassendingen halten wir alle die Ohren gespitzt –, dass, wie die Dinge in der Welt nun einmal stehen, das einzig sichere Signum eines echten und unzweideutigen Adligen, der als solcher von allen erkannt wird, die ihm begegnen, die absolute Bereitwilligkeit sei, jede niedere Arbeit anzunehmen, die sich ihm bietet, ohne auch nur einen weiteren Gedanken daran zu verschwenden! – Jawohl, der hintergründigste aller machiavellistischen Streiche, den man dem Klassensystem spielen kann – und denken Sie stets daran, ins zerstörerische Element zu tauchen! – ist der, so zu tun, als betrachte man den puren Sozialstatus, der unserem System zufolge dem Hochadel zukommt, als erhabenen Prüfstein für einen überlegenen Menschen.

In Wirklichkeit wissen wir in unserer eigenen klassenentblößten innersten Seele sehr gut, dass es viel angenehmer wäre und viel besser zu uns passen würde, wenn wir der Direktor des Sportclubs wären und nicht der Hilfsgärtner, der die Blumenbeete jätet, die Frau des Chefs und nicht die Klofrau; aber wenn wir wirklich gerissen sind und in ausreichendem Maße über Ovids Kraft zur Metamorphose verfügen, dann können wir den Stil eines perfekten Herrn und dessen vornehme Immunität gegenüber aller Vulgarität annehmen, während zugleich der ureigene Teufelstroll in uns seinen verzückten Tanz tanzen und die ganze Sache verspotten kann.

Es geht natürlich darum, dass die völlige Gleichgültigkeit, die der perfekte Gentleman gegenüber dem Snobismus der konventionellen Weltsicht an den Tag legt, es uns ermöglicht, ein Bürger, Bauer, Edelmann, König, Bettler, Dieb oder Apotheker zu sein, während wir doch der perfekte Gentleman bleiben.

Ein intelligenter Leser wird bereits erkannt haben, warum wir uns mit unserer »Philosophie des Trotzdem« so hingebungsvoll in die Arme des Klassensystems haben stürzen können.

Der springende Punkt ist: Wir müssen mit List und Tücke den Eindruck erwecken – und Sie müssen uns wirklich glauben, oh, halbüberzeugter Leser, wenn wir Ihnen versichern, dass das viel leichter ist, als Sie es sich vorstellen –, als würden wir vom aristokratischen Stil, von seinem Geschmack beherrscht. Und wenn wir uns diesen Stil zu Eigen machen, während wir doch in

Wirklichkeit planen, den Adel abzuschaffen, dann fällt uns schließlich die Trumpfkarte in die Hand.

Abgesehen von dem, was Matthew Arnold seine »Barbarei« nennt, nämlich die Vorliebe für blutige Hetzjagden und so weiter, hat unser Landadel wohl den individualistischsten Geschmack der ganzen Gesellschaft entwickelt. Ich brauche Ihnen wohl kaum zu sagen, dass für uns von der »Philosophie des Trotzdem« ein individualistischer Geschmack der einzige ist, den es sich zuzulegen lohnt.

Nun, gehen wir also davon aus, dass unser Adel tatsächlich das Potenzial für einen individualistischen Geschmack hat, den kein modischer Nimbus beeinträchtigen, verfälschen oder auch nur nachahmen kann. Unser eigener Geschmack, also der Geschmack der oberen Mittelklasse, ist zwar viel durchgebildeter, man könnte sogar sagen: gelehrter, neigt aber zu grässlichen Modetorheiten und jenen Anzeichen einer überkommenen Überheblichkeit, in denen sich die wohl langweiligste ästhetische Konventionalität verbirgt.

Sie fragen vielleicht, warum es überhaupt notwendig war, solche Stil- und Geschmacksfragen in dieses Thema des Klassensystems einzubringen. Weil Geschmack das beste Erkennungszeichen für Klassenzugehörigkeiten ist. Jede Klasse, auch diejenigen, in die sich die breite Arbeiterklasse wie von selbst unterteilt, hat ihre eigenen Erkennungszeichen.

Beobachten Sie einmal, wenn sich zwei ehemalige Soldaten aus der oberen Mittelklasse zufällig in der Geschäftswelt begegnen, wo sie versuchen, auf friedliche

Weise ihren Lebensunterhalt zu verdienen. Sicherlich werden Ihnen die eigentümlichen Risse in ihrem psychischen Habitus auffallen, wenn beide schlagartig wieder in die Privatsprache der gemeinsamen Erinnerung verfallen. Sie werden sich ganz ohne Frage hackenschlagend neben Ihnen aufbauen, wenn Sie bis in kleinste Nuancen und Details das aristokratische Gebaren zur Schau stellen, das Sie ja in Wirklichkeit ausrotten wollen.

Wenn wir doch bloß, auf die geheimnisvolle Weise, mit der solche Trends immer beginnen, im ganzen Land unter den jungen Leuten der unteren Mittelklasse, also unter den Angestellten in den Büros, hinter den Ladentheken, selbst in bestimmten Geschäften und Fabriken, die Manie entfachen könnten, den Adel zu imitieren, ja, tatsächlich seinen Tonfall und seine Manieren zu kopieren und nachzuahmen, was doch gar nicht so schwierig ist – dann wäre das ganze Geschäft in wenigen Jahren erledigt.

Der Haken liegt jedoch darin, dass wir in diesem Land allesamt so in Klassenkonventionen verwickelt sind, dass dieser Kreuzzug spöttischer Nachäffung, den ich hier zu beschreiben versucht habe, kaum auf die Beine zu stellen wäre.

Was uns unsere jeweilige Klasse vor allem vermittelt – und man muss im Auge behalten, dass sowohl die untere Mittelklasse als auch die Arbeiterklasse sich in weitere Unterklassen unterteilen –, ist ein Gefühl sozialer Sicherheit und Geborgenheit. Aber dieses köstliche Gefühl verspüren wir nur vage wie einen schwachen

Duft in den Lüften. Es ist süß, wäre aber in seinem genauen Aroma nur sehr schwer bestimmbar.

Wir könnten sagen, dass dieses angenehme Gefühl wesentlich darin besteht, richtig und passend untergebracht, ausgestattet, gekleidet, genährt und von einer sozialen Atmosphäre umgeben zu sein, die wir immer schon gewohnt waren. Aber es gehört noch etwas anderes dazu – etwas, das man vielleicht nur als einen Sinn unangefochtener Überlegenheit bezeichnen könnte.

Aber wenn Sie mich fragen würden, was Sie natürlich sollten: »Überlegenheit über wen?«, dann könnte ich nur mit einer gnomischen und orakelhaften Antwort aufwarten: »Über alle, die es wissen, ohne es zu wissen.« Das schlimmste und schrecklichste Beispiel für ein Klassensystem, das an seine logischen Grenzen stößt, ist das indische Kastensystem mit seinen »Unberührbaren«. Es gibt auf diesem Planeten wohl kaum etwas Ungeheuerlicheres als diese »Unberührbaren«, auch wenn wir Weißen durchaus vergleichbarer Vergehen schuldig sind.

Wohlan denn, wie lautet also unsere Schlussfolgerung in Bezug auf die Klassenfrage auf diesen Inseln? Sie lautet, dass alle, die einen philosophisch inspirierten Verstand haben, sich von nun an dessen gewahr sein müssen, was für eine schreckliche Beeinträchtigung des Lebens – ja, der gesamten lebenden Natur – die verachtenswerte Schmalspurigkeit und bedrückende Last dieser verfaulten und übel riechenden Tradition sind. Nachdem wir erst einmal erkannt haben, wie viel fröhlicher, glücklicher, ausgelassener, freundlicher, klüger und feinsinniger wir alle sein könnten, wenn wir nur von den stinkenden Krusten, den verhornten Schuppen und schwärenden Wunden dieser hassenswerten Hautkrankheit der Seele befreit wären, haben wir also allesamt beschlossen – unsere ganze Philosophenschar –, dieses verfluchte Ding abzuschütteln, so wie gesunde Schlangen ihre Haut abstreifen.

Indem wir uns völlig von der gesamten Klassenfrage distanzieren, müssen wir doch tief im Herzen wahre Philosophen bleiben. Deshalb müssen wir stets dessen inne sein, dass das Mysterium der christlichen Liebe eine ebenso gefährliche Alternative zur Klassenherrschaft ist wie der Polizeistaat in Russland oder in China.

Die christliche Liebe spielt nämlich in der unsichtbaren moralischen Welt genau die gleiche Rolle wie die Geheimpolizei des Kreml in der sichtbaren körperlichen Welt. Es ist essentiell wichtig, dass wir die schlichte, direkte, ehrliche, freundliche, heidnische Tugend der *Freundlichkeit zu anderen Menschen* entwickeln, und wenn auch aus keinem anderen Grund als aus dem, weil es essentiell wichtig ist, dass auch wir *von* anderen Menschen gut behandelt werden, ohne dazu an das »Mysterium der Liebe« oder an die Geheimpolizei zu appellieren. Wir haben, schlicht gesagt, beschlossen, alle Mitgeschöpfe freundlich und rücksichtsvoll zu behandeln, und zwar nicht nur diejenigen, die Homer »Sterbliche« nannte im Gegensatz zu den unsterblichen Göttern, sondern auch Säugetiere, Vögel, Reptilien und sogar Insekten. Ja, wir haben beschlossen, dass wir uns von allen Spuren verachtenswerter Überheblichkeit über andere Menschen befreien und dass wir diese Läuterung ohne ein Körnchen, einen Tropfen oder den leisesten Hauch jener »mystischen Liebe« vornehmen, die sowohl von den Heiligen als auch von Leuten, die alles andere als heilig sind, mit verführerischer und gefährlicher Beredsamkeit vertreten wird.

Die Wahrheit ist, dass das »Mysterium«, wie manche es heutzutage nennen, der christlichen Liebe der hinterhältigste Streich ist, der jemals der jämmerlich dummen Menschheit gespielt wurde. Der Apostel Paulus war wohl eines der größten Genies, die jemals gelebt haben, und diese seine »Liebe« war ein beeindruckendes psychologisches Experiment, absolut authentisch, schrecklich aufrichtig und Teil des verzweifelten spirituellen »Sprungs ins Dunkle«, den er einfach wagen musste, nachdem ihm Jesus Christus vor Damaskus* begegnet war und ihn dessen Persönlichkeit ergriff wie eine körperliche Besessenheit.

Für Paulus war diese visionäre Begegnung eine gegebene Tatsache, und fortan konnte er diesem erhabenen und berauschenden Verhängnis nicht mehr entrinnen. Jesu Magie beherrschte ihn so stark, dass ihm Christus tatsächlich wie ein menschlich toter, aber göttlich lebendiger Albatros um den Hals hing, als wollte er sagen: »Gott sei alles in allem.«

Doch weil Paulus vom Blitz des christlichen Geistes inmitten jener erhabenen Substitution seiner eigenen Seele durch die Seele Jesu getroffen wurde – eine Substitution, die man auf zweierlei Weisen sehen kann, entweder als den entsetzlichsten Selbstmord, den das

Bewusstsein eines Menschen jemals begangen hat, oder als höchst vollendetes und erschreckendes Wunder des Schöpfungswillens, größer auch als alle Wunder Jesu –, sollten wir vom Schweiße Paulus' trinken!

Warum sollten wir mit den Eingebungen des Apostels Paulus nicht umgehen, wie *er* mit den Eingebungen Jesu umging, und sie so verwandeln, wie *er* sie verwandelte? Damit gelangen wir zu dem seelischen »Angelpunkt«, wenn Sie es uns erlauben, oh, höchst vorsichtigster aller schwankenden Konvertiten, einen so landläufigen Ausdruck zu verwenden, zum Angelpunkt unseres ganzen Kampfes gegen die teuflische Schlange, die tausendköpfige Hydra der Klassen.

Aber wenn Sie uns gestatten, höchst kostbarster aller Konvertiten, dann gehen wir noch weiter und ersetzen das Wort »Angelpunkt« durch das Wort »Crux«, weil ein Kreuz, wie sollen wir sagen, von *allen Seiten sichtbar* ist und sich kaum je im Kreise dreht, sondern vielmehr entsetzlich statisch ist, es sei denn, wir graben es aus, tragen es fort oder zünden es an. Wir sprechen natürlich von der Möglichkeit, unserem furchtbaren Orakel: »Tauch in das zerstörerische Element hinab!« so weit zu folgen wie noch nie zuvor.

Was wir, offen gesagt, meinen, ist einfach dies: Wenn wir schon vorsätzlich die barbarischen Jagdregeln der geistig gesunden Oberklasse imitiert haben, *um die anderen Klassen auf dieselbe Stufe zu heben* und sie allesamt zum Teufel zu schicken, so wie man Karten und Tafeln loswird, wenn man die Schule oder die Universität verlässt, um ins Leben zu treten, warum *imitieren* wir dann nicht auch – und wir verwenden dieses Verb hier mit Bedacht in einem sehr eigenen und ursprünglichen Sinne, indem wir damit »übernehmen«, geistig »herumexperimentieren« oder auch geistig »verkörpern« meinen – jene selbstmörderische, aber auch schöpferische *energeia* des Apostels Paulus für unsere eigenen Zwecke?

Für die Theologen wäre das natürlich die abscheulichste aller blasphemischen Teufelskünste, aber diese Anklage kann einfach nicht ausbleiben, wenn unsere Gegner in der Schlacht ihre stärksten Waffen einsetzen! Auf die Theologen wirkt unser Umgang mit dem Genie des Apostels Paulus vermutlich so, als wollten wir uns ihres spirituellen Atomwaffenarsenals bedienen. *Und genau das tun wir.*

Und wir sind dazu vollständig und absolut berechtigt. Sollen sie doch wie die Papageien wiederholen: »Auch der Teufel kann aus der Bibel für seine eigenen Zwecke zitieren!« Das kann er gewiss. Und das können auch wir. Appellieren wir an die Natur, so wie Paulus an den Kaiser appellierte. Keine religiöse Tradition hat ein Monopol auf die Inspirationen und tiefen Einsichten ihrer Gründer. Daher beabsichtigen wir, oh, ihr schwankenden Halbkonvertiten, alles in Anspruch zu nehmen, was uns in den Kram passt, und von den dostojewskisch durchwehten Maulwurfsgängen des Apostels Paulus passt uns einiges!

Für uns und unseren Klassenkrieg verbirgt sich eine ungeheure Menge an spiritueller Munition in den psychologischen Entdeckungen, die Paulus in den labyrinthischen Schiefergruben des komplexen menschlichen Herzens gemacht hat.

Wir sind klug genug, um erkennen zu können, wo er noch tiefer gräbt als Kierkegaard oder Kafka, wo er Dostojewski vorwegnimmt, Pascal wieder belebt, mit Nietzsche ringt und wo er, wenn wir das richtig einschätzen, den Existentialismus mit ein paar seiner bühnenreifsten Zaubereien versorgt!

Warum im Namen all derer, die jenes uralte Pilgerpackpferd, das menschliche Herzen so einfallsreich beladen, sollten nicht ein paar Waffen auch aus diesem zweitausend Jahre alten Arsenal seelischer Geheimnisse gestohlen werden, ohne dass wir deshalb verpflichtet wären, sie anzubeten und ohne unserem grundsätzlichen Misstrauen auch nur das Geringste zu nehmen, was den wahren Wert dieser mystischen Liebe anbelangt?

Als einfältige Liebhaber von Empfindungen und als Menschen, die an einer Philosophie herumtasten und -nesteln, die uns prallere, subtilere und tiefere Empfindungen schenken kann, durchzuckt es uns, dass es doch wirklich möglich sein müsste, mit größerem Nachdruck denn je die Schranken zu untergraben, die die Menschen voneinander trennen, indem wir dem Genie des Apostels Paulus etwas von seiner thaumaturgischen Radioaktivität stehlen, mit der er seinen Einfluss auf uns gewann. Und es ist uns auch aufgefallen, dass Paulus sein explosives spirituelles Radium erlangte, *indem er sich in das versenkte,* was seine unbekehrte Seele, als er noch der pharisäische Christenverfolger Saulus war, wohl als die gefährlichste und destruktivste Macht empfand, mit der er jemals konfrontiert war.

Jawohl, das ist es, was unsere »Philosophie des Trotzdem« um jeden Preis tun muss, wenn sie uns in unserem Kampf gegen das Klassensystem nachdrücklich unterstützen will. Sie braucht alle möglichen Verbündeten, auch die, von denen sie das nie erwartet hätte. Und sie muss, wie es in unserem Parlament heißt, »auf beiden Seiten des Hohen Hauses« nach diesen Verbündeten suchen – das heißt, je mehr spirituelles Radium wir Paulus stehlen, desto mehr haarsträubenden Humor müssen wir uns von Rabelais aneignen.

Kurz gesagt: Wir modernen Kreuzfahrer gegen die Klassen müssen dem wirtschaftlichen Strom weiterhelfen, der bereits begonnen hat, alle Lügen über den »Platz im Leben« fortzuspülen, den Gott uns in seiner Großmut zugewiesen hat, während es in Wirklichkeit doch nur für die wenigen unserer Herren »großmütig« war, denen wir nützlich gewesen sind, sowie für die paar Fähigen unter uns, deren Zufriedenheit darin besteht, gute Diener zu sein.

Wenn wir nun, ohne uns zur Orthodoxie oder zur Häresie zu bekennen, aus dieser zweitausend Jahre alten Tradition ein wenig paulinische Magie stehlen und dennoch dem Übernatürlichen ausweichen und uns vor der mystischen Liebe drücken, dann wollen wir das Experiment wagen und – wie es wohl die scharfsinnigen Athener ausgedrückt hätten – die Empfindsamkeit des Euripides und den Humor des Aristophanes miteinander vermischen. Jawohl, wir sollten uns in unsere eigenen Seelen versenken und die schärfste aller Waffen gegen die Klassen führen, nämlich einen ehrlichen, offenen und schlichten *Humor*. Und es gibt tatsächlich eine solche Ader des Humors, die wir anzapfen können und die noch wirksamer ist als der Spaß, die Stimme der Aristokratie zu imitieren, nämlich den Humor, unsere eigenen Ausflüge in den Snobismus zu verspotten und uns selbst auf den Arm zu nehmen, weil wir uns zu diesen Ausflügen herabgelassen haben.

Wir müssen hier den *Stil des »understatement«* treffen, den unsere Schulen – auf ihre Weise ebenso gerissen wie der Kreml oder der Vatikan – uns lehren, um die rhetorischen Gesten unserer natürlichen Eitelkeit zu verbergen. Oh, aber diese listige Verstellung, die selber ein unmittelbares Produkt jener stolzen Überlegenheit ist, gegen die sie zu Felde zieht, kann nur *durch den Geist* untergraben werden, sobald der Python-Jaguar-Tiger-Krokodil-Nachwuchs der großen evolutionären Dschungelkinderstube von Mutter Natur beginnt, in den »Griff zu kriegen«, was abläuft.

Achtung! Achtung! Hier ist der geistige Angelpunkt – während das *Geld* der materielle ist –, um den sich die ganze Sache mit den Klassen, zumindest auf diesen Inseln, dreht, nämlich unser *Sinn für Humor.* Lest Dickens, lest selbst irgendeinen unserer anschaulicheren, witzigeren und scharfsinnigeren modernen Romanschriftsteller, besonders die weiblichen – und es stellt sich immer deutlicher heraus, dass bei der Zerstörung der Klassenschranken Humor die beste Bombe ist.

Jawohl, in Großbritannien dreht sich die ganze Frage, wie man die Klassen abschafft, ohne sich dem Kommunismus zuzuwenden, um den Humor. Schon der geringste Gedanke an Klassen löst im britischen Bewusstsein eine Mischung aus humorvoller Verachtung, humorvoller Freude, humorvoller Boshaftigkeit, humorvoller Überlegenheit, humorvollem Unbehagen, humorvollem Mitleid und ganz schlicht humorvoller Belustigung aus.

Wenn wir uns nun daranmachen, alle Klassenschranken abzuschaffen, dann brauchen wir Humor und nicht Satire. Humor könnte man in der Tat als »Philosophie der Selbsterbauung« bezeichnen, denn er könnte durchaus beanspruchen, die Essenz aller Lebensweisheit zu sein, wenngleich in atmosphärischer Verdünnung – ein Anspruch, den weder Glaube noch Liebe und erst recht nicht Hoffnung, um die drei apostolischen Wunschbrunnen zu nennen, mit Fug und Recht für sich geltend machen können.

So müssen wir also wieder auf den einzelnen Mann und die einzelne Frau zurückkommen, wenn unser Klassenkampf eine Sache des Geistes sein soll und nicht von bloßer Macht, was uns alle zu Sklaven in einem Polizeistaat erniedrigen würde. Betrachten wir daher die ganze Sache als davon abhängig, wie sehr sich unsere eigene geheime Seele von der Klassenfrage lösen und möglichst viele andere Seelen beeinflussen kann, das Gleiche zu tun.

Die Hauptsache ist, unsere eigene Klasse mit einer derart humorvollen Distanz zu betrachten, dass wir im tatsächlichen Umgang mit Angehörigen anderer Klassen die Bedeutsamkeit *ihrer* und *unserer* Klasse in Luft auflösen und zu Menschen werden, die sich untereinander austauschen: ein Insulaner mit einem anderen Insulaner, ein Brite mit einem anderen Briten. Denn obwohl wir hoffentlich wohlgesinnt und anständig genug sind, einen rothäutigen, dunkelhäutigen oder gelbhäutigen Menschen wie alle anderen Sterblichen zu behandeln, müssen wir einen Mitinsulaner doch als wahren Verwandten betrachten.

Ein guter Trick, diesen Abstand zur Klasse frei von allen Verunreinigungen zu halten – denn der Klasseneinfluss entspricht genau jenem ekelhaften Schleim, den die dicken schwarzen Schnecken, die einem zu einer bestimmten Jahreszeit über den Weg kriechen, an den Fingern hinterlassen, ein Schleim, den man kaum abbekommt, wie sehr man auch seine Hände an Gras oder Moos reibt, und den man erst an einem rauen Stein loswird –, besteht darin, die Unterhaltung bewusst auf so grundlegend körperliche und animalische Themen zu lenken wie die, was wir am liebsten essen und trinken, wie sehr uns Hitze und Kälte zusetzen, wie viele Decken und Federbetten wir nachts brauchen, welche Unterwäsche wir am liebsten tragen oder ob wir lieber in Meerwasser oder Süßwasser schwimmen.

Wenn wir Themen wie Essen, Trinken und Schlaf sowie die universalen Beeinträchtigungen wie Schlaflosigkeit, Verdauungsbeschwerden, Nervosität, das Unbehagen bei Erkältungen und das Steigen der Lebenshaltungskosten erschöpfend behandelt haben, können wir uns sodann Fragen von allgemein menschlichem Interesse wie Fußball, Pferderennen und Filmstars widmen. Im Rahmen dieser Universalien scheint Kricket, obzwar weit verbreitet, doch eher ein Naturgesetz von Privat- als von öffentlichen Schulen zu sein, und inwieweit man einen Kricketball ebenso sehr als nationales »Totem« betrachten kann wie einen Fußball, ist ein netter Punkt der Erörterung, wie übrigens auch die Frage, ob Letzterer nun runder ist oder nicht.

Im Zusammenhang mit diesem äußerst delikaten Komplex der universellen Gesprächsthemen, die uns, wenn ihre ergebenen Anhänger ihre Meinungen austauschen, auf eine glückliche, klassenlose Ebene versetzen, sind unsere fleißigen »Philosophen des Trotzdem« aber durch die verblüffende Entdeckung aufgestört worden, dass es kaum einen Sport oder ein Spiel gibt, das in des Teufels eigenem Sinne nicht *klassenspezifisch* ist.

Doch eine Sportart haben sie gefunden, ja, es gibt sehr wohl eine Sportart, oh, mein ungläubiger, zögernder Konvertit, die man unter allen Insulanern frei diskutieren kann, ohne dass dieser verdammenswerte, schwarzschneckige Klassenschleim daran auch nur im Geringsten beteiligt wäre. Und dass dies so ist, wird durch zumindest einen der Hauptgründe bewiesen, dessentwegen wir von diesem verflucht klebrigen Zeugs befallen sind, nämlich durch den *Platzmangel*. Denn wir sind nun einmal eine Insel, und eine Insel ist wie ein Schiff auf hoher See: ringsum nichts als Wasser, Wasser, Wasser, Wasser!

Hier haben wir das wahrhaft »zerstörerische Element«, in das wir »tauchen« müssen. Denn es ist zugleich das kreative Element, aus dem die große *unübernatürliche Kraft* der Evolution uns alle herausgehoben hat! Wir haben daher beschlossen, den Anhängern der »Philosophie des Trotzdem« als den geeignetsten Sport, um allen Klassenverwicklungen zu entgehen, das Angeln zu empfehlen. Von allen möglichen menschlichen Aktivitäten ist das Angeln zugleich die älteste und – außer für den Fisch – die harmloseste. Wasser scheint das Element zu sein, in dessen Zusammenhang der Kampf um unsere Entklassifizierung am leichtesten und Erfolg versprechendsten ist. Und hier kommen wir nun mithilfe dessen, was wir in unserem Kampf von den Naturkräften der Evolution beanspruchen können, zum Schluss.

Wenn man es recht bedenkt, ist es in der Tat sehr seltsam, dass wir in unseren ernsthaften Bemühungen, diese verfluchten Relikte aus dem Zeitalter des Aberglaubens abzuschaffen, nichts und niemanden erkennen können, der uns beisteht. Manche unter uns fühlen sich vielleicht im tiefsten Herzen versucht, an das Gewissen und an die Justiz zu appellieren. Aber könnte es nicht sein, dass dieser Druck, den wir durch unsere erregte Rebellion ausüben, nichts Geringeres ist als die große evolutionäre Kraft selbst, jene mysteriöse Kraft, die zuvor durch die Körper ihrer transformierten Geschöpfe gewirkt hat und nun eben durch die Seelen und Instinkte von uns Männern und Frauen wirkt?

Wenn wir uns nicht scheuen, diese Ansicht zu akzeptieren, dann können wir spüren, dass uns bei unserem Kampf um die Auslöschung der Klassen eine viel vitalere und beeindruckendere Macht zur Seite steht als irgendein marxistischer Wirtschaftsdeterminismus. Es ist die höchste kosmische Kraft selbst, die das körperliche Gehirn, das sie hervorgebracht hat, zu immer neuen Gedankenmustern veranlasst.

Falls es in der Tat nichts weniger ist als die evolutionäre Energie selbst, die den Antrieb hinter unserer geistigen Entschlossenheit bildet, die Klassen abzuschaffen, dann ist dieses verfluchte Schreckgespenst zum Scheitern verurteilt.

Es ist bloß die Frage, wie lange wir die Lumpen und Fetzen dieses wurmzerfressenen Totempfahls noch erdulden können, während uns jenes halbe Dutzend schauderhafter Masken anstarrt und uns zujubelt wie in einem goyàschen Totentanz.

Aber vielleicht täte unsere »Philosophie des Trotzdem« gut daran, wenn sie sich als nächste Epoche in der Evolution sozialer Beziehungen ein geruhsameres Intervall vorstellt, ehe das Klassensystem vollständig verschwindet, eine Ära, in der dieses Klassensystem von Satirikern aller Art, von Malern, Witzzeichnern, Karikaturisten, Journalisten, Dramatikern und Romanschriftstellern als reiche Fundgrube für eine einzigartige Komödie betrachtet wird – jawohl, für eine Komödie nicht nur auf Kosten der Bourgeoisie, wie die Kommunisten es gern hätten, oder auf Kosten des Adels oder der von Matthew Arnold so genannten »Barbaren«, wie wir es gern hätten, sondern für eine Komödie, die alle Klassen »einfängt«, die bei diesem ganzen verrückten

Spektakel auf Trab sind, ehe sie alle miteinander vergehen »und, wie dies leere Schaugepräng' erblasst, spurlos verschwinden«*, indem sie in den Sonnenuntergang dramatischer Auslöschung hinabsinken, dem wir das Etikett »Geschichte« angeheftet haben.

TROTZ ... ALLER UNSICHERHEIT

Unter all den Ursachen, die gewöhnliche Menschen wie uns selbst auf diesem besonderen Mohnblumenfeld der »Schändlichkeit des Vergessens«* tagsüber schaudern und zittern und des Nachts aufschreien lassen, ist die Unsicherheit darüber, womit wir unseren Lebensunterhalt verdienen sollen, zweifellos eine der schlimmsten. Solange wir, wie es heißt, »ehrlich unser Brot« verdienen und nicht in unmittelbarer Gefahr stehen, unsere Stelle zu verlieren, können wir uns wunderbar mit vielem abfinden. Himmel, ja! Wir können uns mit all den tausendundein Stößen und Püffen abfinden, die unsere Mitmenschen uns aus ganz privaten Gründen versetzen und mit denen uns die große Göttin Zufall völlig grundlos überhäuft.

Jawohl, diese allgemeinen Unannehmlichkeiten sind Bestandteil des ursprünglichen, unilateralen Vertrags, den wir angeblich mit jenem Mutterdrachen, der uns gebar, unterzeichnet haben – obwohl wir in jenen Tagen unseren Namen nicht schreiben und die gepunktete Linie für die Unterschrift nur verschwommen wahrnehmen konnten; und wir nehmen sie, wenn auch mit hängenden Schultern, auf uns.

Jawohl, das können wir. Wir können mit unseren Liebsten abends streiten und uns morgens wieder vertragen. Wir können krank werden, uns eine Woche ins Bett legen, und wenn wir wieder auf den Beinen sind, sind wir entweder bereit, uns mit neuem, frischem Eifer ins Leben zu stürzen, oder gezwungen, uns mit der Tatsache anzufreunden, dass wir von nun an niemals wieder richtig gesund werden – nein, niemals wieder richtig gesund, denn ob die Stunde, die uns am Ende schlägt, im Norden oder Süden, im Osten oder Westen gehört wird, sie wird vernommen werden, und zwar ein gutes Stück früher, als wir und alle anderen erwartet haben. Aber wir sind Männer und Frauen, und es ist eigentlich sehr überraschend, wie gut wir uns trotz allem, was die Götter uns auferlegen, verhalten.

Aber Unsicherheit – ja, das ist etwas ganz anderes! Die Vorstellung, die Arbeitsstelle zu verlieren, mit der wir bisher gut zurechtgekommen sind und die wir, wie man in Amerika sagt – ein sehr treffender Ausdruck! –, »halten«, nun, allein schon der Gedanke daran ist weitaus schrecklicher als jede Todesdrohung.

Mit dieser Vorstellung sind so zahlreiche furchtbare Gefühle verbunden, so zahlreiche Erschütterungen jener Art, die wir immer schon gefürchtet haben – vor allem, seit wir erwachsen sind –, dass es einem wie nichts anderes in der Welt aufs Herz schlägt.

Dieser krank machende Schrecken der Unsicherheit spielt aber mit den Nerven von Männern und Frauen auf unterschiedliche Weise. Frauen fürchten unmittelbarer die materiellen Folgen der drohenden Katastrophe für die Angehörigen ihrer Familien, während Männer sich eher um ihre eigenen geistigen und moralischen Beeinträchtigungen sorgen, um die entsetzliche Bedrohung ihres Selbstrespekts zum Beispiel, wenn sie Frau und Kinder nicht mehr ernähren können.

In jedem Fall trifft diese schreckliche Bedrohung der Grundlagen des normalen Familienlebens die Eltern viel härter als die Kinder. Kinder werden immer von atmosphärischen Schwingungen in Unruhe versetzt, die von verstörenden, überraschenden und tragischen Ereignissen ausgehen. Für sie sind regelmäßige Mahlzeiten von größter Wichtigkeit, aber was sie tatsächlich angesichts der dramatischen Spannungen empfinden, die von dem hervorgerufen werden, was in alten shakespearschen Bühnenanweisungen »Lärm und Getümmel« hieß, das können sich ältere Menschen kaum vorstellen.

Unsere kleine Schar geduldiger Verfasser einer lebenstauglichen Philosophie will damit andeuten, während wir uns bemühen, diesen »dunklen Hintergrund« auszuloten, der für manche von uns noch gar nicht so lange zurückliegt, da nur einige unserer Gefährten über siebzig sind, andere indes kaum siebzehn, dass es nicht so sehr die ungewöhnlichen Dinge waren, die uns damals am meisten erschreckten, sondern die ganz gewöhnlichen, die auf ungewöhnliche Weise verarbeitet wurden. So kann beispielsweise Kinder beiderlei Geschlechts mit nacktem Schrecken erfüllen, was man das »Geheimnis des Lebens« nennt. Einer von uns, beileibe keiner der Jüngsten, kann sich daran erinnern, bei dem

Gedanken unter albtraumartiger Panik gelitten zu haben, dass der Bischof bei der Konfirmation seine Hände auf die Köpfe der Neophyten legen würde. Ein anderer erinnert sich daran, vor lähmendem Entsetzen krank gewesen zu sein, dass er wie Herodes von »Würmern zerfressen« werden würde. Er stellte sich diese Fresser vor, wie sie aus dem Kartoffelacker hervorkommen, durch die Rattenlöcher ins Haus drängen und sich über die Treppe in sein Schlafzimmer ringeln würden.

Aber so extreme Furcht ist bei Kindern nicht die Regel, und wenn der plötzliche Schock finanzieller Unsicherheit – »Papa wird vielleicht entlassen« – eine Atmosphäre in der Familie erzeugt, die vor elektrischen Störungen knistert, dann scheinen die hastigen Vorstöße und gehuschten Rückzüge von Kindernerven so unausgesprochen und heimlich zu sein, dass in den meisten Fällen eine jämmerliche »Antiklimax« die Folge wäre, falls überhaupt Erwachsenenworte auf alle kindlichen Ängste und auf alle Anzeichen oder offensichtlichen Omen einer bevorstehenden Katastrophe zutreffen können, auf die die unschuldigen jungen Nerven so reagieren.

Jawohl, die gedämpften Trommeln und Elfenflöten von Kindernerven evozieren fortwährend, wie wenig wir Erwachsenen dies auch bemerken, eine Szene nach der anderen, eine Vignette nach der anderen, ein Bildnis nach dem anderen von Ereignissen, die für uns Erwachsene äußerst unerwartet passieren würden – und zwar eben nicht aufgrund ihrer Unvermitteltheit, sondern aus dem gegenteiligen Grund, nämlich wegen ihrer Langeweile, Vertrautheit, Natürlichkeit und Gewöhnlichkeit. Solche Ereignisse würden sich tatsächlich unserer Wahrnehmung in der rührenden Dürftigkeit und zerlumpten Ärmlichkeit von Bühnenkulissen darstellen, die Kindern durchaus ausreichen, wenn sie Einkaufen, Schule oder Kirche spielen.

Ja, auch die jüngsten Gefährten unserer kleinen Schar realistischer Philosophen finden es äußerst schwierig, sich daran zu erinnern, was sie als Kinder empfanden, wenn sie hörten, wie Mama zu Papa sagte: »Was machen wir bloß, wenn du entlassen wirst?«

Was wir empfunden haben, war in unserer Fantasie, dessen sind wir nun ziemlich sicher, ebenso grotesk, man könnte fast sagen: schauerlich, wie es in Wirklichkeit nackt, nüchtern und einfach, man könnte fast sagen: klassisch war. Und wenn für uns als Eltern die geheimen Reaktionen unserer Kinder auf eine derartige seismische Erschütterung wie die ernsthafte Bedrohung der Arbeitsstelle des Brotverdieners schon ein Rätsel sind, dann fällt es dem Haushaltsvorstand umso schwerer, bereits bei dem geringsten Vorzeichen einer solchen Katastrophe seine eigenen Gefühle genau zu analysieren.

Unsere philosophischen Erörterungen dieses Punktes haben ergeben, dass es zwei Hauptströme von Emotionen gibt, die das Bewusstsein eines Menschen in einer solchen Situation erfassen. Diese Gefühlsfluten nehmen angeblich gleichzeitig von uns Besitz, doch in der Regel erfolgen sie getrennt und sogar nacheinander.

Im ersten dieser beiden Ströme fühlen wir uns vom Schicksal getäuscht. Wir meinen, dass man uns niemals eine faire Chance gegeben hat. Wir meinen, dass irgendetwas da draußen im Universum darauf abzielt, uns hereinzulegen, uns zu frustrieren, dass es zusieht, wie wir uns winden und drehen, während es sich sadistisch an unseren diversen Plagen und Unannehmlichkeiten weidet. Und währenddessen wird uns bewusst, dass auf unerklärliche Weise unsere Lebenskraft schwindet, und eine Stimme scheint uns etwas über leichte und schmerzlose Weisen zuzuflüstern, wie man diesem Kampf ein Ende setzen könnte.

Im zweiten Reaktionsstrom wird die Entlassungsdrohung zu einer Herausforderung, und es ist so, als hätte uns eine Fanfare mittelalterlicher Trompeten aufgerufen, uns in den Sattel zu schwingen, unsere Lanze auf die Kehle des Gegners zu richten und auf Deubel komm raus voranzupreschen.

Diese beiden Tendenzen angesichts einer entsetzlichen Bedrohung um Leben und Tod, die im Erwachsenen einander widerstreiten, zeigen sich bei Männern ganz anders als bei Frauen, weil gemeinhin jede Frau Herrscherin in ihrem Reich ist, einem Reich, das sie ständig mit Augen, Händen und Füßen überwacht, einem Reich, das stets bedroht ist durch die urtümlichen Kräfte der Verderbnis – von Verfall und Schmutz, von Krankheit und Gebrechen, von Unfällen, Pestilenz und Hungersnot, so dass dieser neue Erdbebenstoß, die Entlassung ihres Mannes, für sie nur eine *weitere* Erschütterung ist, während sie den Mann ausschließlich in Bann schlägt.

Wir haben schließlich nach längeren und auch hitzigen Auseinandersetzungen befunden, dass unsere »Philosophie des Trotzdem« ihre Anhänger ständig daran erinnern muss, dass, egal was auch geschieht, keiner von uns dem Tod entgeht, dass kaum einer über seinen achtzigsten Geburtstag hinaus lebt und dass wir nach unserem Ableben tatsächlich tot sind: dahingegangen, verschwunden, auf immer ausgelöscht und vollständig von der Lebenstafel gekratzt, so als hätten wir nie existiert.

Ja, unsere »Philosophie des Trotzdem« fügt jeden Morgen und jeden Abend, nachdem sie ihren Kriegsruf für den Kampf mit dem Leben ausgestoßen hat, raunend hinzu, dass sie ihren Frieden mit der Annihilation gemacht hat.

Unserer Überzeugung zufolge sind diese vergleichsweise geringeren und nur gelegentlichen Erschütterungen unserer Sicherheit viel leichter auszuhalten, wenn wir uns mit der völligen Auslöschung versöhnt haben. Unsere Widerstandskraft erschöpft sich dann nicht mehr in stoischem Dulden oder in epikureischer Passivität, sie wird zu etwas ganz anderem: zur aufmerksamen Wachsamkeit eines Forschers oder Jägers, der in einem fremden Land allein auf seine eigenen Fähigkeiten angewiesen ist.

Jawohl, es wäre angezeigt, unsere vertraute Alltagswelt als ein fremdes Land anzusehen, das aus dunklen Wäldern, öden Sanddünen, tückischen Sümpfen und zerklüfteten Bergen besteht, anstatt so von seiner vermeintlichen Sicherheit und Monotonie durchdrungen zu sein, dass unsere Nerven schon beim Quietschen einer Tür oder beim Heulen des Windes im Kamin aufzuschreien beginnen.

Indem wir unsere Philosophie angesichts dieser schrecklichen Möglichkeiten, die sich jedem Lebewesen auftun, das in dieses vertrackte Leben hineingeboren wird, zäher und geschmeidiger machen, müssen wir die Welt als seltsamen und befremdlichen Ort betrachten, durch den wir mit der Waffe in der Hand schreiten, eines jeden Schattens gewahr.

Wenn wir uns unsere Alltagswelt in all ihren Aspekten vergegenwärtigen – in all ihren Formen, Farben, luftigen Räumen, in ihren Undurchsichtigkeiten und ihren Festigkeiten, in den unterschiedlichen Auswirkungen ihrer greifbaren Gegenstände auf uns, ob innerhalb oder außerhalb unserer Häuser – und uns weigern, uns von irgendwelchen religiösen Relikten zum Narren halten zu lassen und sie als heilige Einheit zu betrachten, deren pantheistische Totalität angebetet werden kann, wenn wir ganz im Gegenteil darauf bestehen, sie als eine elementale Ansammlung von Wesen zu betrachten, von denen wir jedes einzelne in uns aufnehmen oder uns in ihm aufnehmen lassen können – warum geben wir uns dann dem hin, was unsere »Philosophie des Trotzdem« als den kosmologischen Genuss betrachtet, der die Welt am Laufen hält?

Auf diese Weise werden wir in der Tat die ultimative planetarische Geste, wenn man dies so nennen darf, der Menschheit ausführen. Denn wir werden das überhaupt nur »trotz« unserer furchtsamen und nervösen Vorahnungen tun und vermutlich auch nur »trotz«

der Tatsache, dass uns in genau dem Augenblick, in dem wir uns um diese gleichermaßen geistige wie sinnliche Haltung bemühen, eine andere Person, vermutlich Vater oder Mutter, eines unserer Kinder, Bruder oder Schwester, mit einem Wut- oder Tränenausbruch oder auch einem beleidigten Protest unterbrechen wird, vermutlich sogar mit einem gewaltsamen Protest gegen unsere Selbstversenkung oder, sagen wir, unsere Selbst- und Universalversenkung.

Wenn es uns nicht gelingt, Ihnen, oh, höchst wohlmeinender Konvertit, klar zu machen, was genau wir hier mit schlichten Worten zu beschreiben versuchen, dann erweist sich unsere gesamte »Philosophie des Trotzdem« als Fehlzündung.

Sie wissen, was unsere Kunstexperten von uns erwarten, wenn wir eine Bildergalerie besuchen? Sie erwarten natürlich von uns, dass wir jedes einzelne berühmte Gemälde hingebungsvoll betrachten. Nun, in diesen Museen hängen alle möglichen Bilder, die einen wie auch immer gearteten malerischen Hintergrund zeigen, und wenn Sie die Stühle und Tische, Wände und Vorhänge, die Küchengeräte, Töpfe, Pfannen und Feuerstellen im Haus genau betrachten wie die Felsen, Steine und Bäume im Freien und wenn Sie dann die Menschen und Tiere einschließen, die zu diesen Szenerien gehören, dann können Sie alle diese gegenständlichen Bilder in sich aufnehmen, und zwar auf die spezifische Weise in sich aufnehmen, die wir »Philosophen des Trotzdem« als den höchsten Akt von Lebensfreude empfinden. Unseren Sinnen erscheint dann die feste, glatte, glänzende, gläserne, hölzerne, samtige, lederne Oberfläche oder der moosbewachsene Fels und algenübersäte Sandstrand so durchlässig wie Luft und Wasser.

Viele Abbildungen der Natur – und manchmal ist das nur der kleine Ausschnitt, den wir durch das Fenster oder die offen stehende Tür eines Innenraumes sehen – haben einen Hintergrund aus Luft und Wasser; aber im Moment schwebt uns etwas ganz anderes vor. Wir machen aus massiven Mauern, aus Feuerstellen und Küchengeräten, aus Felsen, Steinen und Bäumen, aus Gehwegen, Häusern, gepflügten und abgeernteten Feldern, aus Bergen und Wüsten etwas, das so durchlässig ist wie Luft und Wasser.

Wozu aber müssen wir aus den stofflichen Dingen der sichtbaren Welt etwas machen, das so wenig substantiell ist wie eine Fata Morgana? Wir müssen dies tun, damit sie eine Schicht, Dimension oder eine Stufe näher heranrücken an die traumhafte Wirklichkeit dieser unvorstellbaren Masse von Dingen, die in den Schluchten, wiewohl an den äußersten Rändern, unerforschlichen Abgründen – obwohl wir nach Kant wohl besser nicht von »Abgründen« reden –, an den unerforschlichen *Grenzen* von Raum und Zeit schwingen.

Wenn Sie nun fragen, *warum* wir aus dem Hintergrund unserer gewohnten Umgebung – im Haus wie unter freiem Himmel, ob Mauern und Möbel oder Berge, Wiesen und Wälder – etwas so Körperloses machen müssen, dann kann unsere Antwort nur lauten, dass er schließlich der Horizont aller unserer Bedürfnisse ist – er muss als Kulisse für unsere »langen, langen Gedanken« herhalten, als Panorama für all unser verzweifeltes, geheimes, unbegreifliches, romantisches Sehnen und als unberechenbarer Gegenstand unserer erfundenen Geschichten, als unerschöpfliches Reservoir für unsere künstlerischen Äußerungen und als uneinnehmbare Festung unserer schöpferischen Ideen – und dass daher die Eigenschaft des *Immateriellen* für uns eine Wesensnotwendigkeit und als solche eine entsprechende Schöpfung unseres Wesens ist. Denn genau wie der Orthodoxe und der Häretiker gleichermaßen eine überweltliche, transzendentale Gottheit zu ihrer religiösen und emotionalen Befriedigung brauchen, so brauchen wir für unsere seelische, sinnliche und poetische Befriedigung einen Kosmos oder, wie wir es lieber nennen, ein Multiversum, auf das wir jedes nur erdenkliche, normale oder anormale Gefühl, das uns überkommt, ungestraft hinlenken können.

Überlegen Sie einen Moment, oh, vorsichtigster und kritischster aller Konvertiten, wie lebensnotwendig es für Sie ist – denn wir glauben nicht, dass Sie zu den sorglos-fröhlichen, tollkühnen, dickfelligen Teufelskerlen gehören, die weder Karte noch Kalender, weder Nordstern noch Landmarke, weder Großsegel noch Rettungsring oder Maskottchen brauchen, sondern sich der Gunst der Winde und der Wellen anvertrauen –, wie lebensnotwendig es also für Sie ist, dass Sie über eine innere Technik verfügen, mit deren Hilfe Sie sich bei Laune halten und eine Art Seekarte entwerfen, nach der Sie sich in den Unbilden des Schicksals richten oder treiben lassen, eine Technik überdies, die spürbar in dem Maße effektiver wird, in dem die »Tage, Monate und Jahre verstreichen«, um mit dem gelehrtesten aller Rufer in dem kleinen Hof vor den Stufen von Childe Rowlands finstrem Turm* zu sprechen, eine Technik, die zwischen Ihnen und Ihrem Herzen steht und mit deren Hilfe Sie das Einzige erschaffen können, das zu erschaffen wir in der Lage sind, nämlich einen Schild, an dem die »Pfeil' und Schleudern des wütenden Geschicks« abprallen.

Dies durchlässige »Immaterielle«, das uns umgibt, droht mitnichten zu verschwinden, denn es erzeugt sich, wenngleich in winzigen Schritten, ständig neu aus jener unerschöpflichen Fülle des »dinglichen Hintergrunds«, von dem uns der überzeugendste aller Verkünder berichtet hat.

Nein, es droht nicht zu verschwinden, und es gibt so manchen letzten Schützengraben, ein letztes Versteck, einen Kraterrand oder ein schwingendes Drahtseil in seinen unstofflichen Tiefen, ganz zu schweigen von den Theatern und Kirmesplätzen und Straßenecken, zu denen uns das klügste aller Orakel hinlocken und uns bei Tag und bei Nacht zurufen mag: »Tauch in das zerstörerische Element hinab!«

So mag es vielleicht auch um uns bestellt sein, wenn wir unseren Arbeitsplatz verloren haben. Wir würden dann zunächst einmal die »Gemeindefürsorge« in Anspruch nehmen und, wenn wir dazu nicht mehr berechtigt sind, uns auf die Suche nach einer anderen Stelle begeben müssen. Aber was ist mit unserer Demütigung und unserer Selbstverachtung? Was mit unserem tiefen und bitteren Groll gegen das Universum, aus dessen Händen wir etwas ganz anderes als diese grausame Teufelei zu verdienen glaubten?

»Verdienen« wir das wirklich? Nun, das genau sind die Gedanken und Gefühle, vor denen unsere »Philosophie des Trotzdem« uns errettet! Aber sie besteht auf unserer Einsamkeit und darauf, dass wir diese Einsamkeit akzeptieren. Dem Leben trotzend oder uns selbst bemitleidend, *wir sind allein*.

Doch wenden wir uns nun der Familie zu, die zufällig die unsrige ist. Ach, allzu leicht benutzen wir den Ausdruck »typische Familie«. Natürlich gibt es in Wirklichkeit überhaupt nichts Typisches. Alles ist besonders, jedes ein ganz spezifischer Fall. Keine zwei Schafe gleichen einander, außer für den Wolf, und außer für den Jäger gleichen sich auch keine zwei Wölfe.

Nur wenige religiöse Menschen würden die Heilige Familie eine typische Familie nennen, obwohl wir uns ein paar Frömmler vorstellen können, die sie als Idealfamilie bezeichnen würden. In Wirklichkeit ist die Heilige Familie weder typisch noch ideal. Sie ist die einzige göttlich-menschliche Familie der Welt. Sie ist einzigartig. Sie ist das sichtbar und augenfällig gemachte christliche Glaubensbekenntnis. Darum finden wir in bestimmten vollkommen berechtigten und philosophischen Stimmungen die Heilige Familie eher irritierend als inspirierend.

Aber bedenken wir nun in allen Einzelheiten unsere äußerst menschliche Familie, die von Papas Entlassung bedroht ist. Papas Gefühle entsprechen denen der meisten Väter, die eine Familie zu ernähren haben, und sind vielfältiger, als es alle anderen, *außer andere Männer,* für möglich halten würden. Es sind berufliche Gefühle, fachliche Gefühle, Klassengefühle, politische Gefühle, Konkurrenzgefühle, vor allem aber zutiefst persönliche Gefühle.

Außerdem sind es ihrem Charakter nach furchtbar seelische Gefühle. Sie konzentrieren sich auf die höchste Kunst aller männlichen Lebewesen, besonders derjenigen, denen die Gefahr droht, sich in ihrer nackten Schwäche offenbaren zu müssen: die Kunst, das Gesicht zu wahren.

Was werden sich sein Freund Bill, sein Partner Bob, sein Chef Billy und sein oberster Boss Bobby zu seiner Entlassung denken? Das letzte Bild, das über seine gerunzelten Stirnlappen zieht, ist Ethels Klavier, und wenn das Flattern von Toms geflicktem Regenmantel ihn überhaupt erreicht, dann berührt das seinen Hinterkopf wie ein Laubblatt eine geschlossene Tür.

Der Teil in Mamas Gehirn hingegen, der nicht voll von Speisekammern, Milchküchen, Schränken, Kellern und Eckläden ist, wägt bereits Papas Tabak gegen Toms Eiskrem ab und fragt sich, ob sie selbst das Kino am Samstagabend aufgeben sollte, damit Ethel weiterhin Klavierstunden nehmen kann.

Aber nehmen wir nun einmal an, dass Ethel wie auch Tom alt genug sind, um zumindest hin und wieder so etwas zu haben wie einen philosophischen Gedanken, und fragen wir uns, was wir als unsichtbare Geister, die

die Macht haben, solche Jungen und Mädchen zu belagern und ihnen Ideen in die Köpfe zu jagen, was wir diesen zwei jungen Wesen vorschlagen würden, wie sie am besten die dunklen Anfälle öder Verzweiflung vermeiden könnten, die der Gedanke an Papas Entlassung und alles, was damit zusammenhängt, ihnen auferlegt.

Nun, es scheint, dass bei solchen grimmigen, schauderhaften Möglichkeiten kein allzu großer Unterschied zwischen alten und jungen Schädeln besteht, zwischen Mamas Schädel mit seinen leeren Schränken und Ethels Schädel, für den in dieser oder der nächsten Woche kein Besuch in der gemütlichen Wohnung von Fräulein Cringleford ansteht, oder zwischen Papas Schädel, gebeugt von der Anforderung, das Gesicht zu wahren, und Toms Schädel, verzerrt von wütenden Zweifeln, ob die Story in seinem letzten Comic-Heft ihm irgendwie nützen könnte, wenn Papa tatsächlich seine Stelle verliert.

Aber wenn wir diesen vier Personen noch dichter auf die Pelle rücken und ernsthaft beginnen, ihre nervöse Angst zu betrachten, dann scheint es, als würde das jämmerlich bewusste lebendige Selbst in einer jeden von ihnen sich von den anderen distanzieren und sich auf die eigenen Ängste konzentrieren, selbst wenn, wie bei Mama, diese Angst alle anderen einbezieht. Jawohl, der erlittene Schock verstärkt zweifelsohne die Einsamkeit von Mama als Person, obwohl sie immer noch Papas Frau ist und die Mutter von Tom und Ethel. Und er verstärkt die um Gesichtswahrung bemühte Einsamkeit von Papa, obwohl er der Mann von Mama ist und obwohl Tom und Ethel seine Kinder sind.

Jawohl, Einsamkeit, absolute Einsamkeit, umgibt sie alle jetzt mehr als je zuvor. Unter Toms schrecklicher, heimlicher Angst, dass Papas plötzliche Armut den Reichtum von Dagobert Duck auffrisst, tut sich ein Abgrund absondernder Einsamkeit auf. Ein ebensolcher Abgrund der Einsamkeit erstreckt sich unter Ethels bebend romantischer Sehnsucht nach Fräulein Cringlefords gemütlicher Wohnung, nach jenen geheimnisvoll lang gezogenen Klaviertönen, die sie weit über die Dächer Londons tragen. So ist das. So soll es sein. Das echte, innerste Selbst eines jeden von uns, das innerste Selbst von Mama, Papa, Tom und Ethel, das Selbst, das unabhängig von unserem Alter ist, unabhängig von unserer Intelligenz, unserer Dummheit, unabhängig von allen Fantasien und Erfindungen unserer Psychiater, besonders von jener einen schrecklichen, die sie in ihrer gespenstischen Morbidität so gern »das Unbewusste« nennen, obwohl wir uns dessen alle so bewusst sind wie der Melodie von *Vorwärts, christliche Soldaten**, ist ein Selbst, dessen wesentliche Einsamkeit nicht nur unangreifbar ist, sondern auch für jedes andere lebendige Selbst *unnahbar.* Wenn es geheim sein *will*, dann ist es auch geheim.

Der Umgang mit dieser ultimativen Einsamkeit des Selbst ist in der Tat eine der wichtigsten Entdeckungen unserer »Philosophie des Trotzdem«, mit einer Einsamkeit, die sowohl für die geldgierigsten und großspurigsten Lebemänner als auch für die bedauernswertesten, sabbernden Einfaltspinsel von Vorteil sein kann.

Denn unser wichtigster Punkt in dieser Sache ist, dass das Selbst vollständig und mit ebensolcher Leichtigkeit vor seinen besten Freunden wie vor seinen schlimmsten Feinden fliehen kann.

Was wir herausgefunden haben, ist das: Jedes Selbst unter uns, gleichviel, wie gut es sich seinem Partner, seinen Verwandten, Nachbarn, Arbeitgebern, Kollegen und seiner Nation angepasst hat, bewahrt sich die Fähigkeit, sich vom Kontakt zu all diesen Menschen zurückzuziehen – und zwar ohne dass diese anderen, ob alt oder jung, auch nur die geringste Ahnung haben, dass wir in eine geistige Stratosphäre geflogen oder, wie ein Dichter sagen würde, »abgehoben« sind, wohin uns niemand folgen kann.

Das Großartige an diesem Trick ist, dass diese Flucht in die Einsamkeit ebenso sehr eine Flucht vor den Ideen anderer Menschen ist wie auch vor diesen Menschen selbst! Wir können beispielsweise vollständig und ganz fröhlich vor der Idee dieser verruchten Erfindung des »Unbewussten« fliehen, wie lange sie auch schon unseren Geist geschädigt hat, so dass die grässliche Fantasie von diesem dunklen Tümpel voller schleimiger Ungeheuer, von diesem Lago d'Averno mit seinen gorgonischen Schlangen, lamischen Tintenfischen, orthischen Katzenhaien und lernaischen Hydren*, in einer »Raum-Zeit« zurückbleibt, aus der wir einstweilen verschwunden sind.

Mit diesem Kapitel wollen wir vor allem zeigen, dass wir listigen »Trotzisten« über einen Zaubertrick verfügen, mit dem wir – welche Furcht erregenden

Gerüchte über den angeblich völligen Verlust der Stellung, die die Menschen bislang innehatten, uns auch zu Ohren kommen – in der Lage sind, diese Bedrohung wie wahre Philosophen hinzunehmen. Und wenn wir uns mit einer entsprechenden absoluten Entschiedenheit noch aus der lebhaftesten Unterhaltung oder aus dem liebevollsten Freundeskreis losreißen können, wenn wir uns auf die gleiche Weise selbst von einer Vorstellung vor unserem eigenen inneren Auge losreißen können, die der des »Unbewussten« an Grässlichkeit gleichkommt, dann ist klar, dass die unsichtbare Nabelschnur, die uns mit unseren körperlichen Sinnen verbindet, bereits äußerst dehnbar ist.

Wir befassen uns momentan mit nichts Geringerem als der Aneignung und der Ausübung der Fähigkeit, mit der sich die Tatsache verbergen lässt, dass unser Körper für eine Weile »abgeschafft« oder in eine begrenzte Trance versetzt worden ist, während wir selbst – das heißt: unser Bewusstsein – *unterwegs* sind. Was für teuflische Schwierigkeiten es doch in Verbindung mit bestimmten Schlüsselwörtern im Alltagsleben unseres Bewusstseins gibt! Was zum Beispiel geht in unserem Selbst tatsächlich vor, wenn es sich irgendwelche Dinge vorstellt? Wie nahe kommt es dem Punkt, jenseits dessen die Wirklichkeit erschaffen wird?

Ohne Zweifel sind wir für unsere Gefährten, unsere Verwandten und Freunde in einer solchen Situation einfach plötzlich eingeschlafen. Sie sprechen, und wir hören nichts, und obwohl wir unsere Augen vielleicht offen halten, starren sie nur blind und verloren vor sich hin. Wir sind dem falschen und unwirklichen »Unbewussten« jenes Tümpels der Schrecken unter den Dielen der »Kapelle des Bewusstseins« entronnen, indem wir uns absichtlich ins wahre »Unbewusste« gestürzt haben, in dem wir *non est* sind, das heißt *überhaupt nicht da*.

Aber aufgemerkt, mein kritischer Konvertit, das ist ein ganz anderer »Sprung ins Nichts« als die mathematische Vorstellung, der zufolge wir, immer wenn wir in die vor uns zurückweichende Unendlichkeit aufbrechen, stets einfach *nur einen Kreis* schlagen und bald wieder genau an den Punkt zurückkehren, von dem aus wir aufgebrochen sind.

Das ist natürlich ein rein mathematischer Zaubertrick. Aber auch unser geistiger Sprung, unser Flug, unser Sturz, unser Ertrinken, *während wir am Leben sind,* trägt uns nicht in ein metaphysisches »Reich der Glückseligen« wie jenes, von dem die Anhänger der orphischen Mysterien oder die eleusinischen Priester* reden.

Doch die Schüler des Orpheus und die Priester der Eleusinischen Mysterien sollen ihre überzeugenden Zauberworte ausrufen, wie es ihnen beliebt. Die »Philosophie des Trotzdem« bezieht sich auf das duldsame Selbst in jedem von uns furchtsamen, gewöhnlichen Menschen. Alle Götter und alle Paradiese sind ebenso dem menschlichen Herzen entsprungen wie alle Teufel und alle Höllen, und ins menschliche Herz werden sie, wenn ihr Kredit für die Zeit und ihre Pacht für den Raum abgelaufen sind, wieder zurückkehren.

Derweil haben wir dank der ungeheuren Möglichkeiten und der ungeheuren Metamorphosen, die uns unser Bewusstsein und unser Wille eröffnen, selber die Kraft, rings um uns her den gesegnetsten aller Zustände zu erschaffen: den *Zustand des Alleinseins*. Als völlig einsam, oh, mein höchst schwankender und zögerlicher Konvertit, muss man sich die vier Menschen unserer imaginären Familie unter der unmittelbaren Bedrohung der Entlassung des Mannes vorstellen, und zwar einen wie den anderen, wenn ihnen diese schreckliche Bedrohung ihres gewohnten Lebens klar wird und sie ihr Bestes tun, damit fertig zu werden.

Nun, was würden wir von der »Philosophie des Trotzdem« jedem Einzelnen dieser vier Menschen in dieser Sache anraten? Wir würden ihnen raten, das Problem, so vollständig es in ihrer Macht steht, von sich abfallen zu lassen, es forttreiben zu lassen, es abzuschütteln sowie ihre gesamte gewohnte Persönlichkeit abzustreifen und zu einem kaum noch persönlichen, wenngleich intensiv sensibilisierten, zu einem kaum noch persönlichen, wenngleich keineswegs körperlosen menschlichen Bewusstsein zu werden.

Soll der Mann doch seine nervöse, faule, inkompetente, furchtsame, aufgeregte Maske abschütteln – natürlich nur für einen kurzen Augenblick und als momentane Reaktion auf diese Bedrohung seines Lebens. Soll die Frau doch ihre ängstliche, sorgenvolle, überarbeitete, unhübsche, alternde Maske abschütteln. Soll das Mädchen doch seine konzentrierte, eifrige, starr blickende, romantische Maske abschütteln, diese Maske mit dem seltsamen kleinen Gesicht, mit dieser Nase, die fast so schmal geschnitten ist wie ein Küchenmesser, und mit diesem leicht verzogenen Mund, der sich so traumverloren dem Horizont zuwendet wie die Galionsfiguren der Schiffe Jasons*.

Aber wie zum Teufel – und darum dreht es sich jetzt – kann der krank machende Schmerz der Unsicherheit, der entsetzliche Schrecken, ohne einen Pfennig in der Welt dazustehen, ohne einen Freund, ohne Arbeit, das geläuterte Bewusstsein unseres jungen Freundes Tom zu einer heldenhaften Stimmung anstacheln, wenn doch, und sei es auch nur einen Moment lang, dieses stupsnasige, spöttisch blickende, herausfordernde junge Profil mit seinem stolz zurückgeworfenen Vogelkamm welliger Haare sich selber »ausdünnt« in ein entpersönlichtes, doch – wiederum müssen wir ergänzen – *nicht* körperloses Bild einer so verzweifelt angespannten Empfänglichkeit?

Noch ehe ein Einziger dieser vier Menschen sich aus einer ausgeprägten Persönlichkeit in ein Minimum wachen Bewusstseins verwandelt hat, würde mancher von uns unsichtbaren Zuschauern eine seltsame Erfahrung machen, wenn wir sehen könnten, was für überraschende Gedanken durch die verstörten Köpfe von Tom und Ethel schießen, den beiden Kindern, die noch nie die Schwelle eines Pfandleihers überschritten haben, aber in diesem Augenblick gleichzeitig von der Idee erfasst sind, ein paar ihrer alten Geburtstagsgeschenke in diesem letzten Refugium ruinierter Respektabilität zu verscherbeln.

Aber es hat sehr wohl Augenblicke gegeben, auch nachdem das Gerücht vom möglichen Unheil sich in ihren Köpfen festgesetzt hatte, in denen das sorglose, bei jedem Familienmitglied unter der Alltagsoberfläche versteckte »Ich« das besondere »Ich«, das in seiner sicheren, heimlichen, unnahbaren, ätherischen Entrücktheit sein Lebensblut aus dem furchtsamen Herzen und dem um Gesichtswahrung bemühten Verstand eines alten Mannes zog, das besondere »Ich«, das in seiner elementalen Abgelöstheit aus den angespannten Nerven einer erschöpften Mama ausstrahlte, das besondere »Ich«, das in seiner aquaterrestrischen Unabhängigkeit wie ein bleierner Meteor aus den fantastischen Träumen eines schüchternen jungen Dings fiel, und schließlich das besondere »Ich«, das in seiner riesigen ozeanischen Freiheit mit einem albernen kleinen Katapultschuss nach dem anderen auf die absurd konventionelle Hauptstraße von Entenhausen ballerte …

Ja, es hat sehr wohl Augenblicke gegeben – und wir schwören Ihnen, wir haben sie miterlebt, in denen all diese gehetzten und gejagten »Iche« ihre ewige Sicherheit inmitten der Unsicherheit erkannten und eingestanden – jawohl, sie *fühlten* und *wussten* gleichermaßen, dass sie sich außerhalb des Umkreises selbst planetarischer Katastrophen befanden, in völliger Geborgenheit vor allen bloß menschlichen Katastrophen – man könnte auch sagen: unangreifbar immun gegen die hypokaustischste Hitze unter dem himmlischsten Boden des göttlichsten Empyreums*. Und all dies völlig jenseits aller menschlichen Unsterblichkeit, völlig jenseits allen Glaubens an das Übernatürliche, völlig jenseits aller Göttlichkeit außer der eigenen – und schließlich all dessen in einem einzigen Blitz unheiligen Erkennens innewerdend, dass dieses heilige »Ich« im nächsten Moment der Annihilation anheim fallen muss.

Die Realität des natürlichen Lebens, wie wir von der »Philosophie des Trotzdem« es sehen – und obwohl wir keine Sanitäter sind, nehmen wir uns vornehmlich doch heilend der Nerven unserer Neophyten an –, besteht vollständig und gänzlich aus Einbildung und Fantasie. Für uns ist die Vorstellungswelt Wirklichkeit und die Wirklichkeit unsere Vorstellungswelt. Und wir vertreten die Überzeugung, dass jedermann, ob Mann, Frau oder Kind, aus allen Teilen der Gesellschaft diese wirklichkeitsschaffende, göttergleiche Gabe besitzt.

Wir beharren vor allem darauf, dass jeder Mensch die ganze Welt von neuem erschafft, sobald sie oder er auf diese Welt kommt. Aber was ist es eigentlich, in das wir bei unserer Geburt »kommen«? In die chaotischen Fragmente so vieler Welten, wie es Menschen gegeben hat – von anderen Wesen ganz zu schweigen –, die vor uns auf diesem bestimmten Planeten geboren wurden! Wir halten außerdem dafür, dass die niedrigste, vulgärste, albernste, dümmste und verachtenswerteste Person, die jemals geboren wurde, diejenige ist, die, weil sie ein bisschen cleverer ist, ein bisschen redseliger ist und, wie wir sagen, ein bisschen »mehr auf dem Quivive« ist, sich ernsthaft, tatsächlich, wirklich, fraglos, offensichtlich den schwerfälligeren und einfältigeren Individuen überlegen fühlt, deren Kopf langsamer arbeitet.

Wir »Philosophen des Trotzdem« sind der Ansicht, dass es angesichts eines solchen Wunders wie der Schöpfung der Welt völlig absurd wäre, irgendeinen *göttlichen Schöpfer* irgendeinem anderen *göttlichen Schöpfer* für überlegen zu halten. Wir alle haben die Vorstellungskraft, die man für dieses absolute Wunder braucht. Nun, das reicht. Ein göttlicher Schöpfer hat ein mysteriöses und bezauberndes Universum geschaffen. Sie haben es getan, ich habe es getan, er hat es getan und sie hat es getan – wir alle haben es getan.

Nun, dann geht es darum, diese Welt, die wir geschaffen haben, zu tragen, genau wie der Titan Atlas* gezwungen war, eine Welt zu tragen, die er nicht geschaffen hatte. Allerdings brauchen wir sie nicht auf dem Kopf zu balancieren. Aber was genau ist diese Vorstellungskraft, die wir alle haben und die sich in ihrer Aufgabe der Weltenschöpfung so göttergleich ausnimmt?

Niemand weiß es genau. Das ist eines der abgrundtiefen Geheimnisse, in denen alle philosophischen Untersuchungen stecken bleiben. Unsere Professoren können uns über jene kleinen Burschen informieren, die sie »Neutronen« nennen, und jene anderen kleinen Burschen mit ähnlich klingenden Namen, aber zwischen dem Anblick der sieben Buchstaben des Wortes »Neutron«, die Sie hier gedruckt sehen, und dem, was Ihnen ins Auge springt, wenn Sie ins Feuer starren oder aus dem Fenster oder auch auf die Teeblätter am Boden Ihrer Tasse, bestehen kaum Verbindungen. – Oder, mein hoch gelobter Konvertit? Das Großartige an dieser Vorstellungskraft, die wir alle haben und mit der man Welten schafft, ist, dass sie unendlich weit in *jede* Richtung reicht. Das heißt, sie kann unser Bewusstsein auf eine Weise verlassen, in der es für unser Bewusstsein gänzlich unmöglich wäre, unseren Körper zu verlassen.

Die »Philosophie des Trotzdem« macht sich so ihre eigenen Gedanken zu dem Thema, wie viel Abstand vom menschlichen Körper den Regungen des menschlichen Geistes eigentlich zusteht – aber die Vorstellungskraft hat überhaupt keine solchen Grenzen.

Unser Bewusstsein ist an unseren Körper gebunden, das heißt an unsere Sinne, und obwohl diese Begrenzung das Bewusstsein einengt, macht sie es doch auch zu einem wahren Arsenal an Geräten und Waffen – und als solches gibt es sich für die weitesten Flüge der Fantasie her. Das Schöne daran ist, dass diese Höhenflüge noch vom kleinsten und unpassendsten physischen Objekt aus ihren Anfang nehmen können.

Jawohl, dazu kann jedes sterbliche Ding dienen, wie unromantisch, unmalerisch, unbedeutend und lächerlich es auch sein mag. Ein seltsam aussehender Flecken auf einer Landkarte, eine zerquetschte Fliege an der Wand, ein Ritz in einer Tür, eine komische Schlangenlinie im Staub eines ungeputzten Stücks Linoleum, ein Hautfetzen, der sich immer wieder von einer Wunde an einem Finger ablöst, ein bestimmter Sprung am Rand einer Tasse, der der Grund gewesen ist, dass wir sie auf dem Jahrmarkt von Oswestry billiger bekommen haben, der aber irgendwie immer unser Gefühl für Schicklichkeit verletzt.

Man braucht weder tief schürfend oder intellektuell noch das zu sein, was die Kritiker »einfallsreich« nennen – womit sie natürlich meinen, dass man über irgendeine künstlerische Eigenschaft verfügt, die sich völlig von der ungehobelten, natürlichen Fantasie der Grimm'schen Märchen unterscheidet, mit der wir alle, schwerfällig und erdverbunden, dem Geschäft nachgehen, wie der liebe Gott unsere eigene Welt zu erschaffen, trotz des Teufels, der natürlich immer die anderen sind.

Auch liegt es nicht an dem Sprungbrett absurder, kleiner Nichtigkeiten, dass sich unsere ordinäre, irdische, einfältige, normale, homerische, shakespearesche, dümmliche, tierhafte, spruchgenährte und klischeegefütterte Fantasie den Kopf an den Grenzen des Universums einrennen kann. Das kann ganz einfach auch in schierer Angst begründet sein. Oh, nein, wir brauchen keine Helden und Heldinnen zu sein, um das Elixier des Lebens zu trinken oder den Drachen, der die Äpfel der Hesperiden* bewacht, im Schlaf zu überraschen.

Und hier können wir wie Engelskrieger aufsitzen, wenn uns die Sorgen, die Furcht, die Schrecken, das schauderhafte Entsetzen, der grässliche Schock des Gedankens treffen, dass Papa bald entlassen wird. Unsere »Philosophie des Trotzdem« unterscheidet sich dadurch eindeutig von allen anderen Philosophien, dass sie von Anbeginn *nicht* davon ausgeht, wir seien klüger oder intellektueller als andere, sondern *dümmer*.

Unsere Philosophie ist eine Philosophie für den Benachteiligten, aber denjenigen, der entschlossen ist, sich trotz seiner Schwächen, seiner Dummheit und dünnhäutigen Empfindlichkeit gegenüber Demütigungen seiner selbst zu erfreuen, ja, sogar trotz eines Mangels an männlichem Stolz und eines Mangels an weiblichem Taktgefühl und Weisheit. Was würden wir wohl dem *Er* oder der *Sie* anraten, der oder die unvermittelt bedroht wird?

Wir sprechen natürlich vom *Verstand* unseres Freundes, denn wenn es zu tätlichen Auseinandersetzungen kommt, dann unterscheidet sich eine solche Situation immer völlig von allen anderen, und während wir in dem einen Fall rufen müssen: »Stell ihm ein Bein und knie dich auf seine Brust!«, muss es in einem anderen Fall heißen: »Mach dich aus dem Staub. Lauf weg! Renn um dein Leben!«

Nun, wir würden ihm raten, mit seiner schlichten, bescheidenen, pöbelhaften Fantasie völlig »auszuflippen«. Soll er sich doch einbilden, im Gefängnis oder im Arbeitshaus zu sitzen, als Bettler auf der Straße, vor einer Bäckerei um ein altes Brot zu bitten, die Klingel beim Pfarrer zu läuten, unter einem Baum im Park zu sitzen und sein altes Brot zu kauen, unterwegs zu einem alten Freund auf der anderen Seite des Severn*. Soll er doch den wildesten Fantasien nachhängen. »Tauch in das zerstörerische Element hinab!«

Aber man erinnere ihn daran, wenn er sich selbst diese Schreckensgeschichten vorerzählt oder andere, die für ihn am allerschlimmsten wären, dass er bei der Betrachtung dieser neu erschaffenen Welten des Unglücks nicht – nein, nicht einen Augenblick lang –

seinen Trotz aufgeben darf. Er mag sich das Schlimmste ausmalen, aber er soll sich stets davor bewahren, niedergedrückt zu sein. Mal dir das Schlimmste aus, aber trotze dem Leben und zwing dich, dich bis zum Ende *noch des Trotzes gegen das Leben zu erfreuen.*

> *... lay on, Macduff*
> *And damn'd be him that first cries, »Hold, enough!«**

Sehen Sie denn nicht, mein vorsichtiger Konvertit, wenn Sie sich das Schlimmste ausmalen, dass Sie eine Welt erschaffen, die Ihnen zwar feindlich gesinnt ist – dass sie aber auch, wenn Sie sich zwingen, sich an dieser feindseligen Welt zu erfreuen, die Sie selbst erschaffen haben, und sich an Ihrem Trotz gegen sie zu freuen, dann doch alles ziemlich hübsch unter Kontrolle haben? Die Wahrheit ist die: Wenn man keine Freude am Kampf hat, dann muss man es lernen, Kämpfe zu genießen, denn was das Leben auch immer ist oder nicht ist – es ist von der ersten bis zur letzten Sekunde ein Kampf.

Daher flüstert unsere »Philosophie des Trotzdem« unserer Mama in ihrer Speisekammer zu: »Komm, riskier's! Deine Fantasie hat die Welt erschaffen, in der du lebst, und du findest sie inzwischen ein bisschen sehr ermüdend, diese Welt. Dann zerstör sie doch einfach, mach sie kaputt und setz deine Fantasie daran, dir eine neue zu schaffen!«

Oh, ja, und auch du, Papa Gesichtswahrer, gib deinen Traum auf, die Hände eines Handwerksmeisters zu haben, die dem Hirn eines Erzstaatsmanns zur Verfügung stehen, gibt den Traum auf, dass dein Gehirn wie deine Hände einer heiligen Sittsamkeit unterworfen seien. Gib es auf, lass alles ziehen! Und dann fang an, dir ein absolut faszinierendes Hobby zu suchen, und erfinde dich selbst als Hobbyfanatiker!

Was dich angeht, kleine Ethel, du furchtsame, sylphenhafte Anbeterin* von Fräulein Cringleford, hör auf, hör auf, mein liebes Kind, dir vorzumachen, dass dir eines Tages von der Natur oder von Gott oder einem unsichtbaren Erzengel die Gnade erwiesen wird, in eine völlig andere Welt zu fliehen, eine Welt, in der ein Mädchen wie du angebetet wird – jawohl, aus viel mehr Gründen und Ursachen angebetet wird, als du selbst jemals für deine Idealisierung von Fräulein C. hast ins Feld führen können!

Wende dich ab von alldem und weihe deine Tage und Nächte dem Studium jener vierzehnzeiligen Meisterwerke der Dichtung, die man »Sonette« nennt, und wenn du dir die Form dieser Wunder zu Eigen gemacht haben wirst, dann beginnst du vielleicht selbst ein paar zu verfassen.

Und was dich angeht, Tom, mein Junge, verjag aus deinen grübelnden, irrwitzig verschlungenen Hirnwindungen den Gedanken, dass du dazu vorbestimmt bist, zum bewundertsten und gefürchtetsten Herrscher der heimlichsten Unterwelt aller Unterwelten zu werden, und ruf den Geist der philosophischen Neugier wieder zurück, der dich als kleiner Junge dazu veranlasste, Tante Tassel auszufragen, als sei sie ein Protagoras*, warum alles so ist, wie es ist, und warum da überhaupt etwas ist!

Was du anstreben solltest, Tom, mein lieber Freund, ist das, was Papa und Mama und Ethel ebenfalls anstreben sollten, jeder auf seine Weise, ob sie nun von ihrer elenden Angst auf einem Wohnzimmersofa überwältigt werden, auf einem Barhocker oder auf einem Klavierschemel in Fräulein C.s künstlerischer Wohnung, nämlich das Furchtbare dieser schrecklichen Unsicherheit so zu genießen wie eine Tasse Tee, ein Glas Bier, eine Kugel Eiskrem oder eine Zigarette als Zugabe zum Schaudern und Zittern und zu den Schatten von Schüssen und Bomben!

Zwing dich, die Würze dieser Schrecken zu genießen, mein Junge, aber leg dir zugleich ein Hobby zu und geh angeln – und lass alle Träume fahren, ein zweiter Al Capone werden zu wollen! Unsere »Philosophie des Trotzdem« mag ihre Grenzen haben, und sie hat gewiss vom Ursprung kosmischer Strahlungen nur eine ebenso blasse Vorstellung wie von der Quadratur des Kreises oder auch von der Frage, wie man, dem Donnergott gleich, aus den Tiefen des Tartaros ein hundertarmiges Ungeheuer wie Briareos* herbeiruft – aber was unsere Philosophie tun kann, das tut sie, und was sie vermag, kann seltsam befriedigend sein.

Falls jemand gewillt ist, darauf zurückzugreifen, kann sie außerdem – nein, keine Katastrophen aufhalten, auch Papa, den Gesichtswahrer, nicht davor bewahren, entlassen zu werden –, die Furcht und den Schrecken, die bebende Einschüchterung und die elende Panik, *soweit es zumindest einen Einzelnen angeht,* in ein Bündel hässlicher Lumpen um den Hals einer Vogelscheuche verwandeln. Und was hat es mit diesem Wunder auf sich? Unsere »Philosophie des Trotzdem« wird es Ihnen sagen, und zwar in aller Ruhe und Gelassenheit.

Und weil Sie das Wort »Wunder« vielleicht mit einem spöttischen Unterton vor sich hin murmeln, räumen wir auch sogleich ein, dass das schlichte Ritual, in das wir Sie nun einführen wollen, auf ganz natürliche Weise und allen Ernstes Wunder bewirkt. Hören Sie daher, Mann oder Frau, Junge oder Mädchen, Sie zänkischer alter Brummbär, Sie altes Gossenweib, hören Sie unser weises Orakel und versetzen Sie sich in die magische Macht der »Philosophie des Trotzdem«, und schon bald werden Sie laut wie Goethes Faust in der Eröffnungsszene rufen: »Bin ich ein Gott? Mir wird so licht!«*

Doch zunächst müssen Sie sich ganz fest an den Gedanken klammern, dass die stärkste kreative Kraft in der heutigen Welt Ihre eigene, persönliche, individuelle Vorstellungskraft ist! Diese Fantasie wird aufgrund der Tatsache eben nicht schwächer, sondern vielmehr stärker, dass hinter ihr alle Fantasien aller Generationen aller Völkerschaften der Menschheit stehen, die vor Ihnen, von den Zeiten an, als der erste Mensch entstand, den Würfelbecher erschaffen haben – jawohl, und alles erschaffen haben, was mit Würfelbechern zu tun hat, abgesehen von der Zahl der Augen auf dem Würfel, wenn die große Göttin Zufall den Becher schüttelt.

Klammern Sie sich fest an Ihre Fantasie und bilden Sie sich mit Nachdruck ein, Sie seien allein – allein, wo immer Sie auch sein mögen; allein, ob Sie gehen, sitzen oder liegen; allein und völlig unabhängig von Vater, Mutter, Kindern, Großeltern, Enkeln, Tanten, Onkeln, Cousinen und allen anderen Verwandten und Freunden. Haben Sie das geschafft? Sehr gut! Stellen Sie sich nun sich selbst – das Selbst *in Ihnen*, wie wir immer sagen und dabei das »in« so betonen, als könnte man ebenso von einem »Selbst außerhalb Ihrer« reden –, stellen Sie sich also das Selbst vor, das Sie meinen, wenn Sie »Ich« sagen, dass *es* – also das bewusste *Sie* – sich, dass mithin Sie Ihr bewusstes Sie ein ganz klein wenig aus dem Körper herausprojizieren, nicht weit, nur ein bisschen, und wenn es da schwebt – konzentrieren Sie Ihre Vorstellung ganz eindeutig auf diesen einen Punkt! –, dann zwingen Sie sich zu fühlen, dass *es*, das heißt *Sie*, eindeutig alle Sinne Ihres Körpers benutzen, dass Sie zum Beispiel die Glätte des jungen Stämmchens fühlen, das Sie mit den Fingern umfassen, oder auch diese seltsame Reflexion wandernden Sonnenlichts auf jenem gluckernden Bach sehen oder auch den lang gezogenen Ton vernehmen, den der Wind in den Fichtenzweigen verursacht, oder etwa den seltsamen Geruch fauliger Äpfel riechen, der Goethe zufolge seinen Freund Schiller stets zum Schreiben anregte.

Doch was die »Philosophie des Trotzdem« nun versucht, Ihnen einzuhämmern, oh, Schwankender, ist mehr, ach, viel mehr als nur eine Rettung vor einem Verlust, der Sie vielleicht niemals betrifft. Es ist ein mysteriöser Akt des Gehorsams, mit dem wir einem dieser evolutionären Anstöße der Natur folgen, die zu allem

Möglichen führen können. Klammern Sie sich daher verzweifelt an Ihre Sinne und drängen Sie vorwärts, wobei Sie Ihren Körper zurücklassen, wenngleich nur ein kleines bisschen.

Haben Sie Ihre Sinne immer noch fest im Griff wie an einer Nabelschnur? Dann bewegen Sie sich ganz langsam vorwärts. Denken Sie daran, dass Ihre Vorstellungskraft nicht unwirklicher ist als die Wirklichkeit, sondern wirklicher. Haben Sie die Willenskraft, noch ein paar Augenblicke lang weiterzumachen? Das alles ist nicht bloß eine Flucht vor dem Ruin Ihrer Familie, mein Freund – hier ist die *Evolution am Werk*. Halten Sie es noch ein paar Sekunden länger aus, ob Sie nun Mama oder Papa sind, Tom oder Ethel. Befinden Sie sich tatsächlich außerhalb Ihres Körpers und strengen dennoch alle Sinne Ihres Körpers an? Denken Sie einen Moment lang an die Millionen und Abermillionen von Menschen, die nach Ihnen leben werden und die erst dann, wenn Sie schon lange gestorben sind, ihre kleine Lebensphase auskosten dürfen. Sind Sie gerade dabei? Denken Sie an jene Menschen?

Nun, dann konzentrieren Sie sich bitte auf einen ganz bestimmten Menschen unter all den Millionen, auf irgendeinen – einen anderen Mann, eine andere Frau, ein anderes Mädchen, einen anderen Jungen. Stellen Sie sich vor, Sie hätten die Macht, Ihre Gedanken über den Strom der Zeit hinweg in die ferne Zukunft zu richten. Versuchen Sie es gerade? Halten Sie Ihre Konzentration auf dieses eine isolierte Selbst gerichtet, das bis zu diesem Augenblick für Sie überhaupt nicht existierte, aber nun in engem Kontakt zu Ihnen steht, während sein isoliertes Bewusstsein, egal wessen Bewusstsein es ist, in engem Kontakt zu Ihrem eigenen isolierten Bewusstsein steht?

Nun, Sie können sich jetzt von diesem fernen Wesen verabschieden und – als frisch gebackenes Medium für die tätige Evolution – zurückkehren. Entspannen Sie sich ein wenig, während unsere Philosophie darauf beharrt, dass Sie auf der Suche nach sich selbst das Gefühl bekommen müssen – auch wenn wir nicht gänzlich ausschließen wollen, dass dieses Gefühl eine völlige Illusion sein kann –, über die Fähigkeit zu verfügen, sich aus Ihrem Körper zu entfernen und Ihr Bewusstsein aus dem Körper herauszuprojizieren.

Ja, entspannen Sie sich jetzt, denn wir dürfen Sie mit unserer Philosophie nicht schon gleich zu Anfang erschöpfen! Aber Sie haben nun eine Ahnung bekommen, nicht wahr? Ihr »Selbst«, Ihr Bewusstsein – und wir wollen die Dinge gar nicht verkomplizieren, indem wir Ihr Bewusstsein als »Seele« bezeichnen – muss von Ihrem Willen gezwungen werden, sich ein kleines bisschen, vielleicht nur ein paar Meter, aus dem Körper herauszubewegen, während Sie Ihre fünf körperlichen Sinne voll und ganz in Anspruch nehmen.

Sie werden vielleicht zu Recht die Frage stellen, was dies alles mit der Panik zu tun hat, dass Papa entlassen wird, und mit der niederschmetternden Vorstellung, demnächst völlig mittellos dazustehen?

Ich werde Ihnen sagen, was es da für einen Zusammenhang gibt. Das Gefühl der Angst lässt sich durch intensive, konzentrierte Anstrengung stärker verringern und überwinden als durch sonst etwas. Körperliche Arbeit hingegen und erst recht ganz automatische Bürotätigkeiten ermöglichen es unseren Gedanken, immer wieder zu unseren Sorgen zurückzuschweifen.

Mit unseren Händen sind wir vielleicht gerade voll beschäftigt. Unser Gehirn vollzieht vielleicht gerade mit Geschick und Kompetenz eine automatische Aufgabe. Aber wo sind unsere Gedanken? Ach ja, wir alle wissen nur allzu gut, wo sie hinwandern – über den Stacheldraht und in wildem Ungestüm über alle dunklen Staudenrabatten hinweg mitten hinein in »Papas Entlassung«.

Aber wenn das »Selbst« in uns, das »Ich« in uns, wie unzerstörbar die Nabelschnur auch ist, die es an unsere körperlichen Sinne fesselt, seine Energie und seine Fantasie auf nur einen Spritzer des Lebenssaftes unseres Schwindel erregenden Bewusstseins konzentriert, dann lassen unsere Gedanken vollständig von Papa und seiner Entlassung ab.

Das ist ein Wunder – ein Wunder, das sich der Magie verdankt. Aber diese Magie, die wir da aufgebracht haben, war die ganze Zeit über in unserem eigenen Wesen verborgen, irgendwo zwischen Mittelpunkt und Umfang jenes Hohn lachenden, flüchtigen, abstrusen Selbst in uns, das ebenso unberechenbar, unverantwortlich und unvorhersehbar ist wie die Tausend-zu-eins-Chancen des Würfelspiels, das ihm die Gelegenheit gab, sich zu behaupten. Nur dann – und unsere »Philosophie des Trotzdem« spricht immer noch von der launenhaften

Entität in einem jeden von uns, die auf den Namen Selbst hört –, nur dann, wenn wir das volle Ausmaß unserer Einsamkeit zwischen der äußeren Grenzenlosigkeit und der inneren Grenzenlosigkeit erkennen, nur dann, wenn wir begreifen, dass die Geschichte der Menschheit im Großen ebenso unbestimmt und irrational und willkürlich und unangepasst ist wie die Geschichte eines jeden Mannes und einer jeden Frau im Kleinen, nur dann sind wir in der Lage, unsere Hände in Unschuld zu waschen und sie von der Lüge des ökonomischen Determinismus zu reinigen.

Freier Wille ist das Schlagwort der »Philosophie des Trotzdem«. Weder der Menschheit im Allgemeinen noch den einzelnen Exemplaren der Menschheit im Besonderen – ob ein solches Exemplar nun so schwach und auf seine Reputation bedacht ist wie Papa oder so emotional wie Mama, die sich keinen Deut darum schert, so romantisch wie Ethel oder so verwegen wie Tom – gebricht es an der Macht, die eigene Zukunft zu erschaffen, unabhängig von allem Erbe und von jeglicher Umwelt.

Die Wahrheit ist, dass der Magie des freien Willens, ob für die Menschheit im Allgemeinen oder den Menschen im Besonderen, schlicht keine Grenzen gesetzt sind, abgesehen von unserem mangelnden Vertrauen in unsere eigene Kraft. In welche Kräfte? »Ja, da liegt's … Das ist die Rücksicht, die Elend lässt zu hohen Jahren kommen.«* Die Schwierigkeiten beruhen nicht auf unserem Mangel an Macht, sondern auf unserem Mangel an Weisheit. Wir treten weder alle auf derselben Bühne noch im selben Theater, noch auch nur im selben Universum auf.

Harnische der urtümlichen Leere, Schilde des ursprünglichen Nichts umgeben uns alle wie eine unsichtbare Rüstung, eine Rüstung, die einen jeden Menschen, der sich einem anderen nähert, erstarren – sagte ich erstarren? –, in stalagmitischer Reglosigkeit versteinern lassen kann.

Diese Isolation, diese Absonderung eines jeden einzelnen Geistes vor jedem anderen einzelnen Geist ist eine der absoluten Grundgegebenheiten, an die unsere »Philosophie des Trotzdem« uns erinnern muss, wenn wir vor der Gefahr stehen, dass Papa entlassen wird.

Jeder Einzelne von uns muss sich dieser Angst allein stellen. Papa muss sich dieser Furcht völlig allein aussetzen und in anderer Weise als Mama. Ethel und Tom müssen sich ihr völlig allein aussetzen und wiederum in anderer Weise als ihre Eltern. Aber an diesem Punkt ereilt unseren Konvertiten, der versucht, unseren Gedanken nachzuvollziehen, der größte Schock, den ihm unsere Philosophie bisher versetzt hat. Denn die Natur folgt keiner Logik – nicht einmal jener halb organischen Logik, die unsere Philosophie dem verrückten Tanz des Lebens abzugewinnen versucht.

Und als Folge dieses verrückten Chaos im Kern des Lebens droht uns allen unter allen Bedingungen stets die Gefahr, dass der Feind unsere letzte Bastion erstürmt und uns zum Rückzug zwingt, uns aufreibt und vernichtet. Und diese letzte Bastion ist nicht unsere Einsamkeit.

Ach und Weh, nein! Es ist unser fatales Mitleid und Mitgefühl für andere. Ja, der heftigste Schauder und der furchtbarste Schock für unser gesamtes Lebensgebäude, die von dieser Angst vor Papas Entlassung ausgelöst worden sind, entstehen seltsamerweise dann – denn unsere Selbstsucht ist ebenso ausgeprägt wie unsere Einsamkeit –, wenn wir an die anderen denken.

Also, wenn Sie Ethel sind, dann denken Sie an Papa und Mama und Tom, und wenn Sie Tom sind, dann denken Sie an Papa und Mama und Ethel, und wenn Sie Papa sind, dann denken Sie an Mama und Tom und Ethel. Denn etwas Komisches ist entgegen unserer gesunden, natürlichen, tierhaften Selbstsucht eingetreten.

Die ganze Sache hat sich zu mehr als einem bloß persönlichen Schrecken entwickelt, sie ist zu einem Familienschrecken geworden. Sie hat sogar ein wenig – nicht viel, aber immerhin – von den Obsessionen eines Massenschreckens angenommen. Und das ist nicht alles. Denn so seltsam das klingt, die besondere Angst vor Unsicherheit, unter der Papa leidet, hat sich mit Mamas besonderer Angst vermischt, und dieses Amalgam hat sich nicht nur mit der besonderen Angst von Ethel vermengt, sondern auch mit der ganz besonderen Angst von Tom. Es wird immer gefährlich, wenn die Dinge ihre Vereinzelung verlieren und sich vereinen.

»Geht wieder auseinander, meine Lieben!«, das sagen wir von der »Philosophie des Trotzdem«. Und das ist das einzig Richtige! Die einzige Art, mit dieser Angst umzugehen, ist, sich zunächst einmal in die Tiefen des eigenen Selbst zu versenken und danach unser individuelles Selbst in reines Bewusstsein zu verwandeln. Sodann, mit der geballten Kraft der kosmischen Evolution im Rücken, aber nun doch allein durch unser eigenes Selbst, projizieren wir unser Bewusstsein, wenngleich es von den körperlichen Sinnen abhängig ist, von unserem Körper fort – nur ein paar Schritte, vielleicht nicht weiter als durch eine Wand oder die dornige Dichte einer Schwarzdornhecke.

Nun, nehmen wir an, dass wir damit Erfolg gehabt haben und dass durch eine Art unsichtbarer Nabelschnur, die sich bei diesem Bemühen, eine neue psychophysische Kraft zu entwickeln, verlängert und dehnt und uns angemessen mit unseren Körpersinnen verbindet, unser Bewusstsein nun fühlen, sehen, riechen, hören und schmecken kann, so wie es das konnte, als es sich noch in unserem gesamten Körper verteilte oder sich auf einen bestimmten Punkt unseres Körpers konzentrierte. Unsere Freude über diese Leistung würde, das müssen wir doch zugestehen, unsere Aufmerksamkeit mehr oder minder fesseln, selbst wenn die Sache mit Papas Arbeitsstelle sich verschlechtern würde.

Aber auch wenn wir es unmöglich finden, dieses evolutionäre Spiel ernst zu nehmen, sollten wir zumindest bei unserem einsamen Spiel gelernt haben, dass eine der größten Eigentümlichkeiten der uns betreffenden Dimension die vollständige Einsamkeit jedes Lebewesens innerhalb seiner Grenzen ist und dass wir uns die gefährlichste Form von spiritueller Selbstzerfleischung einhandeln, wenn wir es zulassen, dass Mitleid in höheren Dosen diese natürliche Einsamkeit beeinträchtigt. Diejenigen, die nichts dagegen tun, verspüren natürlich keine Selbstzerfleischung. Sie empfinden Schmerzen, die von der Identifizierung mit anderen herzurühren scheinen. So reimen wir uns das zumindest zusammen und so nennen wir es gern, wenn wir mit anderen darüber reden.

Und wir sind stolz darauf. Wir halten Mitleid für ein Anzeichen dafür, dass wir unserem Wesen nach shakespearisch sind, wenn nicht sogar proteisch*, während es in Wirklichkeit bloß ein Anzeichen dafür ist, dass wir uns geweigert haben, eine bestimmte notwendige Verhärtung durchzumachen. Wir könnten Mitleid mit Mama, Ethel und Tom haben, wenn Papa entlassen wird. Aber wenn wir zur selben Zeit nicht nur von dieser Katastrophe, sondern auch davon erführen, dass wir selbst Krebs hätten, dann ist zu bezweifeln, ob unsere spirituelle Identifizierung mit diesen anderen Menschen andauern würde.

In Wahrheit ist die Einsamkeit dazu angetan, den Unterschied zwischen dem dumpfen Entsetzen, möglicherweise unser Heim zu verlieren, und der verzweifelten Gewissheit, dass wir Krebs haben, in die richtige Perspektive zu rücken. Unsere »Philosophie des Trotzdem« ist in der Tat zu dem profanen Schluss gelangt, dass das christliche Ideal der »Liebe« – das Ideal, unseren Nächsten so zu lieben wie uns selbst – das ganze Thema so fürchterlich durcheinander bringt, dass wir den Wald vor lauter Bäumen nicht sehen.

Wir müssen als Einzelne stur und stetig voranschreiten, so wie unser Freund Hywel es ausdrückte: »Macht weiter, ohne Rücksicht auf Verluste«, und zwar mit einer gewissen Verhärtung unserer Herzen, nicht nur gegen die von uns geliebten Menschen, sondern auch gegen unsere Nachbarn und die Gesamtheit unserer Mitmenschen.

Dass die Verhärtung unserer Herzen in bestimmten Augenblicken des Lebens absolut notwendig ist, gehört für viele von uns zu den alltäglichen Lebenserfahrungen, aber der atmosphärische Einfluss unserer moralischen Konventionen und unsere Erinnerungen an all das, was unsere Herren und Meister Eltern und Lehrer uns beigebracht – wenngleich selber nicht immer beherzigt – haben, haben den Verdacht, dass dieses spirituelle Ideal etwas Gefährliches, Durchtriebenes, Falsches, Nichtirdisches, Widernatürliches, Unvernünftiges, Anti-Okzidentales, etwas fast unanständig Unnatürliches hat – ja, es hat diesen auf gesundem Misstrauen basierenden Verdacht in die tiefsten, unsichtbaren Abgründe unserer Seele verdrängt.

In Wahrheit hingegen wären wir viel freundlicher zu anderen Leuten, auch in ganz normalen Situationen, viel stoischer und fröhlicher im Umgang mit anderen, wenn wir mutig und aufrichtig uns selbst gegenüber in unserer geheimsten Seele die absolute Notwendigkeit verteidigen würden, unsere Herzen zu verhärten.

Das ist in der Tat die einzige Methode, mit der wir in unseren Knochen, unserem Blut und unseren Nerven jenes tödliche Schaudern und Zittern zunichte machen können, das uns Tag und Nacht mit dumpfen Bildern eines drohenden Unheils heimsucht. »Verhärtet eure

Herzen«, flüstert unsere »Philosophie des Trotzdem« Ihnen zu, »gegen jedes Lebewesen«, und manchmal auch – sollen wir es wirklich aussprechen? – gegen Teile unserer selbst.

Ein solcher Ratschlag klingt völlig verderbt und teuflisch. Er klingt sogar ein wenig wahnsinnig. Aber es ist die einzige Art und Weise, mit der wir jenes grässliche Gefühl von Unsicherheit abtöten können. Wenn es erst einmal abgetötet worden *ist*, werden Sie mitsamt Ihrer ganzen Familie überrascht sein, wie unendlich erleichtert Ihnen zu Mute sein wird.

Was Sie getan haben, ist in der Tat absolut notwendig, um dem Leben mit Weisheit zu begegnen. Sie haben dem Teufel gegenüber den Spieß umgedreht. In Umkehrung der Weisheit: »Lasst uns Böses tun, damit Gutes entsteht«* haben Sie die Dinge aus jener unseligen, trügerischen, oberflächlichen Dualität mit ihren zwei gegensätzlichen Kräften herausbefördert: auf der einen Seite dem vorsätzlichen Hass und der angestauten Heuchelei, deren kompliziertes Lügengespinst uns ein vielschichtiges Faltenmuster um Mund und Kinn gegraben hat, und auf der anderen Seite der noch subtileren Perfidie vollkommen unbekümmerter Idiotie.

Die Lügen »auf Seiten der Engel«*, die – wie alle wirklich scharfen Beobachter der menschlichen Natur wissen – stets die Seite der »Besitzenden« ist, sind umfassend, kompliziert und vollkommen, während die Lügen auf Seiten des Teufels jenen weit raffinierteren Täuschungen und Zweideutigkeiten entsprechen, mit denen ungezogene Kinder, hungernde Bettler, gehetzte

Tiere, gerissene Gangster, geschickte Wilddiebe und alle Habenichtse so oft ungestraft davonkommen.

Unsere alles andere als leichtgläubige »Philosophie des Trotzdem« ist sich der Argumente wohl bewusst, die Nietzsche hinsichtlich des »Ressentiments« der Schlechtsituierten gegenüber den Gutsituierten vorbrachte, aber jetzt haben wir nicht so sehr die körperliche Gesundheit und die leutseligen Talente der Erfolgreichen im Vergleich zum kranken Neid und zu der entstellten spirituellen Bösartigkeit der Erfolglosen im Sinn, sondern eher die bedeutsame historische Tatsache, dass sich im Gegensatz zu all unseren moralischen Fabeln und beliebten Märchen die lange Liste der tatsächlichen Heiligen und Retter in den Annalen der Menschheit fast durchweg aus den Söhnen der am wenigsten wohlhabenden Eltern zusammensetzt.

Es ist leider so, dass wir, wenn es zur Pflicht der »Philosophie des Trotzdem« wird, uns ein paar Tipps zu geben, wie man das Leben trotz aller Unsicherheiten genießen kann, gezwungen sind, auf eine Weise zu philosophieren, die vielen moralischen und spirituellen Lehrern widerspricht. Diese Leute sind von dem motiviert und oftmals inspiriert, was man die »atmosphärische Ethik der Glücklichen« nennen könnte, denn es ist genau diese ethische Atmosphäre, in der der ausnehmend wohlgesinnte Nachwuchs praktischer Eltern groß geworden ist, aus dem offensichtlichen Grund, dass jeder stolze Erzeuger und jede glückliche Mutter sich danach sehnen, ein kluges, aufgewecktes und künstlerisch veranlagtes Schoßkind zu haben.

Unserer »Philosophie des Trotzdem« zufolge müssen wir uns daher von allen anderen Familienangehörigen absondern, um diesem Schauder elender Furcht vor den Folgen von Papas Entlassung für die Seinen zu entgehen – ob wir nun Papa, Mama, Ethel oder Tom sind –, und uns völlig auf uns selbst konzentrieren. Derart von allen anderen abgesondert müssen wir in diesem Prozess fortfahren, bis wir unser Ich von all seinen äußeren Versatzstücken befreit haben – ja, von allen Eigenschaften, die für unser ultimatives »Ich bin Ich« nicht absolut essenziell sind, für jenes innerste und endgültige »Selbst«, das überhaupt von irgendeiner menschlichen Introspektion erreicht werden kann.

Der Vorteil dieser isolierten Nacktheit liegt darin, dass wir in der Lage sind, in ein und demselben Augenblick der beiden höchsten Mysterien teilhaftig zu werden: des grenzenlosen Raums bis zur Unendlichkeit und der endlosen Zeit bis zur Unendlichkeit.

Die einzige Alternative zu einer solchen Flucht ist der Fall eines älteren, seit langen Jahren glücklich verheirateten Paares, denn hier sind Mann und Frau nicht etwa so eng miteinander verbunden, dass sie fast eins geworden sind, sondern haben vielmehr ihre getrennten Identitäten und ihre besonderen Eigenheiten bewahrt – so weit bewahrt, dass sie viel vollständiger zu zwei Menschen geworden sind, als es für sie möglich gewesen wäre, wenn sie unverheiratet geblieben wären. Das ist ihnen deswegen gelungen, weil das Männliche in dem alten Mann so viel vom Weiblichen in der alten Frau in sich aufgesogen hat und sie so viel von dem

Männlichen in ihm, dass die eigenständige männlich-weibliche Seele in einem jeden, die schließlich das erfüllteste Selbst in einem jeden ist, eine triumphierende Selbstverwirklichung erreicht hat.

Jawohl, wir alle ahnen intuitiv, dass weder der männliche Mann noch die weibliche Frau die vollständigste und reifste Entwicklungsstufe beider Geschlechter darstellt, sondern vielmehr der Mann, der am vollkommensten und rundum menschlich ist, sowie die Frau, die am vollkommensten und rundum menschlich ist. Wenn die beste Art und Weise, im Leben mit familiärer Unsicherheit umzugehen, darin besteht, unsere individuelle Einsamkeit bis zur Neige auszukosten und uns selbst als absolut allein inmitten der unendlichen Zeit und des grenzenlosen Raumes zu denken, dann heißt das im Sinne unserer Philosophie daher nicht, dass dieses *Selbstsein* uns, sofern wir männlich sind, maskuliner oder, sofern wir weiblich sind, femininer machen würde. Es bedeutet hingegen, dass es uns zu einem vollständigeren Menschen macht, und es bedeutet ferner, dass wir als vollständige menschliche Wesen stärker mit dem Partner oder der Gefährtin unserer langen Erdenjahre verbunden sind, als wir es womöglich mit unseren Eltern oder den eigenen Kindern je sein könnten.

Eine Frau, deren überwältigender Mutterinstinkt sie veranlasst, sich ihren Kindern hinzugeben und das Interesse am Partner zu verlieren, hat entweder eine unausgeglichene Seele oder ihren Partner schlecht gewählt. Eine ausgeglichene Frau lässt ihre Kinder immer weiter und leichter von sich fort, während sie heranwachsen, und belässt ihnen ihr eigenes Leben, während sie sich auf ihren Partner konzentriert.

Doch das bedeutet nicht, dass sie nun zu einer unterwürfigen Sklavin ihres Partners würde oder zu seiner tyrannischen Herrin. Es bedeutet, dass sich beide zu unabhängigen Geistern entwickeln. Menschen können nicht zu unabhängigen Geistern werden, wenn sie nicht ständig ihre Herzen gegen ihre Nächsten und Liebsten verhärten und sich angesichts der ultimativen Einsamkeit auf ihre eigenen privaten, persönlichen und individuellen Empfindungen konzentrieren. Mit dem Ausdruck »das Herz verhärten« meint unsere »Philosophie des Trotzdem« nichts Rachsüchtiges. Wir können unser Herz nur *gegen* etwas verhärten, wenn es bereits morbide und im Hinblick *auf etwas* unnatürlich weich geworden ist. Man kann sein Herz nicht gegen einen Feind verhärten, und man kann es nicht verhärten, wenn man gleichgültig oder achtlos ist. Man kann es nur verhärten, wenn einem an etwas sehr liegt.

Eine Ausnahme ist auch dann nicht gegeben, wenn es um Ihren Partner geht, der so vieles im Leben mit Ihnen teilt, dass dies nach einer ganz besonderen Verhärtung verlangt. Falls Sie jedoch versuchen wollten, nicht mehr so viel an Ihren Partner zu denken, sich nicht um ihn zu sorgen, sich in seiner Abwesenheit sein Bild nicht vorzustellen oder keinen intimen telepathischen Gedankenaustausch mit ihm zu verspüren, dann würden Sie allein schon diesen bloßen Versuch bald völlig unmöglich finden, aber diese Dinge decken nicht das ganze Feld ab.

Nein, die »Verhärtung des Herzens«, die so notwendig ist, wenn wir uns dem seismischen Beben unserer eigenen und der familiären Unsicherheit mit wahrer philosophischer Gelassenheit stellen wollen, ist etwas sehr Besonderes und ziemlich Seltenes.

Es ist allerdings recht gut möglich, dies zu kultivieren, und das gelingt uns, ohne weiter jene evolutionären Experimente anstellen zu müssen, die unsere Philosophie hinsichtlich der Beziehung von Geist und Körper anrät. Doch wir können diese notwendige, diese unabdingbare Verhärtung unseres Herzens nicht erreichen, ohne die Gewohnheit zu entwickeln, Stunde um Stunde, Tag für Tag unsere Gefühle, unsere Empfindungen, unsere Instinkte, unsere Intuitionen, unsere Ahndungen, unsere nervlichen Reaktionen und *alle Gedanken* zu beherrschen, die uns – um diesen kuriosen Ausdruck zu benutzen – »durch den Kopf gehen«.

Und diese Beherrschung unseres gesamten Seins durch unseren Willen, wie schwach dieser auch ausgeprägt ist, liegt durchaus in unserer Macht. Manche Menschen, die wir als »gut« bezeichnen würden, haben seit Tausenden von Jahren diese Kontrolle erlangt, und andere Menschen, die wir als »böse« bezeichnen würden, haben diese Herrschaft ebenfalls seit Tausenden von Jahren erlangt. Nun, es liegt also an uns, so schlicht und still und furchtsam wir auch sind, diese Herrschaft zu erlangen. Beherrschen wir also unsere Gefühle und unsere Gedanken kraft unseres Willens und führen wir als maßgebliches Orakel eines jedweden Willens den nackten, reinen, harten und schlichten Satz ins Feld: »*Zwinge dich*, dich all dessen *zu erfreuen*, was dich umgibt, *solange* es dich umgibt, und wenn es verschwindet, dann *erfreue dich auch daran!*«

TROTZ ... ALLEN GLAUBENS

Der Befund unserer sich allmählich herausschälenden »Philosophie des Trotzdem« über das, was wir »Glauben« nennen, ist zunächst einmal der, dass der Glaube zwar beansprucht, die Dinge zu vereinfachen, zu klären und zurechtzurücken, dass er aber doch in Wirklichkeit bloß eines der klarsten menschlichen Gefühle mittels aller möglichen Komplikationen verdunkelt, verwirrt und durcheinander bringt: unsere Freude an Mysterien.

In Anbetracht aller Unbilden, die wir unter allen möglichen Umständen zu erleiden haben, scheint es uns wirklich ein wenig stark, dass wir die Himmel selbst heranziehen und zu Komplizen unseres Wirrwarrs und zu Schiedsrichtern unseres Chaos machen sollten. Die Historiker, die den Leiden der Menschheit über beträchtliche Zeiträume hinweg nachgegangen sind, haben doch hinreichend bewiesen, dass das, was wir »Glauben« nennen, den blutbefleckten Katalog des menschlichen Elends eher verlängert hat statt ihn zu verkürzen.

Dass der Glaube andererseits in manchen Herzen die tiefsten Wunden geheilt und in manch einer menschlichen Seele den grauenhaftesten Kummer gelindert hat, kann jedoch nicht bestritten werden. Wenn wir dem Glauben gegenüber tatsächlich absolut gerecht sein wollen, dann müssen wir akzeptieren, dass selbst heutzutage, während wir diese profanen und kritischen Worte niederschreiben, ein Großteil der authentischen menschlichen Erfahrung in unserer Mitte immer noch leidenschaftlich dem Glauben verpflichtet ist, sich ihm aufrichtig und intensiv Tag für Tag widmet und sich auf ihn stützt.

Wir müssen auch im Auge behalten, dass alle Argumente für oder gegen den Glauben von Anfang an durch die entscheidende Frage erschwert werden, wie viel unseres irdischen Lebens durch dieses bedeutsame Wort abgedeckt wird und welche Furcht erregenden, zweideutigen und Ehrfurcht erheischenden Implikationen es eigentlich genau sind, die dadurch vermittelt werden. Sämtliche Glaubensbekenntnisse aller Religionen der Welt sind in allererster Linie nicht mit dem befasst, was wir durch unsere Sinne als Wirklichkeit erfahren, sondern mit einer Wirklichkeit, für die wir beten, auf die wir hoffen, an die wir glauben und der wir vertrauen.

Der Glaube findet seine Rechtfertigung und Befriedigung tatsächlich vollständig außerhalb der Welt unserer Sinne und erlangt seine Glück bringende Vision ohne alle Worte.

Der Glaube an das Übernatürliche ist aber nicht der einzige Glaube. Es gibt auch einen Glauben an den Fortschritt, einen Glauben an die Evolution und eine Wissenschaftsgläubigkeit. Es gibt auch einen Glauben an den Kommunismus. Und ebenso, wie wir uns vorstellen können, dass Engel und Teufel sich den Glauben der Menschen an das Übernatürliche zunutze machen, so können wir nicht umhin zu vermuten, dass die gegenwärtigen Herrscher Russlands den Glauben an den Kommunismus, dem so viele Menschen anhängen, dazu ausnutzen, um ihre eigenen, rein nationalistischen Zwecke zu verfolgen.

Das Unglückliche an der heutigen Weltlage ist, dass die chinesisch-russische Seite alle guten Argumente gegen das Übernatürliche mit ihrem antikapitalistischen Netz einfängt und unsere kapitalistische Seite, angeführt von Amerika und dem Commonwealth, mit ihrem antikommunistischen Netz alle guten Argumente zur Verteidigung des Übernatürlichen sammelt. Aus diesem Grund wird das, was auf unserer Seite als »heiliger Boden« bezeichnet werden mag, immer heiliger, während das, was auf der anderen Seite als »säkularer Boden« bezeichnet werden mag, immer profaner wird.

Die entscheidende Frage lautet daher für beide Seiten: Aus welchem neutralen Arsenal platonischer Inspiration, das im spirituellen Steinbruch unserer »Erfahrungsstoffe« verborgen liegt, sollen wir Westler unseren Individualismus auffrischen und die Ostler ihren Polizeistaat vermenschlichen, ehe *unser Glaube* ans Übernatürliche austrocknet, verbrennt, erstarrt, verschlackt, ertrinkt, verdorrt, verweht und sich in nichts verwandelt und ehe *ihr Glaube* an den Kommunismus mit seiner Zerstörung heiliger Erscheinungen, geweihter Einflüsse, dämmriger Atmosphären, okkulter Mysterien und frommer Täuschungen sich in einen nüchternen, verdrossenen, freudlosen, inquisitorischen Puritanismus verwandelt, verbunden mit einer so gnadenlosen, mitleidlosen, unangreifbaren wissenschaftlichen Sklaverei, wie die Welt sie noch nicht gesehen hat?

Ja, die Frage für beide Seiten in diesem entscheidenden Moment – denn es ist nur schwer zu glauben, dass die Masse des russischen Volkes oder auch des chinesischen Volkes sich einer so abstoßenden Sklaverei unterwerfen will, wie sie die gegenwärtigen Kreml-Herrscher der Welt aufzuzwingen versuchen – lautet, welcher tief pulsierenden, emporschießenden, kreativen Kraft im Hintergrund unseres Lebens wir eine Inspiration entnehmen können, die uns genügend erregt und die lebenskräftig genug ist, um als Sammlungsruf für alle Menschen zu dienen, die guten Willens sind.

Die Frage für unsere Seite lautet: Wo können wir, deren heiliger Boden stets vom Übernatürlichen gesegnet worden ist und deren Priester des Übernatürlichen immer schon behauptet haben, dass dieser ihr heiliger Grund alle Schönheit und Feinheit, alle Mysterien der Welt enthält, eine neue Lebensquelle finden?

Wir haben immer noch reichlich Farben, Federn und Edelsteine, mit denen wir unsere Schreine schmücken können. Aber wo sind die schlichten, lebendigen Elemente, mit denen wir der schöpferischen Kraft der Natur entsprechend die Welt neu erschaffen können? Wann werden diese Tyrannen im Kreml, die *unsere* Opfer nur befreien, um sie zu *ihren* Sklaven zu machen – zu Geschöpfen, die von wissenschaftlich gerüsteten

Sklaventreibern gefoltert, ausgeblutet, gepeinigt und verletzt und zu Tode geschunden werden –, wann werden sie den Tag ihres Jüngsten Gerichts nahen spüren und des Aufstands im planetarischen Teil des menschlichen Herzens gewahr werden, der weder kommunistisch ist noch christlich, weder östlich noch westlich, weder amerikanisch noch europäisch, sondern einfach nur menschlich, eine Lebensquelle, die nichts verstopfen kann und die schließlich alle Schranken und Barrieren der Welt überfluten wird?

In der derzeitigen Krise in der Geschichte der Menschheit sind wir mit zwei ungeheuerlichen Täuschungen konfrontiert. *Unsere* Täuschung, die uns unsere scholastischen, religiösen, ethischen und politischen Führer unaufhörlich in unsere einfältigen Köpfe trichtern, gibt vor, dass sich nur durch religiösen Glauben die Schönheit, Poesie, Magie, Fülle, Tiefe, Würde, Großartigkeit, Feinheit, der Ruhm, Adel, das Wunder und vor allem das *Mysterium* des Lebens vor der Vernichtung bewahren ließe.

Das ist natürlich eine unglaubliche Lüge. Lange bevor Mohammed Mekka verließ, lange bevor Lot Sodom verließ, lange bevor Abraham das Ur der Chaldäer verließ, lange bevor das hölzerne Pferd seine heldenhaften Verbrecher in die Straßen Trojas ausspie, waren schon Tage im Nahen Osten voller glänzender Magie und die Nächte voller schrecklicher Mysterien.

Weder riss das Begräbnis von Hektor, dem Pferdezähmer, der Poesie der Welt das Herz aus, noch verwandelte der Mord an Agamemnon alle Tragödien zu einer Prise Staub, der über die Wüste weht. *Ihre* Lüge, die Lüge der gegenwärtigen Herrscher in Russland und China sowie in den von ihnen unterworfenen oder hypnotisierten Satellitenstaaten, ist viel offensichtlicher.

Sie nehmen mit der Raserei religiöser Überzeugung und dem Dogmatismus logischer Verzweiflung an, dass das klassenlose Utopia der Zukunft nur inauguriert werden kann, indem man Männer und Frauen Hals über Kopf in Fabrikbaracken und Bauernkollektive steckt und ihnen mit Arbeitslagern und Urangruben zu Leibe rückt. Diese beiden kolossalen Lügen, *deren* und *unsere*, sind beide die Folge des Glaubens.

Wir glauben, dass dem menschlichen Leben auf Erden nur aufgrund unserer Religion Würde und Schönheit gegeben sind. *Sie* glauben, dass der absolute Despotismus einer Hand voll privilegierter Herrscher, deren Handlungsprinzip lautet, dass alles erlaubt und nichts verboten ist, eine völlig naturgegebene Weise sei, ihr Ziel zu erreichen. Ihr Opportunismus in auswärtigen Angelegenheiten ist so schamlos, dass er Machiavelli verwirren und Metternich verblüffen würde, und er wird von ihnen keiner Entschuldigung für würdig befunden. So sind die Menschen nun einmal, und so und nicht anders sollten sie behandelt werden. In jeder Lebenskrise müssen wir total skrupellos sein, andernfalls könnten wir ja gleich Mönche oder Nonnen werden.

Ihre Ziele mit der Tücke eines Gangsterbosses und der todbringenden Sicherheit eines Meuchelmörders zu verfolgen, erscheint ihnen als so natürlich wie zu essen, wenn man hungrig ist, oder zu trinken, wenn man

Durst hat. Es wäre eine nette Diskussion wert, ob ein Betrug, der nur andere täuscht, nicht aber denjenigen, der davon profitiert, verdammenswerter ist als ein Betrug, der den Täter ebenso täuscht wie sein Opfer.

In jedem Fall aber ist klar, dass unsere kommunistischen Feinde zur ersteren Kategorie gehören und wir zur letzteren. Das ist leider sogar ziemlich klar, und wir können uns nicht vorstellen, dass es viele aufrechte Menschen gibt, die abstreiten würden, dass die Führer der Völker auf unserer Seite der Trennlinie in ihrer professionellen Redegewandtheit ein gutes Stück weiter gehen, als ihr Gewissen es ihnen im Privatleben erlauben würde. Sie täuschen sich selbst – wir können ihnen geradezu dabei zusehen! – ebenso geschickt, wie sie uns täuschen, und fast so geschickt, wie sie versuchen, die ganze Welt zu täuschen, während die Herrscher unserer Feinde ihr eigenes Volk flagrant betrügen, ihr Bestes geben, um auch die ganze Welt zu betrügen, aber als zynische Teufel, die sie sind, einander schamlos eingestehen, auf was sie es anlegen!

Und was ist nun der eigentliche Grund für all diese Betrügerei? Glaube – schlicht und einfach der Glaube. *Wir* glauben, da wir ja im Privatleben wohlmeinende Menschen sind, dass unsere Sache zum allgemeinen Wohl der Welt beiträgt, während unsere Feinde glauben, dass das Schicksal Russland dazu vorbestimmt hat, herrschende Weltmacht zu werden. In dieser Überzeugung können sie sich zudem auf den größten aller Schriftsteller stützen, denn Dostojewski selbst hat viele derartige Prophezeiungen von sich gegeben.

Doch ob das täuschende Element in einem Glauben eine heilige Täuschung ist, wie die unsrige, oder eine unheilige und zynische Täuschung, wie die ihrige – es ist gewiss eine Täuschung, die es auf beiden Seiten nicht nur geschafft hat, sich als »Wahrheit« auszugeben, sondern auch von ihren Anhängern mit Fug und Recht als »Wahrheit« bezeichnet zu werden, während diese Anhänger sie im Herzen entweder als das erkennen, was sie ist, oder sich zumindest in bestimmten Augenblicken dabei äußerst unbehaglich und unsicher fühlen.

Es rührt einen schon seltsam an, dass die feinsinnigste Verteidigung der Lüge, die jemals geäußert wurde, jener Ruf im Neuen Testament ist, den wir gemeinhin als tragisch und schön ansehen: »Herr, ich glaube! Hilf meinem Unglauben!«* Aber in dieser ganzen Gemengelage von Wahrheit und Lügen stehen wir vor dem unergründlich komplizierten Problem des Betrugs mit *Worten*.

Jedes Wort, welches wir aussprechen oder schreiben, birgt einen astronomischen Tierkreis an Wahrheit und Falschheit, und eine Geschichtsschreibung bestimmter vertrauter Worte, falls es das gäbe, wäre so prall von merkwürdigen Verzerrungen und fantastischen Abweichungen und Irrtümern, dass wir aus unserer Bestürzung gar nicht mehr herauskämen.

Nur sehr wenige Schriftsteller erkennen das volle Potenzial der Wörter, die sie verwenden, und das trifft selbst auf die selteneren Wörter zu. Man braucht mehr als bloße Gelehrsamkeit, um im schlichten Wortlaut einzelner Wörter die Maulwurfsgänge untergründigen

Verrats zu erkennen, den diese in fast jeder Silbe enthalten. Die abscheulichen Werwölfe und schauderhaften Lemuren, die viele Wörter unter ihrer Maske verbergen und die wir mit dem einzigen Auge untersuchen, das wirklich ihre dunklen Tricks enthüllen kann – und das ist mehr als ein psychologisches Auge, mehr noch als ein physiognomisches Auge, sondern ein *mythologisches Auge* –, würden einen Quintilian* mehr als nur aufstöhnen lassen.

Im Namen unserer »Philosophie des Trotzdem« können wir versichern, dass wir bei der Ausarbeitung unserer Gedanken über das Leben im Interesse gewöhnlicher Männer und Frauen herausgefunden haben – während wir auf dunklen Kontinenten und fernen Inseln von Wortstamm zu Wortstamm wandelten, ihre Tricks und ihre inzestuösen und thaumaturgischen Gewohnheiten beobachteten, ihre Macht der Verwandlung und der Metamorphose, ihre heimliche Art, entsetzlichen Missgeburten das Leben zu schenken und in der eigenen Person selbst unglaubliche Parasiten zu beherbergen –, wir schwören, herausgefunden zu haben, dass ein Reisender unter den Wörtern sich von vielen Vergiftungen und zahlreichen fauligen Gerüchen reinigen muss, ehe er zu den direkten Gesten zurückkehren kann, die bei Mensch und Tier aufrichtig und natürlich sind.

Ein solcher Reisender könnte weiterhin versichern, dass die schlimmsten und schwefligsten Dünste, die sich seiner Haut anhaften, aus jenen Teilen der Welt stammen, wo sich ein Glaube mit dem anderen streitet.

Aber nun, mein schwankender Konvertit, wollen wir die großen Dichter imitieren und eine wahrhaft vieldeutige Metapher verwenden. Nehmen wir als Symbol für die subtilen Veränderungen von Wortbedeutungen – insbesondere der Bedeutung, den das Wort »Glaube« für uns hat – jene dunkle Linie am Rand des Meeres, die wir »Flutlinie« nennen.

Wenn wir an einem Strand entlanggehen und diese magische Flutlinie am Meeressaum betrachten, scheint sie immer stärker zur Verkörperung unserer gesamten Beziehung zum Übernatürlichen zu werden. Die Fragmente perlmuttfarbener Muscheln und rosa angehauchten Seetangs, die Tupfen glänzenden Schaums, die bei näherer Betrachtung so verblüffend schön wirken, ordnen sich, wenn wir die sich vor uns erstreckende lange Wellenlinie betrachten, zu einer gagatschwarzen Spur*, einem seltsamen Muster im Sand, als wäre hier eine unbestimmbare Seeschlange entlanggekrochen.

Diese gagatschwarze Spur, deren Verlauf wir folgen, ist in dem, was sie beinhaltet, so ungewöhnlich, so überraschend, so verblüffend, dass sich uns unweigerlich der Gedanke aufdrängt, dass viele der schönen Dinge, die sich in diese Schlangenlinie hineinverstrickt haben, direkte Wohltaten des Himmels sind und uns in ihrer seltsamen Schönheit, samt einer gelegentlichen Qualle oder einem Seestern, zwingen sollten, ebendiesem Himmel dankbare und ehrfürchtige Schwüre der Wiederbelebung zu leisten.

Und dennoch – dennoch müssen wir uns ins Gedächtnis rufen, dass diese wundersame Flutlinie auch dann zu unseren Füßen verliefe, wenn keine Schiffe in der Bucht untergegangen wären, um ein paar Stückchen Treibholz zwischen die Seesterne und Quallen zu mischen. Und selbst dann, wenn sich hier nicht einmal Seesterne und Muscheln finden ließen, wenn es hier nur die immer wiederkehrende Flut und den Sand gäbe, der sie empfängt, dann wäre die Flutlinie immer noch eine Flutlinie.

Jawohl, das Orakel unserer »Philosophie des Trotzdem« gilt stets und immerdar für jeden Menschen, der diese Welt betritt: »Mach das Poetische zu deinem Ersatz für alles Übernatürliche.« Falls wir aber zufällig zu den Menschen gehören, die es ohne jegliches Bedürfnis nach einem Glauben, einem Bekenntnis oder einer Überzeugung vorziehen, alle Türen, alle Fenster, alle Ritzen und Nischen des Kosmos offen zu lassen – und für diesen Standpunkt spricht auch einiges –, dann lautet unser philosophisches Orakel wie folgt: »Mach das Poetische zu deinem Ersatz für alles Doktrinäre.«

Doch lassen Sie uns ein wenig weiter ausführen, was wir mit dem »Poetischen« meinen. Und vermeiden wir um Himmels willen alles Theoretische, Akademische und Wissenschaftliche bei unserer Untersuchung. Machen wir uns ganz direkt an die Arbeit und wenden wir uns an die Dichtung selbst. Jeder weiß, welche Eindrücke wir beim Lesen jener alten, volkstümlichen Balladen von den romantischen Schlachtfeldern zwischen England und Schottland bekommen, denn jeder kann es *fühlen,* auch wenn sich diese Gefühle nicht erklären lassen. Balladen aus grauer Vorzeit sind natürlich in allen

Grafschaften unserer Insel überliefert worden, aber diejenigen aus Northumberland und aus dem schottischen Grenzland scheinen jene besondere Essenz der Balladendichtung über die Jahrhunderte hinweg auf ganz eigne Weise gerettet zu haben. Wie sieht nun diese Essenz aus?

Nun, sie stellt eine besondere Konzentration des Romantischen, des Beschreibenden, der Liebe und des Humors, aber vor allem des Tragischen dar. Nichts Geringeres als dieser Geist der Ballade, zu einer dramatischen Erzählung verdichtet und erweitert, bildet das innerste Geheimnis der *Ilias*. Und selbst die *Odyssee*, in der die Handlungsstruktur eher einem Schelmenroman gleicht als einem Epos, obwohl Odysseus kein Pirat war – selbst die *Odyssee* beinhaltet zahlreiche Einzelszenen, die jeder fahrende Sänger, der ein Meister natürlicher Rhythmen war, zu ganz neuen Balladen fortspinnen und ausschmücken konnte – zu Balladen, die in sich ein Kondensat der gesamten romantischen Bedeutung unseres irdischen Lebens bergen.

Eine kunstgerechte Ballade ist gleichermaßen klassisch und romantisch. Sie enthält das kindliche Staunen, die wilden Fantasien unserer jungen Männer, die sehnsüchtigen Träume unserer Mädchen, den Heldenmut der Verpflichtungen, den Frauen und Männer im Zenit ihres Lebens aufbringen, dazu die absonderlichen Gemütsverfassungen und die jammervollen Schwächen des Alters.

Ein Gast aus einem anderen Sternbild würde keinem noch so philosophischen oder metaphysischen Poem, keiner noch so geistreichen Gesellschaftskomödie eine Widerspiegelung unseres Lebens auf diesem Planeten abgewinnen können – keinen Niederschlag der groben Herrlichkeit, des kaum erträglichen Mitleids, der Zärtlichkeit, des schauderhaften Humors, des grimmigen Entsetzens und des ultimativen Mysteriums, die diesem Leben eigen sind.

Manche mögen einwenden: »Wie kann denn die Poesie ein Ersatz des Glaubens sein, wenn man dazu doch so viel Vorstellungskraft, so viel Empfindsamkeit, so viel Gelehrsamkeit, so viele historische Kenntnisse braucht? Der Glaube ist etwas Schlichtes und passt zu schlichten Menschen. Jeder kann glauben, was er glauben will. Aber es gibt Scharen von Menschen, die sich um die Poesie keinen Deut mehr scheren als um die Astronomie oder Geologie!«

Eine passende Antwort unserer »Philosophie des Trotzdem« auf diesen ungehobelten Einwand wäre eine Empfehlung an die Gläubigen, ihren Glauben auf Steinen zu zerschmettern oder, eher in der Sprache der Chemie als der der Bibel, das Experiment zu versuchen, ihn in die vier Elemente aufzulösen, in Wasser, Luft, Feuer und Erde.

Zwingen Sie sich, würden wir sagen, mit der Kraft Ihres natürlichen Willens, die gleiche Ehrfurcht für diese mysteriösen Dinge zu empfinden – denn sie *sind* mysteriös – wie für die erhabenen Objekte Ihres Glaubens. Geben Sie nicht gleich auf, wenn Sie solche Gefühle nicht sofort entwickeln können. Üben Sie weiterhin Ihren Willen darin, statt ans Übernatürliche ans

Poetische zu glauben, und noch ehe Sie merken, was geschieht, erkennen Sie, dass Sie die Projektion Ihrer psychischen Energie von dem ehemaligen übernatürlichen Objekt auf das neue poetische Objekt umgelenkt haben.

Wenn dieser Wechsel vollbracht ist, stellt sich als überwältigender Lohn für alle Mühen eine tiefe Erleichterung ein. Sie gewinnen ein völlig neues Lebensgefühl, geistig wie körperlich. Sie fühlen sich wie ein Fisch, der seiner Lebtage in einem Glasbehälter oder Aquarium auf Deck eines Schiffes gehalten wurde und der nun plötzlich mit geballter Kraft in einem einzigen großen Satz ins Meer gesprungen ist.

Jedes dieser echten, offenkundigen Elemente Ihres neu-alten Universums wird Sie auf geheimnisvolle, wechselseitige und unglaubliche Weise anziehen. »Noch nie zuvor«, werden Sie bei sich sagen, »habe ich angesichts eines flammenden Sonnenuntergangs solche Empfindungen gehabt!« Und Sie werden sagen: »Die Götter wissen, dass ich den Mond immer und immer wieder betrachtet habe, aber was ist das? Was ist mit ihm geschehen, und was ist los mit mir?«

Und wenn Sie nun bei einem ganz normalen Urlaub am Meer, wohin es Sie in den alten »Tagen des Glaubens« schon häufig gezogen hat, wo Sie gern ein Schwätzchen mit der Zimmerwirtin gehalten, sich ab und zu in die Brandung gestürzt und sich in himmlischem Vergnügen gemeinsam mit kräftigen, halb nackten kleinen Jungen und Mädchen in den sonnendurchglühten Wellen getummelt haben, wenn Sie sich nun bei solchen vertrauten Erlebnissen unvermittelt mit irgendetwas im Wasser konfrontiert sehen, mit etwas, das die Sonnenstrahlen bricht und spiegelt, etwas, das mit dem Seetang unter Wasser schwankt und tanzt, etwas, das schimmert, sich bricht und blendet, das dann von oben bis unten mit einem einzigen flammenden Streich das gesamte Wunder des Lebens aufreißt – was, oh, mein höchst schwieriger Konvertit, was, glauben Sie, ist dann mit Ihnen geschehen?

Ist das etwa irgendeine neue Offenbarung des Übernatürlichen, die Sie so aus sich selbst herausgerissen und hoch in den Himmel geschleudert hat? Ganz und gar nicht! Es ist einfach nur so, dass Sie, auf eine Weise, die Sie nie zuvor erfahren haben, *Sie*, nicht als »spirituelles Wesen«, sondern schlicht als »Menschenwesen«, als reines Produkt der großartigen, schöpferischen Natur, Sie, als ein bloß gewöhnliches Bewusstsein unter allen möglichen »Bewusstseinen«, alle Geheimnisse erkannt haben – und für diese Erkenntnis zollen wir Ihnen vorbehaltlose Anerkennung –, die im Meer, in jenem »der Erde entsprechenden Antagonisten«*, vorkommen.

Es handelt sich auch nicht um eine göttliche Offenbarung. Es ist schlichtweg ein besonders glücklicher Augenblick in Ihrem ganz gewöhnlichen Leben, wenn auf unerklärliche Weise alle Wasser der großen Tiefen sich in ihrer Majestät und Ungeheuerlichkeit vom Rest des Kosmos lösen und für diesen einen bestimmten Augenblick lang eine ganz eigenartige und besondere Beziehung zu Ihnen herstellen, das heißt mit einer zufällig ausgesuchten bewussten Identität, die sich glücklich schätzen darf, zufällig ausgewählt worden zu sein, und die zufällig niemand anderer ist als Sie selbst.

Und ebenso wie mit dem Wasser und dem Feuer kann Ihr Bewusstsein in seiner wundersamen Befreiung vom verzweifelten Dienst an einem dogmatischen Glauben auch mit den riesigen Weiten des grenzenlosen Äthers eine neue und ganz besondere Beziehung herausbilden. Doch am offensichtlichsten wird diese unaussprechliche Erleichterung über die Befreiung des Selbst mit all seinen körperlichen Sinnen aus seiner Sklaverei eines übernatürlichen Glaubens, wenn es in Verbindung mit der Erde selbst steht, mit dem Planeten, der uns ins Leben gerufen und uns unsere bewusste Identität als einzelne Lebewesen gegeben hat.

Nichts ist für einen Menschen schwerer zu erlernen und nichts belohnt den Lernenden anschließend mehr als die unglaubliche Intimität, die sich zwischen einem menschlichen Bewusstsein und der großen planetarischen Mutter allen irdischen Lebens einstellen kann.

Es ist wirklich bemerkenswert, wie die Erkenntnis immer deutlicher und klarer zu Tage tritt, dass wir in Berührung mit einer Lebensessenz stehen, die sich trennen lässt von allen üppig wachsenden Moosen und Farnen, von allen monumentalen granitenen Gebirgskämmen, von tief verwurzelten, düsteren Fichtenwäldern, von gähnenden Abgründen in Schlackenkratern, von eiserstarrten Halbinseln am Polarkreis oder brennenden kameldurchzogenen Wüsten mit jahrhundertealtem Sand – eine Lebensessenz, der wir alles verdanken, was wir sind, was wir waren und was wir sein werden.

Auch ist das nicht das Ende dessen, was wir gewinnen, wenn wir unseren Griff um alle dogmatischen Überzeugungen lockern, die wir jemals vertreten haben. Wir müssen überhaupt nicht hinaus in die Wildnis oder in die Berge ziehen, durch einsame Wälder streifen, an den Ufern tiefer Ströme oder rauschender Bäche entlangwandern, um unser menschliches Leben – oh, viel mehr als unser bloßes Bewusstsein! – mit dem Leben der Natur zu vermengen. Wir müssen gar keine besonders abgeschiedenen Pfade durch friedliche, ulmengesäumte Wiesen oder über Kalkvorgebirge mit Blick auf das ferne Meer finden.

Wir brauchen das Straßenpflaster, die Nachbarschaft aus Stein, die Häuserzeilen und den Straßenverkehr mitnichten hinter uns zu lassen.

Wir müssen lediglich unsere Schwelle überschreiten und unsere Füße – tapp, tapp, tapp! – nach Gutdünken in irgendeine sterbliche Richtung lenken. Wenn wir aufrechten Zweifüßer mit Beinen und Armen es wirklich wollen, kann, während wir auf der Oberfläche unseres Planeten einen Fuß vor den anderen setzen und uns so von einem Fleck zum anderen fortbewegen, nichts uns daran hindern, unseres eigenen Vermögens innezuwerden, über unsere Köpfe hinaus- und höher zu blicken, über die Mauern und Schornsteine vor uns hinweg, über die bewaldeten Hügel und felsigen Gebirgskämme, um ein Spektakel, ein Objekt, einen Anblick, eine Aussicht, eine Vision zu erfassen, die zu verstehen, zu begreifen und zu erkennen unser Denkvermögen übersteigt – gleichviel, wie klug wir sind, wie gelehrt, was für mathematische oder metaphysische Kenntnisse wir haben. Und *dennoch ist das so.*

Da ist es, über den Schornsteinen vor uns, über den Hügeln und Bäumen vor uns, hoch oben über unseren lächerlich hölzernen Schädeln mit ihren jämmerlichen Strohhüten, hoch da oben bei dem, was wir »Zenit« nennen.

Nun? Folgen Sie uns, mein ernsthafter Leser? Wir reden hier schlicht und einfach über die Unendlichkeit. Obwohl wir dieses erstaunliche Wort stets so gelassen aussprechen, weiß niemand auf Erden wirklich, hat niemand auch nur die entfernteste Ahnung, was Unendlichkeit tatsächlich bedeutet.

Sie ist kein Wunder, denn sie tut nichts und verändert nichts. Sie bleibt einfach nur sie selbst, bleibt, was wir von ihr sehen können – ein Schauspiel, eine Vision.

Und was sehen wir tatsächlich? Nun, wir sehen das, was wir den Himmel nennen, den blauen Himmel, den grauen Himmel, den wolkigen Himmel, den rotgestreiften oder gelb gestreiften Himmel, den Himmel mit »seinem absonderlichen Hauch Gelbgrün«, den, wie man weiß, Coleridge so bewunderte*.

»Nun«, so werden Sie sagen, »was soll's? Was soll das ganze Theater?« Das Theater dreht sich schlicht und einfach um die Tatsache, dass wir, wenn wir in den Himmel über unseren Köpfen blicken, während wir ungezwungen die Krawatte lockern, den Stock schwingen oder einen Stein fortkicken, das letzte der, in altmodischen Begriffen, vier Elemente anschauen – Feuer, Wasser, Erde, Luft –, dass aber im Gegensatz zu den anderen dreien dieses Element Luft, so dünn und geläutert, um es »Äther« nennen zu können, kein Ende hat. *Es ist grenzenlos*. Und diese Grenzenlosigkeit kann unser menschliches Gehirn nicht verkraften. Es bleibt verwirrt stehen, genauer gesagt, es hört einfach auf zu denken.

So brauchen wir also, indem wir aus der Hintertür treten und hinaus auf die Straße stürzen, eilen oder spazieren und weiter über den Weg oder den Gehsteig hüpfen, stolpern, schlendern oder hasten, unseren Stock schwenken, uns in den Hüften drehen, uns auf unserem Weg in die Kneipe oder ins Kino eine Zigarette anstecken, nur den Kopf in den Nacken zu legen, um etwas anzustarren, das absolut unglaublich und undenkbar ist, etwas, das innerhalb der Grenzen unserer gewöhnlichen Welt eine schwarze, graue, grüne oder rosa angehauchte Decke aus dünner Luft bildet und zugleich ein unlösbares Rätsel, das hinaus ins Universum vorstößt, in einen mysteriösen Bereich, in dem unser menschliches Gehirn nicht mehr funktioniert.

Angesichts dieser *Ewigkeit des Raumes* über unseren Köpfen sind für den gesunden Menschenverstand, auf den sich unsere »Philosophie des Trotzdem« gründet, die spitzfindigen Spekulationen eines Einstein und anderer über die mathematische Theorie der Relativität, die sie uns als vorläufige Erklärung für dieses *mysterium tremendum*, jenen immer währenden Hintergrund für die Chancen und die Wechselfälle unseres ganzen

Lebens, auftischen, ebenso unbefriedigend wie der »Glaube«, den uns Muslime, Buddhisten, Konfuzianer, die römisch-katholische oder die anglikanische Kirche als dogmatische Erklärung für dieses unsterbliche Wunder auftischen.

Unsere Philosophie lehnt alle Erklärungen ab, weil sie vom Instinkt, von der Intuition, vom Verstand, vom Gefühl und von jenem seltsamen sechsten Sinn her, der *der poetische Sinn* ist, eines weiß: Die bloße Tatsache, dass der unendliche Himmel noch das kleinste Detail unseres Lebens umgibt, macht das Mysterium ebendieses Lebens, *selbst wenn wir an dessen Ende vernichtet werden*, ebenso befriedigend, wie es unauflösbar ist.

Doch nicht nur kraft seines Mysteriums kann unser poetischer Sinn als bester Ersatz für jenen fatalen und gefährlichen »Glauben« dienen, der die Ursache aller Kriege, allen Wahnsinns, aller Folter, aller Schrecken und aller jener verräterischen Ideale ist, die uns mit ihrer falschen und krankhaften Verehrung von Familie, Liebe, Opferbereitschaft, Keuschheit, Heiligkeit und Traditionen sowie dem verrückten manichäischen Schauder über das, was verächtlich »Materie« genannt wird, einengen, begrenzen und korrumpieren.

Er kann uns darüber hinaus mit seinem humanen Realismus und seiner unverfälschten Irdischkeit zur Seite stehen, mit seiner Kraft, den ganzen vertrackten Kult des Ungesunden und des Frömmlerischen loszuwerden sowie all das, was man gemeinhin als »spirituell« bezeichnet, was aber bestenfalls jene dubiose Tendenz zum *Okkulten* repräsentiert, die man heute »psychisch«

nennt, und was schlimmstenfalls als eine Art erotischer Hysterie beschrieben werden muss. Der poetische Sinn kann uns auch helfen, unsere Vorstellungskraft zu stärken und zu festigen.

Die Kreativität der menschlichen Fantasie ist eine der edelsten Mächte dieser Welt, und es stellt einen psychologischen Verrat an unserer Spezies dar, wenn man gewöhnlichen Menschenseelen diese Fantasie völlig abspricht, sondern nur die großen Maler, Dichter und erleuchteten Propheten gelten lassen will. Das ist völlig falsch. Jeder Mensch verfügt über eine schöpferische Fantasie, manche von uns sogar in einem gefährlichen Ausmaß. Und wir kommen nicht umhin einzuräumen, dass auch unser Ersatz für dieses gefahrvolle weltenalte Phänomen des »Glaubens« nicht vollständig frei ist von den explosiven Schwingungen seines Vorgängers, sonst könnte er dessen Macht nicht Paroli bieten.

Unglücklicherweise lassen die meisten Menschen zu, dass die Fantasie über sie verfügt statt umgekehrt. Doch wir können daraus sehr wohl unsere Waffen für den Lebenskampf schmieden. Und wahrhaftig besteht der erste Dienst, den uns unsere Vorstellungskraft leistet, darin, das ganze Leben auf Erden als einen Kampf zu betrachten. Wir brauchen also gar kein französischer Geist oder griechischer Weiser zu sein, um uns *das* vorzustellen!

Nun, gehen wir einen Schritt weiter und versetzen wir uns in ein Haus Ihrer Wahl, in dem Sie vor den vertrauten Wänden mit ihren Regalen, Ornamenten und Gemälden stehen oder mit lediglich ihrer vergilbten

Tapete, deren Bahnen sich aufgrund von Alter und Feuchtigkeit in den Ecken melancholisch zu lösen beginnen.

Unserer Fantasie folgend, indem wir sie auswählen, verwerfen, vordringen, vermischen und verwandeln lassen, betrachten wir nun diesen Raum, in den uns das Schicksal, der Zufall, die Notwendigkeit oder ein Gott geführt hat – sofern wir denn meinen, dass ohne deren Zutun kein Tag dem anderen und keine Nacht der anderen folgen würde –, und zwingen uns mittels unseres Willens, unsere Aufmerksamkeit stetig und ungeteilt auf diese entweder überladenen oder ansprechenden oder bedrückenden Wände zu richten und sie mit jedem Sinn, den wir haben, zu vereinnahmen. Nehmen wir völlig und ausschließlich von ihnen Besitz!

Nehmen wir alles auf, was sie an Anblicken, Geräuschen, Gerüchen, Geschmäcken und Berührungen zu bieten haben! Vereinnahmen wir sie so, als wäre der ganze Raum eine bezaubernde Braut, oder geben wir uns ihnen hin, als wäre er ein hinreißender Bräutigam.

Doch Sie mögen protestieren: »Diese Wände sind feucht und schmutzig und ekelhaft! Wie kann ich mich bloß an ihnen erfreuen?« Sie können sich an allem erfreuen, was Anlass dazu bietet. Und da Sie über die schöpferische Fantasie eines gewöhnlichen Menschen verfügen, bedeutet das eine ganze Menge. »Doch«, so protestieren Sie weiter, »diese Bilder da in ihrer schauderhaften Modernität sind viel zu abstrakt! Sie sind sogar richtiggehend unanständig! Sie entsprechen überhaupt nicht der Natur!«

Darauf weiß unsere »Philosophie des Trotzdem« zu erwidern: »Das ist doch völlig gleichgültig! Das gehört zum Leben. Daher ist das hier eine Kriegshandlung. Wenn wir Krieg führen, geht es um Einnahme, um Besitzergreifung. Die Geschlechter führen Krieg gegeneinander, und wenn sie einander besitzen, dann ist das der Gipfelpunkt ihres Krieges. Jeder Mensch ringt darum, das Universum zu besitzen, und das bedeutet, dass ein jeder mit dem Universum kämpfen muss, um es zu besitzen.«

Unsere Philosophie spricht aus berufenem Mund von der höchsten Realität, die wir kennen, und sie ruft Ihnen zu: *»Es gibt nur dich und das Universum. Es gibt nur dich gegen das Universum. Daher kämpfe!«*

Verlassen wir nun diesen Raum, mein Freund, und treten wir hinaus auf die Straße. Nun, und was finden wir da vor? Da sind sie – die ganz gewöhnlichen Häuser, Schornsteine, Bäume, Pflastersteine; und ganz normale Leute gehen vorbei, ganz normale Kinder spielen, ganz normale Vögel fliegen umher und ganz gewöhnliche Wolken segeln über uns hinweg!

Aber das sind nicht die einzigen Dinge hier. *Sie* sind ebenfalls da. Und Ihre Anwesenheit hier macht einen Unterschied ums Ganze. Denn Sie, ob Mann, Frau, Junge oder Mädchen, haben eine schöpferische Fantasie. *Jawohl, die haben Sie!* Es hat keinen Zweck, wenn Sie mir weismachen wollen, Sie seien ein ganz gewöhnlicher Mensch. »Du bist ein Mensch. Es gibt keinen Gott mehr. Lerne, deine eigene Menschlichkeit zu verehren.«

Da draußen gibt es daher nicht nur Mörtel und Steine, segelnde Wolken, aufsteigenden Rauch, Bäume, die ihr Laub verlieren, tschilpende Spatzen, krächzende Dohlen in einem nahen Park und einen Zug, der in der Ferne pfeift. Schließt das alles nicht auch einen winzigen Flecken klaren Himmels ein, da drüben, zwischen jenem Baumwipfel und dem Schornstein? Einen winzigen Flecken, der sich aber immer weiter fortsetzt, ohne Ende und in alle Ewigkeit? Hat nicht außerdem dieses kleine, winklige, gezackte Stück Unendlichkeit zwischen einem unregelmäßigen Ast, der von hier aus fast metallisch wirkt, und der Steingutrundung eines Schornsteinaufsatzes etwas von einem Grimm'schen Märchen an sich? – so dass Sie die Urfrage Ihrer Jugend wieder aufwerfen, die wir alle wieder aufwerfen müssen, wenn wir an der ewigen Wiedergeburt der Unendlichkeit teilhaben wollen: »Warum ist alles *etwas?*«

Und noch einmal: »Warum ist alles etwas?« Und zum dritten Mal: »Warum sind Sie *Sie,* warum bin ich *ich?*« Können unsere Wissenschaftler und unsere Gläubigen uns irgendeine Schöpfung der menschlichen Fantasie anbieten, die einfacher und poetischer wäre als jedes Grimm'sche Märchen?

Die Anhänger und Schriftgelehrten unserer traditionellen Glaubensrichtungen sprechen von einem »Glaubensakt«, den wir vollziehen müssen, und vom »Willen zu glauben«, den wir aufbringen müssen, wenn wir nicht zurück in den »Materialismus« gleiten wollen, wie sie ihn so gern nennen, in den Materialismus der natürlichen und urtümlichen Poesie des menschlichen Lebens auf Erden. Warum sollten »Glaubensakte« auf jene beschränkt bleiben, die an Mohammed, Buddha, Konfuzius oder Jesus glauben? Warum sollten ganz gewöhnliche, wohlmeinende, tollpatschige, einfältige Ungläubige nicht auch zu einem »Glaubensakt« fähig sein?

Oh, nein! Unsere listige und vorsichtige »Philosophie des Trotzdem« macht Ihnen hier keinen Antrag, oh, höchst kritischer, gewissenhafter und konzentrierter Konvertit, auch wenn wir gerne einräumen, dass es fast einer ebenso großen Sturheit bedarf, um sich dem ausschlaggebenden »Glaubensakt« zugunsten unserer sorgfältig bemessenen Verkündigungen zu verweigern, wie man standhaft und stur bleiben muss, wenn der Vatikan von der Auferstehung spricht oder Mathematiker der Relativität huldigen.

Nein, der »Glaubensakt« unserer Philosophie ist viel »grundlegender«, wie es heutzutage heißt, als die buchstäblichste Anerkennung der auf ewig ihren Platz einnehmenden Himmelskönigin oder der mathematischste Widerruf eines einsteinschen Edikts.

Unser »Glaubensakt« ist ein zwiefacher. Es geht um den Glauben an das Gute im Wesen des Menschen und um den Glauben an die Willenskraft eines jeden. Dass dieser zwiefache »Glaubensakt« eine Menge Wagemut erfordert, ist hinlänglich bewiesen. »Auf dieser Landenge eines Zwischenzustandes«*, wie der Dichter sagt, stehen wir in doppelter Weise zwischen zwei Gegensätzen.

Wir balancieren nicht nur auf einem Hochseil zwischen Religion und Wissenschaft, sondern auch noch auf einem weiteren zwischen der Skrupellosigkeit des Großkapitals und der Skrupellosigkeit des Polizeistaates. Und das macht deutlich, warum unser verzweifelter »Glaubensakt« an das Gute im Menschen mit einem ebenso verzweifelten »Glaubensakt« an die Willenskraft des Einzelnen einhergehen muss.

Dieser zweite »Glaubensakt« birgt darüber hinaus eine Macht, die den ersten transzendiert, in dem Sinne, in dem der Glaube an ein Werden den Glauben an einen Seinszustand übertrifft. Wenn daher unsere Freund-Feinde, die Fürsprecher des Glaubens, uns anflehen, an eine Person, ein Bildnis, eine Ausstrahlung, eine Figur, ein Symbol oder eine Offenbarung zu glauben, dann sollten wir tunlicherweise unsere Energien gar nicht damit verschwenden, dass wir uns diesem Flehen verweigern.

Wir sollten vielmehr unseren Glauben verdoppeln – und zwar den an die eigene Willenskraft. Ach, wie sehr brauchen wir einfachen Leute, die da holprig und tastend, aber voller Eingebungen, die aus dem Herzen des Lebens kommen, unsere »Philosophie des Trotzdem« ausformulieren, ach, wie sehr brauchen wir die List eines Tieres – nicht unbedingt die einer Schlange, nicht einmal unbedingt die eines Fuchses. Sagen wir, die List eines Ochsen oder Esels?

Jawohl, bei Sonne und Mond! Was wir in dieser Angelegenheit brauchen, ist die langsame und träge List der Lasttiere. Denn unsere Gegner, die Gläubigen, erfreuen sich einer entsetzlich grausamen Unterstützung. Was haben zum Beispiel die Deutschen mit ihren Konzentrationslagern und ihrer Gestapo angerichtet! Und was stellen nun die Russen alles an – mit ihren Urangruben, ihren Massenliquidationen politischer Gegner, ihrem rücksichtslosen Opportunismus und ihrer zynischen Bereitwilligkeit, ihre Versprechen zu brechen!

Wenn wir an diese Verbrechen, an all den dunklen Verrat und die Grausamkeiten denken, die sich in dieser Welt abspielen, dann scheint das christliche Orakel doch nicht so weit von der Wahrheit entfernt zu sein, wenn es erklärt, dass der Mensch »von Grund auf verderbt« sei.

Trotz alledem ist das *nicht* die Wahrheit. Ganz im Gegenteil: Es ist eine Lüge. Das Herz des Menschen ist *nicht* »von Grund auf verderbt«. Nein, trotz aller Grausamkeiten der Gestapo, trotz allen Verrats der OGPU oder des MGB* oder wie immer diese verdammten Abkürzungen lauten – der Mensch ist im Grunde seines Herzens wohlmeinend, gutmütig. Er will bloß arbeiten, spielen, lieben, essen, trinken, sich seines Lebens erfreuen und von seinen lächerlichen Herrschern in Ruhe gelassen werden.

Unsere »Philosophie des Trotzdem«, deren gewissenhafte Ausarbeitung uns gewöhnliche Menschen, die wir weder Metaphysiker noch Naturwissenschaftler sind, in Beschlag nimmt, hat sich zu einer Schlussfolgerung durchgerungen, die man wirklich »historisch« nennen könnte. Sie wagt die Behauptung, dass die Menschheit zwar zweifelsohne durch ihre zweitausendjährige Anbetung des Leidens an spiritueller Wahrnehmungsfähigkeit gewonnen hat, dass aber nun der Zeitpunkt gekommen ist, diese zweitausend Jahre der heiklen, verworrenen und tragischen Manien abzuschließen. Womit nicht im Geringsten zu einer universalen Orgie von Sadismus und Masochismus, von Homosexualität und lesbischer Liebe aufgerufen werden soll!

Ganz im Gegenteil. Diese extravaganten Abweichungen wachsen ebenso natürlich wie weiß gefleckte, scharlachrote Giftpilze aus Böden, die von Märtyrerblut getränkt sind, sowie in moosüberzogenen Nischen und dunkelgrünen Senken, wo die Opfer mörderischer Zauberer mit dem heiligen Schweiß spiritueller Fanatiker gesalbt und mit dem schwarzen Regen ihrer Wunden und ihrer Tränen betäubt worden sind.

Der Abschluss von zweitausend Jahren Bußopfer bedeutet, dass dem Lebensgeist unserer Epoche ein entscheidender Kampf bevorsteht. Inwieweit sich dieser Kampf als ein die Menschheit erlösender oder gar wieder belebender erweisen wird, bleibt vorerst fraglich. Manche meinen, dass unsere gesamte weiße Rasse bereits in einen verzweifelten Kampf auf Leben und Tod verwickelt ist und dass niemand sicher sein kann, ob sie überleben wird.

Die weiße Rasse stellt immerhin unter den Sterblichen bloß eine Minderheit dar. Dunkelhäutige und gelbhäutige Menschen übertreffen sie zahlenmäßig bei weitem. Sie haben auch gute Gründe, uns vernichten zu wollen, denn wir haben sie gewiss – im wahrsten

Sinne dieses viel sagenden und höchst unheilvollen Wortes – »ausgebeutet«.

Dieses Wort ist zwar eine wirksame Waffe für jeden, der die rassische Ungleichheit zwischen Schwarzen und Weißen entlarven will, aber es deckt nicht das ganze Feld ab und erklärt auch nicht alles. Zu Beginn der industriellen Revolution schrie auch hierzulande die Ausbeutung unserer eigenen Frauen und Kinder durch ihre Arbeitgeber den bewölkten Himmel unserer Breiten um Rache an.

Die ganze »Industrialisierung« der Nationen dieser Erde ist in der quälenden Fülle jenes bedeutsamen, sprichwörtlichen Ausdrucks »ein komisches Geschäft«.

Doch es scheint, als dauerte zwischen unserer Rasse und denjenigen mit anderer Hautfarbe immer noch eine Beziehung an – nicht genau dieselbe, aber vielleicht doch moralisch vergleichbar –, wie es sie zu Beginn der industriellen Revolution in England zwischen Arbeitgebern und Arbeitnehmern gegeben hat.

Jeder kennt die überzeugenden Argumente für die Industrialisierung aller Nationen, und überaus zahlreich sind die Mutmaßungen – manche schauerlich, einige sehr verlockend –, was daraus entstehen wird, doch im Moment scheint sich jener Teil unseres Bewusstseins, der tatsächlich existiert (obwohl das manchmal schwer zu glauben ist), wahrhaftig unter der Haut weißer, schwarzer, gelber oder roter Menschen zu sammeln, um sich dieser mehr als nur rassischen Krise zu stellen, dieser mehr als nur Arbeitgeber-und-Arbeitnehmer-Krise, dieser supermoralischen, supermetaphysischen Krise, nämlich dem Ende unserer zweitausend Jahre alten Anbetung eines Folterinstruments.

Ein paar unter uns Männern und Frauen, die unsere »Philosophie des Trotzdem« ausarbeiten, sind der Meinung, dass das großartigste Gemälde der Welt Rubens' *Christus am Kreuz* aus der Wallace Collection* sei, auf dem eine herkulische Gestalt, die dem gefesselten Prometheus von Aischylos ähnelt, das Haupt in unbesiegbarem Trotz gegen Schmerz und Folter und Trauer und Mitleid und Tod erhebt, es hoch über die Türme und Dächer, Kuppeln und Minarette der Hauptstadt der ganzen Welt reckt, so dass es allein vor dem nächtlichen Sternhimmel zu schweben scheint, was jeden zutiefst ergriffenen Betrachter mit einem ehrfürchtigen Gefühl erfüllt, in diesem Christus einen Gegner des ungerechten Donnergotts zu erblicken, der stark genug ist, um den Himmeln den Einspruch der Menschheit zu Gehör zu bringen – einen Einspruch, der so lange währt wie die Himmel selbst.

Und wenn unser ergriffener Betrachter schließlich die wahre Natur dieser Tragödie erkennt, auf die er gestoßen ist, ist es dann nicht möglich, dass er in der Sprache des fernen Ultima Thule*, seiner Inselheimat, ruft: »*Cynnorthwyr'r gwan, O aros gyda mi!* – Helfer der Hilflosen, steht mir bei!«?

Und genau diese Stimmung in unserem Reisenden aus Ultima Thule vermögen unsere listigen spirituellen Führer so genial auszunutzen, und zwar mit dem fatalen Wort »Liebe«. Oh, es ist unabdingbar, dass wir – und jener unbesiegbare Herausforderer der ungerechten Himmel steht auf unserer Seite – einen letzten, verzweifelten Ansturm auf jene zweitausend Jahre alten Befestigungen versuchen, über denen das Banner dieser falschen und fatalen »Liebe« weht.

Wir müssen diese Bastion erstürmen. Wir müssen diese Wehrmauern überwinden. Wir müssen die natürliche, gewöhnliche, menschliche Freundlichkeit, die natürliche Güte des Menschen an die Stelle dieser mystischen »Liebe« setzen – jawohl, und den unbesiegbaren menschlichen Trotz an die Stelle der Ekstase göttlicher Unterwerfung! Glauben zu müssen, dass unser »Glaube« immer noch auf »Liebe« begründet ist und sich auf jene zweitausendjährige Tradition stützt, hat in der Tat etwas düster Unheilvolles, und was unsere spirituellen Führer gegen die schlichte Güte und Freundlichkeit und die natürliche Aufrichtigkeit der gewöhnlichen menschlichen Natur vorbringen, kommt einem verräterischen und täuschenden Angriff entsetzlich nahe. Aber wenn sie das Beste in uns angreifen, dann müssen sie sich auf unser Schlimmstes gefasst machen.

Hier ist in der Tat die Wehrmauer, auf die wir die Standarte aufpflanzen müssen, unter der sich alle ehrlichen und freundlichen Menschen sammeln können. Hier ist in der Tat der Ort, wo wir unseren neuen Kriegsruf ausstoßen und diese fatale, böse, korrupte und vergiftete »Liebe« herausfordern müssen, mit der die Geister und Maden, die Ratten und Würmer uns überzeugt haben, die Folterinstrumente zu verehren, die Rute zu küssen, die Wunden der Leprösen zu lecken und in einer Raserei aus Masochismus und Sadismus die Gesunden zu hassen, die Natürlichen zu verachten, die Vernünftigen zu meiden und zu versuchen, das Himmelreich durch die Klagetore zu betreten und im Turm der Schmerzen Unsterblichkeit zu erlangen.

Doch es ist kein Blindekuh- und kein Rollenspiel, keine Narretei, das Joch eines Kults abzuwerfen, der so alt ist wie die Stunde null, ein Kult, der uns eingebläut, eingebrannt und eingebissen wurde, ebenso wie der Glaube, den wir mit allen Drehungen und Windungen pietistischer Schikanen, theologischer Gleichungen und mystischen Unsinns, die wir in zweitausend Jahren heraufbeschwören konnten, idealisiert, verteidigt und gerechtfertigt haben!

Doch genau das müssen wir tun, wenn wir entschlossen sind, bis an die Grenzen unserer natürlichen Kraft Aberglauben durch Poesie, morbide und verdorbene Verzweiflung durch normale und natürliche Güte und schließlich sämtliche mänadenartigen Ekstasen der Selbstaufopferung durch alle Aspekte des aufrichtigen gesunden Menschenverstandes zu ersetzen.

Wohlan denn, dann stellt sich uns jetzt die Frage: Können wir diesen geistigen Glaubensakt, dem unsere Ahnen schon seit so langer Zeit verfallen sind, in den Griff bekommen und für unsere eigenen Zwecke nutzen? Können wir ihn in eine Waffe umwandeln, die wir selbst ausrichten können, aber auf ein völlig anderes Ziel und mit völlig anderer Wirkung als der, die man unsere Vorväter in den letzten zweitausend Jahren lehrte?

Könnte dieser Glaubensakt nicht zu etwas werden, was stark einer unter Anstrengungen entwickelten psychologischen Kraft gleicht, einer Kraft, die jener anderen ähnelt, die wir manchmal auf der Schwelle des Schöpferischen spüren, diejenige, durch die unser Bewusstsein sich über den gegebenen Körper hinausprojizieren kann, von dem es allerdings abhängt und dessen Sinnen es immer noch verhaftet ist?

Nun, unsere »Philosophie des Trotzdem« scheint sich an diesem Punkt tatsächlich auf eine erstaunlich evolutionäre Entwicklung zuzubewegen. Und warum sollte sie auch nicht? Als unsere meeresbewohnenden Urahnen zum ersten Mal an den Strand krochen, als unsere baumbewohnenden Urahnen zum ersten Mal auf den Boden kletterten, da hob gewiss ein großes Murmeln und Raunen an, das dem unsrigen sehr ähnlich gewesen sein dürfte. Die einen beteuerten, falls wir den Glauben in seiner ältesten, reinsten, schlichtesten Form aufgäben, den Glauben, der vom ersten Jahr unserer Ära an gegolten habe, dann würden wir alles verlieren, was uns am Leben kostbar erschiene, und schließlich einander allesamt in einem Anfall rasenden Totschlags umbringen. Die Beteuerungen der anderen, gleichermaßen erregten Geschöpfe in Wald und Meer entsprachen in ihren seltsamen, spitzen, schuppigen Lauten den zunehmend entrüsteten Stimmen, denen wir heute ausgesetzt sind, wenn sie gegen die umsichtige Langsamkeit und die vorsichtige Scheu unserer evolutionären Gesten Einspruch einlegen.

Unsere Philosophie sucht unbeirrt, wie es die alten

griechischen Orakel ihren Philosophen auftrugen, einen Weg der Mitte zwischen diesen beiden Extremen. Wir üben uns stetig, bewusst und ganz gezielt in der Kunst, unsere Fähigkeit zu stärken, an uns selbst zu glauben.

Wenn Sie nun fragen: »Glauben an uns selbst als *was*?«, dann lautet die Antwort unserer Philosophie schlichtweg: »An uns als Wesen, die fähig sind, trotz aller Hürden ihr eigenes, privates, unabhängiges und persönliches Leben zu führen.«

Ein seltsames, metaphysisches *residuum*, ein notwendiges Überbleibsel, das immer noch blass und geisterhaft überdauert, nachdem der Rest unseres kosmogonischen Glaubens schon verschwunden ist, ist der Glaube an das, was man gewöhnlich geheimnistuerisch in ergriffener Andacht als das »Eine« bezeichnet. Dieser besondere Tonfall, den orientalische Okkultisten und all jene annehmen, die versuchen, östlichen und westlichen Glauben miteinander zu verschwistern, ist eine perfekte Illustration päpstlicher Pfaffenlist und thaumaturgischer Schauspielerei, das bestimmten Podiumsrednern so gut gefällt, da es ihnen nicht nur das köstliche Gefühl einer verborgenen Macht über sich selbst verleiht, sondern das noch erregendere Gefühl, Macht über ihr Publikum auszuüben.

Die »Philosophie des Trotzdem« hingegen lehnt dieses schicksalhafte »Eine«, dieses wundersame »Absolute«, diesen sagenhaften und phantasmagorischen Weltengeist rundweg ab. Auch wenn die Naturwissenschaften gezwungen sind, von einer bestimmten mathematischen Einheit auszugehen, und wenn auch die Angst vor dem Unberechenbaren und dem Chaos uns Menschen in der Regel dazu treibt, wie Kinder unter die Röcke der Amme und wie Küken unter die Flügel der Mutterhenne zu flüchten, sollen wir vielen Einzelnen etwa in orphischer Raserei zu einer Masse verschmelzen und alle Unterschiede auslöschen, bis aus unserem Multiversum mit seinen tausend Dimensionen nur noch der entsetzte Schrei dröhnt: »Das Eine, das Eine, das Eine, das Eine. Sicherheit! Stabilität! Vertrautheit! Das Vater-Mutter-Eine!«?

In Wirklichkeit werden wir von der totalitären Staatspolizei der Mathematiker getriezt, eingeschüchtert und verfolgt. Es gibt in unserem Gehirn eben doch eine bestimmte Ecke, in der die Sehnsucht nach mathematischer Logik alle poetischen Befriedigungen und alle intuitiven Empfindungen überwiegt.

Aber das ist kein Grund, an Selbstmord zu denken, nur weil in einer Ecke unseres Seins ein Todeswunsch heraufdämmert. Unsere »Philosophie des Trotzdem« sieht keinen Sinn darin, den totalen Agnostizismus aufzugeben, dem sie immer angehangen hat. Um es ganz deutlich auszudrücken: Die »Philosophie des Trotzdem« vertraut außerdem ihren eigenen treffsicheren und unmittelbaren Intuitionen – Intuitionen, in denen sie sich auf die »Altweiberweisheit« stützt, die die Menschheit schon in den Zeiten ihrer frühen Höhlenbewohner entwickelt hatte und die eindeutig weiblicher als männlich sind –, dass aus allem, was sie Tag für Tag um sich her erkennt, genauso viele Beweise dafür abzuleiten sind, dass die Wirklichkeit ein Multiversum ist, wie Beweise dafür, dass wir es mit einem Universum zu tun haben.

Unsere Philosophie empfiehlt uns jedoch, uns nicht auf die Frage zu konzentrieren, ob die Dinge nun wahrhaftig ein »Einziges« oder eine »Vielheit« ausmachen, sondern vielmehr *auf den Glauben an uns selbst im Gegensatz zum Glauben ans Übernatürliche*. Unsere Philosophie rät uns, uns fest und entschieden darauf zu konzentrieren, dass wir vor unserem Tod und Dahinschwinden uns an diesem Leben freuen, das das Schicksal uns zugeteilt hat, es mit unseren Sinnen zu genießen, mit unserer Intelligenz und mit aller Fantasie, die wir haben. Und bei diesem Genuss sollten wir das ausüben, was man manchmal »eiserne Kontrolle« über unseren Unwillen und unseren Ärger nennt – wir hingegen sagen lieber »spielerische Kontrolle« –, und uns ins Gedächtnis rufen, dass derjenige, der die Geduld verliert, bei seinem Ringen mit dem Leben nicht über einen Schachbauern oder gar einen Springer gestolpert ist, der ihn geärgert hat, sondern über das gesamte Schachbrett mitsamt allen Figuren sowie den Gegner, der den Kampf gegen ihn aufgenommen hat.

Es ist eigentümlich, wie jeder Mann, jede Frau, jeder Junge und jedes Mädchen in irgendeinem zufälligen Augenblick ihrer Existenz sich plötzlich ihres »Ich, Ich, Ich, Ich!«, ihres unbelehrbaren und unkontrollierbaren Selbst gewahr werden und sich vage und unsicher, aber mit einer seltsamen, tranceartigen Zielstrebigkeit ihres Bewusstseins fragen, was zum Teufel es damit auf sich hat. In solchen Augenblicken fragen sie sich auch oft, was sie wohl mit sich anstellen würden, wenn die Welt formbar wäre und sie sozusagen aus dem Nichts heraus Karriere machen könnten.

Diese Augenblicke stellen sich ein, ob wir uns im Haus oder im Freien aufhalten, ob wir arbeiten, spielen, faulenzen oder herumlungern, eilen oder ruhen. Aber in solchen Momenten verharrt jeder eine oder mehrere Sekunden lang, vielleicht ohne eigentlich körperlich innezuhalten, und versinkt in eine träumerische Stimmung, die dem ähnelt, was man gemeinhin »Geistesabwesenheit« nennt.

Diese tagträumerischen Augenblicke sind von philosophischen Schriftstellern noch nie genügend beachtet worden – der Himmel möge verhüten, dass sie zum Thema irgendeines neuen Missionars aus Zürich werden, der im Kaulquappenteich des »Unbewussten« ein neues Schlammloch ausbuddelt. Aber unsere vernünftige »Philosophie des Trotzdem« betrachtet sie als adäquaten Ersatz für alle Kirchen und Kapellen, Schreine und Bethäuser.

In solchen Augenblicken, in denen wir geistig vor dem Schrein am Rand unseres Weges ausruhen, in diesem tranceartigen Zustand, in dem unsere Mienen jenen flehentlichen Ausdruck einer tief empfundenen stillen Empfänglichkeit annehmen, wie er sich auf den Gesichtern der Schlafenden und der Toten abzeichnet, wird die zu allen Tages- und Nachtzeiten durch die Lüfte huschende »Philosophie des Trotzdem« von diesem verträumten Blick, der da seinen unwiderstehlich süßen Duft verströmt, unweigerlich angezogen wie ein luftig-fedriger Kolibri, und wir schwören dir, oh, mein bestürzter Konvertit, dass in solchen Momenten unsere »Philosophie« den Mann oder die Frau, den Jungen oder das Mädchen mit einer Wolke besonderer Inspiration umhüllt, die diesen Menschen, der da allem traditionellen Glauben abgeschworen hat, mit dem Tau der Zuversicht benetzt, dass der Glaube *an sich selbst* von nun an und auf immerdar den Platz dessen einnehmen wird, was er für immer aufgegeben hat.

Und was genau empfiehlt die »Philosophie des Trotzdem« in diesem kostbaren Augenblick blütenartiger Empfänglichkeit? Nun, sie rät uns, dass wir uns in diesem ganz besonderen Augenblick, ob drinnen oder draußen, vollständig dieser Stimmung von Einsamkeit hingeben und uns um niemand anderen und kein anderes Wesen der Welt scheren, dass wir uns auf dem Mysterium des Seins zurücklehnen und den Ozean des Lebens in völliger Passivität von uns Besitz ergreifen lassen, dabei gelassen und ruhig alle Farben und Formen in uns aufnehmen, die Gischt und den Sprühnebel, die Möwenfedern, die Flossen der fliegenden Fische, die Bordwände aller Schiffe mitsamt den Schatten und den schimmernden Abbildern, die sie im Vorbeiziehen aufs Wasser werfen. Und während uns weder eine wogende Brust, ein schlagender Puls, ein keuchender Atem noch klammernde Arme verraten, erlauben wir unserem Bewusstsein, das von allem Stolz und Hochmut geläutert sowie von dem ganzen lästigen Zirkus der Persönlichkeit befreit ist, der wie Mehltau über der natürlichen Freude liegt, so viel von unserer jetzigen Dimension oder dem Multiversum zu *trinken* – ein Bild, das auf die Empfänglichkeit beider Geschlechter zutrifft –, wie es unserer seelischen Versunkenheit irgend möglich ist.

Während unsere Schar »guter Gefährten« an unserer groben Karte für den chaotischen Ozean des Lebens arbeitet, werden wir hin und wieder mit einem seltsamen Gefühl konfrontiert, dass da »etwas im Weg steht«, etwas, ob nun ein Meeresungeheuer oder ein Dämon, sterblich oder unsterblich, dem wir an die Kehle fahren müssen! Sehr wahrscheinlich haben unsere westlichen Nationen unter dem Druck dieses vagen und bedrohlichen Gefühls, dass da »etwas im Weg stünde«, in den letzten zweitausend Jahren an den Teufel geglaubt.

Aber wir von der »Philosophie des Trotzdem« sind zu dem Schluss gelangt, dass dieses im Weg stehende »Ding« einfach das eine Element im Kosmos selbst oder in unserer Dimension des Multiversums selbst ist, mit dem wir als Einzelne uns in diesem Moment auseinander setzen. Wir meinen, dass das weit verstreute und schwach schimmernde nichtmenschliche Bewusstsein, das in jenen Substanzen existiert, die wir allgemein als »das Unbelebte« bezeichnen, die aber in Wirklichkeit, wie wir gesehen haben, Körperteile unserer Mutter Erde sind, vielen menschlichen Aktivitäten widersteht. So unvermeidlich es ist, dass wir persönlich darauf reagieren, indem wir es zu Teufelswerk erklären, so unvermeidbar ist es auch – wenn wir davon ausgehen, dass es so etwas wie ein unbelebtes Ding ohne ein zumindest vages Element nichtmenschlicher Empfindungsfähigkeit nicht gibt –, dass der Teil des Körpers unserer

Mutter Erde, den wir unter Aufbietung unserer ganzen Kraft absichtlich radikal in seinem innersten Wesen und in seiner Substanz verändern, genauso empfindet, und wenn man bedenkt, was wir als Baumeister, Zimmerleute, Straßenbauer und Waldarbeiter unaufhörlich tun, kann man sich vorstellen, dass in ihm die feste Überzeugung lebt, es gebe im Holz oder im Stein kein »passives Böses«, das vergleichbar wäre mit dem »aktiven Bösen« in uns!

Schlicht gesagt, veranlasst uns unsere Philosophie zwar die »realistische Tatsache« zu akzeptieren, dass Tiere nicht »geschaffen« wurden, um von Menschen verspeist zu werden, und Bäume nicht, um von Menschen zersägt zu werden, doch wir brauchen trotzdem nicht wie Asketen zu leben. Wir sind vielmehr zu dem Schluss gelangt, dass wir uns im Hinblick auf die wahre Verbindung zwischen Himmel und Hölle und das echte Gleichgewicht zwischen Gut und Böse selbst ermutigen sollten, den vielleicht gesündesten Rhythmus der Welt zu erlernen und danach zu handeln. Es ist ein Rhythmus des Trotzes ohne Hass, des Kampfes ohne Bösartigkeit, der Freundlichkeit ohne die Mystik der »Liebe«.

Nun mögen Sie vielleicht einwenden: »Meine guten Freunde, Sie reden ständig von einem ›Willen hierzu‹ und ›Willen dazu‹, und dann sprechen Sie davon, sich jedem Glauben zu verweigern, außer dem Glauben an sich selbst und an die eigene schöpferische Kraft. Würden Sie mir bitte erklären, was genau Sie mit diesem ›Willen‹ meinen, den Sie offensichtlich für die göttergleichste Sache im ganzen Universum halten?«

Nun, mein vorsichtiger Konvertit, wir tun natürlich unser Bestes, aber die Sache wird durch die schreckliche Eigenart aller menschlichen Wörter erschwert, insbesondere der philosophischen Begriffe, nicht nur mit Ungeheuern zu kopulieren und weitere Monstrositäten zu zeugen, sondern auch so entsetzliche Missgeburten hervorzubringen, dass man sie nur in einer Stimmung wildesten Trotzes gegenüber allem Anstand für unsere Zwecke benutzen kann.

Sie müssen es aber, bitte schön, in Ihren Kopf hineinbekommen, dass wir Menschenwesen mit unseren zwei Armen, zwei Beinen, zwei Augen, zwei Ohren, zwei Nasenlöchern und zwei Lippen, unserem Mund, der sich an den Winkeln mal hoch- und mal runterzieht, unseren Fingern, die manchmal an Pfoten erinnern und manchmal an Klauen, zuweilen an die Füße von Eidechsen oder an die Hände von Affen, dass wir die Macht haben, über all diese Arten der Aggression und der Empfänglichkeit, des Einschließens und Abstoßens, des Hörens, Sehens, Greifens und Ausspuckens gemeinsam handelnd zu verfügen, um unmittelbare Vorteile zu erlangen.

Mit diesem Wort »Vorteil« meinen wir hier einen momentanen Sieg in unserem Kampf mit dem Leben, und wenn Sie darauf bestehen, unsere Hegel'sche »Dialektik« noch weiter zu strapazieren, dann meinen wir mit dem Begriff »Sieg« einfach nur den Erfolg, dem Leben noch mehr Freude abzugewinnen, als wir zuvor schon genossen haben.

Aber nun werden Sie, mein höchst kritischer Freund,

unsererseits ein paar mehr Definitionen erwarten. Wohlan, beeilen wir uns, Ihnen zu versichern, dass wir, wenn wir von uns selbst als einem »Ich« oder einem »Ich bin Ich« reden, das *Gefühl von Selbstheit* in die alte traditionelle Sprache einführen, denn es steht uns kein anderes Vokabular zur Verfügung: das Gefühl, wir selbst zu sein, das wir »Selbst-Bewusstsein« nennen. Wir meinen damit, dass wir mit der Empfindung dieses Selbstgefühls, dieses »Wir-selbst-Seins«, für die gesamte Einheit unseres Körpers sprechen, das heißt für die Einheit von Schädel und Hals, Brust, Nabel, Bauch, Geschlechtsteilen, Schenkeln, Knien, Schienbeinen, Knöcheln und Füßen, mitsamt unseren sehenden Augen, hörenden Ohren, riechenden Nasenlöchern, unserer schmeckenden Zunge und fühlenden Haut – ganz zu schweigen von allen Nerven, die gerade auf dem Sprung sind, sowie allen Lappen und Zellen in unserem Gehirn, die gerade den Prozess durchlaufen, den wir »Denken« nennen.

Und das ist ein universales Gefühl, das allen Menschen eigen ist, Männern wie Frauen, alten und jungen. Wenn dieses bewusste »Ich bin Ich« seine Stärke und Kraft als ein Selbst empfindet, fühlt es auch die Stärke und Kraft, um, auf ein bestimmtes Ziel hin, *eine Anstrengung zu unternehmen.* Und genau diese Kraft einer bewussten Anstrengung nennen wir unseren »Willen«.

Unser Wille ist daher etwas, das existiert, noch ehe wir uns seiner Existenz bewusst werden. Er stellt tatsächlich die Konzentration all unserer Kräfte in jener bestimmten Einheit unserer Sinne und unseres Verstandes dar, die unser Selbst ausmachen. Durch die Art und Weise, in der uns die verschiedenen Kirchen in unserem Glauben an das Übernatürliche befangen hielten, indem sie uns ständig einredeten, wir seien »spirituelle Wesen«, enthüllt sie das ganze Ausmaß ihrer niederträchtigen Gerissenheit. Denn sie appellieren schlicht und einfach nur an unser höchst normales Gefühl, wir selbst zu sein, an unser höchst normales Gefühl, diese Willenskraft aufzubringen, um uns selbst zu behaupten.

Wenn wir auf diese Weise selbstbewusst – unser selbst bewusst – werden, dann geschieht etwas Seltsames. Denn wir lösen uns intuitiv von unserem Körper, und wenn wir auch mit unserer Wahrnehmung immer noch auf unsere körperlichen Sinne angewiesen sind – und auf sie angewiesen sind wir auch im Hinblick auf dieses *Bewusstsein eines Selbst*, das uns seinerseits, nachdem uns unsere Sinne erst einmal zu ihm verholfen haben, die Möglichkeit verleiht, diese Sinne als erdgebundene, animalische und naturhafte Substanzen zu verachten, die unser, den nunmehr »spirituellen Wesen«, völlig unwürdig sind –, so geraten wir doch in den Bann der fantastischen Illusion, dass unser Körper das eine ist und unsere »Seele« das andere, während »Seele« in Wirklichkeit bloß ein Wort für die vereinheitlichende Willenskraft ist, die unserem Selbstbewusstsein dazu verhilft, sich selbst zur Geltung zu bringen.

Auf diese Weise sind die gerissenen falschen Propheten uns gegenüber im Vorteil, weil sie an das appellieren können, was wir nun tatsächlich empfinden. Denn wir fühlen wahrhaftig, wenn wir aufgrund unserer

Sinne den Eindruck gewonnen haben, von ebendiesen Sinnen unabhängig zu sein, jawohl, wir fühlen mit dem Selbstbewusstsein, das nun unser »Ich bin Ich« ist, dass wir unabhängig vom Körper, dass wir des Körpers ledig sind, dass wir ihn getrost verachten oder gar so behandeln dürfen, wie sich ein stolzer adliger Besucher in einem Gasthaus aufführt, in dem er stets ein bevorzugter Gast gewesen ist.

Es ist genau dieses innere Gefühl, vom Körper losgelöst zu sein – ein Gefühl, das wir der perfekten Art verdanken, in der die Natur die Körpersinne als eine Einheit erschaffen hat –, von dem wir hochmütig abhängen, wenn wir uns unter der listigen Anleitung unserer gläubigen Lehrer selbst als »spirituelle Wesen« denken und nicht als sterbliche Männer und Frauen.

Ach, wie sehr doch dieses Problem, Wörter und deren Bedeutung mühsam interpretieren zu müssen, unseren Kampf des Philosophierens erschwert! Wir haben allmählich das Gefühl, dass wir uns bestimmten Wörtern nur zu nähern brauchen, und sie huschen fort wie Käfer in ihrem Chitinpanzer und suchen unter Steinen Zuflucht oder sie verwandeln sich in fliegende Drachen, die in den Wolken verschwinden, oder sie verschwinden wie Rauch und hinterlassen nichts weiter als einen üblen Gestank. Unser großes Schlüsselwort, der Begriff, von dem in gewisser Weise unsere ganze »Philosophie des Trotzdem« abhängt, heißt natürlich »Genuss«.

Na, das ist mal ein Wort, das einfach genug klingt! Doch weit gefehlt! Bei näherer Betrachtung, wenn man seine Knie umklammert, als handele es sich um einen

Gott, den man anfleht, uns seine Bedeutung zu offenbaren, ist es geradezu ein Teufel von einem Wort! Seine tiefste Bedeutung – und man sieht, dass unsere Philosophie sich auf dem richtigen Weg befindet, denn alles Menschliche beginnt und endet mit der Sexualität – ist die sexuelle Konnotation, indem wir dieses Wort für den Prozess der Vereinnahmung und des Vereinnahmtwerdens verwenden.

Und wenn uns unsere Philosophie eindringlich dazu ermahnt, selbst die Erde unter unseren Füßen zu genießen, dann ist damit eine sehr interessante, subtile, komplizierte Perspektive der Untersuchung angesprochen. Warum zum Beispiel sind Dichter wie Wordsworth und Matthew Arnold solche *leidenschaftlichen Wanderer?*

Darauf kann unsere Philosophie Ihnen eine Antwort geben. Und Sie selbst können, nebenbei bemerkt, diese Antwort auf das übertragen, was wir bereits vorläufig als wahrhaft poetischen und imaginativen Ersatz für den Glauben ans Übernatürliche vorgetragen haben.

»Glaube an nichts außer an dich selbst«, spricht unser Orakel, aber einige jüngere Mitglieder unserer Philosophenschar haben uns stets gedrängt, diesem »nichts außer an dich selbst« die Worte »abgesehen von der Erde« hinzuzufügen.

Es spricht in der Tat eine Menge für diese Ergänzung – und selbst noch für die weitere Hinzufügung »unter deinen Füßen«. Allerdings legen diese letzten Worte keinesfalls nahe, dass wir der Erde überlegen wären oder dass wir die Erde im alten biblischen Sinne erobert hätten und nun »unseren Feinden den Fuß in den Nacken« setzten. Nein, sie sind vielmehr ganz buchstabengetreu zu nehmen. Wir meinen, dass es ein ganz besonderes, sinnliches Vergnügen ist, tatsächlich über diese Erde zu wandeln.

Dies wird durch die Tatsache bewiesen, dass das Gefühl tiefer, innerer Befriedigung umso intensiver wird, je dünner die Schuhsohlen sind. Ob diejenigen Sterblichen, deren Schicksal es immer noch ist, barfuß zu gehen, dieses Gefühl, das wir hier beschreiben, entsprechend stärker empfinden, könnten wir nur dann mit Gewissheit behaupten, wenn einer von ihnen unserer Schar angehören würde. Es scheint jedoch allgemeine Übereinstimmung darin zu herrschen, dass, abgesehen von nackten Füßen, der Kontakt mit der Erde – selbst durch einen viertel Zoll Leder hindurch, solange man nicht völlig erschöpft ist, obwohl körperliche Müdigkeit das erwünschte Gefühl sogar verstärkt statt verringert – im wahrsten Sinne eine seltsam wollüstige Form von Erdanbetung darstellt, die dem Ausübenden immer lieber wird, bis es zu jener Art köstlicher Manie wird, bei der man sich aller Vorteile, bei Verstand zu sein, erfreut und sich zugleich allen Gefühlen hingeben kann, die von anderen, sollten sie je davon erfahren, nur für völlig verrückt gehalten werden würden.

Ob Aristoteles wohl Sandalen trug, als er peripatetisch im Lyzeum auf- und abwandelte? Und wenn schließlich sämtliche seiner Schüler zu ihren Abendgesellschaften verschwunden und mithin keine »spirituellen Wesen« mehr übrig waren, die ihn mit Fragen über Sokrates und

Platon hätten belästigen können, rang er sich dann ein für alle Mal zu einer Entscheidung durch, welches Tun die höchste Realität darstellte – ob nun eine *energeia akinesis** sein musste oder ein ebenso intrinsisches, spontanes und natürliches Handeln wie das Atmen?

Ob er sich wohl fragte, während in Athen so langsam die Lichter angezündet wurden, ob er in Makedonien Heimweh haben würde oder nicht und ob er noch zu Lebzeiten des gelassenen Ein- und Ausatmens der gesamten Natur teilhaftig werden würde, sofern es ihm gelänge, eine Naturphilosophie auszuarbeiten, nur so zum eigenen Spaß und ganz unabhängig vom Olymp?

Wenn Sie uns, mein listiger Konvertit, fragen sollten, welchen Ersatz unsere Philosophie Ihnen für den Trost anbietet, den Sie im Glauben stets gefunden haben, dann können wir darauf nur als Antwort geben – denn wir müssen ehrlich zu Ihnen sein, damit wir Sie nicht verlieren –, dass *Trost* bei uns keine besondere Rolle spielt. Unsere Philosophie kann Ihnen Ablenkung bieten. Sie kann Ihnen Analysen bieten. Sie kann Ihnen Befriedigung bieten. Sie kann Ihnen bis zu einem gewissen Punkt Erklärungen im Sinne einer Interpretation anbieten, aber das Wort »Trost« impliziert emotionale Erleichterung, und unsere Philosophie ist in Sachen emotionaler Heilung nicht sonderlich beschlagen. Aber sie ergeht sich auch nicht in stumpfen Platitüden, indem sie etwa mit der ermüdenden Spruchweisheit parieren würde: »Vorbeugung ist besser als Heilen.«

Doch der wahre Ersatz für den Glauben, insbesondere für den Glauben an alles Übernatürliche, ist diese geheimnisvolle Sache, die wir »Poesie« nennen. Da das Ziel und der Zweck unserer Philosophie darin besteht, in den Gefühlen und im Denken eine Haltung zu erzeugen, die uns befähigt, das Übernatürliche insgesamt loszuwerden, ist es nur natürlich, dass wir uns der Poesie zuwenden. Denn durch alle Zeitalter hindurch, von den frühesten Aufzeichnungen der Geschichte der Menschheit bis zu dieser Stunde, war es die Dichtung, und nichts anderes als die Dichtung, die uns erfüllte und die Sehnsucht des menschlichen Geistes danach befriedigte, »angemessen« auf die Erfahrung des Lebendigseins zu reagieren, wie Spinoza es ausgedrückt haben würde.

Und ebenso, wie in der Sphäre des Glaubens die Theologie die Metaphysik einschließt, indem sie sie überflüssig macht, schließt auch die Dichtung die Theologie ein und macht *diese* überflüssig. Jedem Schlüsselwort wie auch dem Begriff »Glaube« liegt ein Gefühl zugrunde, und das Gefühl hinter unserer Glaubensbesessenheit ist eine seltsame Empfindung von Begrenzung und Gefangenschaft. Wir bilden uns ein, dass ohne Glauben unser gesamter Kosmos irgendwie *kleiner* wäre.

Angesichts unserer Kleinheit und des Bildes von uns selbst als Gefangene, hoffnungslos eingeschlossen zwischen harten, unerklimmbaren Mauern, und als Opfer eines unausweichlichen Verhängnisses, erscheint der Glaube an das Übernatürliche als trostreiche und erlösende Linderung der Schwere unseres Geschicks. Aber unsere Lehrer und Priester sowie die gesamte Tradition der letzten zweitausend Jahre, an deren Kreuz sie uns schlagen wollen, sind fortwährend mit der wahrhaft schändlichen Aufgabe befasst, das Leben zu *entpoetisieren*, jawohl, die Poesie aus dem Leben herauszudiskutieren, nicht nur aus dem Leben der Welt rings um uns her, sondern auch aus dem Leben unserer Körper selbst, obwohl man doch annehmen sollte, sie würden sich gezwungen sehen, diese Körper aus Ehrfurcht vor dem zu verehren, was man die »poetische Nacktheit« von Adam und Eva nennen könnte.

Aber diese Übernatürlichkeitsprediger sind gewillt – und das hat die Anbeter des Übernatürlichen stets ausgezeichnet –, uns Menschen jener poetischen Eigenschaften zu berauben, mit denen wir ausgestattet sind, damit sie selbst diese Eigenschaften im Pontifikalamt unterwürfiger Sühne dem Gegenstand ihrer Verehrung als Opfer darbieten können.

Und genau in diesem Sinne entweihen sie die Poesie eines jeden einzelnen unserer menschlichen Sinne – vor allem die unserer *Sehkraft*. Ein tragisches Beispiel dieser besonderen Entweihung, so dünkt es unsere kleine Schar vorsichtiger Denker für verzweifelte Zeiten, ist in Miltons berühmtem Sonett* zu finden, das mit dem Satz beginnt: »Wenn ich bedenk', wie mein Licht vergeudet wird …«, und mit der viel zitierten Zeile endet: »Es dienen auch die, die nur steh'n und warten.«

Denn wenn *wir* »bedenken«, was Milton seiner visionären Kraft abgewann, wie seine poetische Fantasie für alle Zeiten all das umwandelte, verklärte und verewigte, was er mithilfe seiner sterblichen Sehkraft tagaus, tagein aus der Landschaft ringsumher in sich aufgenommen hatte, und wenn wir darüber hinaus »bedenken«, wie die Sehkraft, die er für poetische Zwecke nutzte, sich über Tausende von Jahrhunderten hinweg langsam entwickelt hatte, seit »Adam grub und Eva spann«*, dann herrschen ein schauderhafter Mangel an Ehrfurcht für die Natur und das Leben und eine kriecherische Verehrung des Übernatürlichen vor, die die Wunder des Universums auf wahrhaft unheimliche Weise schmälern.

Im neunzehnten Jahrhundert bewirkte der Kult dessen, was man »Evolution« nannte, etwas Ähnliches, ja, die gleiche Herabwürdigung, die gleiche Entzauberung der magischen Elemente in allen Dingen. Diese viel gerühmte »Strömungsrichtung« spaltete sich wie ihre übernatürlichen Vorgänger auf seltsame Weise von den wirklichen Sprüngen und Schüben und von den wahren Ausbrüchen und Abschweifungen der Natur ab und wurde zu einem heiligen Aquädukt der neomoralischen Fontänen wissenschaftlicher Autorität erhoben.

Unsere Philosophie ist nicht auf einen Tatsachenbericht darüber aus, wie das Leben entstanden ist. Noch viel weniger befasst sie sich damit, wie das Übernatürliche zum herrschenden Aberglauben wurde oder ob wir ihm am besten dienen, indem wir uns in Arbeit stürzen oder gar nichts tun. Unsere Philosophie befasst sich vielmehr mit etwas, das mit den Entdeckungen der Wissenschaft nicht mehr zu tun hat als mit den Offenbarungen des Glaubens. Sie befasst sich einzig und allein mit uns und mit unseren Gefühlen. Sie hält dafür, dass es für uns nur eine einzige bedeutsame Frage gibt – und die lautet, ob wir unser Leben genießen oder nicht, dieses Leben, in das wir unfreiwillig, willkürlich und wohl oder übel hineingeworfen worden sind.

Der einzige Sinn der »Philosophie des Trotzdem« liegt in der Frage, *wie man das Lebendigsein am besten genießt*. Und in unserer Entschiedenheit, uns nicht von Wörtern und ihren listigen Eigenarten an der Nase herumführen zu lassen, haben wir das Wort »Glück« beim Schopf genommen und seine kleinen Spielchen aufgedeckt, und nun wissen wir, dass es seine eigenen, unvorhersehbaren und leichtfüßigen Regeln hat, denen zufolge es kommt und geht, und dass es nichts an sich, um sich, über oder unter sich hat, auf das man sich verlassen könnte. Und daher haben wir auf den Stützpfeiler unserer Philosophie nicht »Glück« eingraviert, sondern »Sinnenfreude«.

Das Glück kommt und geht, wie es will – wir aber sind darauf angewiesen, unser eigenes Leben selbst in der Hand zu haben. Wir müssen daher Lebensprinzipien entwickeln, die uns froh machen, geboren worden zu sein, und nicht unglücklich. Diese Prinzipien müssen sich uneingeschränkt auf unseren Willen und auf die Art und Weise stützen, in der er unsere Gefühle und Empfindungen beeinflusst.

Unser erstes Argument lautet: Selbst dann, wenn sich schlüssig und wissenschaftlich beweisen ließe, dass jedes Ereignis, das uns widerfahren ist, und jede Situation, in die wir hineingeraten sind, vom Schicksal vorbestimmt war und dadurch völlig außerhalb unserer Kontrolle lag, kommt es immer noch auf unsere Haltung gegenüber diesen Ereignissen und Situationen an, eine Haltung, die sich einzig und allein aus Gefühlen und Empfindungen zusammensetzt, die ihrerseits, wie wir über alle Argumente hinaus wissen – denn es handelt sich ja keineswegs um eine Sache der objektiven Beobachtung, sondern um eine der inneren Gewissheiten jenseits aller Diskussionen –, der Kontrolle unseres Willens unterliegen. Und vergessen Sie bitte nicht, dass es dazu nicht einmal eines *starken* Willens bedarf.

Denken wir beispielsweise daran, wie grundlegend unsere Freude oder unser Elend von jenem unserer fünf Sinne abhängt, auf den sich unser – ob nun starker oder schwacher – Wille zu konzentrieren beschließt. Nehmen wir an, Sie sind hungrig und auf angenehme Weise damit beschäftigt, ein Stück Brot zu kauen, während Sie gleichzeitig mit dem Rücken am Fuß eines Baums, einer Mauer, eines Schuppens oder Steins lehnen oder aus dem Fenster eines Zimmers, an dem Sie sitzen, einen vertrauten Ausblick genießen, in welchem Sie sich nun auf köstliche Weise verlieren.

Nun nehmen wir weiterhin an, dass ein verführerischer Laut an Ihr Ohr dringt, ein Laut, dem Sie sich entweder hingeben oder dem Sie sich verweigern können. Ist es da nicht sehr wahrscheinlich, dass in diesem Moment sowohl intensive Freude als auch extremes Unbehagen von Ihrer bewussten Entscheidung abhängen? Entweder akzeptieren Sie das Lied der Sirene, dann schmeckt Ihr Stück Brot plötzlich schal und Ihre Landschaft wird langweilig. Oder Sie verweigern sich dem Lied, und der Geschmack des Brots und der Blick auf die Landschaft gewinnen eine köstliche Intensität, die Ihnen das Gefühl vermittelt, als seien überströmende Fluten des Hörsinnes wie aus einer besonderen Spalte des Mysteriums ausgebrochen und ergössen sich jetzt in Ihren Geschmackssinn und Ihr Sehvermögen.

Wir einfältigen Philosophen des neuen Lyzeums »Trotzdem« meinen, dass der berühmte Kritiker – war es vielleicht Spengler? –, der Goethe lobte, weil er einen »physiognomischen Blick« für das Leben und die Natur gehabt habe, den Nagel auf den Kopf traf. *Ein physiognomischer Blick!* Hier liegt der wahre Realismus, der – im Gegensatz zu den Ansichten derjenigen mit einem geologischen Blick, entomologischen Blick oder theologischen Blick – zugleich menschlich und poetisch ist.

Unsere »Philosophie des Trotzdem« zielt bei all ihrer Forschung weder auf Erkenntnisse à la Naturwissenschaft ab noch auf eine Verbeugung vor dem Übernatürlichen à la Dante und Milton. Keine dieser beiden Haltungen passt zu ihr, auch stellen beide sie nicht im Geringsten zufrieden, obwohl jeder von uns »nebenbei«, wie es so schön heißt, wissenschaftliche Untersuchungen zur Kenntnis nehmen und die Vorlesungen seines Lieblingsprofessors besuchen kann.

Aber wenn die »Philosophie des Trotzdem« die Dichtung als Ersatz für jenen emotionalen Supranaturalismus behauptet, der die Gedanken und Gefühle unserer westlichen Nationen schon so lange prägt, dann sollte diese Dichtung um unserer Griechisch- und Lateinkenntnisse willen – so dürftig diese auch sein mögen – und um der Empfindungen willen, die uns in längst vergangenen Schuljahren anwandelten, wenn wir uns mit einer Szene befassten, die als »klassisch« gelten kann, die Dichtung von Homer sein, wenn nicht die von Shakespeare.

Was wir nun brauchen – bitte, höchst feinsinniger Konvertit, wir flehen Sie an, helfen Sie uns und erfinden Sie ein Wort! –, ist ein *Name* für unsere philosophische Einstellung, denn so nützlich die Kennzeichnung »trotzdem« Ausdruck unserer Herausforderung und unseres Widerstandes ist, wir geben gern zu, dass sie mitnichten so inspirierend ist wie ein metaphysischer Trompetenschall. Nein, nun mal ernsthaft, lieber Konvertit, es ist wirklich wichtig, in der gegenwärtigen Weltenkrise – wenn wir sonst schon nicht allzu viel vorzuweisen haben – zumindest mit einem *Namen* für das aufwarten zu können, was unser kleiner Schmelztiegel aus Alter und Jugend heutzutage unter den Sterblichen repräsentiert.

Wie wir bereits angedeutet haben, ist der seltsame physiologische Zwang, von dem einige Menschen geplagt werden, sich eine Methode des Denkens und Fühlens anzueignen, die in etwa dem entspricht, was wir im Laufe der Zeit schließlich »Philosophie« genannt haben, keineswegs ein allgemein verbreiteter Zwang. Viele unserer Mitmenschen wären kaum interessierter daran, ein solches System für sich auszuarbeiten, als ihren Küchengarten für gärtnerische Experimente zu benutzen.

Doch wer immer Sie sind, mein lieber Konvertit, und wenn auch Ihr Schrei lauten mag: »Ich bestehe darauf, *euchomai einai*, ein Barbar, ein Spießbürger, ein Proletarier zu sein«, es ist sicher, dass Sie entweder aufgrund der allgemeinen Sitten und Gebräuche oder aufgrund einer besonderen Themis* im Schlafsaal Ihres Internats oder in der Sonntagsschule Ihrer Kirche oder Gemeinde die Fähigkeit erworben haben, sich willentlich auf einen Verhaltenskodex der Selbstbeherrschung zu konzentrieren, der uns zu Freundlichkeit und Höflichkeit, Anstand, Rücksichtnahme und Aufrichtigkeit verpflichtet. Und Sie wissen, was wir noch besser wissen, dass Sie, indem Sie diese Regeln der Selbstbeherrschung befolgt haben, durch das Medium des spezifischen Glaubens Ihrer Kirche oder Schule von eben diesen zweitausend Jahren beeinflusst wurden, na ja, knapp zweitausend Jahren, und Sie sind es inzwischen vermutlich restlos leid, dass wir weiterhin davon reden.

Aber ja doch, diese langen, langen Jahrhunderte müssen in diesen Ihren Regelkodex wie blutrote Farbe in klares Wasser die tödliche Schärfe, die bange Verzweiflung dieser gefährlichen, erregenden und schicksalhaften Ingredienz geträufelt haben, die wir »Liebe« zu nennen gelernt haben, die aber, wie wir alle wissen, nicht nur aus dem explosiven Reagens besteht, das diese an sich schon ist, sondern stets und ausnahmslos auch einen Hauch, ein Stückchen, ein Jota, ein Quentchen *jenes weitaus explosiveren Elements* enthält, das unsere kleine Schar aufrechter und hartnäckiger, wenn nicht gar listiger und feinsinniger Denker in dieser fast zweitausendjährigen, »schal gewordenen und ihrem Ende entgegensehenden« Epoche*, mit dem entgegengesetzten Wörtchen »Hass« belegen muss.

Was wäre mit dem Wort »natürlich« als bestmöglicher Bezeichnung für unser bescheidenes und aufrechtes System? *Die Natürliche Philosophie des Trotzdem* – wie klingt das in Ihren Ohren? Der Haupteinwand dagegen ist, dass das Wort »natürlich« bereits in einem lockeren, unphilosophisch lässigen Sinne das ganze vorletzte Jahrhundert hindurch verwendet wurde. Nein, es ist nicht eindeutig genug, auch brächte es, um die Wahrheit zu sagen, die erstaunlicheren Schlussfolgerungen unserer Philosophie nicht ausreichend zum Ausdruck. Aber wir räumen auch sofort und umstandslos ein, dass die Frage, wie denn ein philosophisches System heißen soll, so ziemlich sein belanglosester Aspekt ist und inmitten einer ernsthaften Diskussion seiner Grundsätze gar nicht aufgeworfen werden dürfte.

Unser System, sofern denn eine so schlichte, spontane und redliche Exposition des gesunden Menschenverstands den Namen »System« verdient, versucht *nicht*, die Naturwissenschaften und den Glauben miteinander zu versöhnen. Es zielt darauf ab, uns mit einer praktischen Seekarte zu versorgen, mit der wir unser Boot durch die Sunde, Felsbänke und Riffe unseres Lebens steuern können, in der Absicht und mit dem Zweck, nicht etwa auf der »Insel der Glückseligen« zu landen, sondern etwas zu vollbringen, was nicht mit weniger Anstrengung zu erreichen ist, nämlich glücklich zu sein, oder wie wir es ausdrücken, *uns an den gegebenen Umständen zu erfreuen*, so widrig diese Umstände sich auch im Lichte aller Voreingenommenheiten so hochempfindlicher, neurotischer Typen, wie wir sind, darstellen mögen.

Eine der besten Möglichkeiten, so tut unsere Philosophie kund, den Glauben an das Übernatürliche gegen den Glauben an uns selbst einzutauschen, ist die, so schnell wie möglich – ob unsere Beine nun wohl- oder missgeformt sind, ob sie von Röcken oder Hosen bedeckt werden oder selbst von solchen Beinkleidern, die die Damen heutzutage »Slacks«* nennen – durch die ruhigste und abgeschiedenste Landschaft zu gehen, die wir in unmittelbarer Nachbarschaft erreichen können. Wenn Sie das Geheimnis dieser Vorgehensweise noch nicht begriffen oder noch nicht herausgefunden haben, wie erfüllt von absolut unbeschreiblichen Gefühlen so ein schnelles Ausschreiten ist und welche profunden sinnlichen und sinnenfreudigen Empfindungen es bietet, dann flehe ich Sie an, es sogleich auszuprobieren.

Ich habe die Wörter »sinnlich« und »sinnenfreudig« mit Bedacht verwendet, denn ob es sich um die leichten, kürzeren Schritte einer Frau handelt oder um die schwereren, längeren eines Mannes, das Gefühl, von dem wir reden, ist das gleiche. Es ist tatsächlich das höchste Gefühl eines rein urtümlichen *Spiels*, wenn wir, lebendige Erdenwesen, durch den unendlichen Raum und den göttlichen Äther wirbeln wie Tierkreiszeichen. Hier haben wir es in der Tat mit einem Gefühl zu tun, das alle Kreaturen auf *eine* Ebene stellt – und mit »allen« meine ich Menschen und Affen, Hunde,

Katzen, Seehunde, Walrösser, Eisbären, Wölfe, Löwen und Tiger.

Wir Säugetiere, ob unter dem Nordstern oder dem Kreuz des Südens, saugen alle an den Zitzen unserer Mutter, und es ist das beste Spiel der Welt, wenn wir mit unseren Säuglingspfoten auf den Körper einschlagen, der uns austrug, und unsere Babyfäuste gegen die Brüste erheben, die uns nähren.

Spiel ist das erste Heil unter der Sonne. Spiel ist die letzte Erlösung unter dem Mond. Spiel, und nicht Beten, ist es, was die Mutter aller Dinge von ihren Kindern erwartet. Spiel und nicht Frömmigkeit oder Reinheit heißt der Weg ins Paradies, den unser aller Mutter all denen geebnet hat, die aus ihr geboren sind. Mit jedem Schritt, den wir tun, verehren wir sie, mit dem Taktschlag unserer Füße rufen wir sie an.

Die Bewegung unserer Muskeln ist die Musik der magnetischen Reaktion unserer Mutter, und zwischen unseren Knochen, die ihre lebendige Wärme spüren, und ihrem Pulsschlag, in dem unsere Schritte schwingen, wird zum millionsten Mal das Geburtsspiel der Sterne in ihrem Lauf wiederholt. Warum wird bei Homer und bei Shakespeare der Erde so große Bedeutung beigemessen, auf die ein Krieger seinen Fuß setzt, warum dem Gleichklang, zu dem sich die Frauen in ihrem Tanz vereinen?

Weil diese großen Dichter, die weder mittelalterlich noch puritanisch verbohrt waren, stets unbeirrbar erkannt haben, dass jedes Mal, wenn ein Mensch den Fuß auf den Planeten setzt, dem wir alle unser Leben verdanken, ein starker magnetischer Kraftstrom zwischen beiden Körpern fließt.

Unsere kleine Schar ergebener Philosophen ist tatsächlich so weit gegangen – falls ich, mein immer noch schwankender, aber irgendwie leicht überzeugter Konvertit, so indiskret sein darf, eines der Geheimnisse unserer Erörterungen zu lüften und die aufregende sexuelle Frage zu bereden –, ob die Tatsache, dass in all unserer Dichtung, selbst bei Dante und Milton, der Planet, auf dessen Oberfläche wir leben und aus dessen Ozeanen wir ursprünglich stammen, als weiblich betrachtet wird, in irgendeinem Zusammenhang mit der Tatsache steht, dass generell in allen Klassen unserer klassengeplagten Britischen Inseln unsere Männer und Jungen viel lieber wandern als unsere Frauen und Mädchen.

Wir sind vorerst zu folgender Übereinkunft gekommen: Zusätzlich zu den ganzen Ansprüchen, die der Haushalt an die Zeit einer Frau stellt, tragen so viele *andere* Gründe zu diesem interessanten Unterschied zwischen den Geschlechtern bei, dass unsere philosophische Verteidigung des Wanderns zu mythologisch ausfallen würde, wenn wir vorschlügen, die spürbaren magnetischen Strömungen zwischen menschlichen Fußsohlen und dem Körper unserer gemeinsamen Mutter, die das Ausschreiten zu einem so einzigartigen und ganz besonderen Vergnügen machen, hingen vom Geschlecht des Wandernden ab und eine Frau könne den köstlich-inzestuösen Genuss, den einige große Dichter beim Wandern erfahren haben, niemals empfinden.

Unsere Diskussion endete daher mit der unbestreitbaren Bemerkung: Gleichviel, ob unsere Mutter Erde von einem Sohn oder einer Tochter betreten wird, und gleichviel, ob eine solche Bewegung eine choreographische oder eine peripatetische ist – der lebendige Kontakt zwischen sich bewegenden Füßen und unser aller Mutter, ob Zweifüßer, Vierfüßer oder Mehrfüßer, treibt das Herz, die Nerven, Puls und Blut und alles, was wir unseren Sinnen abgewinnen, so erregend an, dass nichts in unserer gesamten Erfahrung dem gleichkommt.

Aber Männer wie Frauen müssen an sich selbst glauben, und dieser Glaube kann nur ein einziges Ziel haben, nämlich unsere persönliche Fähigkeit zum Genuss, in oder unter welchen Umständen wir uns auch gegenwärtig befinden. Wir brauchen uns nicht dazu zu zwingen, clever zu sein, wir brauchen uns nicht dazu zu zwingen, tapfer zu sein, wir brauchen uns auch nicht dazu zu zwingen, »liebevoll« zu sein, was immer das bedeutet, wir brauchen uns nicht zur Ehrlichkeit zu zwingen, wenngleich das in aller Regel klüger ist, wir brauchen uns nicht zur Keuschheit zu zwingen, obwohl es allgemein am besten ist, in diesen gefährlichen Wassern ein wachsames Auge auf die Gefahren der Zügellosigkeit zu haben, wir brauchen uns erst recht nicht dazu zu zwingen, es »in der Welt zu etwas zu bringen«, eine erfolgreiche Karriere zu machen und zu einem selbstbewussten Poseur jenes Schlages zu werden, der in der Öffentlichkeit als »großer Mann« gilt.

Aber wenn wir es ablehnen, an uns selber zu glauben,

so schwach, neurotisch, zaghaft, reizbar, verdorben, degeneriert, halb verrückt, wie wir sind, was ist dann der Nutzen unseres frommen, tugendhaften, ehrfürchtigen, traditionellen, abergläubischen Glaubens an das Übernatürliche?

Wir müssen nur das Folgende erkennen: dass das Leben selbst uns auf jeden Fall zwingt, der Göttin der Gewohnheit und der Routine zu gehorchen, jener Themis, die die vier Ecken unserer Welt regiert. Dieselbe Göttin wird schon bald dafür sorgen, dass wir mehr oder minder auch unseren Eltern gehorchen, mehr oder minder unsere Schullektionen lernen, mehr oder minder irgendein Handwerk meistern, wenn wir nicht aufs Gymnasium oder auf die Universität gehen, und schließlich wird diese fürsorgliche Themis dafür sorgen, dass wir den Blick einer passenden Maid erhaschen und, wie zu hoffen steht, früh heiraten und einen eigenen Hausstand gründen.

Es gibt nur eine einzige andere Göttin, deren Entscheidungen wir mit kluger Unterwürfigkeit zu akzeptieren lernen müssen, und das ist *die Göttin des Zufalls*. Ja, man kann dem Leben durchaus vertrauen, dass es schon ein paar gute Karten an uns austeilen wird, wenn Gewohnheit und Brauch nur ein wenig Hilfe von der gerade erwähnten Göttin des Zufalls bekommen. Doch das Leben kann sich dann auch als eine wahre Hydra mit schrecklichen Schlangenköpfen, ein jeder mit seinen eigenen Giftzähnen, als Amalgam aus Dämon und Drache erweisen, wenn wir der Frage näher treten – einer Frage, die sich um ganz andere Dinge dreht als um diese Äußerlichkeiten mit den Eltern, der Schule, dem Gymnasium, der Universität, der Arbeit und unserer Karriere –, ob wir, grob gesagt, glücklich oder unglücklich sind. Jener ebenso lautstarke wie ungehobelte Atheist Carlyle*, dem man Achtung dafür zollte, dass er sich wortreich über ewige Wahrheiten ausließ, statt ehrlich zu sagen, was er fühlte und was er über die große Leere wusste, verhöhnt den Byronschen Weltschmerz, der sich in der Klage ergeht: »Ich kann einfach nicht glücklich sein – ich bin unglücklich!«

»Nun, du Unglücklicher«, gibt Carlyle darauf zurück, »dann mach schon! Mach dich an die Arbeit. Deine Arbeit ist das Wichtigste, nicht ob du unglücklich oder fröhlich bist!« *Da*, mein aufmerksamer Konvertit, haben wir das ganze Argument *au rebours** oder verkehrt herum. *Wir* vertreten in direktem Gegensatz zu Carlyle, für den im Lichte seiner puritanischen, wenngleich atheistischen ewigen Wahrheiten Charles und Mary Lamb* wie ein »Paar trauriger Phänomene« wirkten, die Ansicht, dass diese ganze vertrackte Sache mit »unserer Arbeit« im Vergleich zu unseren Gefühlen von Glück oder Unglück überhaupt nicht wichtig ist.

Merken denn diese verdammten Moralisten nicht, dass die ganze Atmosphäre dieser schwierigen Dimension des Multiversums, das wir »Leben« nennen, von telepathischen Strömungen durchzogen ist und dass gerade dann, wenn ein vorsichtiger, aber erfinderischer Sadist eine bestimmte Grausamkeit heraufbeschwört, an der sich seine Seele mästet, die beunruhigende Möglichkeit besteht, dass ein weniger vorsichtiger Herr der gleichen Strickart das auszuüben beginnt, was der andere bloß erfunden hat, so dass jedes Mal, wenn die Menschen dem Unglück in ihrer Seele nachgeben, jedes Mal, wenn sie ihren Seelen laut zurufen, dass sie lieber stürben als lebten, ein anderer Unglücklicher, der diese Strömung der Verzweiflung auffängt, während er blindlings auf seinem Pfad dahinstolpert, nun möglicherweise die Last des Unglücks, das bislang gerade eben erträglich war, kaum einen Moment länger mehr erdulden kann?

Wenn indes ein entspannter und schwankender Geist, der sich nach Genuss sehnt, dem aber inmitten all dessen, was er sieht, das Herz dazu fehlt, plötzlich die atmosphärische Botschaft eines entschiedenen und gefestigten Entschlusses auffängt, hervorgerufen davon, dass Sie sich zwingen, sich Ihrer selbst zu erfreuen, und von Ihrem Glauben an sich selbst und von Ihrem Glauben an die Tatsache, dass Sie die Macht haben, alle Ihre Kräfte in jenem unbesiegbaren homerischen »zum Widerstand Geducktsein« zu sammeln, und wenn er diese *alla kai empes*-Botschaft des »Trotz allem setze ich meinen Willen dafür ein, zu genießen« auffängt, dann beschließt er vielleicht, dass das, was irgendein lebendiges Selbst tun und fühlen kann, ein anderes ebenfalls tun und fühlen sollte!

Jawohl, bei unser aller Mutter, wenn unsere westlichen Nationen dem Despotismus von Russland und China widerstehen wollen, dann muss auf unserem Banner »Glaube« stehen, und zwar weder an eine übernatürliche Sache außerhalb unser selbst noch an irgendein kapitalistisches System außerhalb unser selbst, *sondern ausschließlich an uns selbst*, das heißt an die unerstürmbare Macht des persönlichen menschlichen Selbst, sei es das eines alten Mannes oder einer alten Frau, eines jungen Mannes oder einer jungen Frau, eines Jungen oder eines Mädchens – der Glaube an das menschliche »Ich bin Ich«, völlig allein, *wie es ein jeder von uns in Wirklichkeit ist*, in der grenzenlosen Leere der Zeit und der grenzenlose Leere des Raumes, aber fähig, sich kraft des eigenen Willens zum Trotz gegen die ganze Sache zu zwingen, und mehr noch, sich über den eigenen Trotz zu freuen.

TROTZ ... DER ANDEREN LEUTE

Überlegen Sie, mein immer noch zögerlicher Konvertit, was Ihrem Lebensgenuss am meisten im Wege steht. Wollen Sie vielleicht jedem von *uns* diese Frage stellen? Nun, da wären Papa und Mama, Opa, Richard und ich. Oma ist schon im Bett, aber ich bezweifle sowieso, ob man aus Oma viel herausbekommen würde. Sie hat es nicht gerne, wenn man ihr Fragen stellt. Hier kommt Papa, fangen Sie mit dem an. Sie fragen nach meiner Krankheit, mein Herr? Nun, die hat mich zumindest davor bewahrt, im Koreakrieg kämpfen zu müssen. Mama, red' *du* mit ihm!

Das alte psychische Problem, sagen Sie, mein Herr? Oh, nein, seit dem Ende der Besatzungszeit und seit mein Mann wieder zu Hause ist, habe ich kaum noch hysterische Anfälle gehabt. Aber hier kommt mein Vater. Finanzielle Sorgen, sagen Sie, Meister? Nein, nein, seit die Schwester meiner Frau gestorben ist und uns dieses Haus hinterlassen hat, ist es uns eigentlich ganz gut gegangen.

Er hat natürlich doch finanzielle Sorgen, aber damit wollen wir uns nicht näher befassen. »Gut gegangen«, heißt die Losung, mein Herr. Komm mal her, Richard, mein Junge, und sprich du mit dem Herrn. Schwierigkeiten mit der griechischen Grammatik, mein Herr? Nein, nein, seit ich Chemie statt Griechisch gewählt habe, bin ich immer unter den ersten dreien in meiner Klasse. Aber nehmen Sie sich mal meine Schwester vor, mein Herr, die ist immer ganz wild darauf, Fragen zu beantworten.

Oh, nein! Das stimmt überhaupt nicht, mein Herr! Die Sache ist nämlich die, dass Oma es nicht gut findet, wenn ein Mädchen wie ich zu Hause unterrichtet wird. Oma meint, als sie noch zur Schule ging, gab es noch keinen Privatunterricht, und Mädchen wie ich sollten sich lieber im Haus nützlich machen als Französisch zu lernen. – Oh, nein, mein Herr! Egal, wie lange es dauert, bis Mama wieder nach Hause kommt, Oma lässt mich inzwischen in Ruhe. Sie lässt mich genau seit dem Tag in Ruhe, als ich sie gefragt habe, wie man *croc-en-jambe* aussprechen muss, was natürlich französisch ist und soviel heißt wie »arglistiger Streich«.

Nun gut, mein höchst beflissenster aller faszinierten Konvertiten, Sie entnehmen all dem, wie stetig, hartnäckig und entschieden wir immer wieder den gleichen Boden beackern und uns so genau wie möglich zu vergewissern suchen, dass die Hürden, die unserem Lebensgenuss in diesem folgenschweren Trugbild, das wir »Natur« nennen, im Wege stehen, während wir mit diesem Dämonenmonster ringen, das wir »Leben« nennen, *nicht* derart beschaffen sind, dass man sie nie überwinden könnte. Im Gegenteil, es sind Hindernisse, die man durchaus bewältigen kann.

Aber es ist doch von eigentümlichem Interesse, hier zu bemerken, dass es einem Franzosen überlassen blieb, den universal menschlichen Ruf von sich zu geben, dass für uns und alle anderen »die Hölle immer die anderen« sind.

Es bedurfte eines Bürgers der klügsten und zivilisiertesten Nation der Welt, um diese fürchterliche Wahrheit zum Ausdruck zu bringen. Und ebenso, wie wir mit anderen ähnlich gelagerten Wahrheiten verfahren sind, muss diese erschütternde Erkenntnis des inhärenten Schreckens einer Erfahrung nun als berechtigte Antwort des Menschen auf das Leben gezeigt werden, einer Erfahrung, die in ihrer Allgemeingültigkeit so aufgeweicht, verschleiert, zensiert und gefiltert – wie es heutzutage heißt, wobei uns die Assoziation eines Siebes vorschwebt, mit dem man unverbrannte Kohlestückchen aus der Asche herausfiltert – und mit einer solchen Aura des Weihevollen umgeben wurde, dass es als Sakrileg, fast als eine Obszönität gilt, die nackte Wahrheit darüber hinauszuschreien. Ja, genau wie es sich mit anderen bitteren Erkenntnissen der Schrecken verhält, die sich hinter den strengen gesellschaftlichen Konventionen verbergen, mit denen die fromme Menschenseele gelernt hat, ihre wirklichen Gefühle des Entsetzens und der Empörung zu verhüllen, sind wir nordischen Völker auch hier viel unehrlicher, um nicht zu sagen »heuchlerischer« und verschlossener als unsere südeuropäischen Nachbarn.

Nein, dieser Franzose hat völlig Recht, und nun sind wir endlich bei der entscheidenden Frage angelangt, die unsere »Philosophie des Trotzdem« so entschlossen in Angriff nehmen will, beim Dollpunkt aller Dollpunkte, beim Universalschlüssel, der im Wesen der Beziehung zwischen einem Menschen und einem anderen Menschen, der höchsten von der Natur geschaffenen Beziehung überhaupt, zu suchen ist.

Wir werden uns dennoch geflissentlich davor hüten, den nächsten Satz mit jener arroganten und unverschämten Floskel »selbstredend« zu beginnen. Aber wer immer unser ausgezeichneter Konvertit auch sein mag, er wird vermutlich zugestehen, dass zwar in aller Regel bei unseren menschlichen Streitigkeiten ein Phallus einem anderen gegenübersteht und ein Busen wider einen anderen wütet, dass aber doch die lohnendsten unserer Schlachten – vom philosophischen Standpunkt aus gesehen – diejenigen sind, in denen der Haferschleim des ewig währenden Geschlechterkampfes am »dicksten und sämigsten« aufbrodelt.

Es ist in der Tat, mein vorsichtiger Konvertit, absolut faszinierend für uns schlichte Sinnierer – ich sage bewusst nicht Kuppler* –, wenn wir feststellen, um wie viel weniger – trotz aller Schaumschlägerei im Kampf der Geschlechter und trotz der Gefahr, völlig auf Grund zu laufen –, solche Zusammenstöße zwischen Mann und Frau, zwischen Mätresse und Gönner, zwischen allen Arten von Liebenden den Strom des Lebens beeinträchtigen als die rachsüchtigen und boshaften Fehden zwischen Mann und Mann, Frau und Frau, Junge und Junge sowie Mädchen und Mädchen.

Die Erklärung, die unsere Philosophie hierzu liefert,

ist eindeutig genug: Hinter allen Geschlechterstreitigkeiten, ob es sich nun um ein altes oder junges Paar handelt, steht stets der lebenstiefe Unterschied zwischen weiblich und männlich, ein Unterschied, der ebenso für die Vermeidung und Beilegung solcher Streitigkeiten verantwortlich ist wie für deren Fortsetzung bis zum bitteren Ende.

Der große Vorteil zugunsten der Streitigkeiten zwischen Männern und Frauen im Vergleich zu denen zwischen gleichgeschlechtlichen Kontrahenten liegt in der Tatsache, dass der Geschlechterunterschied zwar zur Ursache diverser Ärgernisse werden kann, dass er aber auch einen Gutteil der Brisanz ausräumt, unter der wir glücklosen Junggesellen und alten Jungfern bei unseren Kämpfen untereinander leiden, nämlich die blinde, irrationale Rage, mit der wir einander gehörig auf die Nerven gehen. Männerfreunde scheinen unter diesen nervösen Anfällen viel intensiver zu leiden als Freundinnen, und uns ist nicht entgangen, dass es viel mehr lesbische ältere Paare gibt, die glücklich und zufrieden miteinander leben, als homosexuelle Männer, die, wie wir es keusch ausdrücken wollen, sich miteinander verbündet haben.

Wir erklären dies mit der Tatsache, dass das Geschlechtliche an sich im weiblichen Leben eine viel größere und wichtigere Rolle spielt als im Männerleben, dass es das gesamte Sein einer Frau durchdringt und dabei jene empfindlichen, aufreizenden, heiklen und quälenden Irrungen und Wirrungen unseres persönlichen Stolzes, unserer Eitelkeit und unseres Dünkels absorbiert, die in ihren aufreibenden Ansprüchen bei Männerfreundschaften so unerträglich sind. Denn bei Männern bestehen diese Ansprüche unabhängig von der Frage des Geschlechtlichen, was man wunderbar an der amüsanten Tatsache ablesen kann, wie äußerst selten Freundschaften zwischen Männern bis ins hohe Alter andauern, während, wie wir bereits bemerkt haben, solche Freundschaften zwischen alten Frauen relativ häufig sind. Alte Männer werden Jahr für Jahr ihres Lebens immer stolzer, eitler und dünkelhafter, und diese, wie sie selber glauben, zunehmende persönliche Wichtigkeit geht Stufe um Stufe einher mit dem zunehmenden Verschwinden ihrer erotischen Potenz.

Daher könnte man sagen, dass es vom Standpunkt der »Philosophie des Trotzdem« aus die höchste moralische Leistung der menschlichen Kreatur als *männlichem Geschöpf* ist, wenn sich zwei alte Männer in gegenseitiger Bewunderung, Rücksicht und Zuneigung verbunden fühlen bis ans Grab.

Aber Sie, mein lieber Konvertit vor dem Tor, warten gebannt auf unsere weise Erkenntnis, wie man als kluger Mensch diese heftigen Zusammenstöße vermeidet, die die Freude am Leben so vergällen können. Nun, lassen Sie uns zuerst einmal sagen, dass das Gelingen einer Beziehung zwischen Mann und Frau auf der absoluten Unabhängigkeit des Lebens des einen vom Leben des anderen basiert. Sie müssen beide frei sein. *Freiheit* ist für jedwede gesunde und natürliche Lebensfreude viel wichtiger als *Liebe,* und das trifft sowohl auf die »Liebe« der mystisch-christlichen Art als auch auf die schlichtere und natürlichere heidnische Liebe zu.

Ein Paar kann sein gesamtes Leben am besten genießen, wenn beide einander in Freiheit leben lassen – frei, ihren jeweils eigenen Weg zu gehen. Das ist nicht nur eine körperliche, soziale und ganz handfeste Frage: *Es ist eine Sache der geistigen Einstellung.*

Sodann würden wir sagen, dass beide Lebensgefährten, wenn sie denn ein glückliches Paar abgeben wollen, die Kunst humorvoller Freundlichkeit beherrschen müssen, mit tiefer Zuneigung, aber *ohne Liebe* zum anderen: intensive, ewig währende Zuneigung, aber *keine Liebe.* Denn wenn die Liebe hinzukommt, kann auch der Hass nicht ausbleiben. Diese Weisheit müsste eigentlich über der Tür einer jeden menschlichen Behausung eingeschnitzt werden – doch da wir annehmen müssen, dass die Laren und Penaten, die schützenden Familiengeister*, bereits wohl behaust sind, gravieren wir diese Weisheit vielleicht besser in unser Herz ein als in den Türsturz und formulieren sie ein wenig um: »Hier regiert nicht Liebe, sondern Freundlichkeit und Rücksicht.«

Und als Drittes ruft die »Philosophie des Trotzdem« dem Mann wie der Frau gleichermaßen zu: Treibt den geschlechtlichen Unterschied zum anderen bis an die Grenze des Vorstellbaren, konzentriert euch *im Geiste* immer mehr auf das komische Pathos des Mannes in seiner Männlichkeit und der Frau in ihrer Weiblichkeit.

Vergessen Sie also nie, oh, skrupulöser Konvertit: Wenn der Augenblick kommt – und je erfüllter Ihre

Beziehung ist, umso öfter tritt er ein –, an dem Sie und Ihr Gatte, Sie und Ihre Gattin, die Dinge im Allgemeinen und im Besonderen auf gleicher Ebene diskutieren wie Freunde und nicht wie ein Ehepaar, wie Freunde und nicht wie Liebende, an dem Sie, wir wiederholen es, das Leben so schlichtweg besprechen, als gäbe es zwischen Ihnen weder eine erotische Verbindung noch geschlechtliche Unterschiede, dann müssen Sie diese Augenblicke bis zum Äußersten ausdehnen und, wie das Licht von Aladins Lampe, jedes Aufflackern konzertierter und vereinter Einsichten bewahren, die diese kostbaren Momente Ihnen geschenkt haben, denn dann kann man an Ihrer vereinten Weisheit einen Wahrspruch über das Leben des *Homo sapiens* fällen.

Nein, selbst verheiratete Liebende können manchmal einen viel himmlischeren Zustand erreichen, als ihn die lodernde Liebe zu bieten hat, und ganz einfach zu liebevollen Freunden werden. Und erst dann wird wahrer Humor – etwas ganz anderes als Witz – sich wirklich entfalten können. Auch wenn wir nicht umhinkommen, Mamas und Papas und Liebende zu sein, brauchen wir dem doch nicht *immer* gerecht zu werden. Was wir in unserer Haltung jenem Franzosen – dem zufolge »die Hölle immer die anderen sind« – beizupflichten nur allzu leicht außer Acht lassen, gering schätzen gemeinhin auch alle leidenschaftlich analytischen, verliebten und entschieden künstlerischen Menschen – wir verzichten hier auf das Wort »ästhetisch«, weil es eine Spur humorvoller Nachsicht anklingen lässt, wie sie der wahre Virtuose aufbringt, der viel lieber allein für sich genießt als sich in Gesellschaft kritisch überlegen zu fühlen –, nämlich den Genuss jener Art harmonischer Freundschaft, die man *amicitia* nennen könnte, deren liebenswürdiger Freundlichkeit, aufrichtiger Nachsicht und humorvollem Verständnis nicht ein Gran jener besitzergreifenden und mystischen Liebe anhaftet, in der sich, ihren Vertretern zufolge, das Übernatürliche so subtil feiert und die in ihrer Strahlungskraft allen Hass und sämtliche Höllen enthält.

Die »Philosophie des Trotzdem« ist dort am klügsten – und wir können Ihnen versichern, ehrlicher Konvertit, erst nach langwierigen und aufwändigen Erörterungen zu diesem Schluss gelangt zu sein, dass das Klügste in dieser Welt *nicht* die »Weisheit« des Übernatürlichen ist, auch nicht die »Vernunft« eines Sokrates, Platon und Aristoteles, ebenfalls nicht die Mischung von »Vernunft« und »Offenbarung«, wie sie die großen Gelehrten des Mittelalters vertreten haben, erst recht nicht die Entdeckungen der modernen Naturwissenschaften, am wenigsten aber die psychoanalytische Psychologie –, wo sie sich der intuitiven Weisheit der Frauen bedient. Wir sind umstandslos bereit zuzugestehen, wie ungeheuer viel wir jenen beiden metaphysischen Denkern Spinoza und Kant verdanken sowie William James, dem großen Pluralisten und Pragmatiker unserer Tage. Aber wir sind eben zu dem Schluss gelangt, dass die beste Weisheit der Welt *ein weibliches Vermögen* ist, für das es keinen Namen gibt. Es hat des schlichten Grundes wegen keinen Namen, weil es von Anbeginn unserer Zeitrechnung an Männer waren, die als Namensgeber und Täufer aufgetreten sind. Sie haben wohl gemerkt, aufrechter Konvertit, dass wir den Ausdruck »unsere Zeitrechnung« fast schon instinktiv verwenden. *Unberechnete Zeit* ist immer noch die Domäne der Frauen, die zwar großartige Schriftstellerinnen, Prophetinnen, Dichterinnen und Künstlerinnen sind, aber, zumindest vom männlichen Standpunkt aus, gar beklagenswerte Historikerinnen und Biografinnen.

Warum aber ist an dieser männlichen Kritik an weiblichen Historikern und Biografen und sogar weiblichen Essayisten »etwas dran«, wie man gemeinhin sagt? Wir werden es Ihnen mitteilen, oh, mein ritterlicher Konvertit, wir werden es Ihnen verraten. An der männlichen Kritik an Historikerinnen und Biografinnen ist »etwas dran«, das in Wirklichkeit absolut zugunsten der Frauen spricht. Frauen müssen in diesen Belangen die Herrschaft der Männer erdulden, und die Herrschaft von Männern ist stets gleichzusetzen mit der Verdammung von Frauen.

Unsere »Philosophie des Trotzdem« sollte in der Tat eines ihrer besten und abschließenden Kapitel »Trotz … der Männer« nennen. Denn die Wahrheit ist die, dass von den frühesten Tagen an Frauen die Prophetinnen und inspirierten Sibyllen* der menschlichen Gesellschaft gewesen sind und ihr Bestes gegeben haben, um deren Entwicklung in eine Richtung voranzutreiben, die der Menschheit am förderlichsten gewesen ist.

Zu Zeiten der späten Cäsaren konnte man unter dem Schutz des römischen Rechts von einem Ende der zivilisierten Welt zum anderen reisen – eine Reise, die angesichts der gegenwärtigen Herrschaftsverhältnisse in Moskau und Peking sehr bald abgebrochen werden müsste, ob sie nun von einem Bürger, Bauern, Bettelmann, Soldaten, Priester oder Edelmann angetreten worden wäre. Doch auf welche *Worte* stützte das frühe Rom seine, nein, nicht seine »Politik«, sondern seine Entwicklung zu einem Weltstaat? Auf die Worte der *Sibyllinischen Bücher.*

Ein intelligenter Mensch braucht bloß die *Ilias* und die *Odyssee* zu lesen, um herauszufinden und zu beurteilen, welche weisen Richtungen die Entwicklung der Menschheit eingeschlagen hätte, wenn der grundsätzlich maskuline Supranaturalismus, der die Welt seit dem »Jahre eins« beherrscht, nicht eingegriffen und das Geheimnis des Lebens nicht jenen weiblichen Händen und jener weiblichen Inspiration entrissen hätte, die hinter den Anfängen des römischen Weltstaats lagen, um es den Männern zu überantworten – diesen denkenden und vernünftelnden Wesen, die sie nun einmal sind.

Und wem verdankt die Entwicklung der Menschheit zu späteren Zeiten am meisten? Der *Renaissance!* Und wem verdankt der heutige Mensch des Abendlandes, von der Renaissance inspiriert, am meisten? Erasmus, Rabelais, Cervantes und Shakespeare! Das waren die Männer, die die Tatsache aufdeckten, dass das, was die fantasielosen, Hexen jagenden Puritaner mit allergrößtem Hass verfolgten – denn die Moralisten und Puritaner haben tief im Herzen stets die Weisheit der Frauen gefürchtet –, die Inspiration der Prophetinnen und die Stimme der Sibyllen waren.

Es gibt keine puritanischen Frauen. Puritanertum ist nichts anderes als eine Männlichkeit, die Frauen dafür bestraft, dass sie Frauen sind, und sich selbst dafür, dass sie nicht anders kann, als sich den Frauen zuzuwenden. Und so wie katholische Männer mit der schönen Selbstverständlichkeit männlicher Tyrannen die Inquisition ins Leben gerufen haben, so haben protestantische Männer mit der schönen Selbstverständlichkeit männlicher Tyrannen alle Abscheulichkeiten erfunden, die man die »Unheilige Familie« nennen könnte.

Ein typischer akademischer Denker steht, davon ist unsere »Philosophie des Trotzdem« überzeugt, am feindseligsten und am Hohn lachendsten der universellen Weisheit der Altweibermärchen gegenüber. Aber genau diese Märchen sind es, zu denen unsere »Trotzdem«-Philosophie Sie verlocken will, um der Geheimnisse wahrer Weisheit teilhaftig zu werden, und darin werden Sie sich schließlich auch vertiefen müssen.

Wohlan, unsere nächste Frage lautet nun, oh, feinsinniger und angstvoller Konvertit, wie wir dieser teuflischen Hölle entfliehen und entkommen, wie wir sie meiden, umgehen oder abschaffen können – dieser Hölle, die in der bloßen Existenz »anderer Leute« besteht. Denn sobald »andere Leute« in irgendeiner Weise auftauchen, na, ja, Sie wissen schon – wir alle wissen das –, da kommen sie hereingeschneit, -gerauscht, -geeilt, -geschritten, -gehüpft, -getanzt, -gestürmt, -geglitten, -gerutscht, -geschlichen und -getastet!

»Aber *in was* mischen sie sich da ein?«, versuchen Sie zu erwidern, mein angstvoller Konvertit. Nun, *in unsere*

Angelegenheiten ... in die Art, wie wir uns verhalten und unser Leben führen, in unsere Erfolge und Misserfolge, unsere Ängste und Sorgen, unsere tiefsten Geheimnisse! Sie umschwärmen uns wie Fliegen die Hasenkötel – summ, summ, summ! Nun, mein verdutzter Konvertit, Sie müssen nicht so besorgt und angeekelt dreinschauen. Sie wissen ganz genau, dass das, was ich hier ausspreche, die Wahrheit ist, obwohl nicht immer die ganze. Hören Sie daher, was wir Ihnen empfehlen. Aber erlauben Sie uns zunächst einmal zu erklären, um was es bei dieser Existenz »anderer Leute« eigentlich geht, die uns so sonderbar zusetzt. Wir sind ja keine Einsiedler. Wir sind ja alle kein Atlas, der die ganze Welt auf den Schultern trägt und sie fallen lässt, falls auch nur jemand an seinen Ellbogen stößt. Nein, nein, es geht darum, wie andere Menschen uns behandeln.

Diese Haltung, erlauben Sie uns, Ihnen das mitzuteilen, denn es ist eine unserer profundesten Entdeckungen, hängt vollständig von der Überzeugung der Menschen ab, dass ein jeder von ihnen ein »spirituelles Wesen« sei und mit sich ein Ding herumtrüge, das sie »Seele« nennen, ein Ding, das, wie man sagt, *sub specie aeternitatis** ist, das heißt, dass ihr geliebtes, kostbares, warmes, gemütliches, taktiles, lebendiges Ich außerhalb wie innerhalb von Raum und Zeit unzerstörbar existieren würde.

Unsere großartige Entdeckung ist nun diese: Wenn uns unsere Katze auf den Schoß springt, wenn sich unser Hund an unserem Knie schubbert oder ein Vogel uns aus der Hand frisst, dann kümmert uns das nicht weiter. Wir rufen einfach: »Fort, Spotty!«, oder: »Lass mich in Frieden, Tootsie-Wootsie!« – Das sind Zurufe, die ausnahmslos – selbst dann, wenn »Spotty« unser Großonkel John und »Tootsie-Wootsie« unsere liebe Tante Mary wäre – unsere Gefühle für alle muffköpfigen Johns und alle aufdringlichen Marys unserer Umgebung zum Ausdruck bringen würden. Aber aufgrund der Illusion, dass *in* unseren liebevollen Freunden und Verwandten, *in* unseren neugierigen und stets interessierten Nachbarn unsterbliche Engel und Teufel existieren, die nicht nur *hier unten* sind, sondern ebenso quicklebendig *da oben*, sind es diese »anderen Seelen« – und dies betrifft, darauf müssen wir bestehen, auch die engelsgleichen »Seelen«, wenngleich doch wohl in der Tat mehr die eher diabolischen »Seelen« –, die den ganzen Ärger verursachen.

Und nun kommen wir zur Sache! Wir haben entdeckt, dass es uns nicht im Geringsten zu scheren braucht, was *die anderen* in sich zu beherbergen glauben, solange *wir* selbst nicht daran glauben. Was wir tun müssen, ist, Baby Soundso und Oma Soundso und unseren eigenen Papa und Bruder Tom und Schwester Louisa und alle interessierten und neugierigen Freunde und Nachbarn genau als das anzusehen, als was sie *nach außen hin erscheinen*, das heißt, als wären ihre Körper und Gesichter, ihre Stimmen und Bewegungen und ihre ganze Erscheinung alles, was von ihnen existiert – natürlich abgesehen davon, dass sie ein Bewusstsein haben, einen erfinderischen Glauben an sich selbst und an uns aufbieten können und über die geheimnisvolle

Fähigkeit verfügen, alle körperlichen Sinne und Energien sowohl auf ihre Tätigkeiten zu konzentrieren als auch auf all das, mit dem sie sich gerade befassen, eine Fähigkeit, die wir übereinstimmend »Willenskraft« nennen wollen, da sie durch den *Willen* verstärkt oder verringert werden kann.

Wir von der »Philosophie des Trotzdem« haben entdeckt, dass es unser menschliches Bewusstsein ist, das bei dieser ganzen Frage, ob nun *wir* das Leben genießen oder das Leben *uns* genießt, am meisten zählt und dass dieses menschliche Bewusstsein auch über einen freien Willen verfügt. Und wenn wir das Leben genießen wollen, dann müssen wir diesen Willen benutzen, um uns zu entblößen, und das bedeutet, unser Bewusstsein von allen Bürden zu befreien, derer wir uns nur entschlagen können. Mit »Bürden« meinen wir im Zusammenhang mit dem Bewusstsein all das, was gewöhnlich als »Persönlichkeit« bezeichnet wird.

Wir müssen einfach mit leichtem Gepäck reisen, das heißt unseren Willen Tag für Tag, Monat für Monat, Jahr für Jahr anstrengen und uns zwingen, das Leben zu den schlichtesten Bedingungen zu genießen, was bedeutet, dass wir unsere verdammte *Persönlichkeit* beschneiden und uns nicht heimlich mit dem Stolz, der Eitelkeit und dem Dünkel aufblasen, wir seien – als menschliche Persönlichkeit – so überaus bemerkenswert, einzigartig, originell und *integriert* (ein Wort, das alle Seelendoktoren lieben!).

Wir sollten vielmehr das Gegenteil von alledem anstreben. Wir sollten eine *desintegrierte Persönlichkeit* anstreben, eine Persönlichkeit, die sozusagen einer Schar Vögel entspricht, so dass, wenn einige unter ihnen getötet werden, die anderen immer noch eine gute Überlebenschance haben. Die wichtigste Entdeckung unserer Philosophie ist ja, dass echte und wahre Demut das Geheimnis des Lebensgenusses ist und dass man Demut, genau wie Genuss und Freude selbst, willentlich herbeiführen kann.

Es braucht Sie nicht zu bekümmern, falls Sie über alle Maßen stolz und eitel zur Welt gekommen sind. *Dünkel* ist in unseren Augen etwas wesentlich Gefährlicheres als diese beiden anderen Eigenschaften – und eine völlig andere Sache. Das Fatale des Dünkels liegt, wie wir bereits in einem vorangehenden Kapitel erläutert haben, in der völligen Überschätzung unserer eigenen Fähigkeiten, unserer Kräfte und unserer Persönlichkeit, weshalb Dünkel entschieden schwieriger als Stolz oder Eitelkeit auf das notwendige Mindestmaß zurückzuschrauben ist. Möglicherweise liegt es sogar außerhalb unserer Willenskraft, mit dieser verachtenswerten Eigenschaft fertig zu werden.

Aber selbst dann, wenn dem so wäre, könnte sich ein unerwarteter Schock von außen günstig auswirken. Ein solcher Schock widerfuhr zufällig einem von uns, und wir verdanken es seiner Erfahrung, dass sich unser »Trotzdem«-Orakel auch zu dieser Sache äußert, denn dieser zuvor hochmütige Mensch ist nun ein demütiger Mensch, auch wenn er noch genügend Stolz von der richtigen Sorte hat, der ihm weiterhilft, und wir anderen flehen ihn ständig an, jene Eitelkeit zu kultivieren, die andere niemals verletzt und die er – so denken wir uns – als Salbe für die Wunden benutzen kann, die ihm der unerwartete Verlust seines so tief verwurzelten Hochmuts geschlagen hat.

Aber bei dieser Frage, wie man der Hölle entgeht, in deren Abgrund andere Menschen uns schleudern, ist stets zu bedenken, dass wir die Hölle meiden, fliehen, umgehen und überspringen müssen, in die andere Leute uns stoßen und die sie in uns erzeugen – nicht aber die Menschen selbst. Wir müssen jene Zauberkraft kultivieren – und ich schwöre, mein edler Konvertit, das ist tatsächlich möglich –, mit der man den Kampf gegen diese verdammte Plage und ihre Sukkubus-Inkubus-Gier* nach warmem Blut vollständig gewinnen kann.

Vor allem müssen wir erkennen, dass die Vorstellung, in allen Menschenwesen stecke so eine ruhelose, jederzeit gefährdete oder gar schon »verlorene Seele«, die dann unter allen Umständen gerettet werden muss, eine zweitausend Jahre alte Lüge ist. Was uns an anderen Leuten also zu schaffen macht, uns hetzt und verfolgt, das sind nicht ihre Seelen. Das sind nicht einmal ihre Körper. Denn die Körper der anderen Leute sind ebenso armselig, entzückend, Mitleid erregend oder grotesk wie unser eigener auch, und sie bieten uns einen ebenso jämmerlichen und komischen Anblick wie der unsere ihnen. Aus diesem Grund muss unsere »Philosophie des Trotzdem« darauf insistieren, dass zwar die Welt voller schöner Frauen und ansehnlicher Männer ist, dass aber diese Schönheit und Ansehnlichkeit bei beiden Geschlechtern ebenso relativ ist wie Professor Einsteins Raum.

Schönheit ist keine Konstante, sie ist eine Variante. Ach, und unser aller Mutter weiß, wie sehr sie sich wandelt! Selbst die schöne Helena muss manchmal wie eine alte Hexe ausgesehen und Ganymed* auch ziemlich oft den mürrischen Gesichtsausdruck und den hässlichen Schmollmund eines verhätschelten Knaben gehabt haben. Die einzige Art nun, das Leben zu genießen, besteht in dem gesunden Menschenverstand, sich an die Erde zu halten und an die Weisheit der Erde zu glauben und an die Weisheit des besonderen Körpers, den die Erde jedem Einzelnen von uns gegeben hat.

Nichts beweist besser, wie verschlagen und heimtückisch die Propaganda aller Gläubigen ans Übernatürliche ist, als deren Unart, die Wörter »Materialismus« und »materialistisch« als Schimpfwörter zu verwenden. Was im Namen unserer Mutter Erde könnte für ihren Nachwuchs heiliger sein als die vier »Elemente«, wie wir gewöhnliche Menschen sie immer noch nennen, also als Erde, Luft, Wasser und Feuer? Und was ist unsere poetische Ergebenheit ihnen gegenüber anderes als der reinste Materialismus?

Es ist immer das Gleiche. Die »anderen Leute«, die ihren Mitsterblichen das Leben zur Hölle machen, glauben stets an etwas Unwahres, Unwirkliches und vor allem *Unsichtbares*. Wen, so fragen wir, verdammte die heilige Inquisition zu Folter und Tod? Diejenigen, die sich weigerten, an das Übernatürliche und das Unsichtbare zu glauben.

Diese heimlichen Beamten des Polizeistaates waren aber keineswegs ausschließlich verrückte Sadisten. Es waren gewissenhafte Diener des Ewigen und Unsichtbaren. Und genau im Interesse des Ewigen und Unsichtbaren mussten sie um jeden Preis den Materialismus unterdrücken. Mit anderen Worten, sie mussten auf *Vivisektionen* zurückgreifen.

Sie nahmen dabei zu ähnlichen Vorwänden Zuflucht wie unsere modernen Vivisektoren, die mit *ihren* Folterinstrumenten hilflos zuckende lebendige Körper bearbeiten, das heißt um des umstrittenen Fortschritts der Menschheit willen. Unsere »Philosophie des Trotzdem« beharrt in allen Punkten darauf, an die »Wurzel« der Dinge vorzudringen, wo die Realität viel greifbarer ist als im »Herzen« einer Sache, denn unser armseliges Menschenherz ist viel zu schwach und unstet, als dass die Realität dort lange verweilen könnte.

Jawohl, die »Wurzel« aller Materie liegt in der Materie. Und aus Materie erschaffen wir Sterblichen *uns selbst*. Aber ja doch, aus Materie und mithilfe unserer Willenskraft erschaffen wir neue Muster von Materie, über die jedes Erdenkind verfügt. Aber wenn es auf unserer westlichen Seite dieser neuen »Scheidelinie« Lug und Betrug gibt, wer weiß dann besser als unsere kleine Schar pantagruelischer Männer und Frauen, welchen Lug und Betrug es auf Seiten unserer Feinde gibt?

Und dort wiederholt sie sich, diese erschreckende Manie der Gläubigen und Frommen und der ergebenen Diener von »etwas Unsichtbarem«, diese schmeichelnde, verführerische, überzeugende, einredende, verlockende, verleitende Manie, die sie sogar – falls das alles nichts verschlägt und sie die öffentliche Meinung nicht über Gebühr gegen sich aufbringen – dazu veranlasst, dass jene, die sich ihrem Glauben widersetzen, einfach verschwinden.

Unsere »Philosophie des Trotzdem« beharrt darauf, dass der kommunistische »Glaube« fast ebenso sehr ein Glaube an »etwas Unsichtbares« ist wie der katholische Glaube an das Übernatürliche. Da es nach der Vorstellung unserer Feinde für die Menschheit insgesamt viel besser ist, wenn der Kommunismus den Planeten beherrscht, als wenn wir uns seiner Vorherrschaft weiter widersetzen, wären demnach *alle Mittel* – wie geheim, wie verräterisch, wie grausam auch immer – zugunsten seines Sieges gerechtfertigt. Diese dunklen und schrecklichen Methoden sind ihrer Rechtfertigungstheorie zufolge aus genau dem gleichen Grund gerechtfertigt, aus dem die Katholiken die Inquisition rechtfertigten: so wie dem Übernatürlichen die absolute Wahrheit innewohnt, so dem Kommunismus die absolute Gerechtigkeit.

In beiden Fällen ist der Glaube an etwas Unsichtbares der herrschende Antrieb, während die »Philosophie des Trotzdem« den Glauben an den eigenen stofflichen Körper lehrt, der mit seiner Willenskraft seine eigene Zukunft erschafft. Wir vertreten sogar die Überzeugung, dass der einzige Weg, gegen den Glauben an das Unsichtbare anzukämpfen, der Glaube an das Sichtbare sei. »Wir sind Männer und Frauen«, spricht der Dichter. »Es gibt keinen Gott mehr. Lernen wir, unsere eigene Menschlichkeit zu verehren.«

Formulieren wir es daher so deutlich und unverblümt, wie ein gewöhnlicher Mensch es nur ausdrücken kann: Der Kern des gegenwärtigen Streits zwischen den beiden Hälften der Menschheit ist unsere unterschiedliche Sicht der Sache mit dem Glauben. Als Verfasser der »Philosophie des Trotzdem« verfolgen wir die Absicht, wie wir fortwährend wiederholen, schlicht und einfach einen kurz gefassten Kanon aufzustellen, und zwar nicht von obskuren metaphysischen Theorien, sondern von praktischen Regeln, die zu befolgen unserer Erfahrung nach die Freude am Leben stärken könnte. Falls wir uns bei der Aufstellung dieser Regeln hin und wieder haben dazu hinreißen lassen, uns in die Politik vorzuwagen oder sogar in die Sphäre des *Regierungsgeschäfts*, dann wollen wir uns in diesem letzten Kapitel umstandslos dieser Abschweifungen für schuldig erklären. In Kern und Blut, in Mark und Bein, in der Substanz wie auch in der gesamten Atmosphäre unserer Diskussion hegen wir nicht den geringsten Wunsch, die Grenze zur Welt der Staatsführung und der Politik zu überschreiten, sei es nun die Außen- oder die Innenpolitik.

Wir vertreten mit Jesus von Nazareth und Paulus von Tarsus die Überzeugung, dass es nicht Sache der Philosophen sei, sich über das Bild auf einer Münze zu streiten oder über die Fehler und Ungerechtigkeiten einer herrschenden Macht.

Wir vertreten die Überzeugung, dass es Sache der Philosophen ist, Philosophien hervorzubringen oder anderen Philosophen beim Philosophieren zu helfen. Wir vertreten zudem die Überzeugung, dass das Philosophieren der Philosophen den einzigen Sinn hat, den Genuss am Leben zu fördern.

Philosophie ist eine Medizin für Kranke, ein Stärkungsmittel für die Schwachen, ein Beruhigungsmittel für die Ruhelosen, ein Kalender für die Vergesslichen und ein Almanach für die Fantasielosen. Falls Philosophen sich täglich gezwungen sehen, über das Versagen ihrer Regierungen zu räsonieren, dann sind sie auch stündlich gezwungen, sich die Fehler ihrer Freunde und Nachbarn anzusehen, und dann müssen sie sich andauernd zur Überwindung ihrer eigenen Anfälligkeit zwingen, so zu denken wie Idioten und so zu handeln wie zickige Ziegen.

Wenn »andere Leute« *en masse* daran arbeiten, uns das Leben zur Hölle zu machen – und zwar zur Hölle eines Polizeistaates oder einer despotischen Regierung –, dann müssen wir einräumen, dass es zuweilen sehr wohl, selbst in einer konstitutionellen Monarchie, Aspekte des öffentlichen Lebens gibt, die dem Fegefeuer zumindest ähneln.

Aber die »Hölle der anderen Leute« kann unser Leben viel direkter betreffen. Sie kann die Gestalt unseres Ehemannes oder unserer Ehefrau annehmen. Sie kann die Gestalt einer Mutter oder Schwester haben – und was Onkel und Tanten anbelangt, unsere Nachbarn und deren Familien, da brodelt sie allüberall auf.

Aber was, um Himmels willen, für eine Abhilfe stellt nun unsere Philosophie hier in Aussicht? Sie erteilt uns nicht nur Ratschläge. Sie sagt uns genau, was wir tun und wie wir uns zwingen sollten, dies zu vollziehen. Als Erstes sollte man den Entschluss fassen, sich durch *nichts* wütend machen und bewegen zu lassen, »andere Leute« oder *jene bestimmte* »andere Person« zu schmähen. Vergessen Sie um alles in der Welt, oh, sensibler Konvertit, alle persönlichen Beleidigungen. Mnemosyne, die Göttin der Erinnerung, war die Mutter der Musen, aber sie ist auch die Mutter dessen, was man am besten vergisst! Beten Sie, oh, mein Konvertit, dass Sie nicht nur ein gutes Gedächtnis entwickeln, sondern auch ein ausgezeichnetes »Vergessnis«!

Während Sie sich nun dem Genuss der Gegenwart widmen, dürfen Sie nicht zulassen, dass Ihre Liebe für die süßen Begebenheiten der Vergangenheit Ihnen die Kraft raubt. Sie brauchen sich gar nicht weiter anzustrengen, um sich an die Vergangenheit zu erinnern. Sie *sind* die Vergangenheit. Die ganze Vergangenheit ist in Ihnen konzentriert. Aber zusätzlich zu dieser schweren Last glimmt in Ihrem Bewusstsein auch eine schwache, leise, kleine, zarte, dem Verlöschen nahe Flamme der schöpferischen Kraft, die jedoch auflodern kann, um vorwärts in die Zukunft zu schlagen.

Doch um zu dem großen Problem des eigenen Heims zurückzukehren – und das ist nun einmal ein Problem, dem wir armen Erdenwesen, die sich abmühen, das Leben zu genießen, uns schließlich und endlich stellen müssen: Wenn wir unsere Willenskraft auf diesen Kernpunkt konzentriert haben, dann können wir mit der Hölle umgehen, die uns unsere tagtäglichen

Gefährten bereiten und die wir fraglos auch ihnen bereiten.

Seien Sie versichert, dass die Methode, die wir anwenden, um uns vor Ihnen zu retten, dieselbe Methode ist, die wir Ihnen empfehlen, um sich vor uns zu retten. Es ist eine Methode, zu der das gehört, was viele Menschen hartnäckig ihren »Sinn für Humor« nennen. Wie oft hören wir den Satz: »Ohne meinen Sinn für Humor könnte ich mit den Problemen des Alltags gar nicht fertig werden.«

In Wirklichkeit hat das, was wir »Humor« nennen, im gewöhnlichen Wortsinn nur sehr wenig mit diesem Sinn für Humor zu tun, der, so wird uns versichert, die damit Gesegneten vor Unglück und Verzweiflung schützt, aber man könnte vielleicht doch beide zusammenzwingen. Wir wagen nun die weitgehende Behauptung: Wenn sich Humor in einem gewissen bedeutsamen Sinne auf den hier zur Debatte stehenden Fall übertragen ließe – denn obzwar wir glauben, dass die gerade zitierte beliebte Phrase ein gewisses Körnchen Wahrheit enthält, unterscheidet sich der »Humor«, den wir nun beschreiben, doch davon –, dann würde sich auch die ganze Situation verändern. Dann würde sich sowohl der Ärger ändern, den *wir* durch unsere Freunde, jene »anderen Leute«, empfinden, als auch der Ärger, den sie durch uns empfinden.

Das alles hängt ab – zumindest sind wir zu diesem Schluss gelangt – vom Unterschied zwischen dem Wort »mögen« und dem Wort »lieben«. Denn natürlich wissen wir sehr wohl, dass es ein Riesenunterschied ist, ob Menschen »verliebt« sind oder ob sie jemanden »mögen«, egal, wie tief und stark und dauerhaft dieses »mögen« auch sein mag.

Wir gestehen es besser ganz offen ein, oh, mein vorsichtiger und wankelmütiger Konvertit, dass kein Thema, das wir bislang diskutiert haben, von uns so sehr herumgewälzt worden ist, bis wir eine Entscheidung haben treffen können, wie dieser Unterschied zwischen »mögen« und »verliebt sein«.

Wir hatten uns sehr rasch darauf geeinigt, jene mystische »Liebe« zu verwerfen, die von inspirierten Heiligen und listigen Theologen so feinsinnig vertreten wird, denn es gab unter uns nicht einen Einzigen, der darin nicht eine gewisse Gefahr witterte. »Liebe« jener Art impliziert, dass der glücklose Neophyt, egal welchen Geschlechts, dazu »angestachelt« wird – nicht durch irgendwelche Wurfgeschosse, sondern durch die kosmogonische Verlockung jener zerbrechlicher Kostbarkeiten, wie sie die Jünger des Orpheus und andere antike Mysterienpriester hochhielten, Initiierte, die anstelle von Bauer Hesiods* aufrechter Erdmutter und mit der Absicht, das eigene Nest zu füllen, den Frömmeren der Alten den Gedanken einzugeben versuchten, der Ursprung der Welt läge in einem urtümlichen und ursprünglichen Ei –, die Befriedigung aller seiner Wünsche in einer totalitären, übernatürlichen *Einheit* zu finden. Jawohl, wir sind schon vor langer Zeit völlig darin übereingekommen, dass diese fast wahnsinnige Besessenheit des geborenen Tyrannen für die *Einheit,* für die schöne, wunderbare, heilige, geweihte, vollkommene, unaussprechliche, supramathematische, superwissenschaftliche, übergeschlechtliche, inquisitorische, spirituelle, geheimpolizeilich beherrschte *Einheit* der kosmogonischen Integration schlicht die »Hölle anderer Leute« ist, die, »dick und sämig« angerührt, der Niederwerfung aller Rebellionen dient.

Es ist ja schön und gut zu sagen, die sublime Logik des spirituellen Gedankenaustauschs verlange, dass die »Vielen«, wenn sie denn schon existieren, alle grundsätzlich zu Bestandteilen des »Einen« gemacht werden müssten. Die Antwort der »Philosophie des Trotzdem« *darauf* lautet, dass eine Anhäufung diverser Dimensionen, Universen, Welten, Existenzen, getrennter Entitäten, unverbundener Selbste und unabhängiger, separater Einheiten weder unmöglich noch unvorstellbar ist. Und selbst wenn dem so *wäre*, gibt es doch viele Aspekte des Lebens, die wir als Teil der Realität zu akzeptieren gezwungen sind und die wir auch als Gründe dafür zu akzeptieren gezwungen sind, warum wir so handeln, wie wir handeln müssen – Aspekte des Lebens indes, die rein gedanklich nicht vorstellbar sind.

Wir entschuldigen uns dafür, diese Dinge so anzuerkennen, wie sie nun einmal sind, indem wir etwas über grundlegende Paradoxien und unauflösbare Widersprüche vor uns hin murmeln. Geleitet von unseren spirituellen Medizinmännern versuchen wir, die Abgründe, die so tief sind wie das Leben, mithilfe der Vernunft zu überbrücken und mithilfe der Religion zu übertünchen – Abgründe, die einen Lebensprössling vom anderen und ein Bewusstsein vom anderen in jenem unergründlichen Chaos trennen, in dem wir unsere komischen »Hallos« und tragischen »Lebewohls« von uns geben, ehe wir ausgelöscht werden.

Aber der Unterschied zwischen »verliebt sein« in einen Menschen und ihn »mögen« hat absolut nichts mit dieser mystischen »Liebe« zu tun, die wir als armselige Staubkörner an den Kufen eines illusionären Rades für die imaginäre Nabe empfinden, um die sich das Rad dreht.

Unsere kleine pantagruelische Schar hat sich wochenlang über den Unterschied zwischen »ich bin in Soundso verliebt« und »ich mag Soundso« gestritten, ehe wir auf eine Schlussfolgerung verfallen sind, die eindeutig genug ist, um zum Bestandteil unserer Philosophie zu werden. Wir haben schließlich beschlossen, dass der Zustand des »Verliebtseins« für uns alle, die wir ins Leben hineingeboren worden sind, einzigartig ist. Nichts kommt ihm gleich, und auch seinen Auswirkungen kommt nichts gleich. Verliebtsein schafft eine romantische Atmosphäre, die die gesamte Lebenslandschaft verwandelt wie ein altersloser und zeitloser Zauberbann.

Einen Menschen »mögen« hingegen heißt, sich an der körperlichen Erscheinung dieser Person zu erfreuen, nicht unbedingt an deren gutem Aussehen oder an ihrer amüsanten Hässlichkeit, nicht unbedingt an ihren intellektuellen Fähigkeiten oder an ihrer köstlichen und liebenswerten Idiotie, sondern einfach nur daran, dass diese Person etwas an sich hat, das uns auf einzigartige und unergründliche Weise anzieht. Das, so haben wir beschlossen, ist das wahre Band der echten *amicitia* oder Freundschaft.

So sehr sich diese von der »Liebe« unterscheidet, stellt sie doch ein fast noch größeres Mysterium dar. Ihr Freund oder Ihre Freundin mag – und es geht hier nicht nur um Geschmacksfragen – aufgrund seines gotisch oder ihres klassisch anmutenden Wesens zu Ihnen passen. Die Hauptursache ist jedoch, dass er oder sie schlicht und einfach zu Ihnen passt, weil *Sie Sie sind* – war es nicht Montaigne, der diesen goldenen Nagel auf den Kopf traf? – und *er oder sie er oder sie* ist.

Einen Menschen »mögen« heißt daher, sich seiner körperlichen Erscheinung zu erfreuen, seiner Art, sich zu geben, und vor allem seiner ganz speziellen Eigenschaften – Eigenschaften, die viele andere sehr wohl abstoßend und ärgerlich finden mögen. Nach äußerst langwierigen Diskussionen – denn in unserer Sicht muss sich eine Philosophie dadurch auszeichnen, dass sie jene schwere Bürde der »integrierten Persönlichkeit« abschüttelt, die von Moralisten so verehrt wird, und an deren Stelle einen farblosen »Mufti« dessen setzt, was man eine »entwaffnende Neutralität« zwischen männlich und weiblich, alt und jung nennen könnte – sind wir übereingekommen, dass der Zustand des »Verliebtseins« im Hinblick auf das Zeugen und Empfangen von Kindern zwar sehr wohl seine Vorzüge gegenüber der *amicitia* haben mag, jenem Zustand gegenseitiger Anziehung und Zuneigung, dass es jedoch mehrere sehr eigenartige Unterschiede zwischen diesen beiden Zuständen gibt, wobei zum Erstaunen einiger von uns der

»poetische Vorzug« eher auf Seiten der *amicitia* liegt als auf der des »Eros«.

Erlauben Sie uns, oh, feinsinnigster aller Konvertiten, die Sache anders zu formulieren. Was die Stimmung rauschhafter Gefühlsausbrüche anbelangt, so hat die Freundschaft im Vergleich zum »Verliebtsein« nichts zu bieten, jedoch können wir nicht umhin, der seltsamen Tatsache Rechnung zu tragen, dass die Aspekte, Eigenschaften, Besitztümer oder das Zubehör des Objekts unserer erotischen Besessenheit in keiner Weise des Paradieses ekstatischer Verzauberung, des Eldorados unbegreiflicher Hingerissenheit wert zu sein brauchen, in die diese Schicksalsgestalt uns versetzen kann.

Derartige Erinnerungsstücke und persönliche Gegenstände dieser Gestalt können alles Mögliche sein. Nein, wir wollen noch weitergehen: Sie können absolut *alles* sein. Wenn das Objekt Ihrer Liebe ein Mann ist, kann es sein Tabaksbeutel sein, seine Nagelschere, seine Zahnbürste, selbst sein Zahnstocher. Es *könnte* sogar ein Fetzchen seines Klopapiers sein.

Ob es sich um die Zwinge seines eleganten Stöckchens handelt, falls sie sich löste, oder um das Klümpchen Erde, das er auf dem Teppich hinterließ, als er von der Entenjagd heimkam, oder um jenen Farbklecks auf seinem Regal, falls unser Einzigartiger ein Anstreicher ist, um jenen Kirschkern auf dem Teppich, den er gerade eben ausgespuckt hat, falls er beim Gemüsehändler arbeitet – ein jedes dieser Objekte birgt die Macht eines Prospero'schen Zauberstabes. In jedem Fall »sind wir der Stoff, aus dem die Träume sind«, aber wenn wir so weit gehen, einen Schnipsel von Bessies Hühnerauge oder von Angelas Zehennagel zu verwahren und damit den schlimmsten Sumpf in einen Garten der Hesperiden zu verwandeln, versetzt uns da nicht der römische Klang von

Gehab' dich wohl, mein Cassius, für und für!
Seh'n wir uns wieder, nun, so lächeln wir;
Wo nicht, so war dies Scheiden wohlgetan,*

auch wenn diese cäsarenmörderischen Freunde gerade noch so reizbar gegeneinander waren, in eine Welt wahrer Dichtung und nicht bloß in eine Welt tieferer Realität? Aber wir sollten hier besser vorsichtig sein. Es ist ein gefährliches Argument. Dantes verlorene Liebende mit ihrem *quel giorno piú non vi legemmo avante* – »an jenem Tag lasen wir nicht mehr weiter«* – geben uns zu denken. Ein Freund bleibt jedoch ein Freund. Wir sind uns seines echten Interesses an unserer Geisteshaltung sicher, seines Interesses an unseren Gedanken, unserer Arbeit, unseren geheimen Zielen. Wir baden uns in dem Gefühl, dass wir uns in eine hitzige Debatte verwickeln können, aber dennoch nicht wirklich wütend aufeinander werden; wir genießen es, jederzeit über alles Mögliche sprechen zu können und nicht eine Sekunde lang innehalten zu müssen, um zu überlegen, *wie* wir das sagen, was wir sagen wollen.

Vor allem aber schätzen wir sowohl an unseren Freunden als auch an jenen, in die wir verliebt sind, über alle Maßen die Tatsache, dass sie *uns nicht auf die*

Nerven gehen, die Tatsache, dass sie uns nicht necken, ärgern oder verrückt machen, wenn wir ihnen dabei zusehen, wie sie essen oder trinken, sich bewegen, sitzen oder stehen.

Oh ja, oh ja! Immer wenn wir, die Philosophen dieser neuen Philosophie, uns bei unseren ernsthaften Diskussionen dem Problem der »anderen Leute« näherten, *die uns auf die Nerven gehen*, wurde deutlich, dass wir dem Nervenzentrum der ganzen Angelegenheit nahe gekommen sind. Das genau ist eine der Fragen, mit denen unsere philosophischen Systeme sich eigentlich befassen sollten, die sie aber nur sehr selten ansprechen!

Gestatten Sie uns daher, oh, mein wankelmütiger Konvertit, Ihnen in allen Einzelheiten unsere Eindrücke in dieser Angelegenheit darzulegen. Für was treten wir ein? Nun, schlicht gesagt vertreten wir eine echte, tiefe, subtile Ehe von Himmel und Hölle, wie die Leute die Liebe heutzutage nennen und damit lediglich William Blake imitieren.

Wenn wir von dieser »Ehe« reden, meinen *wir* aber etwas anderes als Blake, Nietzsche oder Schopenhauer. Wir meinen die »Vermählung« sowohl von Gefühlen, die Psychologen für »gut« halten, als auch von Gefühlen, die sie für »schlecht« halten, sowie deren Gebrauch für unseren eigenen und spezifischen philosophischen Zweck: nämlich, dass wir *uns* und nicht die anderen zwingen, das Leben zu genießen.

Nun, fangen wir also an, diese Schritte, die wir allen empfehlen, vor Ihnen auszubreiten, weil Sie in diesen Dingen ja ein besonnener Richter sind. Beginnen wir damit, dass wir das, was wir »Selbstkontrolle« nennen, bis zur äußerst möglichen Grenze kultivieren. Bitte beachten Sie, dass dies auch möglich ist, wenn wir nur einen schwachen Willen und ein feuriges Temperament haben. Mit dieser Fähigkeit der Selbstkontrolle als Ausgangsbasis wäre es der nächste Schritt, *Freundlichkeit* bis zum Äußersten zu üben. *Nicht* »Liebe«, sondern eben Freundlichkeit, und jeder weiß, was das bedeutet.

Wenn wir erst einmal vollständige Selbstkontrolle erlangt und uns angewöhnt haben, zu jedermann und jedem Lebewesen freundlich zu sein – wobei wir, das muss ich betonen, die Pflanzenwelt nicht ausschließen wollen –, schlagen wir als nächsten Schritt vor, uns intensiv alle grotesken Elemente in allen Körperformen und -zügen, ob bei Mensch oder Tier, zu humorvollem Bewusstsein zu bringen. Falls daher unser Papa im Alter von zweiundachtzig oder unser jüngstes Kind mit zwei Jahren, unsere ergebene, wenngleich strenge Tante Tab mit ihren zweiundsechzig oder selbst unser liebevoller und treuer Mann John Joshua James mit seinen fünfzig Jahren – allesamt zweifelsohne von genügend natürlicher Lebenskraft, um es auf sich nehmen zu können, wenn alle möglichen neurotischen Schwächen (so wie gewisse unerklärliche Makel und Flecken auf der Rinde von Bäumen und auf der Unterseite von Blättern) die Kraft ihres Willens peinigen – uns nun unvermittelt ärgern, uns unterbrechen oder sich einmischen, indem sie sich auf uns stürzen, wenn wir gerade unbedingt allein sein wollen, dann könnten wir uns dennoch unser erfreuen, sofern wir bereits Meister dieses fantasievollen Humors wären. Sofern wir also unser Bewusstsein geistig und emotional so vollständig in die Nischen, Ritzen, Risse, grotesken Beulen und Auswüchse, Klüfte und haarig-geheimnisvollen Löcher dieser vertrauten Physiognomien, die sich uns so unangemessen aufdrängen, versenken könnten, würden wir unserer groben, humorvollen Vorliebe für die absurde Hässlichkeit aller menschlichen und tierischen Antlitze unter bestimmten Bedingungen – und, wie es heute heißt, in »Großaufnahme« – eine köstliche Befriedigung abgewinnen, ohne im Geringsten unfreundlich zu dem fraglichen Verwandten zu sein.

O convertissimo mio! Oh, mein lieber kleiner Wankelmütiger! Sehen Sie denn nicht, dass hier im wahrhaft shakespearischen Sinne der »Dollpunkt« des gewöhnlichen Menschenlebens liegt, an dem sich unser Glück oder Unglück entscheidet?

Und genau das ist auch der Punkt, an dem uns die großen philosophischen Systeme auflaufen lassen. Einzelne stoische oder epikureische Weise können uns helfen und anregen, trotz des Chaos des Lebens die Raffiniertheit zu bewahren – denn die brauchen wir noch mehr als die Willenskraft –, die unverzichtbar ist, wenn wir uns eine Philosophie zurechtlegen wollen. Aber nur sehr wenige dieser Lehrmeister warnen uns davor, den »Stier bei den Hörnern zu packen«, mit anderen Worten, warnen uns davor, bei unserem Ringen mit dem mysteriösen Monster »Menschenleben auf Erden« den Kampf ins feindliche Lager zu tragen und ihn dort mit der Schamlosigkeit, dem groben Humor und der ätzenden Ironie unserer Feinde auszufechten!

Wir indes warnen Sie, oh, vorsichtiger Konvertit vor dem Tor. Kämpfen Sie nicht »mit aller Kraft«, denn schließlich stellt die Tatsache, dass es den Menschen überhaupt möglich geworden ist, untereinander beharrlich, geduldig und freundlich zu sein sowie in ständiger Ehrlichkeit miteinander umzugehen, so dass die anderen den Eindruck gewinnen, unser Wort sei nicht nur so gut wie ein bindender Vertrag, sondern so gut wie »Leben gegen Leben« oder »Auge um Auge«, den größten vorstellbaren Sieg über diesen ungeheuerlichen mysteriösen Feind dar, den wir »Existenz« nennen, obwohl es ein Sieg ist, der sich bald in eine Niederlage verwandeln würde, falls er uns stolz und dünkelhaft machte.

»Vorstellbar«? Nun, um der alten Erde willen, fangen wir an, diesen Trick sogleich zu üben, um zu sehen, was sich daraus entwickelt! Wenn Sie das nächste Mal in einem höchst unliebsamen Augenblick die komisch vertraute Physiognomie von Großvater, Tante Tab oder jenem aberwitzigen und absurden kleinen Bruder vor sich sehen, der immer zur unpassendsten Gelegenheit vor Ihnen auftaucht, dann starren Sie den schauderhaften kleinen Zwerg, diesen inakzeptablen kleinen Teufel wild an – und starren, starren, starren! Legen Sie Ihr ganzes Bewusstsein in diesen Blick, denken Sie daran, dass Sie genau für diesen einen Moment Ihren groben, schamlosen, verzehrenden Blick kultiviert haben, einen humorvollen, manischen Blick, einen gleitenden, triumphierenden, gargantuanischen Blick, einen Blick, mit dem Sie jede Beule und jeden Pickel, jede Falte und jedes Haar seiner grotesken Erscheinung in sich aufsaugen.

Nun dämmert es Ihnen vielleicht, warum wir Sie angefleht haben, Ihren natürlichen Höhlenbewohnersinn für Humor bis zum Äußersten zu kultivieren, diesen rabelaisschen Sinn fürs Groteske, die Fähigkeit, sich in ekstatischer Kontemplation in ein bestimmtes menschliches Antlitz zu versenken, das die seltsame Macht hat, eine überwältigende nervöse Wut in Ihnen zu entfachen; und warum wir Sie auch angefleht haben, das eigene aktive Bewusstsein auszudünnen und Stolz, Eitelkeit und Dünkel daraus zu verbannen, damit keine schwere Last einer »integrierten« Persönlichkeit verhindert, dass sie in ihrer komischen Aufregung wie eine Motte um das Gesicht und die Gestalt dieser geliebten Groteske herumschwirren.

Hauptsache ist, dass Sie selbst entscheiden, welche Bedeutung Sie den alltäglichen Dingen des Lebens beimessen. Als Philosophen wollen wir uns gar nicht mit irgendwelchen wichtigen Änderungen befassen, die Sie vielleicht im Hinblick auf Ihre äußeren Lebensbedingungen anstreben. Wir können bloß hoffen, dass Sie selbst im Fall einer tief greifenden Veränderung – wenn Sie beispielsweise beschlossen haben, auf die Antipodeninseln oder nach Zentralafrika auszuwandern – nicht umhinkönnen, die Grundwerte unseres »Trotzdem«-Systems mitzunehmen, die in Ihrem Hirn, in Ihrem Herzen und Willen, in Ihrer Fantasie und Ihren Nerven herumflirren.

Kommen Sie, subtilster aller Konvertiten, und tun Sie, was wir Ihnen nun nahe legen. Bringen Sie Ihren Willen auf Trab – nennen Sie ihn, wie Sie wollen, solange *Sie* es sind, der sich und Ihre Eindrücke selbst in die Hand nimmt –, damit *Sie* entscheiden und keine andere Macht unter dem Firmament, auf der Erde oder unter der Erde, was Sie aus sich und Ihrem Leben machen, und nehmen Sie sich und Ihr Leben so hin, *wie sie gerade beschaffen sind.*

Üben Sie sich in der komplexesten aller Künste, die nicht in der »Stärkung des Willens« besteht, weil es in ihr auch der Willensschwächste zur Meisterschaft bringen kann, sondern in der aktiven Entscheidung, wie wir das Leben nehmen wollen, und im bewussten Festhalten an dieser unserer heimlichen Entscheidung; damit *wir es sind, die über unsere Gefühle entscheiden,* und nicht etwa unsere Eifersucht, unser Ärger, unsere Enttäuschung, unsere schlechte oder unsere gute Laune – oder damit *Sie* es sind, mein »Trotzdem«-Konvertit, der entscheidet, was Sie denken, fühlen, sich vorstellen, tun oder sagen und vor allem, ob Sie sich Ihrer selbst erfreuen oder nicht.

Zwingen Sie sich mit allen Kräften, die Ihnen zur Verfügung stehen, *alle* Lebewesen, denen Sie begegnen, freundlich zu behandeln, seien es Tiere, Vögel, Reptilien, Fische, Bäume, Büsche oder Gräser. Zwingen Sie sich mit allen Kräften, die Ihnen zur Verfügung stehen, sich mit intensivem, fast kannibalistischem Genuss und mit allem Humor – wie grob und bodenständig, unflätig und obszön er auch sein mag – und mit aller komischen Fantasie, die Sie aufbieten können, an der äußeren Erscheinung Ihrer Lebensgefährten zu erfreuen. Verwandeln Sie sich, wenn Sie sie anblicken, in einen honigsaugenden Falter, als sei ihre Komik der Honig, und schweben Sie über all den seltsamen, komischen, hässlichen, grotesken, fantastischen, pedantischen, neurotischen, katzenartigen, hundeartigen, eselartigen, stierartigen, clownartigen, henkerartigen, kasperartigen Eigenschaften Ihrer Freunde und Verwandten, die in ihrer eigenen rührenden Erinnerung alle einmal Sylphen, Engel, Meerjungfrauen, Helden, Krieger und edle Ritter waren. Mästen Sie bei diesem Schweben Ihre Fantasie an ihnen, bis Sie zu trunken sind von der grotesken Komik, um verärgert oder unfreundlich, erst recht, um grausam sein zu können.

Bitte beachten Sie, dass Sie dies nicht aus irgendeiner Art von »Liebe« tun, denn Sie haben es mit der »Liebe« so gemacht wie Paul Verlaine mit der »Eloquenz« in seinem beseelten Sonett *L'Art poétique** und haben *ihr den Hals gebrochen*, sondern aus einer selbstsüchtigen Freude am eigenen Sinn für Humor und aus einem köstlichen Gefühl von Dankbarkeit gegenüber diesen etwas angegriffen ausschauenden »unbelebten Wesen«, denn *dort* und nirgendwo sonst liegt der tragische Aspekt des tiefsinnigen Spiels, das Sie spielen. Denn Sie behandeln Ihre lieben Gefährten tatsächlich so, als seien sie Puppen und Zinnsoldaten in Gesellschaft einer modernen Arche Noah der Falstaffs und Little Nells und Mr. Pickwicks und Don Quichottes* – alle aus Draht und bemaltem Holz gefertigt!

Seien Sie bloß nicht über alle Maßen schockiert, süßer Konvertit, über das, was Sie vielleicht unsere »Herzlosigkeit« zu nennen belieben, denn wir schwören, dass es viel besser ist, wie der Dichter sagt, den elementalen unbelebten Wesen der äußeren Tierkreiszeichen zu ähneln, »unerschrocken vom Schweigen ringsum«*, als durch die quietschenden Alltagsgeräusche der mystischen »Hassliebe« der Gläubigen gereizt, gefoltert, gequält und verbittert zu werden – Geräusche, die sich anhören wie Altpapier, das zum Feueranmachen zerrissen wird.

Aber unsere Philosophie lehrt, dass wir jeden Augenblick, in dem wir uns von unseren Arbeitsmühen ausruhen, aber nicht einschlummern wollen, dazu nutzen sollten, die Formen und Farben jeder nahen oder fernen, durchlässigen oder undurchlässigen, schönen oder hässlichen Substanz, derer wir rings um uns gewahr werden, in uns aufzunehmen und das gesamte Bewusstsein mit diesen Dingen verschmelzen zu lassen. Und, wohlgemerkt, Konvertit, damit Sie diese Farben und Formen in sich aufnehmen und sich von ihnen vereinnahmen lassen können, als seien Sie kaum mehr als ein Lufthauch oder ein leises Seufzen des Windes, haben wir Sie angefleht, in diesem dichtbevölkerten Chaos mit leichtem Gepäck zu reisen, statt sich die schwere Last einer hochmütigen Persönlichkeit samt aller integrierten Schwergewichtigkeit eines »spirituellen Wesens« aufzubürden.

Doch wenn Sie das befolgen, was wir Ihnen anraten, und sich in den Farben und Formen aller unbelebten

Substanzen ringsumher verlieren, dann werden Sie dafür belohnt, denn Sie werden bald schon beginnen, sich des Lebens mehr zu erfreuen als jemals zuvor, ohne unbedingt »eins« mit allen Dingen zu werden, obwohl Sie mit jedem irdischen Ding »eins« werden *können*, sofern Sie es als vorübergehendes Gefäß benutzen, das Sie hierhin und dorthin trägt, solange Ihre Verbindung mit »ihm« besteht.

An dieser Stelle wollen wir ein wenig über die hartnäckigsten Besonderheiten unserer »Philosophie des Trotzdem« nachdenken, nämlich ihre beharrliche Entschiedenheit, ihren Platz in dem Drama einzunehmen, das man im neunzehnten Jahrhundert so stolz die »Evolution« nannte. Die modernen Naturwissenschaften haben sich – wie sollen wir es ausdrücken? – so rasant und sprunghaft zur Mathematik hin entwickelt, dass für uns die altmodischere Vorstellung, der zufolge »die Strömungsrichtung, die zur Rechtschaffenheit strebt«, wie Matthew Arnold es nennt, alle Atome unserer gegenwärtigen elementalen Dimensionen in ihren Verflüssigungen, ihren Versteinerungen, ihren Drehungen und Windungen, ihren Erschütterungen und ihrer Zerstörung und schließlich in ihrem Wiederauftauchen aus dem Nichts durchdringt, wie der Gipfel des Aberglaubens erscheint, obwohl doch die existierenden Formen des Bewusstseins, wiewohl noch nicht gottähnlich in der Lage, »Gut und Böse zu erkennen«, von der Entstehung unseres Planeten an sicher zu dessen Natur gehört haben, ohne dass es dazu des Zutuns einer höheren Macht bedurft hätte.

Unsere Vorstellung von der Evolution besteht, wie wir bereits angedeutet haben, jedoch darin, dass wir im täglichen Leben selbst ein originelles und wahrhaft mutiges Experiment durchführen, das unsere eigene Evolution vorantreibt, indem wir unser Bewusstsein – befreit von aller »integrierten Persönlichkeit« und allen Schwanzfedern eines »spirituellen Wesens« – ein Stück nach vorn projizieren und einen Weg verfolgen, den Sie sich, oh, letzter aller attischen Konvertiten, völlig anders vorstellen müssen als alles, was zur »Yoga-Praxis« gehört: indem wir, um es noch einmal zu wiederholen, unser Bewusstsein ein Stück nach vorn projizieren, nicht weiter vielleicht als ein paar hundert Meter, aber weit genug, um diese Projektion als eine ungeheuer wichtige und bedeutsame Erfahrung zu erleben.

Sie werden uns, oh, kritischster aller Schwankenden und Wankelmütigen, natürlich fragen, was um Himmels willen wir von unserem Körper erwarten, während unser Bewusstsein dieses Kunststückchen mit sich selbst vollbringt? Das ist eine sehr vernünftige und angemessene Frage, und wir gestehen, dass wir unser evolutionäres Experiment noch nicht lange genug geübt haben, um sie beantworten zu können.

Aber das ist noch nicht alles. Bisher haben wir bei unseren Experimenten dummerweise angenommen, dass unser Körper *ohne die Immanenz unseres Bewusstseins* einfach nur still stehen und auf die Rückkehr der *»animula, vagula, blandula«** warten würde, wie Hadrian seinen wandernden Gefährten nennt. Einmal jedoch, statt sich so zu benehmen, begann der glücklose »Corpus« wie ein trunkener Roboter zu taumeln, stürzte schließlich, wie wir zu unserer Schande bekennen müssen, unvermutet vornüber aufs Gesicht und verfiel mitsamt seinem überbeanspruchten Bewusstsein in einen Zustand, der beängstigende Ähnlichkeit mit einem epileptischen Anfall hatte.

Wir dürfen natürlich den Wert dieser kühnen evolutionären Seite unserer »Philosophie des Trotzdem« nicht nach dem Scheitern von Tausenden solcher Experimente beurteilen und sind zudem der Überzeugung, dass wir – getragen vom Drang des Erdenlebens und dem, was unsere Ahnen »Natur« nannten – lieber mit sämtlichen praktischen Experimenten dieser schlichten, plumpen, redlichen Art scheitern, als teilzuhaben an jenen zweifelhaften, plausiblen, trügerischen, spiritualistischen, telepathischen yogihaften »Erfolgen«, die mehr dazu beigetragen haben, Menschen mit einer wachen und sensiblen Intelligenz wie uns selbst zu verwirren und zu verblüffen und vom Weg abzubringen, als jeder traditionelle Glaube.

Vor den Beeinträchtigungen durch den traditionellen Glauben, ob orthodox oder häretisch, sind wir in beträchtlichem Maße durch die Konventionalität dieser Plage geschützt, aber wenn es darum geht, die unglückliche Besessenheit, mit der um jeden Preis an das Übernatürliche geglaubt wird, mit unkonventionellen spirituellen Experimenten zu befriedigen, die bloß den sensationslüsternen Marotten und der beiläufigen Neugier von Menschen dienen, die sich ihrerseits als »spirituelle Wesen« betrachten, dann kommt in einer gemeinen Explosion fauliger Gase und stinkenden Theaterdonners die gesamte Philosophie zu einem jähen Ende.

Aber wir zögern, dem langmütigen Philosophieren unserer kleinen Schar pantagruelischer »guter Gefährten« zu gestatten, Sie mit letzten Worten weiter zu behelligen, außer mit jenem, das Ihnen helfen will, mit der »Hölle der anderen Leute« fertig zu werden.

Stellen wir uns daher vor, dass wir in einer langen, öden, mit kleinen Häusern gesäumten Straße vor unserer eigenen Haustür stehen. Ein intellektueller Romanschriftsteller würde daraus ein schäbiges Haus in einer schmutzigen und heruntergekommenen Gegend machen, doch für uns ist es schlichtweg das »Zuhause«. Und nun, oh, mein ausdauerndster aller Konvertiten, beeilen wir uns, all diese Schäbigkeit und Ödnis so sinnlich-spirituell in uns aufzunehmen, wie wir es gerade geübt haben. Wenn wir das alles auf diese besondere Weise vereinnahmen, dann gewinnen der Staub, der Rauch, der Schmodder, die Asche, der Dreck, das Mauerwerk, der Kies, der Schlamm, der gelbgrüne Schimmel auf den Schutthaufen, die Mülleimer und die geheimnisvollen kleinen Ecken mit liegen gebliebenem Abfall die Macht, uns in eine berückende Ekstase zu versetzen.

Von unserem gegenwärtigen Standort auf der unteren der beiden Steinstufen, die zu unserer Haustür führen, kommt uns ein beträchtliches Sortiment von Formen und Strukturen, Farben und Substanzen in den Blick, über das sich im Verlauf der Zeit durch die hohe Kunst solcher Begleitumstände, die wir mit den Ein- und

Mehrsilbern Ruß, Staub, Rauch, Dreck, Schimmel, Feuchtigkeit, Flecken, Kleckse, Risse, Abfall, Müll, Abschaum, Treibgut bezeichnen, eine ureigene L'art-pour-l'art-Atmosphäre gelegt hat, ohne die der ganze Ort ebenso gut ein undurchdringlicher Regenwald sein könnte.

Wenn wir nach unten blicken, sehen wir am Sockel dieser Stufe, wo der Pflasterstein einen Sprung hat, ein winziges Grasbüschel. Das Samenkorn, das zu dieser kleinen Pflanze herangewachsen ist, fiel vielleicht von einem Karren mit Blumenkästen herunter oder wurde im Schnabel eines Vogels hierher transportiert, möglicherweise auch mit dem mächtigen Odem des Zephyros* aus den Apfelhainen von Glastonbury. Auf jeden Fall war es ihm vom Schicksal bestimmt, hier zu grünen, und in diesem Moment regt sich ein winziger Halm dieses Pflänzleins schwach in der kaum spürbaren Brise aus Süden.

Wo dieses Gras wächst und wo wir stehen und es betrachten, befindet sich ein regennasser Gehsteig, der im Norden an einen trostlosen Platz, im Süden vor einem kleinen Bahnhof endet. Auf dem Gehsteig bewegen sich zwei geschäftige Menschenströme, der eine nach Süden, der andere nach Norden eilend.

Und während diese beiden Menschenströme an dem winzigen Grasbüschel vorbeifluten, der eine nach Norden, der andere nach Süden, schwankt dieses eine Hälmchen kaum merklich im Wind und tut so, als habe es eine Pflicht zu erfüllen, die mit dem Verstreichen der Zeit zusammenhängt, eine ernsthafte Pflicht, eine tragische Pflicht gar, wie die eines Pendels oder einer Glocke oder des kreisenden Lichtstrahls auf einem Leuchtturm am Meer.

Nehmen wir an, es wäre Nachmittag, gemäß der Kirchturmuhr an dem trostlosen Platz im Norden und der Bahnhofsuhr über dem heruntergekommenen Bahnhofseingang im Süden zwischen zwei und halb drei, eine Zeit, zu der die Lebenskraft unseres Planeten alle zwölf Stunden den niedrigsten Stand erreicht, weil des Nachts die Menschen in den Tod hinübergleiten und tagsüber alles von schwerer, grauer, stumpfer, monotoner Staubasche überzogen ist, die wie durch ein Sieb gerüttelt erscheint, bis nicht mehr das winzigste Stückchen roter Schlacke und auch nicht mehr das kleinste Teilchen möglicherweise entflammbarer schwarzer Kohle darin enthalten sind.

Und was bringt uns nun unsere »Philosophie des Trotzdem« zu Ohren in diesem Moment der Zwei-Uhr-Staubasche-Offenbarung, während wir auf der wohl bekannten unteren Stufe unseres Hauseingangs verharren, den verträumten Blick auf jenes einsame, ganz leise schwankende Grashälmchen gerichtet?

Oh, wie viel natürlicher ist es, *alles* zu hören, sich zum Handeln zu entschließen und dennoch nichts zu tun, als überhaupt *nichts* zu hören, nichts zu beschließen und dennoch »einfach weiterzumachen, ohne Rücksicht auf Verluste«! Unsere »Philosophie des Trotzdem« versucht uns zu ermutigen, an unsere eigene Kraft zu glauben, um die träge Feindseligkeit *all dessen, was im Weg steht*, zu überwinden. Wenn wir diese Geisteskraft aufbringen, besteht die Chance, es tatsächlich zu tun, auch wenn unsere Philosophie zuallerletzt einem moralischen Dogmatismus verfallen würde.

Aber was wollen wir eigentlich tun? Nun, kommen wir zum Kern der Sache, wie es so schön heißt. *Hier* stehen Sie, ein bewusstes Selbst, ein nur allzu bewusstes Selbst, wie einzuwerfen man sich vielleicht bemüßigt fühlt. Und *dort*, außerhalb Ihrer, befindet sich die Welt, in die Sie – nicht aufgrund Ihres Versagens oder eines Fehlers, auch nicht zu Ihrem Vergnügen oder zu Ihrer Zufriedenheit – geworfen worden sind. Sie haben vielleicht bislang nicht viel Erfahrung, wie Sie sich in einer Welt glücklich machen können, die nicht gerade zu diesem guten Zweck erschaffen scheint. Aber hier haben wir eine Erfahrung, die Sie sogleich ausprobieren können. »Sammelt euch«, wie Homer sagen würde, »und duckt euch zum Sprung.«

Frauen bedürfen zu ihrem Glück ganz anderer Dinge als Männer – und Mädchen wiederum anderer als Jungen. Und natürlich ist unsere Situation als einer Person unter vielen durch unsere Arbeit, Stellung, sportliche Betätigung, Bildung, durch das gesamte gesellschaftliche, öffentliche und private Umfeld, vor allem durch die Eltern, Brüder, Schwestern, Partner und Kinder einmalig und komplex.

Doch so komplex sie auch sein mag und so sehr sie sich von der Situation aller anderen Menschen unterscheidet, kann sie doch ganz einfach auf das Wesentliche reduziert werden. Jeder kann auf die eine oder andere Weise an dem Standort »weitermachen«, zu dem er geführt, getrieben, befohlen, gezerrt oder sogar, gestehen wir es, mit List und Tücke hingelockt worden ist. Aber im Moment stehen wir hier, und das ist unser Schicksal. Was wir brauchen, was ein jeder, Mann oder Frau, alt oder jung, braucht, das ist ein lebendiger Ersatz für den Glauben, dem wir ein für alle Mal entsagt haben.

Wir brauchen eine eindeutige, entschiedene, sinnlich-spirituelle, aber zugleich absolut einfache und natürliche Haltung, die unser ganzes Sein umfasst, eine zugleich physische und psychische Haltung, eine Haltung, die aus Körper und Seele erwächst und von magnetischer und belebender Wirkung auf unsere Fähigkeit ist, an uns selbst zu glauben und die träge Feindseligkeit dessen, *was im Weg steht*, abzuschütteln und unsere Genussfähigkeit ständig zu stärken.

Ist es denn möglich, dass wir das Leben stärker genießen können als je zuvor? Der Überzeugung unserer »Philosophie des Trotzdem« nach kann sich jeder Mensch zwingen, dem Leben trotz allem, *was ihm im Weg steht*, mehr Freude abzugewinnen. Während wir daher auf diesen Grashalm starren und damit, wie es ihm gebührt, an den so profunden Weisen Walt Whitman erinnert werden, den unsere »Philosophie des Trotzdem« für den klügsten Menschen seit Goethe hält, ebenso wie sie Goethe für den klügsten seit Shakespeare hält und Shakespeare für den klügsten seit Homer, erkennen wir, dass jeder Mensch seine angemessene und natürlichste Haltung des Trotzes und der Freude einzig und allein in der Dichtung findet.

In fast jedem Raum, in fast jedem Haus, in fast jeder Straße und auf der Schwelle zu fast jedem Haus in dieser Straße, können wir – aufmerksame Menschenwesen, die wir sind – ein lebendiges Geschöpf aus dem ungeheuren Reich der Pflanzen erblicken, auf das wir uns beziehen, wenn wir das alte Quizspiel »Tier, Pflanze oder Mineral« spielen.

Es ist auch nichts Ungewöhnliches, dass unser Blick, wenn er sich in diesen Momenten selbsthypnotischer Tagträumerei und der »langen, langen Gedanken« auf ein lebendiges Geschöpf der Pflanzenwelt richtet, gleichzeitig auf ein wohlvertrautes, menschliches Antlitz fällt, das wie selbstverständlich zum täglichen Einerlei unseres Lebens gehört.

Nun, dieses menschliche Gesicht, das uns in diesem Moment entgegenblickt, ist das einer Puppe, aber dieses vertraute Objekt sitzt auf der Schulter einer kleinen Person, mit deren Gesicht wir, wenn es nun vor uns auftaucht, noch viel vertrauter sind. Dieses kleine Wesen, das sich uns jammernd, murrend, murmelnd und einen schmuddeligen Lappen hinter sich herziehend naht und gegen das Leben im Allgemeinen protestiert, ist unser jüngstes Kind.

Wohlan, da haben wir den gesamten »Quiz-Kosmos« aller schlauen Fragesteller – Tier, Pflanze oder Mineral! Denn die Besitzerin der Puppe gehört wie alle anderen Menschentiere zur Gattung der Säugetiere, wir haben die gesammelte Vegetation der Welt in dem sich leise regenden Grashalm, und was die Mineralien angeht: Nun, ein »Mineral« ist alles außer der Luft, durch die hindurch wir alles sehen, was wir sehen – sowie ein einsames Gaslicht in einem düsteren Dienstzimmer neben dem Bahnhofseingang!

Und was genau denken Sie in diesem bedeutsamen Augenblick in Ihrem geneigten Kopf, den abwesenden Blick auf die vertraute Szene geheftet? Dass Sie nie im Leben ein anstrengenderes, widerspenstigeres und schwierigeres Kind gesehen haben oder sehen werden als dieses kleine Mädchen mit seiner Puppe? Nein, daran denken Sie überhaupt nicht. Nicht wahr? Bloß an den ganz natürlichen Protest, dass unsere »Philosophie des Trotzdem« kein Recht hat, ihren Anhängern ein solches Maß an *Willenskraft* zuzusprechen? Nein, nein, nein, nein! Es wäre falsch, wenn wir das täten. Da haben Sie uns völlig missverstanden. Wenn wir von »Willenskraft« sprechen, ist das Letzte, was wir meinen, das herrisch vorgestreckte Kinn oder die strenge Miene äußerster Entschlossenheit, wie man sie gewöhnlich mit einem »starken Willen« assoziiert.

Die meisten pantagruelischen »guten Gefährten«, die zaghaft dieses bescheidene System eines weisen Lebens ersonnen haben, besitzen – Sie brauchen sich, lieber Konvertit, bloß unser Kinn anzusehen! –, einen ausgesprochen schwachen Willen. Man könnte unser System in der Tat eine »Philosophie derer, die schwachen Willens sind« nennen.

Wir meinen bloß, dass Sie *Ihren Blick* – und denken Sie daran, dass selbst eine Fliege, die schwächste aller Kreaturen in der Natur, sehr leistungsfähige und wache Augen hat – auf den Hauptzweck richten und gleichzeitig Ohren, Tastsinn, Nase und Zunge benutzen sollen. Und mit »Hauptzweck« meine ich den Gebrauch aller Sinne, *nicht unbedingt als einer Einheit,* sondern eher locker und flüchtig und in einer so unzusammenhängenden Folge von Wahrnehmungen, als seien die Sinne ein Urchaos selbst herbeigewehter Wolkenfetzen!

Aber vielleicht, oh, mein fast überzeugter Konvertit, haben Sie sich gefragt, als Sie dieses Kind angesehen haben – *Ihr* Kind, *unser* Kind, *jedermanns* Kind –, was bei unserem Versuch zu einem evolutionären »nächsten Schritt« genau in dem Augenblick, in dem unsere wissenschaftlichen Experten uns versichern, dass die ganze Idee der Evolution ein Trugbild des neunzehnten Jahrhunderts war, *mit unserem wunderbaren Körper geschehen würde,* der immerhin ein viel größeres Wunder ist als alle Philosophien der Welt, wenn wir unser Bewusstsein ein paar Schritte von ihm fortprojizierten, jenes Bewusstsein, aus dem wir die gesamte niederdrückende Last des »spirituellen Wesens mit integrierter Persönlichkeit« herausgeläutert haben.

Nun, dieser Körper steht vermutlich aufrecht in blinder, tauber, gefühlloser, ernsthafter, ungerührter Trance. Haben einige unserer Bomberpiloten, wenn sie sich in einer Schwindelsekunde *vorstellten*, abgeschossen worden zu sein, nicht tatsächlich ihre leblosen Körper vor sich *gesehen*, nur um eine Sekunde später festzustellen, dass es eine Illusion war?

Versuchen Sie bitte zu erkennen, Konvertit, alter Freund, während Sie auf der Stufe zu unserem schäbigen Haus in dieser tristen Straße stehen und unser quengeliges Kind darüber lamentieren hören, warum es eigentlich auf diese Welt gekommen ist, dass es keine übernatürliche Kraft ist, sondern einfach eine Schar redlicher Männer und Frauen wie Sie selbst, die nun Orakel mit Ihnen spielen und Ihnen ein paar geistige und ein paar seelische Tricks erklären, mit denen es tatsächlich möglich ist, der »Hölle der anderen Leute« zu entgehen.

Alles, was Sie von Ihrer öden Treppenstufe aus sehen, auch den Grashalm in der unscheinbaren Ritze und das schwierige Kind mit seiner lächerlichen Puppe, kann darauf angelegt sein, Sie niederzudrücken, aber wir schwören Ihnen, dass es möglich ist, das gesamte Multiversum des Bekannten und Unbekannten so zu genießen wie ein Liebhaber, der von seiner Geliebten Besitz ergreift.

Wenn sich solche Momente ankündigen, dann müssen wir sie auch ergreifen und uns zwingen, mit jedem einzelnen unserer Sinne diese verrückt fantastische Traumwelt zu vereinnahmen, der wir angehören, denn mag es auch eine Traumwelt sein, so kommen wir doch durch diesen einzelnen Grashalm mit der gesamten Pflanzenwelt des gesamten Planeten Erde in Berührung, durch jenen elenden zerbrochenen Stein am Rande des Gehsteigs mit allen Sternbildern, die das graue Tageslicht momentan vor uns verbirgt, und durch die Klagelaute eines kleinen Menschenwesens, das gerade vor unseren Füßen aufgetaucht ist, mit sämtlichen Ärgernissen und Gereiztheiten ebenso wie mit dem verzaubernden, fesselnden Reiz, der jedem Menschengeschöpf anhaftet, das in unser Heim hineingeboren wird, ob diese Häuser sie nun sehnlich erwartet haben oder nicht.

Und indem Sie im gewaltigen Blätterwald der planetarischen Vegetation in den ungeheuren Massen des mineralischen Alls dieses zornige, hässliche, verschwommene, fleckige und verkniffene Kindergesicht erblicken, das Babygesicht Ihres eigenen Affendaseins, ob Sie nun Bruder, Schwester, Vater oder Mutter dieses Kindes sind, da bietet sich Ihnen, da bietet sich einem jeden von uns wieder einmal die großartige Gelegenheit, diesen Teufel von einer Traumwelt bei seiner haarig-gespenstischen Kehle zu packen.

Packen Sie ihn, wer immer Sie sind, packen Sie ihn und würgen Sie ihn, bis er zugesteht, dass Sie gewonnen haben! Das ist die ganze Weisheit unserer »Philosophie des Trotzdem«, wenn es um die Frage des Glaubens geht: an uns selbst zu glauben, an nichts außerhalb unserer selbst zu glauben, zu glauben, dass wir bis ans Ende unserer Tage mit dem Leben ringen können, ohne auch nur ein Jota nachzugeben.

Das Leben geht auch nach unserem Tod weiter. Andere »Sterbliche«, wie Homer uns stets nannte, andere Blätter vom Baum des Lebens, werden weiterhin da sein, um zu beweisen, dass wir mehr sind als Blätter, um zu beweisen, dass wir Hände und einen Geist haben, ein starkes Herz, einen klugen Geist und ein stoisches Gemüt, um zu beweisen, dass wir Recht haben mit unserer Überzeugung, dass das Menschenherz im Grund genommen gut und nicht böse ist, freundlich und nicht grausam, treu und nicht verräterisch, freundlich und nicht hasserfüllt. Unsere »Philosophie des Trotzdem« ruft uns alles andere als eine Kleinigkeit ins Gedächtnis. Sie erinnert uns daran, dass man die mystische, metaphysische und apostolische *Liebe,* der sich so viele kluge und intellektuelle Gläubige ohne Bedenken hingeben, wenn man sie siebt und seiht und bis ins Kleinste analysiert, gewiss ein Element enthält, für das es kein anderes Wort gibt als »Hass«.

Dante selbst verkündete dies in seiner bekannten Inschrift über der Höllenpforte. Hören wir uns noch einmal diese verderbten und abscheulichen Worte an, und vergessen wir nicht, wie lange dieses widerwärtige Grauen als Offenbarung des Übernatürlichen akzeptiert worden ist.

Giustizia mosse li mio alto Fatore;
fecemi la divina Potestate
la somma Sapienza e il primo Amore.

»Gerechtigkeit trieb meinen hohen Schöpfer, geschaffen haben mich die Allmacht Gottes, die höchste Weisheit und die erste Liebe.«* Und wenn wir uns durch die immer grausameren und schrecklicheren Höllenkreise dieses Folterhauses der ursprünglichen Liebe bewegen, wollen wir am liebsten laut aufschreien, wie der Dichter selbst, als er sah, wie *il primo Amore* einen armen Schuft von einem Dieb namens Vanni Fucci* in den Griff nahm, der angeblich die Sakristei von San Jacopo in der Kirche von San Zeno ihrer goldenen Schätze beraubt hatte.

O potenza di Dio, quant' è severa
che cotai colpi per vendetta croscia!

»Oh, Gottes Macht, wie groß ist deine Strenge, die solche Schläge uns zur Strafe sendet!« Es ist auf eine seltsame Weise faszinierend, dass wir unsere »Philosophie des Trotzdem« in diesem kritischen Stadium nun wie die Spitze eines psychologischen Bohrers benutzen und diesen in die Substanz jenes Schreckens treiben, den man manchmal »Gottesfurcht« nennt und dessen Opfer folgerichtig als »gottesfürchtig« bezeichnet werden.

Nur wenige Gläubige haben es vermutlich gewagt, die Auswirkungen dieses heimlichen Schreckens auf die mystische Tugend der Liebe im eigenen Herzen zu untersuchen. Warum haben wir zum Beispiel diesen ununterdrückbaren Hang, wo wir gehen und stehen und bei allem, was wir sagen, die Macht der Liebe zu erhöhen und zu übertreiben? Versuchen wir damit nicht heimlich, die furchtbare und beängstigende Erkenntnis vor uns selbst zu verbergen, dass die *divina Potestate*, die »schöpferische Macht«, im Kosmos deutlich offenbart würde, wenn wir uns der nackten Realität der Dinge stellten, die durch Grausamkeit wie durch Gnade, durch Hass wie durch Liebe bewegt werden?

Einfach gesagt entpuppt sich die theologische, metaphysische und mystische Überhöhung der Liebe, die der leidenschaftlichen Rhetorik aller modernen Gläubigen gemein ist, nach ehrlicher Analyse ganz und gar nicht als zärtliche Zuneigung und grenzenlose Empathie für die übersensiblen »Sonderlinge«, die von den

Dickhäutigen in der rauen Arena des Lebens so grob herumgestoßen werden, sondern, ganz im Gegenteil, als eine aufgeblähte Wolke wehenden Weihrauchs zur Besänftigung des *primo Amore,* der tief im Herzen der Dinge seine ungläubigen oder ungehorsamen Geschöpfe gern vor Schmerz aufheulen und sich winden lässt.

Aber unsere »Philosophie des Trotzdem« hat eine viel wichtigere Aufgabe vor sich als die heilige oder unheilige Pflicht, einen neuen evolutionären Schritt zu üben. Sie *muss* uns, um von echtem Nutzen für uns zu sein, praktische Hilfestellung in der schwierigen Kunst gewähren, schlichtes Erdulden in subtile Freude zu verwandeln.

Aus diesem und keinem anderen Grund beschwört sie diese Berge chemischer Materie und sämtliche tierischen, pflanzlichen und mineralischen Aspekte des planetarischen Lebens herauf. Der springende Punkt ist, dass wir alle, Mann und Frau, Junge und Mädchen, regelmäßig in eine Stimmung des Abscheus vor der ganzen Situation verfallen, der sich in einem gespenstischen *danse macabre* Bahn bricht, in dem wir uns mit unseren Verwandten und Freunden in einer verhängnisvollen Wiederholung der Frage: »Und was machen wir nun?« im endlosen Raum bis zum Erbrechen im Kreis umeinander drehen.

Nichts anderes werden wir tun, geschätzter Konvertit, und unser flexibles Orakel lässt sich besser zu einer einfachen, eindeutigen und direkten Aussage herab, statt ständig um den heißen Brei herumzureden. Auf dieser kleinen Insel leben wir schon so lange, beengt wie auf einem Schiff zusammen – Iberer, Kelten, Römer, Angelsachsen, Normannen, Dänen –, dass wir ein paar nützliche Tricks der »Philosophie des Trotzdem« gelernt haben, ohne dass sie uns irgendjemand beigebracht hat.

Wir stimmen schon so lange mit unserem dramatischen Franzosen überein, dem zufolge die Hölle schlichtweg »die anderen Leute« sind, dass wir, weil eine Insel anders ist als ein Kontinent und eher wie ein Schiff auf dem Meer, begonnen haben, die kluge Seefahrerkunst der Einsamkeit zu erlernen. Wir haben zu begreifen begonnen, dass wir uns von unseren Bordgefährten, wie interessant sie auch sein mögen, nur vorübergehend ablenken lassen dürfen, wenn wir das Leben in der ihm angemessenen Meereseinsamkeit genießen wollen, während wir helfen, das Schiff in sicherem Fahrwasser zu halten.

Im Grunde sind wir in *zweifacher Hinsicht Insulaner:* Wir leben auf einer Insel und sind auf dieser Insel *selber Inseln.* Wir rempeln einander an, sind aber so sehr mit unseren eigenen Gefühlen und Empfindungen beschäftigt, dass wir die Stöße nicht wahrnehmen. Wir könnten, wenn wir nur wollten, seien Sie dessen versichert, ganz aus uns selbst heraus so viel Hölle um uns her schaffen, dass ein ganzes Heer von Teufeln keinen Mangel an Arbeit hätte!

Aber hören Sie zu, mein Junge, mein Mädchen, mein Herr, meine Dame! Hören Sie auf das, was eine aufrechte Schar einfacher alter Männer und Frauen, begeisterter Jungen und Mädchen nach wirklich harter Arbeit in ihre »Philosophie des Trotzdem« hineingelegt hat.

Doch leider ist in dieser rauen See auf diesem vollen Schiff der Bedarf an unseren Schlussfolgerungen keineswegs geringer geworden. Ihr kleines Töchterchen mit seiner Puppe benimmt sich bereits in genau der Weise, die Sie am meisten ärgert. Nun, nicken Sie einfach oder schütteln Sie den Kopf, murmeln Sie einfach bloß »Ja« oder »Nein«; zeigen Sie ein Mindestmaß an aufmerksamem Interesse, das Sie wie eine Maske vor dem Gesicht tragen, in Wirklichkeit aber lassen Sie Ihre Gedanken nach eigenem Belieben umherschweifen.

Nein, nein, mein lieber Junge, mein liebes Mädchen, mein lieber Mann, meine liebe Frau, ihr braucht euer Orakel nicht nach der Liebe zu befragen. Das Orakel – diese praktische, vernünftige, einfache Philosophie, die wir langsam zusammen aufbauen – hat bereits Freundlichkeit und Rücksicht an die Stelle der Liebe gesetzt, es hat die verzweifelte Selbstaufopferung durch einen liebevollen, gesunden Menschenverstand ersetzt.

Nehmen Sie daher in diesen denkwürdigen Momenten des Lebens, in denen Ihr gesamtes Bewusstsein in passiver Ruhe innehält, nicht so sehr, um Bestandsaufnahme zu machen, sondern einfach bloß, weil es außer Atem geraten ist, allen Glauben an sich selbst zusammen, den Sie aufbringen können, sowie alle Ihnen als von Natur aus egoistischem Menschen gegebene fröhliche Fürsorge für jene, mit denen Sie leben. Und lassen Sie Ihr Gewissen aus dem Spiel. Wir müssen unser Gewissen entweder *nie oder immer* benutzen, wie es jenes Mädchen in Goethes Geschichte* über die Liebe sagte. Wenn unsere Gefühle für die Gefährten nicht freundlich sind, dann müssen wir sie eben freundlich *machen!* Aber benutzen Sie Ihr Gewissen, so wie Natalie ihre »Liebe«, entweder »nie oder immer«!

»Fröhliche Fürsorge« ist der Begriff für das, was Sie Ihren Mitinsassen im Gefangenenlager Ihres Heims entgegenbringen müssen. Nur eine Familie kann diesen brodelnden Hexenkessel einer *vita nuova* zusammenbrauen. Und auf einer Ebene des Lebensrätsels, die so tief geht, wie sie es nun einmal tut, wenn man dem lästigsten aller Mitgefangenen gegenübersteht, wie eben gerade Sie diesem quengelnden Kind und seiner scheußlichen Puppe, so müssen Sie den Glauben an sich selbst mit fester Hand heben wie einen Zauberstab und – ohne Ihr Gegenüber etwas von Ihrem Tun merken zu lassen und indem Sie die Stärke dazu aus einer Kraft gewinnen, die Sie in sich bisher kaum ahnten – aus den tiefsten Tiefen Ihres Seins, aus vollem Herzen Ihren Trotz gegen das ganze Leben herausschreien!

Und gleich darauf senden Sie wie ein großer Zauberer oder auch wie ein Halbgott – der Sie als Mann oder Frau, als Junge oder Mädchen *wirklich und wahrhaftig* sind – starke Wellen der Kraft und Bestätigung zu diesem armen, ärgerlichen Wesen aus, dem Sie, so sehr es Ihnen auf die Nerven geht, doch unbeirrbar freundlichen Respekt und fröhliche Fürsorge entgegenbringen.

Unsere »Philosophie des Trotzdem« hat zu guter Letzt entdeckt, dass es in jedem von uns ein unerschöpfliches Kraftreservoir gibt, wie schwach und träge, furchtsam und unfähig, jung oder alt wir auch sein mögen, wenn wir nur in der Lage sind, es anzuzapfen und uns seiner zu bedienen. Genau zu diesem Geheimnis, wie man die Kraft anzapft und sich ihrer bedient, tasten wir uns nun vor. »Wir tasten uns vor« – ja, so wollen wir es ausdrücken.

In diesem Augenblick sehen wir uns mit dem eigenartigen Ärger konfrontiert, der uns anwandelt, wenn wir vor diesem Kind mit seiner Puppe stehen. Wir werden zweifelsohne das Gleiche empfinden, wenn wir am Abend vor dem »alten Herrn« oder der »alten Dame« stehen, und wir brauchen alle Kraft, die uns die Philosophie verleihen kann, wenn wir uns nicht nur, wie es notwendig ist, jener Dinge erfreuen wollen, die uns zutiefst ärgern, sondern *auch unseres Ärgers selbst*. Nein, wir brauchen unseren Ärger nicht zu unterdrücken. Wir müssen ihn genießen.

Jawohl, unsere »Philosophie des Trotzdem« rät uns, diesen Ärger bis zur Neige auszukosten! »Tauch in das zerstörerische Element hinab!«, lautet auch hier die magische Beschwörung. Jawohl, wir müssen uns an jedem Schwung jeder Linie, jeder Eigenheit in diesem ärgerlichen Gesicht *erfreuen*, dessen Betrachtung uns auf so unbegreifliche Weise reizt.

Jawohl, an jeder kleinsten Einzelheit in dem Gesicht, das Ihnen gerade jetzt entgegenblickt – und ebenso am Gesicht des alten Herrn und der alten Dame, wenn Sie am Abend vor sie hintreten. Und in allem, was Sie beim Anblick dieses Gesichts empfinden, beim Anblick dieser drei Gesichter, müssen Sie Ihre ureigenen, ehrlichen

Gefühle erkennen. Es sind ja Ihre Mitinsassen im schrecklichen Gefängnis einer britischen Familie, und wir finden diese Mitgefangenen lästig, absurd, nervtötend, grotesk, hässlich, ochsenähnlich, eselhaft, katzenartig, kanarienvogelähnlich, spatzenhaft, igelgleich und hyänenartig!

Sie haben nicht den geringsten Grund, so zu tun, als fühlten Sie irgendeine mystische »heilige Liebe« oder eine metaphysische »abstrakte Liebe« für diese vertrauten Menschengesichter, deren Ausdruck selbstzufriedener Dummheit oder alberner Idiotie Sie bis in die letzte komische Rundung, bis in die letzte jämmerliche Falte so gut kennen wie die eigenen Makel im Gesicht beim Blick in den Spiegel.

Allzu oft haben Sie im eigenen Spiegelbild erschreckende Ähnlichkeiten mit diesen anderen Gesichtern gefunden. Aber deshalb können Sie sie noch lange nicht besser leiden.

Jawohl, unsere Philosophie hat den Punkt erreicht, an dem sie uns veranlasst, in unserer geheimen, inneren Reaktion, nicht nur auf die Gesichter, sondern auch auf die Wesensart, die äußere Erscheinung, die Gewohnheiten, Gesten, Manieren, Ausbrüche, das Schweigen und alle persönlichen Eigenheiten unserer Freunde und Verwandten bis an die Grenze zu gehen; und je stärker uns diese Eigenheiten auf die Nerven gehen, umso beherzter müssen wir sie, unserer Philosophie zufolge, zur Kenntnis nehmen.

Unsere Philosophie rät uns aber auch mit größtem Nachdruck an, uns diese »Kenntnisnahme« nicht anmerken zu lassen, sie tunlichst als geistigen Vorgang zu verstehen, der sich mit keinem Deut, keinem Körnchen, keiner Krume, keiner Flocke, keiner Nadelspitze, keinem Elritzenauge dem Säugling, dem Kind, dem Jungen oder Mädchen, dem Mann oder der Frau verrät, die mehr oder weniger zufällig gerade dessen Gegenstand sind.

Aber die Philosophie, die wir hier entwickeln, lässt es keineswegs dabei bewenden. Sie hat Sie ermutigt, sich intensiv und heftig und mit der fast erbitterten Neugier eines besessenen Forschers auf jene charakteristische Eigenheit im Antlitz der anderen Person, in ihrer Gestalt, ihren Bewegungen und ihrer Art zu stürzen.

Viele, wenn auch nicht alle dieser Aspekte »gehen uns auf die Nerven«, wie es heißt, und doch müssen wir sie nun alle begrüßen, sie willkommen heißen und uns mit liebevoller und humorvoller Freude an ihnen ergötzen. Und plötzlich, »siehe da!«, entdecken Sie, dass das, was Sie zuvor so ungeheuer irritiert hat, in derbem, gutmütigem Humor völlig aufgegangen ist. Und dieses Wunder hat nicht die mystische Liebe vollbracht, sondern schlicht und einfach eine schamlose Karikatur!

Dies ist wahrhaftig ein Paradebeispiel für die göttliche Kunst des Doktor Rabelais. Und die Erfahrung nutzt uns allen. Sie können nun diese unangenehmen Aspekte und Verhaltensweisen Ihres Verwandten mit ungeahnter Toleranz betrachten. Und Ihr Verwandter wird bald merken, dass ihm eine Wertschätzung zuteil wird, wie sie ihm nur selten begegnet. Hätte Liebe dieses Wunder bewirkt, würden entweder Sie oder Ihr komischer Verwandter wie der arme Dives in jener rachsüchtigen Parabel* in seiner Qual nach einem Tropfen Wasser schreien. Stattdessen nehmen Sie beide tiefe, tröstende Züge aus einer *dive bouteille* pantagruelisch-guter Kameradschaft.

Wenn Sie nun diese Praxis, dieses hämische, inhalierende, absorbierende Auffressen bei lebendigem Leibe, auf diejenigen Ihrer Hausgenossen angewandt haben, die Ihnen auf die Nerven gingen, werden Sie nicht nur feststellen, dass die »Hölle« dieser schrecklichen »anderen« sich öffnet und frische Luft einlässt, sondern auch, dass *deren* Umgang mit Ihnen viel freundlicher geworden ist.

Die Wahrheit scheint die zu sein, dass es in der Beziehung zwischen den Menschen bestimmte Veränderungen in der Haltung zu unserem »Gegenüber« gibt, die sich so auswirken wie die Bewegungen des Ruders in den Händen des Steuermannes. Sie bestimmen, ob wir nach Osten segeln oder nach Westen! Denken Sie daran, dass unsere Philosophie in der Praxis entwickelt wird. Es ist keine aufgesetzte Theorie über das »eine Universum«, die uns ihre Dogmen und Gesetze mit Phrasen wie »die Wissenschaft lehrt uns« oder »die Kirche verkündet« oder »die großen Metaphysiker stimmen darin überein« aufoktroyiert. Wir müssen außerdem betonen, dass wir, die gewöhnlichen Leute, die diese Philosophie entwickeln, sowohl Männer als auch Frauen sind, so dass wir den großen Vorteil der besonderen Weisheit von Frauen da geltend machen können, wo sie wie Aristophanes am nachdrücklichsten aufzeigt, überhaupt noch nie zum Tragen gekommen ist!

Die Weisheit der Frauen hat viele Seiten. Sie ist die Weisheit von Huren, Müttern, Haushälterinnen, Gattinnen, Schwestern, Gefährtinnen und nicht zuletzt von alten Jungfern. Der Mann, der noch nicht entdeckt hat, dass die weisesten Frauen der Welt unberührte Jungfrauen sind, ist ein lebensunkundiger, eingebildeter, unbelesener, primitiver armer Tropf. Es muss etwas an der Vereinnahmung einer Frau durch einen Mann sein, das diese ihrer tiefen, ursprünglichen philosophischen Kraft beraubt. Dennoch steht ihr noch so viel von dieser Kraft zur Verfügung, dass sie, mit ihrem praktischen Wissen über den Mann, der der Vater ihrer Kinder ist, wie eine Königin ein Reich durch Krieg und Frieden führen kann. Aber wenn es ans tiefgründige Philosophieren geht, dann hat es fast den Anschein, als entzöge der Akt, der einer Frau die Jungfräulichkeit nimmt, ihr auch die Kraft der planetarischen Intuition. Der Liebesakt macht aus ihr, ob es ihr gefällt oder nicht und ob sie es weiß oder nicht, ein Tier, ein kluges und listiges Tier zwar, aber doch ein Tier.

Unsere »Philosophie des Trotzdem« schmälert mit der Verkündung dieses Orakels die Würde nicht im Geringsten. Wir haben mehr Mamas und Omas unter uns als Tantchen, jedoch stimmen wir alle in diesem Punkt überein. Dieses Wesen, das als Jungfrau sein Leben lang eine Göttin der Elemente bleibt, die in magischem Einklang mit Erde, Luft, Wasser und Feuer lebt, wird, wenn sie erst einmal Mutter geworden ist, zu einem Geschöpf, das man durchaus bei sehr seltsamen Spielchen ertappen kann, wie es die Alten von der Erde selbst behauptet haben.

Aus diesem Grund wird man feststellen, dass die Bücher, denen wir unsere wichtigsten Erkenntnisse über die Mythologien der westlichen Welt verdanken, in der Regel irgendein »Fräulein« zur Autorin haben.

Und nun kommen wir zu dem Punkt, an dem wir ein Orakel aus unserem Hain der Ratsuchenden verkünden müssen, das sich uns längst erschlossen hat, dessen Verkündung wir jedoch mit Bedacht aufgeschoben haben, bis die Zeit dazu reif war. Nun ist die Zeit reif, und das Orakel spricht.

Von welchen Teilen unseres Planeten aus – geistreich, wie Sie sind, können Sie gewiss erkennen, mein fast überzeugter Konvertit, dass *diese* Inspiration weder von Mama noch von Papa stammt – nahmen die deutlichsten und erkennbarsten Einflüsse ihren Weg über Land und Wasser, über die gewaltigen Kalendarien und Almanache der Zeit hinweg bis zu unserem Hain der Ratsuchenden, Einflüsse, die uns bei der Formulierung des Orakels geholfen haben oder, um es schlichter auszudrücken, bei der Ausarbeitung dieser praktischen und bescheidenen Karte für künftige Seeleute auf ihrem Kurs durch die Ozeane des irdischen Lebens und der Mysterien unserer Realität?

Ohne zu zögern werden wir nun die Wahrheit bekennen. Wir sind durch alle griechischen Weisen beeinflusst worden, soweit wir etwas über sie in Erfahrung bringen konnten, die vor Sokrates und Platon und

Aristoteles lebten. Wir sind durch den chinesischen Taoisten Kwang-Tse* beeinflusst worden. Wir sind durch den Pluralismus von William James beeinflusst worden. Wir sind durch die *Ilias* und die *Odyssee* beeinflusst worden. Und vor allem sind wir durch Walt Whitman beeinflusst worden.

Und nun, mein alter Freund und Konvertit, kommen wir zum wichtigsten Punkt. Sind Sie bereit, ehrlich zu sich selbst zu sein, auch wenn dies bedeutet, dass Sie nicht länger behaupten dürfen, zu glauben, was Sie nicht glauben wollen und können? Wenn Sie dazu bereit sind, dann bitte ich Sie, noch ein paar Sekunden zu verweilen auf dieser Steinstufe vor Ihrem Haus gemeinsam mit mir, während das komische kleine Wesen mit seiner Puppe uns verwundert anstarrt, alles daranzusetzen, die Gesamtheit dessen, was uns umgibt, von diesem Kind, dieser Puppe, diesem Grashalm bis hin zur Unendlichkeit von Zeit und Raum, wirklich alles mit offenen Armen zu umfassen.

Unser Glaube an uns selbst, mein Freund und Konvertit, führt uns nun zu einem tieferen, intensiveren, subtileren Gefühl von Freude, als wir es jemals zuvor erfahren haben, und dieses Gefühl wird sich von nun an in uns verstärken, ob wir uns zum Schlaf niederlegen oder aufstehen, ob wir in der Sonne sitzen oder beim Feuer, ob wir durch Schnee stapfen oder über Eis gleiten, ob wir dem Regen trotzen oder einen Berg besteigen, ob wir die Meere befahren oder den erstaunlichen Unterschieden zwischen den Winden aus Süden, Osten, Westen und Norden nachspüren.

Jawohl, uns wird allmählich eine immer subtilere Fähigkeit zur Freude zu Eigen. Wir durchdringen deren Geheimnis, indem sich unsere Philosophie unter dem Druck unseres losgelösten Bewusstseins immer mehr vertieft. Denn sie ist nichts Geringeres als eine Methode, mit der wir alle – Mädchen, Junge, Mann, Frau, alte Jungfer, Oma und Opa – zu jeder Zeit und an jedem Ort jedes stoffliche Ding in unserer Umgebung umfassen können. Wenn wir uns im Haus befinden, können wir den Fußboden, Kamin und den Sims, das Fenster, die Wände, Decke, Stühle, Tische, Vorhänge, Jalousien, Teppiche, Matten, Regale, den Zierat und die Blumentöpfe »umfassen« – und erst recht die nackten Bodenfliesen oder die blitzblank geschrubbten Platten des Küchenbodens.

Ganz bewusst hat unsere Philosophie dieses »Umfassen« in Anführungszeichen gesetzt. Das ist nämlich der entscheidende Punkt. Mit dem »Umfassen« will unsere Philosophie die gleichzeitige Vereinnahmung aller Stoffe und Materialien, jeder Form, Gestalt, Farbe, Struktur, Substanz, Durchlässigkeit, Transparenz, Undurchlässigkeit, Dichte, Klarheit, Härte, Grobheit, Weichheit, Glätte sowie jedes Reflexes und jeder Grauschattierung zum Ausdruck bringen, die die Bewegungen des Lichts und die Wechsel der Schatten aus dem »allzu festen Fleisch«* der Erde und der Übernachgiebigkeit der durchsichtigen Luft heraufbeschwören können.

Aber die erstaunliche Vielzahl dieser Phänomene, die, wie Walt Whitman es ausdrücken würde, wohl »eingebettet« sind in den Objekten und Existenzen, die wir mit unseren Sinnen »umfassen« sollen, indem wir unsere Sinne durch unser »Bewusstsein« benutzen und deuten, beschränkt sich nicht auf die Dinge, die unsere Sinne erfassen können. Wir meinen – und hier sind wir stark durch die »Vestalinnen«*, wie man sie nennen könnte, unserer pantagruelischen Schar beeinflusst worden, zu denen zweifellos auch die Priesterin Bakbuk* gehört –, dass es in den stofflichen Elementen mikroskopische wie auch teleskopische Nischen gibt, und wir meinen, dass diese Nischen – jawohl, eine jede einzelne – die Elemente enthalten, aus denen wir selbst bestehen.

Kehren wir daher nun zu dem Kind mit den vertrauten Zügen zurück, dessen alles andere als makelloses Aussehen durch diese groteske Puppe noch unterstrichen wird und das zufällig in diesem Augenblick vor uns an unserer Haustür stehen geblieben ist, so dass wir uns zwingen müssen, das drollige vertraute Gesicht, das in seiner komischen Hässlichkeit ebenso rührend absurd ist wie das ihrer großen Puppe in ihrer wuchtigen Würde, in das Schauspiel dessen, was wir umfassen, einzuschließen.

Und nun kommt der Moment, in dem wir den Beweis antreten, dass wir das ganze gewaltige, aberwitzige, groteske Schauspiel des irdischen Lebens genießen können, ohne auf eine der Überzeugungen zurückzugreifen, die abzulehnen wir beschlossen haben. Es besteht in der Tat nicht die geringste Notwendigkeit, irgendeinen Aspekt dessen, woran wir uns erfreuen, zu *lieben* – nein, nicht einmal das liebe, vertraute, absurde und tragikomische Gesicht vor uns –, wenn wir uns zwingen können, diese wohlvertraute Szene zu genießen.

Unsere Philosophie sagt uns: Je mehr *Freundlichkeit* wir allem gegenüber empfinden, was wir erblicken, umso besser ist es für jedermann. Aber es ist *nicht* – nein, das alles kann man »den Krähen vorwerfen«, wie Aristophanes es so gerne ausdrückte! –, es ist nicht unsere Pflicht, irgendetwas oder irgendjemanden zu lieben. Freundlichkeit und Rücksicht, Güte und Mitgefühl sind die Gefühle, die man zum Nutzen aller braucht. Soll doch die Liebe ihre Spielchen mit den verdammten Seelen spielen, in deren Mitte der Dichter Cowper*, überzeugt von der »göttlichen Macht«, wie Dante sie nannte, glaubte, die Ewigkeit verbringen zu müssen!

Doch unsere »Philosophie des Trotzdem« führt uns noch weiter. Sie versichert uns, dass wir, ohne uns der geringsten Gefahr auszusetzen, den wirren modernen Glauben zurückweisen können, den manche für einen heiligen Trost halten und andere für eine schöne, schreckliche, gespenstische *Wahrheit*, diesen Glauben an jenen »düsteren See von Auber« und die »nebligen Gründe von Weir«*, die, nur dürfen wir den Namen nicht laut aussprechen, sondern nur flüstern, »das Unbewusste« heißen.

Unsere »Philosophie des Trotzdem« versichert uns listig, dass in hundert Jahren das gesamte Konzept des »Unbewussten« so betrachtet werden wird, wie viele von uns nach nunmehr fast zweitausend Jahren die Hölle betrachten: nämlich als die krönende Phantasmagorie der pervers wuchernden Ideen, die der Zusammenfluss bestimmter seelischer Gifte eines bestimmten Zeitalters unter den vernünftigeren Gewächsen der zufällig entstandenen Saturnalien* der Natur hervorsprudeln ließ.

Na, haben wir Sie nun schließlich und endlich bekehrt, oh, mein feinsinnigster und zögerlichster aller Konvertiten? Jetzt können wir Sie nur noch in die rauen Wellen des Lebens entlassen, ausgestattet mit unserer vorläufigen Karte für die Riffe und Felsen, die Kaps und Buchten, die Landzungen und Halbinseln, die Golfströme und Meerengen und die schwimmenden Inseln der unphilosophischen Tiefsee. Und wir können sagen, dass wir völlig zufrieden sind, wenn wenigsten die Hälfte unserer »Trotzdem«-Erkenntnisse dem Schiffsruder, das Sie fest in Händen halten, während Sie im Glauben an sich selbst und an nichts Mysteriöseres als Sie selbst die unbevölkerten Gestade ansteuern, über die Sie sich so lange schon Geschichten erzählt haben, den winzigen Anstoß geben können, den es braucht.

Corwen,
15. Juli 1952

ANMERKUNGEN

Kapitel 1: Experten

wie Walt Whitman es ausdrückt – Walt Whitman (1819–1892), *9*
amerikanischer Dichter. Sein Ruhm beruht auf der Gedichtsammlung *Grashalme,* die zwischen 1855 und 1892 in neun Auflagen erschien und dabei von zwölf auf fast 400 Gedichte anwuchs. In seiner Lyrik mit ihren eindrucksvollen Naturbildern und gesprengten Versformen predigte er die Würde und Eigenständigkeit des Individuums. Die hier zitierte Formulierung entstammt dem 37. Gedicht der *Grashalme:* »Wer du auch seist, der mich jetzt in Händen hält ...«

eine aristophanische Komödie – Aristophanes (~445 v. Chr.– *12*
~385 v. Chr.) ist der Inbegriff der attischen Komödiendichter. Elf seiner Werke sind erhalten; sie erlauben tiefe Einblicke in das politische, geistige und Alltagsleben seiner Zeit.

***Mother Goose* und Pawlow** – Die »Mutter Gans« ist, vor allem *15*
im englischen Sprachraum, seit dem 19. Jahrhundert die Heldin diverser, meist illustrierter Kinderbücher. – Iwan Petrowitsch Pawlow (1849–1936), russischer Physiologe. Auf ihn geht u. a. die Unterscheidung zwischen unbedingten und bedingten Reflexen sowie das Konzept »Lernen durch Konditionierung« zurück.

Stein von Rosette – Rosette (arabisch Raschid) ist eine Hafen- *16*
und Handelsstadt in Ägypten, oberhalb des westlichen Haupt-

mündungsarmes des Nils, in der 1799 der berühmte Stein von Rosette gefunden wurde. Aufgrund der dreisprachigen Inschriften auf diesem Basaltstein konnte der französische Ägyptologe Jean François Champollion die ägyptischen Hieroglyphen entziffern.

17 **Lago d'Averno** – See bei Neapel im Krater eines erloschenen Vulkans. Aufgrund seiner Schwefeldünste sowie des düsteren und unwirtlichen Eindrucks, den er erweckt(e), galt er in der griechischen und römischen Antike als Eingang zum Hades.

19 **Tangmassen der Sargassosee** – Die Sargassosee liegt, als Teil des Nordatlantiks, südlich der Bermudas und ist das Laichgebiet der Aale; bemerkenswert ist hier das Auftreten von schwimmendem Beerentang.

25 **in der Revidierten Fassung des Neuen Testaments** – Die für die anglikanische Kirche seit 1611 gültige *King James Bible*, die so genannte »Authorized Version«, wurde im 19. Jahrhundert durch die »Revised Version« ersetzt. Bei dem von Powys monierten Übersetzungsfehler geht es um die Ersetzung von *charity* durch *love*.

26 **nichts Thaumaturgisches** – Thaumaturg: Wundertäter; Beiname mancher griechischer Heiliger

28 **eine graue Wolke scorischer Asche** – *Scoriae* sind eigentlich Gesteinsschlacken vulkanischen Ursprungs.

30 **und dabei seine Linsen polierte** – Baruch de Spinoza (1632–1677), niederländischer Philosoph, wurde 1656 wegen seiner religiösen Dogmenkritik von der jüdischen Gemeinde Amsterdams mit dem Bannfluch belegt. Aus Gründen schlichten Gelderwerbs verlegte er sich daraufhin auf das Schleifen optischer Linsen.

sein englischer Schüler William Hazlitt – (1778–1830), eng- 34
lischer Essayist, Kunst- und Literaturtheoretiker im Umfeld der
Romantik. Gegen Thomas Hobbes' (1588–1679) Lehre vom
Leviathan vertrat er ein Konzept sozialen Handelns, das nicht auf
Selbstliebe, sondern auf der interesselosen Einfühlung in andere
Identitäten beruhe. Von ihm stammen Sentenzen wie: »Die
Kunst zu erfreuen besteht darin, selbst erfreut zu werden«; »Stil
ist der äußere Ausdruck einer inneren Harmonie der Seele.«

eine »ermüdend schwere Last« – Diese Formulierung verdankt 36
sich dem Gedicht *Zeilen* (1798) des englischen Lyrikers und
Romantikers William Wordsworth (1770–1850). In dem an-
geführten Gedicht heißt es: »... Und nicht minder / Verdank
ich ihm ein anderes Geschenk / Noch zartrer Art: die segens-
volle Stimmung, / Wenn uns die Bürde des Geheimnisses, /
Und wenn uns die ermüdend schwere Last / Der ganzen un-
begreiflich starren Welt / Erleichtert wird ...«

wie schon das Gorgonenhaupt wusste: »oh, auf *diesem* Weg 37
liegt Wahnsinn« – Gorgo war, dem griechischen Mythos zu-
folge, ein weibliches Ungeheuer mit einem grauenvollen
Haupt, das den Profanen davor abschrecken sollte, in ihre Mys-
terien einzudringen. Hesiod (um 700 v. Chr.) setzte dann drei
Gorgonen in die Welt: Stheno, Euryale und vor allem Medusa,
der Perseus – mit abgewandtem Blick, da er ansonsten ver-
steinert worden wäre – das Haupt abschlug. Das Zitat ist aus
William Shakespeares (1564–1616) *König Lear* (III,4).

Ichthyosaurier – Fischsaurier, bis 15 m lange, meist aber we- 39
sentlich kleinere Kriechtiere, die im Erdmittelalter (Mesozoi-
kum) die Meere bewohnten. Der nackthäutige Körper war
fischförmig.

43 **unser Neophyt** – Ein Neophyt, was so viel heißt wie »neu gepflanzt«, war in der alten Kirche ein durch die Taufe in die christliche Gemeinschaft neu Aufgenommener. Später wurde dieser Begriff auch auf bestimmte Geheimbünde übertragen. Heute werden damit vor allem Pflanzen bezeichnet, die sich in ursprünglich fremden Lebensräumen eingebürgert haben.

Kapitel 2: Einsamkeit

45 **mit Narde zu behandeln** – Narde ist der Begriff für verschiedene wohlriechende Pflanzen, die seit dem Altertum für Salben und Arzneien verwendet werden.

49 **Spengler zufolge** – Oswald Spengler (1880–1936), deutscher Philosoph, Hauptwerk: *Der Untergang des Abendlandes* (1918/22). Goethe war für Spengler eine der zentralen Referenzfiguren, dem er sich besonders in dessen Vorstellung einer »lebendigen Natur«, der Intuition der Phänomene, der organischen Entwicklungsidee und der vergleichenden Morphologie verbunden fühlte.

51 **der melanchol'sche Jaques** – Dieser Jaques ist eine Figur aus Shakespeares Komödie *Wie es euch gefällt*: ein Edelmann, der den Herzog in die Verbannung begleitet. Als »melanchol'scher Jaques« wird er in II,1 tituliert.

52 **der Prometheus des Aischylos** – Aischylos (525 v. Chr.–456 v. Chr.), griechischer Dichter, war der eigentliche Begründer der Tragödie als literarischer Kunstform. Von seinen etwa 90 Tragödien sind sieben erhalten, darunter *Der gefesselte Prometheus*.

Milton – John Milton (1608–1674), englischer Dichter, unter Oliver Cromwell (1599–1658) auch Staatssekretär im außenpolitischen Amt. Sein Hauptwerk ist das Epos *Paradise lost* (1667/1674). *52*

Paulus von Tarsus – Paulus (~10–~60), geboren in der heutzutage türkischen Stadt Tarsus, damals Hauptstadt der römischen Provinz Kilikien, Verfasser der ältesten Schriften des Neuen Testaments, christlicher Missionar (»Apostel der Heiden«), schon früh als Heiliger verehrt. In der christlichen Überlieferung gilt er als der eigentliche Künder der Liebe, so z. B. in seinem 1. Korintherbrief: »Wenn ich mit den Sprachen der Menschen und der Engel rede, aber nicht Liebe habe, so bin ich ein tönendes Erz geworden oder eine schallende Zimbel ... Nun aber bleiben Glaube, Hoffnung, Liebe, diese drei; aber die Liebe ist die größte unter ihnen.« (1 *Kor.* 13: 1,13) *54*

die gnostische Johannes-Thaumaturgie der religiösen Liebe – Für die Griechen war Gnosis gleichbedeutend mit Erkenntnis, im Neuen Testament wurde darunter die christliche Erkenntnis als Heilswahrheit verstanden (s. a. Anm. zu S. 26). *57*

Stoiker und Zyniker – Stoizismus: die Lehre der Stoiker, Stoa, die nach ihrem Versammlungsort, der Stoa Poikile, benannte und um 300 v. Chr. in Athen gegründete Philosophenschule. Der Ethik der Stoiker zufolge gibt es nur eine einzige wahrhafte Glückseligkeit: das Leben im Einklang mit der Allnatur, den Gehorsam gegen das göttliche Gesetz und das es aussprechende Pflichtgebot der Vernunft. Die Form dieser Glückseligkeit ist die Tugend, der Weg zu ihr die Überwindung der Lust und Affekte, ihr Ideal der »Weise«. – Zynismus: die kynische Bewegung (von griechisch *kyon*, Hund) in der hellenistischen Philosophie ohne eigene Schule. Für sie ist der Mensch Sklave seiner Lüste, Bedürfnisse und Meinungen. Um sich davon zu befreien, um zur Ruhe des Gemüts zu finden, muss er sich selbst *58* zur Unabhängigkeit von seinen Mitmenschen und von äußeren Dingen erziehen.

60 **Mysterien des Zen** – Das Zen, eine im 6. Jahrhundert in China entstandene Schulrichtung des Buddhismus, die ab dem 13. Jahrhundert in Japan zu hoher Blüte kam, strebt eine vollständige Hingabe an die Wahrheit, die Versenkung in das Leben und die Erleuchtung an: die Erkenntnis der Einheit allen Seins.

62 **was der Dichter »das Etwas, das die Welt ansteckt« nennt** – Der (englische) Dichter ist Matthew Arnold (1822–1888), und das Zitat stammt aus *Resignation* (1849). Darin heißt es: »Not milder is the general lot / Because our spirits have forgot, / In action's dizzying eddy whirled, / The something that infects the world.« Arnold prägte die Formel, Dichtung sei Kritik oder Deutung des Lebens.

63 **die große Göttin Anagke** – *anagke*, griech. für Notwendigkeit oder auch Nötigung. Philosophen früherer Zeiten haben den Universaldeterminismus gern auch mit »*fatum* und *anagke*« umschrieben.

69 **»das mächt'ge Rund der Welt«** – Zitat aus Shakespeares *König Lear* (III, 2)

70 **diese anorganische, organische, elementale ... Chemie** – Bei dem Adjektiv »elemental« ist durchaus kein Druckfehlerteufel im Spiel, Powys bevorzugt vielmehr diese Schreibweise durchweg. Für Henning Ahrens steht gar der Begriff des »Elementalismus« für das Herz dieser Philosophie des sinnlichen Erlebens, und die philosophisch-essayistischen Werke Powys' führt er als »elementale Schriften« an (*John Cowper Powys' Elementalismus. Eine Lebensphilosophie*, Frankfurt 1997).

»Tauch in das zerstörerische Element hinab!« – Zitat aus Joseph Conrads (1857–1924) Roman *Lord Jim* (Kap. 35). Weil Powys diesen Satz später fast leitmotivisch wieder aufgreift, hier die Originalfassung: »In the destructive element immerse.« *72*

Annihilation – Der Annihilationismus ist die religiöse Lehre von der völligen Vernichtung der Bösen, für die es nach dem Tode keine Unsterblichkeit gibt. *73*

»die keine Spur des Heiles an sich haben« – etwas frei zitiert aus Shakespeares *Hamlet* (III,3) *74*

wie der Dichter sagt – Der Dichter ist William Butler Yeats (1865–1939), irischer Lyriker, Dramatiker und Intendant, zwischenzeitlicher Politiker (1922–28). Er trug als Sammler und Herausgeber von irischer Erzählliteratur wesentlich zur Herausbildung einer neuen kulturellen Identität Irlands bei. Das folgende Zitat entstammt seinem Gedicht *Sad Shepherd* (aus dem Zyklus *Kreuzwege*, 1889): »There was a man whom Sorrow named his friend, / And he, of his high comrade Sorrow dreaming, / Went walking with slow steps along the gleaming / And humming sands, where windy surges wend.« *75*

die bewundernswerte Schriftstellerin Emma Smith – Das ist ein durchaus rätselhafter Scherz von Powys, denn eine namhafte Schriftstellerin dieses Namens gibt es gar nicht. Nur für die Mormonen ist eine Emma Smith von einschlägiger Bedeutung: als Gattin des Sekten- oder Kirchengründers Joseph Smith (1805–1844) und als »Schreiberin« des *Buches Mormon*, der er seine angebliche Übersetzung der diversen »Tafeln« diktierte. *76*

Kapitel 3: Stolz

80 **wie dem alten Nestor in seinem Palast in den Sanddünen** – Nestor, dem griechischen Mythos zufolge König von Pylos, erreichte ein sprichwörtlich hohes Alter. In Homers *Ilias* ist er geistig und körperlich überaus rüstig, obwohl er bereits zwei (hier übertreibt Powys ein bisschen) Generationen überlebt hat. Die Rede von den Sanddünen ist wohl eine Anspielung auf die *Odyssee*, wo Telemachos, der Sohn Odysseus', an den »Gestaden« von Pylos landet, als dort gerade das Gefolge des »Rossebändigers« Nestor dem »bläulich gelockten« Poseidon schwarze Stiere zum Opfer darbringt.

81 **ein hypothetischer euklidischer Punkt** – In der klassischen Geometrie, die auf den griechischen Mathematiker Euklid (~365 v. Chr. – ~300 v. Chr.) zurückgeht, ist ein dreidimensionaler »Anschauungsraum« durch drei »euklidische« Punkte und deren Abstände zueinander bestimmt.

84 **über den Gipfeln des Snowdon** – Der Snowdon ist mit guten 1000 m ü. d. M. der höchste Berg in Wales.

84 **wie der alte Gott der Winde seinen wilden Abkömmling nutzte** – Bei Homer ist Aiolos der eigentliche Gott der Winde, aber er hat keine Abkömmlinge, sondern die Winde wehen auf eigene Faust oder sind bestenfalls Zeus untertan. Bei Hesiod sind es Astraios und Eos, die drei Kinder haben: Boreas, der Nordwind, Zephyros, der Westwind (s. a. Anm. zu S. 455), und Notos, der Südwind.

84 ***imaginatio generat causas*** – Die Vorstellung erzeugt die Ursachen.

persona perdita – unglückliche, verlorene, heillose Person 87

mit dem starren Blick eines Cherub – Cherub, hebräisch für Lichtengel. Im Alten Testament ist der Cherub ein mythisches Wesen in der Umgebung Jahwes, Schützer der Bundeslade (2. *Mose* 25: 18–22) und des Himmelsgartens. 90

jener manichäischer Puritanismus – Manichäismus: eine vor allem im 4. Jahrhundert im gesamten Mittelmeerraum verbreitete Religion. Mittelpunkt der Lehre ist ein dualistisches Konzept von Licht und Finsternis, Geist und Materie als den von Anbeginn an unversöhnlichen guten und bösen Prinzipien. In der Welt und im Menschen sind diese schuldhaft vermischt. Erlösung setzt diese Erkenntnis und ein völlig asketisches Leben, vor allem völlige sexuelle Enthaltsamkeit, voraus. 90

so spricht Sarpedon zu Glaukos – In Homers *Ilias* ist Sarpedon ein Sohn des Zeus und der Laodameia und als Führer der Lykier der beste Krieger unter den Verbündeten der Troer. Glaukos ist sein engster Freund. 91

Pantagruel – François Rabelais (1494–1553), französischer Schriftsteller und Humanist, Autor u. a. des Romanzyklus *Gargantua und Pantagruel*, eines märchenhaften, zeitsatirischen Werkes. 95

»... ich aber will euch mit Skorpionen züchtigen!« – Zitat aus dem Alten Testament: 2. *Könige* 12:11 96

»eine Weid' in ihrer Hand am wilden Strand« – Zitat aus Shakespeares *Der Kaufmann von Venedig* (V,1). Wer da steht und »ihrem Liebsten« nachwinkt, ist Dido, die sagenhafte Gründerin Karthagos, deren Geschichte in Vergils *Aeneis* literarisch verarbeitet ist. 100

100 **Loch Lomond** – Mit einer Oberfläche von 85 km^2 und einer Tiefe von 190 m größter der schottischen Seen im Südwesten Schottlands.

101 **Prosperos Stab** – Prospero, der Protagonist in Shakespeares Komödie *Der Sturm*, ist am Ende der Rache überdrüssig, lässt Gnade walten und schwört seiner Zauberkunst ab. Er versenkt daher sein Zauberbuch und zerbricht seinen Stab.

102 **»Mäus' und Ratten und solch Getier«** – Zitat aus Shakespeares *König Lear* (III,4)

104 **»Oh, Jago, diese Schande, Jago!«** – Ausruf von Othello in Shakespeares gleichnamiger Tragödie (IV,1).

105 **nicht eben stoisch, auch nicht gerade epikureisch** – Stoizismus (s. Anm. zu S. 58) – Epikur (341–271 v. Chr.), griechischer Philosoph. Kern seiner Philosophie ist die Ethik – mit dem Ziel, durch richtiges Denken ein glückseliges Leben zu gewinnen. Der Maßstab der Wahrheit ist die sinnliche Wahrnehmung, auf die sich auch alle Vernunfterkenntnis aufbaut.

105 **grundlegend agnostisch im Hinblick auf die Naturwissenschaften** – Dem Agnostizismus zufolge ist das Übersinnliche, insbesondere das Göttliche, unerkennbar, was allerdings nicht zwingend gegen dessen Existenz sprechen muss.

106 **Walt Whitman, Keats, Charles Lamb, Goethe** – Walt Whitman (s. Anm. zu S. 9) – John Keats (1795–1821), englischer Odendichter und Vertreter der Romantik. – Charles Lamb (1775–1834), englischer Schriftsteller, Autor geistreicher, witziger Essays sowie von Nacherzählungen der Werke Homers und Shakespeares für Kinder. – Zu Goethe erübrigt sich jeder Kommentar.

jener Franzose – Der zitierte Satz: »Die Hölle, das sind die anderen« ist die zentrale Sentenz des Theaterstücks *Geschlossene Gesellschaft* (oder auch: *Bei geschlossenen Türen*, 1944) von Jean-Paul Sartre (1905–1980). *110*

ein *monochronos hedone* im Sinne Aristippos' – Aristippos von Kyrene (~435 v. Chr. – ~366 v. Chr.), griechischer Philosoph, Sokrates' Schüler, dessen Werke sämtlich verschollen sind. Er vertrat die charakteristische These, dass die Lust des Augenblicks das einzige Handlungsziel sei. *113*

Jeremy Taylors *Holy Living oder Holy Dying* – Jeremy Taylor (1611?–1667), einer der bedeutendsten anglikanischen Theologen des 17. Jahrhunderts, als Bischof in Irland in andauernde Auseinandersetzungen mit Katholiken, Presbyterianern und Baptisten verwickelt, verfasste zwischen 1645 und 1652 einige damals populäre Andachtsbücher, u. a. eben *Holy Living* und *Holy Dying*. *114*

eidolon – *eidos* (griech. Gestalt, Form, Bild), *eidolon* (griech. Bild, Abbild, Phantasma, immaterielle Gestalt), bei Platon Grundgestalt, das gemeinsame Wesen der verschiedenen Dinge desselben Artbereichs, das Urbild (Idee). *117*

Dombey and Son – britische Fernsehserie in den 50er Jahren. *126*

lassen Sie uns gemeinsam Walt Whitman lesen – Das folgende Zitat entstammt dem Gedicht *Von Paumanok kommend* (10. Strophe) aus der Sammlung *Grashalme* (s. a. Anm. zu S. 9). *128*

von Buffon übernommen – Georges Louis Leclerc, Graf von Buffon (1707–1788), französischer Naturforscher, Inspirator und erster Herausgeber einer 44-bändigen *Allgemeinen und speziellen Naturgeschichte* (1749–1804); vertrat im Gegensatz zu Voltaire einen organischen Entwicklungsgedanken. *129*

129 **Littré zufolge** – Maximilien Paul Émile Littré (1801–1881), französischer Philosoph, Sprachwissenschaftler und Lexikograph, Anhänger Auguste Comtes und des Positivismus. Er gab u.a. ein vierbändiges Wörterbuch der französischen Sprache heraus (1863–77).

134 **die *Ethik* des Spinoza** – *Ethik, nach der geometrischen Methode dargestellt*, Spinozas Hauptwerk, 1675 vollendet, aber erst posthum publiziert. In seinem Aufbau (Axiome und Definitionen) am Vorbild der euklidischen Geometrie orientiert, bezeugt dieses Buch ein gleichsam mathematisches Erkenntnisideal Spinozas. Im Zentrum steht der rationalistische Grundgedanke, dass die Ordnung der Vernunft mit der Ordnung der Natur übereinstimmen müsse (s.a. Anm. zu S. 30).

137 **jene »langen, langen Gedanken«** – eine Formulierung von Henry Wadsworth Longfellow (1807–1882), dem populärsten amerikanischen Dichter des 19. Jahrhunderts. Sie entstammt seinem Gedicht *My Lost Youth* (1858), wo es heißt: »A boy's will is the wind's will, / And the thoughts of youth are long, long thoughts.«

139 **»im dunkeln Hintergrund und Schoß der Zeit«** – Zitat aus Shakespeares *Der Sturm* (I,2).

139 **»dick und sämig«** – ein Zitat aus Shakespeares *Macbeth* (IV, 1), mit dem die klassische deutsche Übersetzung sehr freihändig umgegangen ist. Die Dritte Hexe zählt alle Ingredienzien auf, die im Kessel vor sich hin köcheln, und schließt: »Make the gruel thick and slab.« Bei August Wilhelm Schlegel und Dorothea Tieck heißt es einfach: »Und der Brei wird fertig sein.«

mit allen Mandragoren und Nepenthes – Die Mandragora ist im weiteren Sinne die Gattung der Nachtschattengewächse, im engeren die Art Alraunwurzel. Alraune galten früher als »Zaubermittel«, die Glück, Reichtum und Liebe bringen sollten. – Nepenthes ist ein von Homer in der *Odyssee* erwähntes pflanzliches Mittel, dessen Einnahme zu euphorischen Reaktionen führt, wie sie für Opiate typisch sind. *139*

Monsieur le Curé – Curé ist in Frankreich die Bezeichnung für einen katholischen Priester. *139*

Vater Zosima – eine Figur in Fjodor M. Dostojewskis (1821–1881) Roman *Die Brüder Karamasow* (1880), Verkünder der Maxime: »Alle sind an allem schuld«. *139*

»... von summenden Nachtfliegen eingewiegt« – Zitat aus Shakespeares *König Heinrich IV.* (2.Teil, III,1). *140*

Kapitel 4: Orthodoxie und Häresie

Göttin Themis – Themis, griechischer Mythos: die Göttin der Sitte und Ordnung, Schützerin des göttlichen Rechts, gehörte zu den Titanen. *144*

nichts gefährlicher ... als der Pantheismus – Der Pantheismus war eine in der Aufklärung aufkommende religiös-philosophische Haltung, die gegen die christliche Gottesvorstellung opponierte. »Gott« galt jetzt als unpersönliche Größe und als »sachhaftes« Prinzip der Welt. *146*

»wir sind der Stoff, aus dem die Träume sind« – Zitat aus Shakespeares *Der Sturm* (IV,1). Bei Schlegel und Tieck lautet die Stelle: »Wir sind solcher Zeug wie der zu Träumen.« *147*

149 **Professor Seeley zufolge** – John Robert Seeley (1834–1895), englischer Historiker. Er lebte in dem Glauben, dass sich die Geschichtsschreibung zu einer exakten Wissenschaft entwickeln würde. Sein bekanntestes Werk ist *Expansion of England* (1883).

150 **wie Dickens einen Kellner über einen anderen sagen lässt** – In Charles Dickens' (1811–1870) Roman *Das Geheimnis um Edwin Drood* (1870, Kap. 11) sagt der *immovable waiter* über den *flying waiter* einem Dritten gegenüber: »Let it be clearly understood between us that the reward is mine, and that Nil is the claim of this slave.«

151 **Walter Pater** – Walter Horatio Pater (1839–1894), englischer Schriftsteller, vertrat in formvollendeter Prosa eine ästhetizistische Weltanschauung. Seinen Idealen zufolge sollte das Leben der Vollkommenheit eines Kunstwerks nicht nachstehen.

151 **wie es der Dichter in *The City of Dreadful Night* sagt** – Dieser Gedichtzyklus (1880), in dem die Großstadt als Inbegriff allen Elends und aller Bedrohung sowie der moderne Mensch als trostlos Leidender dargestellt werden, ist von James Thomson (1834–1882). Das Zitat stammt aus der 14. Sektion: »There is no God; no Fiend with names divine / made us to torture us; if we must pine, / it is to satiate no Being's gall.«

152 **Lethetrunk** – Die Lethe ist, dem griechischen Mythos nach, ein Fluss oder eine Quelle in der Unterwelt. Die Seele, die aus deren Wasser trank, verlor die Erinnerung an das irdische Leben.

155 **General Booth** – William Booth (1829–1912), britischer Methodistenprediger; gründete 1861 in London die »Christliche Mission«, aus der 1878 die Heilsarmee entstand.

Kardinal Newman – John Henry Newman (1801–1890), englischer Theologe, zuerst Anglikaner, dann Katholik. Rektor der katholischen Universität in Dublin. *155*

»die Strömungsrichtung, die zur Rechtschaffenheit strebt« – Zitat aus Matthew Arnolds Streitschrift *Culture and Anarchy: an Essay in Political und Social Criticism* (1869), einer der bedeutenderen politisch-sozialen Grundsatzerklärungen seiner Zeit und seines Landes. Im Original heißt es: »a stream of tendency, not ourselves, that makes for righteousness«. *158*

»... wobei er erklärte, er würde sich nie wieder hineinlegen« – Zitat aus Rabelais' *Gargantua und Pantagruel* (Zweites Buch, 4. Kapitel). *159*

Marius der Epikureer – Ein historischer Bildungsroman (1885) von Walter Pater (s. a. Anm. zu S. 151). Der Held lebt sein Leben nicht handelnd, sondern kontemplativ, sehnt sich nach Idealität, bleibt in allem unentschlossen und erfährt sein Anderssein zunehmend als Einsamkeit. *161*

Bunyan – John Bunyan (1628–1688), englischer Prediger und Schriftsteller; schrieb mit der *Pilgerreise* (1678–84) eines der erfolgreichsten Bücher der englischen Literatur und eines der meistübersetzten Werke. In allegorischem Gewand schildert Bunyan den Weg des Christen durch alle Gefahren und Leiden des Lebens bis zur himmlischen Stadt. *161*

jener »Priester des Baal«, die »sich mit Schwertern und Lanzen wundgeritzt« – Baal, in Mesopotamien ursprünglich die Allgemeinbezeichnung für einen Gott, nahm später vielerlei Gestalten und Erscheinungsformen an und wurde unter anderem als Wetter- und als Todesgott auch in Ägypten kultisch verehrt. Die Priesterschaft in Israel bekämpfte den Baal-Kult. Das Zitat entstammt dem *Ersten Buch der Könige* (18:28). *163*

164 **Mänaden und Bacchanten** – Die Mänaden waren im griechischen Mythos die ekstatischen Frauen im Gefolge des Gottes Dionysos, aus dem die Römer später Bacchus machten. Die rauschhaften Kultfeiern zu seinen Ehren hießen demzufolge Bacchanalien.

164 **die Kunststudien von Berenson** – Bernhard Berenson (1865–1959), amerikanischer Kunsthistoriker. Er profilierte sich vor allem als Kenner der italienischen Renaissancemalerei.

164 **die Essays von Rémy de Gourmont** – Rémy de Gourmont (1858–1915), französischer Schriftsteller und Theoretiker des Symbolismus. Bekannt wurde er vor allem mit literarischen und philosophischen Essays.

164 **ein Buch wie das von Len Howard** – Len Howard, englische Naturforscherin und Vogelkundlerin, veröffentlichte in den 50er Jahren des letzten Jahrhunderts zwei Bücher, die damals für einiges Aufsehen sorgten: *Birds as Individuals* (1953) und *Living with Birds* (1956).

166 **belles-dames-sans-merci** – die gnadenlosen Schönen

168 **Böotien** – griechische Landschaft zwischen dem Golf von Korinth und dem Kanal von Euböa. Im 5. und 4. Jahrhundert v. Chr. errang, unter der Führung Thebens der Böotische Bund einigen Einfluss.

170 **Eleusinische Mysterien** – ein Lokalkult, der aber im ganzen Altertum, noch bei den nachchristlichen Römern, größtes Ansehen genoss, mit einer Prozession von Athen ins 20 Kilometer entfernte Eleusis sowie Reinigungsriten und Segenszaubern, in denen es um die Verheißung der eigenen Wiedergeburt ging. Die Eingeweihten (Mysten) hatten über den Kultgebrauch völliges Stillschweigen zu bewahren.

Corydalis claviculata – Rankender Lerchensporn, gehört zur Gattung der Erdrauchgewächse *171*

Hiawatha – *Das Lied von Hiawatha* (1855) ist ein Versepos von Henry Wadsworth Longfellow (s. a. Anm. zu S. 137), in dem die Mythen der nordamerikanischen Indianer poetisch verarbeitet worden sind. Hiawatha ist ein von Manitu auf die Erde entsandter Held, der den Frieden unter den Stämmen wahren und zu ihrem Wohle wirken soll. Nachdem er seine Aufgabe beendet hat, ermahnt er sein Volk, die neuen Lehren zu beherzigen, und macht sich auf den Weg zur Insel der Seligen, wo er über das Reich des Nordwestwinds »keewaydin« herrschen wird: »I will share my kingdom with you, / Ruler shall you be thenceforward / Of the Northwest-Wind, Keewaydin, / Of the home-wind, the Keewaydin.« *172*

point d'appui – Ansatzpunkt oder Stütze *174*

William James' Lieblingsphilosoph Fechner zufolge – William James (1842–1910), amerikanischer Philosoph und Psychologe, Mitbegründer des Pragmatismus und Verfechter eines »radikalen Empirismus«, entwickelte die Lehre von den seelischen Vorgängen als einem kontinuierlichen »Strom von Bewusstheitszuständen« sowie eine eigene Religionspsychologie (Allbeseelungslehre). – Gustav Theodor Fechner (1801–1887), Naturforscher und Psychologe, lehrte Physik, Psychophysik, Ästhetik und Naturphilosophie. Fechner gilt als Begründer der experimentellen Sinnesphysiologie und erarbeitete eine psychologische Ästhetik. Die Welt betrachtete er als beseelt (»Tagesansicht«, im Gegensatz zur »Nachtansicht« des physikalisch-mathematischen Weltbildes), das Stoffliche lediglich als Außenseite des Daseins. *175*

175 **zu »lesen, uns einzuprägen und im Geist zu verarbeiten«** – Ein Zitat aus dem *Book of Common Prayer*, seit dem 16. Jahrhundert *das* Gebetbuch der anglikanischen Kirche. Im Original heißt es: »read, mark, learn and inwardly digest«.

178 **Thomas Hardy** – (1840–1928), englischer Schriftsteller, der aus der Grafschaft Dorset stammte und in seinen »Wessex«-Romanen u. a. das Motiv des heilsamen Einflusses der Natur auf den von der Verstädterung bedrohten Menschen zur Geltung brachte.

182 **eine ... mesmeristische Beherrschung** – Der Mesmerismus ist die von dem deutschen Arzt Franz Anton Mesmer (1734–1815) entwickelte Lehre von der Heilkraft des »animalen Magnetismus«. Seine umstrittene Magnetotherapie gilt als Ursprung heutiger hypnotischer Therapien.

183 **Gilles de Laval** – Baron von Rais, Marschall von Frankreich (1404–1440); kämpfte bei Orléans an der Seite der Jeanne d'Arc, beschäftigte sich später mit schwarzer Magie und wurde wegen Mordes an geraubten Kindern zum Feuertod verurteilt. Gelegentlich auch als historisches Vorbild des Blaubart gedeutet.

190 **»Seufzer und Geburtswehen«** – frei zitiert nach dem *Brief an die Römer* (8:22). Genau heißt es dort: »Denn wir wissen, dass die gesamte Schöpfung bis zum heutigen Tag seufzt und in Geburtswehen liegt.«

Kapitel 5: Wahnsinn

201 **»tiefer, als ein Senkblei je geforscht«** – Zitat aus Shakespeares *Der Sturm* (V,1).

»Ihr nehmt mein Leben, wenn ihr die Mittel nehmt, wodurch ich lebe.« – Zitat aus Shakespeares *Der Kaufmann von Venedig* (IV,1) 209

majestätische Rätselhaftigkeit Merlins – In der Artusliteratur ist Merlin der Zauberer und Wahrsager sowie Ratgeber von König Artus. Er entsprang, rätselhafterweise, der Vereinigung eines Teufels mit einer Jungfrau und wird seit seinem Ableben von einer Fee in ewigem Schlaf gehalten. 211

Cerberus, der hundegesichtige Satan des Tartaros – Cerberus ist im griechischen Mythos der Furcht erregende, teils drei-, teils fünfzigköpfige Höllenhund, der den Eingang der Unterwelt (Tartaros) bewacht. 216

die Heilige Katharina – Deren gab es mehrere. Gewiss aber meint Powys hier nicht Katharina von Gebersweiler, die Verfasserin des *Unterlindener Schwesternbuchs*, sondern Katharina von Alexandria (Anf. des 4. Jahrhunderts) – Märtyrerin, Schutzpatronin der Philosophen, eine der 14 Nothelfer –, deren Leib, der Legende zufolge, nach ihrer Hinrichtung von Engeln auf den Sinai gebracht wurde. 216

Eurybia ..., die schreckliche Titanin, Schwiegermutter der Styx und Großmutter der Hekate – Die Genealogie der Titanen, der vorolympischen Göttergenerationen, ist nicht in allen Belangen stimmig. Die Urgötter Uranos (Himmel) und Gaia (Erde) hatten zwölf Kinder, einer ihrer sechs Söhne war Okeanos. Die Meeresgöttin Eurybia war eine Tochter entweder von Gaia und Okeanos oder von Gaia und Pontos – auch ein Meeresgott, der nach Hesiod seinerseits Gaias Sohn war. Über ihren Sohn Perses war Eurybia Großmutter von Hekate, einer etwas profillosen Göttin, die auch Homer überhaupt nicht kannte. Styx wiederum, die Göttin der Unsterblichen, war mit Pallas vermählt, einem weiteren Sohn von Eurybia. Styx und ihre Kin- 216 der, obwohl selber Titanen, standen Zeus bei seinem Kampf mit den Titanen bei.

220 **»Pfeil' und Schleudern des wütenden Geschicks«** – Zitat aus Shakespeares *Hamlet* (III,1).

228 **»Caer Sidi«** – Ein Begriff aus dem Keltischen, bedeutet so viel wie »gläserne Burg«. In unmittelbarer Nachbarschaft des südenglischen Städtchens Glastonbury steht eine Turmruine auf einem Hügel, der ebenfalls Caer Sidi heißt. Gewissen Überlieferungen zufolge war Glastonbury ursprünglich eine von Sümpfen umgebene Insel – die legendäre Isle of Avalon. Zur Erinnerung: Einer der bekanntesten Romane von Powys trägt den Titel *A Glastonbury Romance.*

235 **entsprechen, im Vergleich zur ungeraden Zahl *Drei*, der pythagoreischen Zahl *Vier*** – In der Tradition der Zahlenmystik gab die Bedeutung bestimmter Zahlen und Zahlenkombinationen die Geheimnisse der Welt und des Lebens zu erkennen. Für die Pythagoreer – einen philosophisch-religiösen Geheimbund um 500 v. Chr. mit Ausstrahlungen noch weit in die Neuzeit hinein – war die Welt als Ordnung natürlicher Zahlenverhältnisse interpretierbar. Die Vier galt dabei als Zahl der Ganzheit, der Weltordnung (vier antike Elemente und Temperamente, Himmelsrichtungen, Jahreszeiten ...). Die Drei war in vielen Kulturen eine heilige Zahl (göttliche Triaden) und spielt noch im Christentum (Dreifaltigkeit) eine prominente Rolle.

235 **dessen Name Gudea lauten soll** – Powys' Hinweis auf Gudea ist nicht ganz eindeutig, weil die Sumerer, soweit bekannt, keine mächtige Gottheit dieses Namens verehrt haben. Allerdings hat es wohl einen sumerischen Herrscher gegeben, der Gudea hieß: einen Stadtfürsten und Gouverneur von Lagasch (ca. 2143–2124 v. Chr.) unter dem Ur-Nammu, dem Begründer der 3. Dynastie von Ur. Möglicherweise bezieht sich Powys hier aber (was sein Hinweis auf das »bemerkenswert aussehende kleine Wesen« nahe legt) auf ein Exponat des Pariser Louvre – den 23 cm hohen »Becher des Gudea«, entstanden um etwa 2200 v. Chr., dessen Gravur ein Mischwesen ganz besonderer Art zeigt: mit Vogelklauen an den Beinen, Schlangenkörper, Menschenhänden, Flügeln und dem Kopf eines Drachens.

eine unaussprechliche *Bona Dea* – Bona Dea war eine Göttin römischen Ursprungs. Ihr wahrer Name wurde von einem Priesterkollegium geheim gehalten, weshalb sie einfach als »gute Göttin« firmierte. Sie gewährte weibliche Fruchtbarkeit und spendete heilende Kraft. Ihre Kulthandlungen wurden von Frauen vollzogen – Männern war der Zugang verwehrt. *236*

»Ich bin ein Mensch. Es gibt keinen Gott mehr. Lernen wir, unsere eigene Menschlichkeit zu verehren.« – Nicht ganz genaues Zitat aus William Blakes epischem Gedicht *The Everlasting Gospel* (1810/18). Bei Blake heißt es: »Thou art a Man…« William Blake (1757–1827), englischer Dichter, Maler, Grafiker; Vertreter eines mystischen Weltbildes, Vorläufer der Romantik und der Präraffaeliten. *236*

»Stachel im Fleisch« – Eine Anspielung auf Paulus' *Zweiten Brief an die Korinther* (12:7), wo es heißt: »Damit ich mich wegen der einzigartigen Offenbarungen nicht überhebe, wurde mir ein Stachel ins Fleisch gestoßen: ein Bote Satans, der mich mit Fäusten schlagen soll, damit ich mich nicht überhebe.« *237*

die Häresie der Monophysiten oder der Pelagianisten gegen die Orthodoxie des Athanasios, die Prädestinationslehre oder Augustinus' Auffassung der Taufe – Monophysitismus: eine theologische Lehre im 5. Jahrhundert, der zufolge es in Jesus Christus nicht zwei Naturen (eine göttliche und eine menschliche), sondern nur die eine (göttliche) des Fleisch gewordenen Logos gegeben habe. – Pelagianismus: eine im 4. und 5. Jahr- *241* hundert gegen Augustinus verfochtene Lehre, der zufolge es keine Erbsünde gebe, sondern der Mensch durch die Gnade Gottes den freien Willen sowohl zum Bösen als auch zum Guten habe und aufgrund eigener Bemühungen das Heil erlangen könne. – Athanasios: griechischer Kirchenlehrer (295?–373), vertrat die Lehre von der Wesensgleichheit Christi mit Gott. – Prädestinationslehre: von Augustinus (354–430) begründete Lehre, der zufolge der Mensch zur ewigen Seligkeit oder zur Verdammnis durch den »Ratschluss Gottes« vorherbestimmt sei – nur die durch die Gnadenwahl Gottes zum Glauben Berufenen seien zum Heil, alle anderen zum Unheil prädestiniert. – Augustinus' Auffassung der Taufe: Die Taufe ist die Voraussetzung, um in das Reich Gottes eingehen zu können. Sie ist heilsnotwendig: »Überhaupt alle Vergehen tilgt die hl. Taufe; sowohl die Erbsünde wie auch die eigenen, die Worte, Taten, Gedanken, die unbewussten, alle werden sie vergeben.« *(De symbolo ad catechumenos)*

Kapitel 6: Klassen

249 **»Eigentum ist Diebstahl«** – Das ist die berühmte Formel des französischen Sozialphilosophen und Anarchisten Pierre Joseph Proudhon (1809–1865), die dieser in seinem Werk *Qu'est-ce que la propriété?* (1840) entwickelt hat.

251 **Euripides** – (ca. 485–406 v. Chr.), athenischer Tragiker, von dem sich noch 19 Dramen erhalten haben (darunter *Die Troerinnen* und *Iphigenie in Aulis*) und über dessen Leben kaum etwas bekannt ist.

252 **»Hochzeit von Himmel und Hölle«** – Eine Anspielung auf das gleichnamige epische Gedicht (1790), in dem William Blake, mythologisch verschlüsselt, die Doktrin von der Göttlichkeit der Menschen vertrat, die nur die »Türen der Wahrnehmung« durch eine »Verbesserung des sinnlichen Genießens« reinigen müssten (s.a. Anm. zu S. 236).

»zur Kurzweil die nächt'gen Pilze« – Zitat aus Shakespeares *Der Sturm* (V,1). *255*

mein walisischer Freund Hywel – Möglicherweise eine Anspielung von Powys, der ja selbst walisischer Herkunft war, auf Hywel Dda (916–950), König von Wales. Das von ihm einberufene »Parlament« erließ einen bedeutenden Gesetzeskodex. *257*

bei Fielding, Thackeray, Trollope – Henry Fielding (1707–1754), englischer Schriftsteller, bekanntestes Werk: *Tom Jones oder die Geschichte eines Findelkindes* (1749) – William Makepeace Thackeray (1811–1863), englischer Schriftsteller, bekanntestes Werk: *Jahrmarkt der Eitelkeit* (1847/48) – Anthony Trollope 1815–1882), englischer Schriftsteller, bedeutender realistischer Romancier der Viktorianischen Zeit. *258*

der alte Caliban..., um sich bei Trinculo einzuschmeicheln – Caliban und Trinculo sind Figuren in Shakespeares *Der Sturm*. *262*

Thomas Arnold – (1795–1842), englischer Erzieher und Verfasser einschlägiger Traktate sowie von geschichtlichen Werken. Als Schuldirektor der Rugby School war ihm weniger an innovativen Lehrmethoden als vielmehr daran gelegen, die Absolventen seines Instituts zu Gentlemen zu erziehen. Mit diesem Bestreben übte er großen Einfluss auf das britische Schulsystem jener Epoche aus. *264*

diese ganze Vorstellung eines eidolon-entelechischen Geistes – Bei Platon ist das Eidolon (griech. Bild, Abbild, Phantasma, immaterielle Gestalt) die Grundgestalt, das gemeinsame Wesen der verschiedenen Dinge desselben Artbereichs, das Urbild *273*

(Idee). Und bei Aristoteles ist die Entelechie die Verwirklichung der in einem Seienden angelegten Gestaltmöglichkeiten (z.B. die Seele als Entelechie eines organischen Körpers).

276 ***yr achos*, wie wir es hier in Nordwales nennen** – Leider haben wir diese gälische Formulierung bislang nicht dechiffrieren können, weshalb wir um Hinweise sehr dankbar wären.

276 **»nicht gegen Menschen aus Fleisch und Blut«** – Zitat aus Paulus' Brief an die Epheser (6:12).

276 **Dr. Johnson** – Samuel Johnson (1709–1784), englischer Schriftsteller und Begründer des *Dictionary of the English Language* (2 Bde., 1755), das bis zum Erscheinen des *Oxford English Dictionary* (1844) maßgeblich blieb.

279 **»bei unserer Frau und Sankt Kathrin«** – Zitat aus Shakespeares *Hamlet* (IV,5).

282 **Herr Gladstone** – William Ewart Gladstone (1809–1898), als Protagonist der Liberalen mehrfacher britischer Premierminister, politischer Gegenspieler von Benjamin Disraeli (s.a. Anm. zu S. 342).

288 **Jesus Christus vor Damaskus** – Die Rede ist von dem berühmten »Damaskuserlebnis«, durch das Saulus sich zu Paulus wandelte. Für den Kirchenvater war diese Begegnung mit Jesus das Grunddatum seiner Berufung zum Apostel: »Zuletzt aber von allen ist er auch mir erschienen, gleichsam der Fehlgeburt. Bin ich doch der geringste unter den Aposteln, der ich unfähig bin, Apostel zu heißen, weil ich die Kirche Gottes verfolgte.« (1 *Kor.* 15:8 f.)

299 **»und, wie dies leere Schaugepräng' erblasst, spurlos verschwinden«** – Zitat aus Shakespeares *Der Sturm* (IV,1).

Kapitel 7: Unsicherheit

»Schändlichkeit des Vergessens« – Zitat aus der Prosaschrift *Hydriotaphia, Urnenbestattung oder Eine Abhandlung über die kürzlich in Norfolk gefundenen Graburnen* (1658) von Thomas Browne (1605–1682), einem englischen Arzt und Schriftsteller, der mit großer Begeisterung lateinische Wörter anglisierte und zu dessen bleibenden Verdiensten es unter anderem gehört, die englische Sprache mit vielen Neuprägungen bereichert zu haben (z.B. mit dem Wort *electricity*). Im Original von *Hydriotaphia* heißt es: »But the iniquity of oblivion blindly scattereth her poppy, and deals with the memory of men without distinction to merit of perpetuity.« Die Macht der Zeit und des Vergessens, die Eitelkeit der Welt und ihre Monumente sind einige der Hauptthemen dieser Schrift. *301*

vor den Stufen von Childe Rowlands finsterm Turm – Eine Anspielung auf das epische Gedicht *Herr Roland kam zum finstern Turm* (1855) von Robert Browning (1812–1889), einem englischen Dichter und Virtuosen des dramatischen Monologs. In diesem Gedicht erzählt der Knappe Roland von seiner mit düsteren Ahndungen und Erlebnissen erfüllten Suche nach einem ominösen Turm, der sich schließlich als »blind wie des Narren Herz« erweist. *312*

Vorwärts, christliche Soldaten – Von alters her (und noch im Zweiten Weltkrieg) der Schlachtruf britischer Armeen. Das gleichbetitelte Lied, mit Versen von Sabine Baring-Gould (1834–1924) und der Musik von Arthur Sullivan (1843–1900), entstand 1871 und avancierte später zur Hymne der Heilsarmee. Eine Kostprobe: »Onward, Christian soldiers, / Marching as to war. / With the cross of Jesus / Going on before!« *316*

dieser Lago d'Averno mit seinen gorgonischen Schlangen, lamischen Tintenfischen, orthischen Katzenhaien und lernaischen *317*

Hydren – Lago d'Averno (s. Anm. zu S. 17) – gorgonische Schlangen (s. Anm. zu S. 37). – lamische Tintenfische: Lamia war dem griechischen Mythos zufolge ein weiblicher Vampir, ein Blut saugendes Schreckgespenst. Ursprünglich eine schöne Frau, in die Zeus sich verliebte, wurde sie von der eifersüchtigen Hera mit Wahnsinn geschlagen, tötete ihre eigenen Kinder und verlor aus Kummer ihre Schönheit. Zeus verlieh ihr die Gabe der Verwandlung. – Die orthischen Katzenhaie werfen Rätsel auf. Das hier verwendete Adjektiv ist eher eine freihändige Adaption und damit ein Neologismus. Im Original heißt es *orthic.* Das könnte auf Orthida verweisen, allerdings handelt es sich dabei um eine fossile Ordnung der Armfüßler, mit denen Katzenhaie nicht weiter verwandt sind. »Orthic« war bis 1988 zudem eine offizielle Gliederungskategorie der Geologen, mit der sie bestimmte Bodenschichten bezeichneten. – lernaische Hydra: eine riesige Schlange mit mehreren Köpfen in den Sümpfen von Lerna, die schließlich von Herakles getötet wurde.

319 **die Anhänger der orphischen Mysterien oder die eleusinischen Priester** – orphische Mysterien: kultische Feiern der Orphik, einer philosophisch-religiösen Bewegung in der griechischen Antike und im Hellenismus, die sich auf Orpheus berief. Ihr zufolge war der Leib das »Grab der Seele«, aus dem sie sich durch ethische und asketische Reinigungen befreien musste. – eleusinische Priester: Priester eines Lokalkults, der im Altertum, noch bei den nachchristlichen Römern, größtes Ansehen genoss, mit einer Prozession von Athen ins 20 Kilometer entfernte Eleusis sowie Reinigungsriten und Segenszaubern, in denen es um die Verheißung der eigenen Wiedergeburt ging. Die Eingeweihten (Mysten) hatten über den Kultgebrauch völliges Stillschweigen zu bewahren.

321 **die Galionsfiguren der Schiffe Jasons** – Jason war der Führer der Argonauten, die auf dem Schiff »Argos« ins Schwarze Meer segelten, um dort das von einem Drachen bewachte Goldene Vlies zu holen.

die hypokaustischste Hitze unter dem himmlischsten Boden des göttlichsten Empyreums – Das Hypokaustum ist eine antike Warmluftzentralheizung. Durch Kanäle im Stein- oder Ziegelfußboden, später auch durch Hohlziegel der Wände wurde die durch ein starkes Holzfeuer erhitzte Luft geleitet. – Im Weltbild der antiken und scholastischen Philosophie war das Empyreum der oberste Himmel, der sich über der Erde wölbt, der Bereich des Feuers oder des Lichtes, die Wohnung der Seligen. *322*

der Titan Atlas – Nachdem die Titanen von den olympischen Göttern besiegt worden waren, musste Atlas, ehedem nur der Hüter der Himmelspfeiler, zur Strafe das Himmelsgewölbe selber tragen. *324*

die Äpfel der Hesperiden – Hesperiden, *griechischer Mythos:* die Hüterinnen der goldenen Äpfel im äußersten Westen; diese Äpfel schenkten ewige Jugend; sie zu holen, war eine der zwölf Arbeiten des Herakles. *326*

Severn – Fluss im Südwesten Englands, entspringt in Wales. *327*

… lay on, Macduff, And damn'd be him that first cries, »Hold, enough!« – Zitat aus Shakespeares *Macbeth* (V,7). In der klassischen deutschen Übersetzung heißt es: »Nun magst mich wahren, / Wer ›Halt!‹ zuerst ruft, soll zur Hölle fahren!« *328*

du furchtsame, sylphenhafte Anbeterin – *Sylphe:* junges, zartes weibliches Wesen *329*

als sei sie ein Protagoras – Protagoras (ca. 485–ca. 415 v. Chr.), griechischer Philosoph und der bedeutendste der Sophisten. Von ihm stammt die berühmte relativistische Maxime »Der *329*

Mensch ist das Maß aller Dinge« – was heißt: Alles ist, wie es dem Einzelnen erscheint.

330 **ein hundertarmiges Ungeheuer wie Briareos** – Dem griechischen Mythos zufolge kämpfte der hundertarmige Riese Briareos, obwohl selber ein Titanensohn, mit Zeus gegen die Titanen, die er dann zur Belohnung im Tartaros bewachen durfte.

331 **»Bin ich ein Gott? Mir wird so licht!«** – Mit der »Eröffnungsszene« ist hier weder das »Vorspiel auf dem Theater« noch der »Prolog im Himmel« gemeint, sondern die Szene »Nacht«.

336 **»Ja, da liegt's ... Das ist die Rücksicht, die Elend lässt zu hohen Jahren kommen.«** – Zitat aus Shakespeares *Hamlet* (III,1).

340 **wenn nicht sogar proteisch** – Proteus war in der griechischen Mythologie ein weissagender, allwissender Meergreis. Um sich der Beantwortung von Fragen zu entziehen, verwandelte er sich in vielerlei Gestalten. Nur wer ihn festhielt, konnte von ihm eine Wahrsagung erzwingen.

342 **»Lasst uns Böses tun, damit Gutes entsteht«** – Zitat aus Paulus' *Brief an die Römer* (3:8).

342 **»auf Seiten der Engel«** – Eine Anspielung auf einen berühmten Ausspruch des britischen Premierministers (und Schriftstellers) Benjamin Disraeli (1804–1881). Im Kontext der damaligen Debatte über die von Charles Darwin begründete Abstammungslehre sagte Disraeli: »Is man an ape or an angel? I, my lord, I am on the side of the angels.« Das veranlasste den *Punch* im Dezember 1864 zu einer Karikatur, die den für einen Maskenball als Engel gewandeten Politiker zeigte.

Kapitel 8: Glauben

»Herr, ich glaube! Hilf meinem Unglauben!« – Zitat aus dem *Markus-Evangelium* (9:24). *356*

Quintilian – Quintilian, eigentlich Marcus Fabius Quintilianus (um 30–um 96 n.Chr.), römischer Rhetor. Die formalrhetorische Ausbildung war für ihn die Grundlage aller Erziehung. *357*

zu einer gagatschwarzen Spur – Der Gagat ist eine zu Schmuckzwecken verwendete polierbare, bitumenreiche, tiefschwarze Braunkohle. *358*

jenem »der Erde entsprechenden Antagonisten« – Zitat aus den *Essays of Elia* (1823) von Charles Lamb. Mit diesem Werk gilt Lamb als der bedeutendste Essayist der englischen Frühromantik (s.a. Anm. zu S.106). *363*

den ... Coleridge so bewunderte – Samuel Taylor Coleridge (1772–1834), englischer Schriftsteller, Dichter und Vertreter der Romantik, schrieb 1802 die Ode *Dejection*, in der es heißt: »Have I been gazing on the western sky, / And its peculiar tint of yellow green.« *366*

»Auf dieser Landenge eines Zwischenzustandes« – Eine Textzeile aus dem Lehrgedicht *An Essay on Man* (1733) von Alexander Pope (1688–1744), dem englischen Dichter, Satiriker, Spötter und poetischen Vertreter der Aufklärung. Im Original heißt es: »Plac'd on this isthmus of a middle state, / A being darkly wise, and rudely great.« Dieses Gedicht gilt als eines der herausragenden literarischen Zeugnisse seiner Zeit. *373*

trotz allen Verrats der OGPU und des MGB – OGPU: Staatliche Politische Sonderverwaltung; als stalinistische Institution, der die Gefängnisse und Gefangenenlager in der UdSSR unterstan- *375* den, einer der Vorläufer des sowjetischen Geheimdienstes KGB (Komitee für Staatssicherheit; ab 1954). – MGB: Ministerium für Staatssicherheit (1946–54), ging ebenfalls im KGB auf.

378 **Wallace Collection** – Die Wallace Collection ist ein aus einer Privatsammlung hervorgegangenes Museum in London. Es hat allerdings den Anschein, als ob das von Powys angesprochene Gemälde in den Bestand des Staatlichen Kunstmuseums in Kaunas (Litauen) übergegangen sei, zumindest weist die Wallace Collection es nicht aus.

378 **Ultima Thule** – Bei den Griechen und Römern war Thule der Name für das allernördlichste Land der Welt, irgendwo nördlich von Britannia. Mit Vergil (70–19 v. Chr.) wurde *ultima thule* zum Begriff für die letzte Schranke, für die äußerste Grenze, die überhaupt möglich ist, für das weitestgesteckte Ziel: »Oder ob du kommst als Gott des unendlichen Meeres / Und dich die Schiffer allein verehren, das äußerste Thule / Dir sich ergibt und zum Eidam dich wählt die Göttin der Wellen …« (aus *Georgica*).

395 **eine *energeia akinesis*** – Bei Aristoteles ist die *energeia akinesis* (griech. unbewegte Energie oder Kraft) der unbewegte Beweger, das höchste Wesen, also Gott.

397 **in Miltons berühmtem Sonett** – Gemeint ist das *Sonett XIX* von John Milton (s. a. Anm. zu S. 52) mit den Zeilen: »When I consider how my light is spent …«, »They also serve who only stand and wait.«

398 **seit »Adam grub und Eva spann«** – Anspielung auf eine Parole sowohl des englischen Bauernkriegs von 1381 als auch des deutschen Bauernkriegs von 1525: »Als Adam grub und Eva spann, wo war denn da der Edelmann?«

aufgrund einer besonderen Themis – Themis (ihr Name steht für »gerechte Ordnung«) war, Hesiod zufolge, eine Titanin – Tochter der Gaia (Erde) und Mutter der Horen (Jahreszeiten). Sie galt auch als Göttin der Gewohnheit und der Routine. *403*

»schal gewordenen und ihrem Ende entgegensehenden« Epoche – Zitat aus den *Essays of Elia* (1823) von Charles Lamb (s. a. Anm. zu S. 106 und 363). Im Original heißt es: »Shall I be thought fantastical, if I confess, that the names of some of our poets sound sweeter, and have a finer relish to the ear – to mine, at least – than that of Milton or of Shakspeare? It may be, that the latter are more staled and rung upon in common discourse.« *404*

»Slacks« – Sammelbegriff für lange, gerade Damenhosen mit schrägen (französischen) Taschen. *405*

jener ebenso lautstarke wie ungehobelte Atheist Carlyle – Thomas Carlyle (1795–1881), englischer Essayist und Historiker. Carlyle, der bekannt geworden ist mit seiner Auffassung, dass die Weltgeschichte die Geschichte der großen Persönlichkeiten sei, formulierte auch ein Recht auf Arbeit: Arbeit sei keine Ware, sondern sittliche Verpflichtung. *410*

au rebours – gegen den Strich, im entgegengesetzten Sinne *410*

Mary Lamb – (1767–1847), englische Schriftstellerin und Koautorin ihres Bruders Charles (s. a. Anm. zu S. 106 und 363). Beide Geschwister lebten zusammen, nachdem Mary in einem Wahnanfall ihre Mutter erstochen hatte. *410*

Kapitel 9: Leute

416 **Sinnierer ... Kuppler** – ein unübersetzbares Wortspiel von *ponderer* und *panderer.*

419 **die Laren und Penaten, die schützenden Familiengeister** – Laren und Penaten sind einander eng verwandte altrömische Gottheiten: Laren als Schutzgeister der Familie, der Feldflur und der Reisenden, Penaten als die des häuslichen Herdes.

422 **Sibyllen** – In der griechischen und römischen Welt war Sibylle eine Sammelbezeichnung für eine wahrsagende Frau. Die berühmteste Sibylle war Cumae von Kampanien, die angeblich dem letzten römischen König ihre auf Palmblättern niedergeschriebenen Prophezeiungen zum Kauf anbot: die Sibyllinischen Bücher.

425 ***sub specie aeternitatis*** – »Unter dem Gesichtspunkt der Ewigkeit«, also im Hinblick auf die Ewigkeit – eine Formulierung, die auf Spinoza zurückgeht.

429 **ihre Sukkubus-Inkubus-Gier** – Der Sukkubus war im Aberglauben des Mittelalters der Teufel in Gestalt einer Beischläferin, der Inkubus in römischer Zeit Name des den Albdruck verursachenden Dämons. Im mittelalterlichen Dämonenglauben wurde daraus der Buhlteufel einer Hexe, weshalb dieser Begriff in vielen Hexenprozessen eine gewichtige Rolle spielte.

430 **Ganymed** – Ganymed war, dem griechischen Mythos zufolge, ein trojanischer Königssohn, der als »Schönster der Sterblichen« vom Adler des Zeus oder von diesem selbst in den Olymp entführt wurde und dort in ewiger Jugend als dessen Mundschenk diente. Sein Raub ist in der Kunst ein häufiges Motiv.

Bauer Hesiod – Hesiod (um 700 v. Chr.), griechischer Dichter, *437*
der in seiner Jugend vermutlich Hirt gewesen ist und in dessen Epos *Werke und Tage* sich die Welt der kleinen Bauern spiegelt.

Gehab' dich wohl ... wohlgetan – Zitat aus Shakespeares *Julius* *442*
Cäsar (V,1).

»an jenem Tag lasen wir nicht mehr weiter« – Zitat aus Dante *442*
Alighieris (1265–1321) *Göttlicher Komödie* (Teil 1: *Die Hölle*, 5. Gesang). Die verlorenen Liebenden sind Paolo Malatesta und Francesca, die schöne Frau seines Bruders.

wie Paul Verlaine ... in seinem beseelten Sonett *L'Art poétique* – *449*
Paul Verlaine (1844–1896), französischer Lyriker, entwarf in diesem Gedicht (1874/82) einige seiner poetischen Prinzipien: Der Vers solle Musik sein, eine Harmonie von Tönen, ein flüchtiger Rausch, der sich an keine Formen halten und die Farben nur als Abschattungen erkennen müsse.

Arche Noah der Fallstaffs und Little Nells und Mr. Pickwicks *449*
und Don Quichottes – Sir John Fallstaff ist eine Figur in Shakespeares *Heinrich IV.* und *Die lustigen Weiber von Windsor*; Little Nell steht für Nelly Trent, eine der Hauptfiguren in Charles Dickens' Roman *Der Raritätenladen* (1840/41); Samuel Pickwick ist die Hauptperson in *Die nachgelassenen Aufzeichnungen des Pickwick-Clubs* (1836/37), ebenfalls von Dickens; und Don Quichotte versteht sich von selber.

»unerschrocken vom Schweigen ringsum« – Zitat aus dem Ge- *450*
dicht *Self-Dependence* von Matthew Arnold (s. a. Anm. zu S. 62 und 158). Im Original heißt es: »Unaffrighted by the silence round them, / Undistracted by the sights they see, / These demand not that the things without them / Yield them love, amusement, sympathy.«

452 ***»animula, vagula, blandula«*** – »Kleine Seele, unstet, lieblich-zart«: Mit diesen Worten, an seine dahinschwindende Seele gewandt, soll Kaiser Hadrian (76–138) gestorben sein.

455 **Odem des Zephyros** – Zephyros war im griechischen Mythos die Personifizierung des Westwinds (s. a. Anm. zu S. 84).

464 **»Gerechtigkeit ... und die erste Liebe«** – Zitat aus Dantes *Göttlicher Komödie* (Teil 1: *Die Hölle*, 3. Gesang).

464 **Dieb namens Vanni Fucci** – Eine Figur aus dem 24. Gesang der *Hölle*; daraus auch das folgende Zitat.

469 **jenes Mädchen in Goethes Geschichte** – Mit dieser »Geschichte« meint Powys *Wilhelm Meisters Lehrjahre* (1795/96), Goethes klassischen Bildungsroman. »Jenes Mädchen« ist Natalie, die »schöne Amazone« des Titelhelden. Im 8. Buch, 4. Kapitel, heißt es am Schluß: »Sie haben nicht geliebt?« rief Wilhelm aus. »Nie oder immer!« versetzte Natalie.

473 **der arme Dives in jener rachsüchtigen Parabel** – Eine Anspielung auf die Parabel vom reichen Mann und vom armen Lazarus, die sich im Lukas-Evangelium findet (16:19–31). Der reiche Mann hat bei Lukas noch keinen Namen, aber in der religiösen Überlieferung wurde aus der lateinischen Bezeichnung für »reicher Mann« eben ein Eigenname: Dives.

476 **durch den chinesischen Taoisten Kwang-Tse** – Kwang-Tse war im 4. Jahrhundert v. Chr. ein taoistischer Lehrer.

477 **dem »allzu festen Fleisch«** – Anspielung auf Shakespeares *Hamlet* (I,2). Dort heißt es: »O schmölze doch dies allzu feste Fleisch, / Zerging', und löst' in einen Tau sich auf!«

478 **»Vestalinnen« ... unserer pantagruelischen Schar** – Vesta, die altitalische Göttin des Herdfeuers, hatte im alten Rom einen Tem-

pel mit einem ewig brennenden Feuer, das von Priesterinnen unterhalten wurde. Diese Vestalinnen waren für die Dauer ihres 30-jährigen Dienstes zur Jungfräulichkeit verpflichtet.

die Priesterin Bakbuk – In Rabelais' *Gargantua und Pantagruel* führt diese Priesterin Pantagruel und seine Schar zu einem märchenhaften Brunnen in einem Tempel (Fünftes Buch, 43. Kapitel). *478*

der Dichter Cowper – William Cowper (1731–1800), englischer Dichter, dem Powys seinen zweiten Vornamen verdankt. *479*

jenen »düsteren See von Auber« und die »nebligen Gründe von Weir« – Zitat aus der Ballade *Ulalume* (1847) von Edgar Allan Poe (1809–1849). *479*

Saturnalien – altrömisches Fest zu Ehren des Gottes Saturn am 17.12. nach Beendigung der Herbstaussaat. Zu den Festbräuchen gehörten: Aufhebung der Standesunterschiede, gegenseitiges Beschenken, Gelage. *480*

ÜBER DEN AUTOR

John Cowper Powys wurde 1872 als eines von elf Kindern einer Pastorenfamilie in Shirley/Derbyshire in der Nähe des sagenumwobenen Glastonbury geboren. In der konservativen Geborgenheit und Kultiviertheit dieses Elternhauses wurden die außergewöhnlichen künstlerischen Begabungen und individuellen Talente der Kinder nach Kräften gefördert, und so verwundert es nicht, dass sich gleich mehrere der Geschwister als Künstler und Literaten einen Namen gemacht haben.

Im Alter von 26 Jahren entdeckte er seine Begabung, ein größeres Publikum mit Vorträgen über Literatur und Philosophie zu fesseln, und begann im Auftrag der Oxford University Extension, einer Art britischer Volkshochschule, durch England zu reisen. Spätere Vortragsreisen führten ihn auch nach Dresden, Weimar, Hamburg und in den Schwarzwald. Seine größten Erfolge feierte er jedoch in den USA, wo er mit seinem »literarischen Ein-Mann-Zirkus«, wie er es selbst einmal nannte, so berühmte Zeitgenossen wie Henry Miller zu begeisterten Lobeshymnen hinriss. Im Jahre 1904 siedelte er in die USA um und lebte dort bis 1934. In dieser Zeit entstanden seine auch in Deutschland bekannten und vielgerühmten Monumentalromane *Wolf*

Solent, Glastonbury Romance und *Strand von Weymouth*, die von Autoren wie Hans Henny Jahnn und Hermann Hesse enthusiastisch aufgenommen wurden.

Von der gleichen archaisch-visionären, bilderreichen Sprache geprägt wie seine Romane sind seine lebensphilosophischen Schriften, die ihn als ekstatischen Naturmystiker, kosmologischen und polytheistischen Exzentriker auszeichnen. 1934 kehrte er in seine britische Heimat zurück und ließ sich in Nordwales nieder, in einer Landschaft, die in ihrer kargen und spröden Schönheit seinem Prinzip der kontemplativen Versenkung in die Natur wie keine andere entgegenkam und die wie geschaffen war als Umfeld für einige seiner wichtigsten philosophischen Werke, die in den letzten zwanzig Jahren seines Lebens entstanden.

Als John Cowper Powys einundneunzigjährig starb, hinterließ er ein Lebenswerk, das fast dreißig philosophische und literaturkritische Essays, zahlreiche Romane und Kurzgeschichten, Gedichtbände, Tagebücher und Briefwechsel sowie eine 1992 ins Deutsche übersetzte Autobiografie umfasst.